让法律被信仰

SELECTION OF
ARBITRATION CASES INVOLVING

THE BELT AND ROAD

COUNTRIES

涉"一带一路"国家

仲裁案例选编

中国国际经济贸易仲裁委员会◎主编
China International Economic and Trade Arbitration Commission

法律出版社
LAW PRESS·CHINA

前　　言

2013 年秋,习近平主席在出访中亚国家期间,先后提出了共建"丝绸之路经济带"和"21 世纪海上丝绸之路"的倡议。6 年多来,"一带一路"倡议已从理念转化为行动,从愿景转变为现实,已成为目前规模最大的国际合作平台。秉持共商共建共享原则,"一带一路"沿线国家或地区与我国的政策沟通不断深化、设施联通不断加强、贸易畅通不断提升、资金融通不断扩大、民心相通不断促进。

随着"一带一路"建设的持续推进,"一带一路"沿线国家或地区商事主体之间的经济贸易投资活动日益频繁,但是,跨国、跨境商事纠纷也相应增加。国际商事仲裁因其专业、高效、灵活、尊重商事活动规律、裁决可执行力强等特点,已经成为当今解决国际商事和投资争议、消除贸易投资障碍的重要途径,在国际商事争议解决中扮演重要角色。国际商事仲裁在为"一带一路"建设营造稳定、可预期的法治营商环境,保障和推动"一带一路"倡议顺利实施的过程中,也发挥了不可或缺的独特作用。

中国国际经济贸易仲裁委员会(以下简称贸仲委)作为中国成立最早、为我国《仲裁法》所确立的涉外商事仲裁机构,在管理涉外案件,特别是涉"一带一路"沿线国家或地区的国际商事争议上,积累了较丰富的实践经验。2013 年 1 月到 2019 年 6 月,贸仲委共受理了 557 件涉"一带一路"沿线国家或地区仲裁案件,争议金额共计 243.57 亿元人民币,涉及 46 个国家或地区。在案件管理过程中,我们注意到,涉"一带一路"沿线国家或地区国际商事争议的发生和裁判具有一定的特点和规律,值得关注、思考和总结。

此次,贸仲委在严格遵守仲裁案件相关信息保密性的前提下,对涉"一带一路"沿线国家或地区仲裁案件进行了系统性的梳理和总结,从上述仲裁案件中择选了18件与蒙古国、印度尼西亚、加纳、印度、韩国、以色列、泰国等国家商事主体发生纠纷并适于选编的案件裁决书集结成册,涉及国际建设工程、国际货物买卖、股权转让、合作开发软件等常见和典型争议类型,以期向广大仲裁同业者和社会公众展现当前中国仲裁机构受理的涉"一带一路"沿线国家或地区仲裁案件的基本样貌和多发争议。我们专门邀请了在相关领域具有深厚专业造诣和丰富裁判经验的贸仲委仲裁员就案件审理中有关法律适用、争议焦点、裁判思路以及对中国企业海外经营风险防范的启示等问题作出评析和提示,以期在服务中国企业"走出去"方面尽一份绵薄之力。同时,希望此次案例编选能成为一次推进中外仲裁案例比较研究、促进国际仲裁文化交流的契机,并推动相关类型国际商事案件审理经验的积累和仲裁裁决公信力的进一步提升。

囿于经验和时间,本书中可能仍存有一些错误和不妥之处,尚祈读者批评指正。贸仲委也将随着"一带一路"建设的不断推进,从中获取更多宝贵的新经验,进而更深入地研讨国际商事仲裁的新问题、新趋势和新挑战。

中国国际经济贸易仲裁委员会

2019年10月

目　　录

案例一　中国A设计院公司与中国B基金公司、中国D建设公司采购施工合同争议案

中国国际经济贸易仲裁委员会(以下简称仲裁委员会)根据申请人中国A设计院有限公司(以下简称申请人)与第一被申请人中国B基金有限公司(以下简称第一被申请人)签订的《几内亚发电项目EPC设计采购施工合同书》(后合同名称变更为《C电厂发电项目EPC设计采购施工合同》,除特别说明,以下均简称本案合同)以及申请人与第一被申请人、第二被申请人中国D建设有限公司(以下简称第二被申请人,除非特别指明,以下其与第一被申请人合称被申请人或两被申请人)签订的《合同主体及名称变更三方协议》(以下简称《三方协议》)中仲裁条款的约定,以及申请人向仲裁委员会提交的书面仲裁申请,受理了申请人与两被申请人之间因履行上述合同和协议产生的采购施工合同争议仲裁案。

本案仲裁程序适用仲裁委员会自2015年1月1日起施行的《中国国际经济贸易仲裁委员会仲裁规则》(以下简称《仲裁规则》)。

由于本案被申请人系多方,且未在规定期限内共同选定或共同委托仲裁委员会主任指定仲裁员,因此,仲裁委员会主任根据《仲裁规则》第29条第3项之规定指定X和Y担任本案仲裁员,指定Z担任本案首席仲裁员。上述3位仲裁员在分别签署了接受指定的《声明书》后组成仲裁庭,共同审理本案。同日,仲裁院以特快专递方式分别向申请人和两被申请人寄送了本案组庭通知以及3位仲裁员签署的接受指定的《声明书》。

仲裁庭如期对本案进行两次开庭审理,申请人和被申请人均委派代理人参

加了庭审。庭审中,申请人对本案仲裁请求和有关事实作了陈述,出示了相关证据。两被申请人当庭提交了各自的答辩状,对申请人的请求和陈述分别进行了答辩。各方当事人均就本案的事实和法律问题回答了仲裁庭的提问。仲裁庭听取了各方当事人的陈述和说明,并就有关事实进行了调查。

本案现已审理终结。仲裁庭根据本案各方当事人提交的现有材料和庭审查明的事实,依据《仲裁规则》的有关规定,经合议,作出本裁决。

现将本案案情、仲裁庭意见和裁决结果分述如下。

一、案　情

申请人提起仲裁申请时称:

2010 年第一被申请人通过公开拍卖的方式,竞拍得到原中国 F 电厂的某型号燃机汽机联合循环发电机组,用于安装在几内亚的发电项目。

2010 年申请人与第一被申请人就几内亚发电项目签订本案合同,由第一被申请人将几内亚发电项目以工程总承包(Engineering, Procurement & Construction, EPC)模式发包给申请人进行建设。合同对工程范围、工程款的结算和支付等权利义务进行了约定,并明确适用中华人民共和国法律。本案合同签订后,申请人随即开始履行合同,但几内亚发电项目一直未实施,2011 年为解决 E 水泥厂二线工程用电问题,第一被申请人决定将发电机组安装在 C 电厂发电项目(以下简称 C 电厂项目),工程建设地点由原几内亚共和国某市改为安哥拉共和国某市。虽然项目地址发生变更,但申请人与第一被申请人未及时签订 C 电厂项目的工程总承包合同,仍按照本案合同履行,由申请人作为总承包单位继续进行 C 电厂项目的建设,第一被申请人支付工程款。

2014 年 8 月第一被申请人要求申请人与第二被申请人(第一被申请人的子公司)签订 C 电厂项目的总承包合同。因本案合同中的内容基本可以适用在 C 电厂项目,因此,申请人与两被申请人于 2014 年 11 月签订《三方协议》,

同意通过将本案合同中原来的合同甲方变更为第二被申请人，合同名称变更为《C电厂发电项目EPC设计采购施工合同》以及合同内容不变的方式，签订C电厂项目的总承包合同。虽然第一被申请人声称第二被申请人为其子公司，但管理人员及合同的联系人均相同。

C电厂工程于2012年2月24日开始主要设备基础桩基工程施工，2013年11月第一台燃机完成带负荷试运投入运行，2014年6月第二台燃机完成带负荷试运投入运行，2015年5月完成燃机汽机联合循环带负荷试运，标志着工程竣工并移交生产运行。

2016年4月22日申请人与第二被申请人签订《竣工结算报告》，确认：第一被申请人为建设单位，第二被申请人为建设管理单位，扣减申请人未实施的项目后，本案合同的结算金额为人民币近3亿元（如未特别说明，在本案中以下所涉金额币种均为人民币。——仲裁庭注），已支付工程总费用近2.4亿元，需再支付4000余万元。

截至申请仲裁之日，第一被申请人作为建设单位共向申请人支付工程款近2.4亿元，第二被申请人未向申请人支付任何款项，该4000余万元工程款一直欠付。申请人多次要求两被申请人支付欠付工程款，但两被申请人均以各种理由推脱。两被申请人欠付工程款的行为已构成违约，并给申请人造成了巨大的经济损失。基于以上情况，申请人向仲裁委员会提起本案仲裁申请，并请求如下：

1. 请求两被申请人向申请人共同支付工程款4000余万元及相应的逾期付款利息（利息以逾期付款额为基数，按照同期同类中国人民银行贷款基准利率的150%为标准，从2016年4月22日计算至实际付清之日止）。

2. 请求两被申请人承担本案的仲裁费用以及申请人因本案支付的近50万元律师费。

针对申请人的请求，两被申请人发表了如下答辩意见。

第一被申请人称：

1.第一被申请人并非本案合同一方当事人,申请人将第一被申请人列为仲裁被申请人没有法律和事实依据,应当予以驳回。

第一,《三方协议》约定,第二被申请人取代第一被申请人成为本案合同一方当事人,获得该合同下第一被申请人的全部权利和义务,并免除第一被申请人在合同下的任何责任和义务。《中华人民共和国合同法》(以下简称《合同法》)第88条规定:“当事人一方经对方同意,可以将自己在合同中的权利和义务一并转让给第三人。”据此,合同双方协商一致,可以将一方的合同权利义务转移给第三人,在此情形下,可以认为合同内容不变,但当事人出现更替。故第一被申请人与第二被申请人就该合同形成合同权利义务的转让关系。而该合同的另一方缔约主体即申请人对该转让行为无异议,不仅与两被申请人共同签订《三方协议》,还就该工程款的支付事宜与第二被申请人进行沟通,故该合同的权利义务转让行为有效,第二被申请人系本案合同的权利义务承受人,其在本案中应当作为被申请人,而第一被申请人并非本案适格的被申请人。

第二,《三方协议》约定,因本协议引起的争议,三方应协商解决,协商不成的可向仲裁委员会提起仲裁。此处的仲裁适用范围特指因《三方协议》产生的争议。申请人基于本案合同工程款结算与第二被申请人产生的争议,双方应当按照该合同约定的争议解决方式处理,与第一被申请人无关。

第三,本案合同与《三方协议》所约定的并非同一法律关系,仲裁条款并不完全一致,申请人在本案中合并提出仲裁申请没有事实和法律依据。

2.申请人要求第一被申请人支付其工程款、逾期利息、律师费并承担仲裁费用等请求无事实和法律依据,应当予以驳回。

如上所述,第一被申请人并非本案适格的被申请人,申请人基于本案合同工程款结算与第二被申请人产生的争议,双方应当按照该合同约定的争议解决方式处理,与第一被申请人无关。关于申请人的各项仲裁请求,第二被申请人在其答辩书中已经进行详细答辩,第一被申请人完全同意第二被申请人的各项答辩意见。

综上所述,申请人的请求无事实和法律依据,请求仲裁庭予以驳回。

第二被申请人称:

1. 申请人申请支付的工程款金额有误,应予以扣减。

第一,申请人分包商H公司(以下简称H公司)从第二被申请人处借款和使用电、油料费用等共计近1000万元,H公司发函同意在工程结算付款时将此款项扣除。申请人分包商K安装工程有限公司(以下简称K公司)的分公司从第二被申请人关联企业J工程技术有限公司处借款100万元。

第二,以上财务扣款项目由申请人项目负责人予以确认,并承诺等工程结束后由申请人统一出具确认文件。为此,申请人项目负责人于2016年7月18日向第二被申请人发出邮件,确认以上扣款内容。

因此,应付申请人工程款金额应为申请人请求金额4000余万元减去上述扣款近1000万元,剩余3000余万元。

2. 申请人要求第二被申请人支付其逾期利息无事实和法律依据,应当予以驳回。

逾期利息在本案合同中并未规定,且2016年4月22日双方签订的《竣工结算报告》并无第二被申请人盖章,签字人也无第二被申请人合法有效的授权,因此可以认定第二被申请人与申请人并未就工程费结算达成一致。申请人要求第二被申请人支付自2016年4月22日起的逾期利息没有事实和法律依据,应当予以驳回。

3. 申请人要求第二被申请人支付其律师费无事实和法律依据,应当予以驳回。

首先,依据我国《合同法》中关于违约方损害赔偿责任的规定,损害赔偿范围限定于违约行为给对方造成的损失。申请人在仲裁过程中既可以聘请律师代理,也可以自行参加仲裁,该笔律师费并非必然发生的费用。且双方在合同中并无关于仲裁律师费承担的约定,因此,申请人要求第二被申请人支付其律师费无事实依据。

其次,我国法律对于败诉方承担胜诉方合理律师费用的范围和条件有明确限定,除知识产权侵权案件外,对于国内商事纠纷案件,很少有法院或者仲裁机构支持胜诉方所提出的由对方承担其律师费用的请求。

4. 第二被申请人无违约行为,申请人要求其承担仲裁费用无事实和法律依据,应当予以驳回。

如上所述,本案争议的合同结算金额双方并未达成最终一致意见,第二被申请人未支付剩余工程款并非第二被申请人的过错导致,第二被申请人不存在违反本案合同的行为,申请人要求其承担仲裁费用无事实和法律依据。

综上所述,申请人的请求无事实和法律依据,请求仲裁庭予以驳回。

结合被申请人的答辩意见,申请人在其代理意见中回应称:

1. 被申请人应支付申请人案涉工程欠付工程款4000余万元及相应利息。

双方于2016年4月22日签字的《竣工结算报告》,确认了案涉工程经结算欠付申请人工程款4000余万元。对于该事实,被申请人在2017年12月20日发给申请人的函件中以及当庭均表示认可。

依据本案合同附件3"付款方式与付款进度"所附的《付款进度表》,被申请人应于"整套系统联调,试运行移交生产"时支付100%的工程款,又依据《竣工结算报告》中"工程概况"的描述,案涉工程于"2015年5月完成燃机汽机联合循环带负荷试运,标志着工程竣工移交生产试运行",为此,被申请人应自2015年5月向申请人支付全部工程款。但考虑到此时案涉工程尚未结算,于是在本案中,申请人主张从结算完成之日(2016年4月22日)起计算逾期付款利息。

依据最高人民法院《关于审理买卖合同纠纷案件适用法律问题的解释》第24条第4款"买卖合同没有约定逾期付款违约金或者该违约金的计算方法,出卖人以买受人违约为由主张赔偿逾期付款损失的,人民法院可以中国人民银行同期同类人民币贷款基准利率为基础,参照逾期罚息利率标准计算"、中国人民银行《关于人民币贷款利率有关问题的通知》(银发〔2003〕251号)中"……

三、关于罚息利率问题。逾期贷款(借款人未按合同约定日期还款的借款)罚息利率由现行按日万分之二点一计收利息,改为在借款合同载明的贷款利率水平上加收30% ~50%"以及我国《合同法》第174条"法律对其他有偿合同有规定的,依照其规定;没有规定的,参照买卖合同的有关规定"的规定,由于案涉合同未约定逾期付款的利息标准,申请人可按照同期同类中国人民银行贷款基准利率的150%为标准要求被申请人支持逾期付款利息。

2. 被申请人要求抵扣750余万元缺乏依据。

被申请人的关联公司支付给第三人的款项与本案并非同一法律关系,不具有关联性,被申请人要求抵扣工程款缺乏依据,应由支付主体另案向第三人主张。

(1)即使第三人同意也不能当然的抵扣。

H公司同意抵扣并不能发生抵扣的法律效果,除H公司同意在案涉工程款中抵扣外,还需征得申请人和借款出借人的同意,以及在确定申请人欠付H公司的工程款足以抵扣后,才能抵扣。

(2)申请人有合理理由不同意抵扣。

目前H公司未向申请人提交结算文件,未与申请人办理结算,无法确定是否欠付H公司工程款以及欠付工程款的数额,申请人无法同意在案涉工程款中抵扣该笔款项。

申请人对该抵扣函件、收据及借款无法确认,被申请人提供的证据中清单备注明确载明"无申请人或H公司方面人员签字"。

在本案第一次庭审中,被申请人要求抵扣近1000万元,但在后来被申请人提供的证据中,H公司明确表示部分款项与案涉工程无关,于是被申请人又将抵扣款金额调整为750余万元,明显缺乏诚信。

而且H公司并未明确抵扣款是否属于申请人承包的范围内,仅表示与案涉工程有关。就案涉工程而言,申请人也只完成了部分工程就于2014年8月中途撤场,剩余的案涉工程由被申请人自行委托H公司完成。H公司未明确该部分款项是否属于申请人承包范围内的，而且被申请人提供的证据显示H公司同意抵扣的部分款项发生的时间是在2014年8月申请人撤场后，部分费用甚至发生在2015年，很明显，H公司同意抵扣的部分款项是发生在申请人撤场后、被申请人自行委托H公司所完成的申请人承包范围外的工程上的。

(3)申请人从未同意抵扣。

2016年4月申请人与被申请人完成工程结算并签订《竣工结算报告》，明确“甲方已支付乙方工程总费用近2.4亿元，需再支付乙方4000余万元(以财务付款为准)”，该处的“以财务付款为准”是指被申请人的已付款应以双方的财务付款为准。而在庭审中，第一被申请人认为其并非《竣工结算报告》的签订主体，为此，无论如何，第一被申请人关联方所支付的费用显然不属于“财务付款”的范围。即使第一被申请人作为《竣工结算报告》的签订主体，被申请人要求抵扣的费用也是第一被申请人的关联公司为H公司垫付的费用，不属于被申请人的财务付款。而且，根据被申请人提供的证据，抵扣款发生在《竣工结算报告》出具之前，如果申请人同意抵扣，应反映在被申请人的已付款中，但已付款中并不包含该抵扣款，也能表示双方已确认不在工程款中抵扣。

案涉工程结算完成后，被申请人并未支付欠付工程款，于是2017年4月5日申请人发催款函给被申请人，要求被申请人支付欠付工程款。申请人在催款函中明确指出“截至2017年4月5日，贵公司已支付我公司合同款项人民币近2.4亿元，剩余未支付合同款项为人民币4000余万元”，再次明确被申请人已支付和欠付的工程款与《竣工结算报告》中金额一致，而且明确表示被申请人提出的共计近1000万元的抵扣款，申请人需要进一步核实，并未对该抵扣款予以确认。

申请人于2017年4月5日发函给被申请人，要求被申请人支付4000余万元，但被申请人收到函件后并未支付任何款项。考虑到双方对于抵扣款存在争议，申请人为尽快收到合同款，决定先搁置争议，于2017年4月27日再次发函要求被申请人支付除抵扣款以外的无争议部分合同款3000余万元，但这并不意味着申请人已同意抵扣,而被申请人收到函件后,仍未支付任何款项。因此,申请人于2017年6月20日又委托律师事务所发律师函给被申请人,要求被申请人支付全部的合同款4000余万元。由此可见,申请人自始至终均是不同意抵扣的。

(4)出借人未同意抵扣。

抵扣款的出借人为第一被申请人的关联公司E水泥厂以及与被申请人无关的J工程技术有限公司,均非本案的被申请人。被申请人并非权利人,在未征得出借人同意的情况下,无权处分他人的债权,要求在被申请人欠付申请人的工程款中抵扣。

3. 被申请人应承担仲裁费和律师费。

为向被申请人主张案涉工程款债权,申请人经过招标程序确定某律师事务所律师作为本案的代理人,并签订《法律服务合同》,依据该合同约定,申请人需支付近50万元的基础律师代理费。

依据《仲裁规则》第52条的规定,仲裁庭在裁定当事人最终应向仲裁委员会支付的仲裁费和其他费用的基础上,有权再根据案件的裁决结果、复杂程度、胜诉方当事人及(或)代理人的实际工作量以及案件的争议金额等因素,裁定当事人最终各自应承担的仲裁费用和败诉方应向胜诉方支付的合理费用。本案中,被申请人逾期支付工程款,已构成违约,仲裁庭可根据案件的具体情况,裁定被申请人承担的仲裁费用以及申请人支付的律师费。

4. 第一被申请人和第二被申请人应对本案的债务承担连带责任。

2014年8月第一被申请人要求由申请人与第二被申请人签订C电厂项目的总承包合同。因本案合同的内容基本可以适用在C电厂项目,因此,申请人与两被申请人于2014年11月签订《三方协议》,同意通过将本案合同中的合同甲方变更为第二被申请人,合同名称变更为《C电厂发电项目EPC设计采购施工合同》以及合同内容不变的方式,签订C电厂项目的总承包合同。第一被申请人和第二被申请人为关联企业,管理人员以及合同的联系人均相同,办公地点也相同,申请人收到的工程款均由第一被申请人支付,存在法人人格混同的情形,因此,两被申请人应承担连带责任。

第一被申请人为案涉工程的项目业主,第二被申请人仅为项目建设管理单位,《竣工结算报告》的抬头仍然为“B基金有限公司”,依据最高人民法院《关于审理建设工程施工合同纠纷案件适用法律问题的解释》第26条“实际施工人以发包人为被告主张权利的,人民法院可以追加转包人或者违法分包人为本案当事人。发包人只在欠付工程价款范围内对实际施工人承担责任”规定的立法精神,项目业主也应当在欠付工程款范围内承担连带责任。

庭审中,被申请人要求抵扣款项的出借人为第一被申请人的关联公司,但庭审中,第一被申请人一方面认为案涉工程款与第一被申请人无关,否认第一被申请人需承担连带责任,另一方面又要求将第一被申请人的关联公司的债权在案涉工程款予以抵扣,显然违背了诚实信用原则。

综上所述,申请人的仲裁请求有事实及法律依据,请求仲裁庭依法予以支持。

第一被申请人在代理意见中补充回应如下:

第一被申请人与第二被申请人不存在公司混同的情形,第一被申请人不应当承担连带责任。

1. 按照现有的司法实践精神,不存在持股与被持股关系的两家公司隶属同一集团公司等事实,只能证明两家公司存在关联关系,而不能作为认定公司人格混同的依据。第一被申请人和第二被申请人的法定代表人不同,股东、经营范围也不相同,且两家公司住所地不一、账户各自独立。申请人在本案中未能举证两被申请人之间因人员、业务、财务等方面交叉或混同,导致各自财产无法区分,丧失独立人格,从而构成人格混同。因此,申请人以第一被申请人和第二被申请人存在人格混同为由,要求第一被申请人承担连带责任的主张,证据不足、理由不成立,应不予采纳。

2. 无论是《三方协议》还是申请人与第二被申请人之间签订的结算报告,

均显示第一被申请人和第二被申请人属于独立法人,两者在本案中各自承担应有的权利义务,任何一方仅为自己的行为负责,无须为另一方承担连带责任。

第二被申请人在代理意见中补充回应如下:

1. 申请人申请支付工程款金额有误,应予以扣减。

(1)申请人分包商H公司从第二被申请人处借款和使用电、油料费用等共计750余万元,该分包商发送《关于C电厂工程结算扣款的函》,同意在工程结算付款时将此款项扣除。该函意思表示清晰明确地指向涉案工程,并承诺申请人在与其结算时不再要求申请人支付此款项。但申请人却以该抵扣款项支付方与申请人不同意为由拒绝承认,将第二被申请人所做工作一概否认,对此,第二被申请人认为申请人实属狡辩。

第一,第二被申请人所承建项目为支付主体E水泥厂配套自备电厂,建成后向E水泥厂供电(以上内容在《竣工结算说明书》中有体现);C电厂当时的公司尚未设立,财务暂由E水泥厂代管,因此该支付行为虽由E水泥厂所为,实际上是代C电厂支付,该抵扣无须E水泥厂的同意。

第二,申请人在对待公司独立性上采取双重标准,在提起仲裁申请时坚持第一被申请人和第二被申请人存在混同;而在抵扣时却声称E水泥厂与第二被申请人为独立法人,需征得E水泥厂同意。其实在本案项目执行过程中付款方也不止第二被申请人一家公司,申请人对此却从未提出异议。如果按照其逻辑,其他付款公司现在可以不当得利要求其返还已付款,对此申请人并未提出。由此可见,对申请人来说,事实的客观与否完全取决于是否对其有利,而无须追究真相。

第三,申请人以其与H公司未结算为由否认该抵扣函的效力,在仲裁庭要求其与对方核实相关内容和金额时却百般推脱、拒绝核实,可见其对事实真相心知肚明,只是为了无理推诿。据第二被申请人了解,申请人在本项目中欠H公司工程款金额远远超过本案中应抵扣款项的金额,因此不存在申请人所谓的欠付工程款不足抵扣款项的情形。

(2)申请人2017年4月5日致第二被申请人的催款函中提及“对于贵公司提出的H公司借款等折合人民币近1000万元,以及垫付K工程公司工程款人民币100万元等事项,我公司需进一步核实”。在申请人2017年4月27日致被申请人的催款函中,经过核实,对以上内容予以认可,并主动将催付合同款金额由人民币4000余万元调整为人民币3000余万元,其核减金额正是2017年4月5日催款函中提及的H公司和K工程公司等款项之和。以上催款函无论从内容还是时间顺序上都明白无误地证明了申请人对以上抵扣事实和抵扣金额的认可,在字义上和逻辑上完全成立。但在开庭过程中申请人却对此矢口否认,推说催款函内容是被申请人要求其书写的,但又未提出任何证据。

因此,应付申请人工程款金额应为申请人申请金额4000余万元减去以上750余万元,合计为近3500万元。

2. 申请人要求被申请人支付其逾期利息无事实和法律依据,应当予以驳回。

(1)逾期利息在合同中并未规定,且2016年4月22日的《竣工结算说明书》并无第二被申请人盖章,签字人也无第二被申请人的合法有效授权,因此可以认定第二被申请人与申请人并未就工程费结算达成一致,该结算报告并未最终生效。《竣工结算说明书》第3页明确提到“需要支付工程费用以财务付款为准”,该表述恰恰反映了当时双方对于应抵扣款项的承认,以及双方对最终工程费用并未达成一致,因此,第二被申请人不存在延期支付的情形。申请人要求被申请人支付自2016年4月22日起的逾期利息没有事实和法律依据,应当予以驳回。

(2)关于逾期利息利率,申请人以买卖合同相关规定的贷款利率上浮30%~50%计算,对此没有法律依据,应予驳回,按照最高人民法院《关于审理建设工程施工合同纠纷案件适用法律问题的解释》第17条的规定,当事人对欠付工程价款利息计付标准有约定的,按照约定处理;没有约定的,按照中国人民银行发布的同期同类贷款利率计息。申请人自己也承认该合同为工程合同,却引用买卖合同利息计算标准，完全没有法律依据。

3. 申请人出尔反尔，严重违反诚实信用原则。

(1)申请人在其催款函中确认，经过其核实，对第二被申请人提出的扣减其分包商相关费用的主张予以确认，合同金额调整为人民币3000余万元，并且其财务主管人员即本项目联系人在与第二被申请人员工的邮件中也对此予以承认，申请人对该事实知晓，却在仲裁申请和庭审中对其已经确认的事实与金额矢口否认，全无诚实信用可言。

(2)申请人在与第一被申请人、第二被申请人签署的《三方协议》中已经约定将第一被申请人在该合同项下的全部权利义务转由第二被申请人承受，合同各方意思表示清晰无误、约定内容合法有效，对各方均具有法律约束力，申请人对此没有任何异议，但其却在仲裁过程中完全无视《三方协议》，将第一被申请人作为被申请人，并且在没有提供任何实质证据的情形下指称第一被申请人和第二被申请人发生混同，全无诚实信用可言。

(3)第二被申请人为了便于仲裁庭调查清楚事实，不惜花费大量人力、物力，不但取得了申请人分包商H公司对抵扣款项的函，并且将有关抵扣费用原始单据从项目所在地非洲带回，呈于庭上，目的就是帮助仲裁庭调查清楚事实真相。在与H公司核实后，对应抵扣金额进行了相应的核减，更体现了第二被申请人实事求是的态度和行为。

综上所述，申请人的请求无事实和法律依据，请予驳回。

申请人向仲裁庭提交了如下证据并说明了证明目的：

证据1：申请人与第一被申请人于2010年签订的《几内亚发电项目EPC设计采购施工合同书》，用于证明：(1)第一被申请人将几内亚发电项目以EPC工程总承包模式发包给申请人，合同对工程范围、工程款的结算和支付等权利义务进行约定；(2)双方在合同中约定了仲裁条款。

证据2：申请人与第一被申请人、第二被申请人于2014年11月12日签订的《三方协议》，用于证明：(1)三方同意将《几内亚发电项目EPC设计采购施工合同书》中的甲方变更为第二被申请人，合同名称变更为《C电厂发电项目EPC设计采购施工合同书》；(2)三方在合同中约定了仲裁条款。

证据3:《竣工结算报告》，用于证明：第一被申请人为建设单位；第二被申请人为建设管理单位，扣除申请人未实施的项目后，《C电厂发电项目EPC设计采购施工合同书》的结算金额为近3亿元，已支付工程总费用近2.4亿元，需再支付4000余万元。

证据4:律师函，用于证明：申请人要求第一被申请人和第二被申请人支付欠付工程款。

证据5:仲裁代理法律服务合同，用于证明：申请人为本案支付律师代理费用固定费用部分近50万元。

对申请人提供的上述证据，第一被申请人与第二被申请人于2018年5月21日提交了《质证意见》。在《质证意见》中，第一被申请人与第二被申请人对证据1~5的真实性没有异议，但对其证明目的有异议。

两被申请人向仲裁庭提交如下证据并说明其证明目的：

证据1:《关于C电厂工程结算扣款的函》，用于证明：申请人向被申请人确认其分包商从被申请人处借款及使用材料等事实，同意相关款项在工程结算付款时将此款项扣除。

证据2:H公司《关于C电厂工程结算扣款的函》及相关会计凭证、票据，用于证明：申请人分包商H公司从被申请人处借款和使用电、油料费用等共计750余万元，其同意在工程结算付款时将此款项扣除。

证据3:申请人催款函，用于证明：申请人在其催款函中确认，经过其核实，对第二被申请人提出的扣减其分包商相关费用的主张予以确认，合同金额调整为3000余万元。

证据4:被申请人致申请人的函，用于证明：被申请人致函申请人要求对有关借款等费用予以扣减。

对被申请人提供的上述证据，申请人于仲裁庭开庭时提交了《质证意见》。

在《质证意见》中，申请人对证据1、证据2的真实性、关联性均有异议；对证据3的真实性无异议，对关联性有异议，对证明目的有异议；对证据4的真实性无异议，对证明目的有异议。

两被申请人当庭向仲裁庭提交了如下补充证据并说明其证明目的：

证据1：《关于C电厂工程结算扣款的函》，用于证明：申请人向被申请人确认其分包商从被申请人处借款及使用材料等事实，同意相关款项在工程结算付款时将此款项扣除。

证据2：申请人催款函，用于证明：申请人在其催款函中确认，经过其核实，对第二被申请人提出的扣减其分包商相关费用的主张予以确认，合同金额调整为3000余万元。

证据3：被申请人致申请人的函，用于证明：被申请人致函申请人要求对有关借款等费用予以扣减。

证据4：H公司《关于C电厂工程结算扣款的函》及相关会计凭证、票据，用于证明：申请人分包商H公司从被申请人处借款和使用电、油料费用等共计750余万元，同意在工程结算付款时将此款项扣除。

证据5：H公司向第一被申请人借款证明文件，用于证明：H公司向E水泥厂借款的原始单据。

证据6：H公司用第一被申请人电、柴油、材料并在第一被申请人处报销费用和修车费用清单，用于证明：H公司用第一被申请人电、柴油、材料并在第一被申请人处报销费用和修车费用清单的原始证据。

证据7：H公司用第一被申请人电、材料并在第一被申请人处报销费用清单，用于证明：H公司用第一被申请人电、材料并在第一被申请人处报销费用清单的原始证据。

对两被申请人提供的上述补充证据，申请人提交了《补充证据的质证意见》。在《补充证据的质证意见》中，申请人对证据1、证据4、证据5、证据6、证据7的真实性、关联性均有异议；对证据2、证据3的真实性无异议，对证明目的有异议。

仲裁庭依据审理情况和证据规则，对证据效力认定规则如下：第一，对按照质证规则出示证据原件的证据，仲裁庭对其真实性予以认可；第二，对未按照质证规则出示原件但有其他证据相互印证的，仲裁庭对其真实性予认可；第三，对未按照质证规则出示原件但没有其他证据能够相互印证的，仲裁庭对其真实性不予以认可。

根据上述认定规则，对于被申请人提交的补充证据1：《关于C电厂工程结算扣款的函》，由于该文件未签字盖章，被申请人亦未能提供原件或其他证据相互印证。因此，仲裁庭对该证据的真实性不予认可。

综合以上证据认定规则，仲裁庭对被申请人提交的补充证据1的真实性不予认可，对双方提交的其他证据的真实性均予以认可。但仲裁庭对证据真实性的认可，不意味着接受提交证据一方的证明目的、证明效力、证据与本案关联性的认可。

二、仲裁庭意见

根据仲裁庭对案件事实所进行的庭审调查，结合申请人和被申请人的陈述、答辩以及提交的全部材料，兹将仲裁庭意见分述如下。

（一）关于本案的法律适用及合同效力

关于本案法律适用，仲裁庭注意到，申请人与第一被申请人于2010年签订的《几内亚发电项目EPC设计采购施工合同书》约定，本合同受中国法律管辖并按中国法律解释，包括涉及效力、履行义务的所有事项，如发生任何争议将按中国法律解决。同时，申请人与两被申请人于2014年11月12日签订的《三方协议》未对约定的法律适用条款进行变更。仲裁庭认为，根据中国《涉外民事关系法律适用法》第3条的规定，当事人依照法律规定可以明示选择涉外民事关系适用的法律。因此，仲裁庭认为本案应适用中国法律。

关于本案合同的效力，仲裁庭认为，申请人与第一被申请人于2010年签订的《几内亚发电项目EPC设计采购施工合同书》及申请人与第一被申请人、第二被申请人于2014年签订的《三方协议》是签约各方的真实意思表示，不违反中华人民共和国现行法律、行政法规的强制性规定，为有效合同，对申请人和两被申请人均具有法律上的约束力。

（二）关于申请人主张两被申请人共同支付工程款及逾期付款利息的仲裁请求

申请人请求仲裁庭裁决第一被申请人与第二被申请人共同支付工程款4000余万元及相应的逾期付款利息（利息以逾期付款额为基数，按照同期同类中国人民银行贷款基准利率的150%为标准，从2016年4月22日计算至实际付清之日止）。

1. 关于本案的连带责任问题

申请人认为，第一被申请人和第二被申请人为关联企业，管理人员以及合同的联系人均相同、办公地点也相同，申请人收到的工程款均由第一被申请人支付，两被申请人存在法人人格混同的情形，因此，第一被申请人和第二被申请人应承担连带责任。

被申请人认为，第一被申请人与第二被申请人不存在混同的情形，两家公司的法定代表人不同，股东、经营范围也不相同，且住所地不一，账户各自独立，仅存在关联关系，不能作为认定公司人格混同的依据。

仲裁庭注意到，2010年申请人与第一被申请人签订了《几内亚发电项目EPC设计采购施工合同书》。2014年申请人与第一被申请人、第二被申请人签订《三方协议》，三方同意将《几内亚发电项目EPC设计采购施工合同书》中的甲方（第一被申请人）变更为第二被申请人，合同名称变更为《C电厂发电项目EPC设计采购施工合同书》。

仲裁庭认为，根据我国《合同法》第88条的规定，当事人一方经对方同意，可以将自己在合同中的权利和义务一并转让给第三人。因此，在《三方协议》

签订后，第一被申请人已将自己在涉案合同中的权利义务一并转让给第二被申请人，第二被申请人系本案合同权利义务的概括承受人，第一被申请人无须对本案债务承担连带责任。综上所述，仲裁庭对申请人的该项主张不予支持。

2. 关于申请人主张的欠付工程款

申请人请求仲裁庭裁决被申请人向申请人支付欠付的工程款4000万余元。

申请人认为，申请人与第二被申请人于2016年4月22日签订的《竣工结算报告》确认，本案合同的结算金额近3亿元，已支付工程总费用近2.4亿元，需再支付4000余万元。

第二被申请人认为，申请人分包商H公司从被申请人处借款和使用电、油料费用等共计750余万元，该笔费用应在工程款中予以抵扣。第二被申请人应付工程款金额为申请人申请金额4000余万元减去以上750余万元，合计近3500万元。

仲裁庭注意到，申请人提供的证据《竣工结算说明书》第2项“总承包合同竣工结算结果”显示，经第二被申请人审核，申请人同意结算费用为近3亿元，第二被申请人已向申请人支付工程总费用近2.4亿元，需再支付4000余万元。根据庭审笔录和两被申请人的答辩意见，双方对工程结算数额均表示认可，但被申请人主张将申请人分包商从被申请人关联公司处借款等费用750余万元在工程款中予以抵扣。根据两被申请人提供的补充证据，第二被申请人主张抵扣应付工程款的750余万元由两部分组成，其中650余万元系申请人分包商H公司从第一被申请人关联公司E公司处借款和使用电、邮料费等；其中100万元系H公司分包商K公司的分公司从第一被申请人关联公司J工程技术有限公司处的借款。

综上所述，双方当事人对于《竣工结算说明书》中4000余万元的结算数额及未付事实均认可，双方的主要分歧在于，申请人分包商从被申请人关联公司处借款和使用电、油费750余万元是否应在应付工程款4000余万元中予以抵扣。对此,仲裁庭认为,该问题的实质是第二被申请人是否就该750余万元享有抵销权。根据我国《合同法》第99条的规定以及第100条的规定,无论是法定抵销或是约定抵销,两者的前提均为双方当事人互负债务。在本案中,双方争议的750余万元系被申请人关联公司对申请人分包商享有的债权,而4000余万元工程款系申请人基于本案合同对第二被申请人享有的债权,两者不属于同一法律关系。因此,申请人和第二被申请人之间未互负债务,不符合抵销的前提条件。

此外,两被申请人提供催款函作为证据,欲证明申请人对扣减该笔费用的事实予以确认。仲裁庭注意到,申请人于第一封催款函中提道,"对于贵公司提出的H公司借款等折合人民币近1000万元,以及垫付K公司工程款人民币100万元等事项,我公司需进一步核实";申请人于第二封催款函中提道,"请贵司在2017年5月27日之前,向我司支付合同款3000余万元"。仲裁庭认为,上述两封催款函仅能证明申请人向被申请人对非争议部分的欠款主张过债权,不能证明申请人同意将争议部分的欠款在应付工程款中予以扣减。此外,两被申请人未提供任何相关证据证明申请人同意扣减的事实。

仲裁庭认为,申请人分包商从被申请人关联公司处借款和使用电、油料费的750余万元系另一债权债务法律关系,该笔费用的借款人与出借人均非本案当事人,不符合抵销的前提条件。同时,两被申请人未提出任何证据证明申请人同意在工程款中对该笔款项予以扣减,因此,仲裁庭对第二被申请人的抗辩不予支持。根据本案合同及申请人与第二被申请人于2016年4月22日签订的《竣工结算报告》,第二被申请人应向申请人支付工程款4000余万元。

3. 关于申请人主张的逾期付款利息

申请人请求仲裁庭裁决被申请人向申请人按照同期同类中国人民银行贷款基准利率的150%为标准,支付从2016年4月22日计算至实际付清之日止的逾期付款利息。

仲裁庭认为,参照最高人民法院《关于审理建设工程施工合同纠纷案件适用法律问题的解释》第17条的规定，当事人对欠付工程价款利息计付标准有约定的，按照约定处理；没有约定的，按照中国人民银行发布的同期同类贷款利率计息。因此，结合本案的实际情况，仲裁庭裁定本案逾期付款利息应当按照中国人民银行同期人民币贷款基准利率计算。

关于逾期付款利息的起算时间，仲裁庭注意到，根据《几内亚发电项目EPC设计采购施工合同书》中“付款方式与付款进度”所附的《付款进度表》显示，被申请人应于“整套系统联调，试运行移交生产”支付100%的工程款。根据《竣工结算说明书》第1项“工程概况”的描述，涉案工程于2015年5月完成燃机汽机联合循环带负荷试运，标志着工程竣工并移交生产试运行。

仲裁庭认为，涉案工程已于2015年5月完成实际交付，申请人主张从结算完成之日（2016年4月22日）起计算逾期付款利息，对此，仲裁庭予以支持。

综上所述，仲裁庭裁定本案逾期付款利息应当按照中国人民银行同期人民币贷款基准利率计算，以4000余万元为基数，自2016年4月22日起算，计算至实际付清之日。

（三）关于本案的律师费及仲裁费

申请人请求仲裁庭裁决被申请人支付本案的仲裁费及申请人为办理本案支出的律师费近50万元。

鉴于申请人并未提交相关证据证明律师费的实际支出及具体数额，仲裁庭对于申请人主张律师费的请求不予支持。鉴于申请人的主要仲裁请求已得到支持，仲裁庭对申请人要求被申请人承担本案仲裁费的请求予以支持。

三、裁　决

根据上述仲裁庭意见，仲裁庭裁决如下：

1. 第二被申请人向申请人支付拖欠的到期工程款人民币4000余万元。

2. 第二被申请人向申请人支付逾期付款利息，该利息以人民币4000余万元为基数，按照中国人民银行同期同类人民币贷款基准利率，从 2016 年 4 月 22 日计算至实际付款之日。

3. 驳回申请人的其他仲裁请求。

4. 本案仲裁费全部由第二被申请人承担。由于该笔费用已由申请人全额预缴，第二被申请人应向申请人支付其代为垫付的仲裁费。

第二被申请人应向申请人支付的上述款项，应当自本裁决书作出之日起 20 日内向申请人履行完毕。

本裁决为终局裁决，自作出之日起生效。

案例评析

【关键词】

设计采购施工合同；债权债务的概括转移；抵销权

【焦点问题】

该案涉及的核心问题是，在设计采购施工合同纠纷中，当发包方将总承包合同的权利义务概括转让后，施工方是否有权要求原发包方对欠付工程款承担连带责任，以及发包方是否有权以其关联公司对施工方分包商享有的债权为由，对欠付工程款主张行使抵销权。

【焦点评析】

涉案纠纷属于设计采购施工合同纠纷，涉及债权债务的概括转让、法定抵销权的行使等典型问题，现结合该案案情及双方争议焦点，评述如下。

(一)关于债权债务的概括转让问题

我国《合同法》第88条规定,当事人一方经对方同意,可以将自己在合同中的权利和义务一并转让给第三人。该规定又称为概括转让。权利和义务一并转让不同于权利转让和义务转让,它是合同一方当事人对合同权利和义务的全面处分。权利义务一并转让,导致原合同关系的消灭,第三人取代了转让方的地位,产生出一对新的合同关系。

根据我国合同法有关权利转让和义务转移的规定,债权人转让权利应当通知债务人;债务人转移义务的必须经债权人的同意。由于权利和义务概括转让既包括了权利的转让,又包括义务的转移,所以合同一方当事人在进行转让前应当征询对方的意见,使对方能根据受让方的具体情况来判断这种转让行为是否会对自己的权利造成损害。如果未经对方同意,一方当事人擅自一并转让权利和义务的,其转让行为无效。

具体到该案中,申请人认为,根据申请人与第二被申请人签署的《竣工结算报告》,第一被申请人为案涉工程的项目业主,第二被申请人为项目建设管理单位。因此,第一被申请人与第二被申请人应对欠付工程款承担连带责任。

而被申请人主张,根据各方签订的《三方协议》,第二被申请人取代第一被申请人成为《C电厂发电项目EPC设计采购施工合同》的一方当事人,概括承受该合同下第一被申请人的全部权利和义务,并免除第一被申请人在合同下的任何责任和义务。

被申请人的抗辩思路,实际上系引用了我国《合同法》第88条债权债务概括转让的规定。仲裁庭注意到,2010年4月18日申请人(作为乙方)与第一被申请人(作为甲方)就几内亚发电项目签订《几内亚发电项目EPC设计采购施工合同书》,约定第一被申请人将几内亚发电项目以EPC工程总承包模式发包给申请人进行建设,合同对工程范围、工程款的结算和支付等权利义务进行了约定,并明确适用中华人民共和国法律。2014年11月12日申请人与第一被申请人、第二被申请人签订《三方协议》,三方同意将《几内亚发电项目EPC设计采购施工合同书》中的甲方(第一被申请人)变更为第二被申请人,合同名称变更为《C电厂发电项目EPC设计采购施工合同》。

裁决书认为,该三方协议的约定,实质上是第一被申请人将自己在涉案合同中的权利义务一并转让给第二被申请人,第二被申请人由此成为《C电厂发电项目EPC设计采购施工合同》权利义务的概括承受人,该转让符合我国《合同法》第88条的规定。因此,第一被申请人无须对该案债务承担连带责任。

(二)关于抵销权的行使问题

我国《合同法》第99条规定,当事人互负到期债务,该债务的标的物种类、品质相同的,任何一方可以将自己的债务与对方的债务抵销,但依照法律规定或者按照合同性质不得抵销的除外。当事人主张抵销的,应当通知对方;通知自到达对方时生效。抵销不得附条件或者附期限。此为我国法律关于法定抵销的规定。我国《合同法》第100条规定,当事人互负债务,标的物种类、品质不相同的,经双方协商一致,也可以抵销。此为我国法律关于协议抵销的规定。

在该案中,申请人与被申请人对涉案工程结算价款及已付金额均表示认可。双方的分歧在于,申请人认为涉案工程结算金额为近3亿元,减去已支付的工程价款近2.4亿元,被申请人应再支付4000余万元;而第二被申请人认为,申请人分包商曾从第二被申请人关联公司处借款和使用电、油料费用等共计750余万元,该笔费用应在该案工程款中予以抵扣。

关于上述费用抵扣的主张,第二被申请人的主要理由是:(1)申请人分包商从第二被申请人关联公司处借款和使用电、油料费用,且该分包商曾发送《关于结算扣款的函》,同意在工程结算付款时将此款项扣除。该函意思表示清晰明确地指向涉案工程,并承诺申请人在与其结算时不再要求申请人支付此款项。(2)申请人2017年4月5日致第二被申请人的催款函中提及会对被申请人提出的抵扣事宜进行核实。2017年4月27日申请人在催款函中对以上内容予以认可,并主动将催付合同款金额由4000余万元调整为3000余万元,其核减金额正是2017年4月5日催款函中提及的抵扣后欠款数额。催款函无论从内容还是时间顺序上都明白无误地证明了申请人对以上抵扣事实和抵扣金额的认可,在字义上和逻辑上完全成立。

裁决书认为,此问题的实质是第二被申请人是否能够就该750余万元的借款等费用行使抵销权。对此问题,裁决书给予了说理翔实、逻辑严密的论证,简要评述如下:

首先,根据我国《合同法》第99条及第100条的规定,无论是法定抵销还是协议抵销,两者的前提均为双方当事人既互享债权,又互负债务;只有债务而无债权或者只有债权而无债务,均不得发生抵销。在该案中,根据双方提交的证据,双方争议的750余万元系被申请人关联公司对申请人分包商享有的债权,而4000余万元工程款系申请人基于《总承包合同》对第二被申请人享有的债权,申请人与第二被申请人并未互享债权、互负债务。申请人分包商从被申请人关联公司处借款和使用电、油料费的750余万元系另一债权债务法律关系,该笔费用的债权人与债务人均非该案当事人,不符合抵销的前提条件。

其次,对于第二被申请人提出的申请人在催款函中的催付金额与抵销后金额一致即等于同意抵销的主张。裁决书认为,第二被申请人提出的两封催款函内容仅能证明申请人向被申请人对非争议部分的欠款主张过债权,并不能证明申请人同意将争议部分的欠款在应付工程款中予以扣减。此外,两被申请人未提供任何相关证据证明申请人同意扣减的事实。

综上所述,裁决书对第二被申请人的抵销权抗辩不予支持。

【结语】

该案的裁决书从法律规定、法理逻辑等多个角度和层次进行了论证,最终支持了申请人要求第二被申请人向其支付拖欠的到期工程价款及逾期付款利息的仲裁请求,驳回了申请人要求第一被申请人与第二被申请人连带承担债务的仲裁请求。因此,仲裁庭对该案的裁决尊重了双方当事人订立合同时及履行合同过程中的真实意思表示,符合诚实信用原则及公平原则。

该案带来的启示是，债权债务的概括转让是合同一方当事人对合同权利和义务的全面处分，其后果为原合同关系消灭，第三人取代转让方的合同地位；同时，应注意转让行为必须经过原合同相对方的同意，否则该转让行为无效。在实践中，各方需要在转让协议中明确约定或取得原合同相对方的书面同意，以免发生争议。另外，关于抵销权的行使，应区分法定抵销与协议抵销，且两种抵销权的行使均应严格符合我国《合同法》以及相关司法解释规定的条件。在实践中，抵销权的行使关系债权债务当事人的利益，在降低交易成本、简化清偿、加速财产关系流转等方面发挥重要作用。

（案例评析人：王家路）

案例二 中国A石油工程公司与蒙古国B油田公司、中国D石油投资公司钻井工程承包合同争议仲裁案

中国国际经济贸易仲裁委员会(以下简称仲裁委员会)根据第一被申请人蒙古国B油田公司(以下简称第一被申请人)和案外人中国C石油管理局(以下简称C管理局)签订的《蒙古国某盆地某区块2011~2013年度钻井工程承包合同》(以下简称《工程承包合同》)中仲裁条款的约定,和申请人中国A石油工程公司(以下简称申请人)与第一被申请人、第二被申请人D石油投资公司(以下简称第二被申请人,与第一被申请人合称两被申请人或被申请人)签订的《钻井设备复员垫资协议》(以下简称《垫资合同》)的相关约定,及申请人向仲裁委员会提交的书面仲裁申请,受理了申请人与两被申请人之间因履行上述两份合同产生的钻井工程承包合同争议仲裁案。

本案仲裁程序适用仲裁委员会自2015年1月1日起施行的《中国国际经济贸易仲裁委员会仲裁规则》(以下简称《仲裁规则》)。

申请人选定X担任本案仲裁员。两被申请人共同选定Y担任本案仲裁员。由于双方当事人未在规定期限内共同选定或共同委托仲裁委员会主任指定首席仲裁员,仲裁委员会主任根据《仲裁规则》之规定指定Z担任本案首席仲裁员。上述三位仲裁员签署接受选定或指定的《声明书》后成立仲裁庭,共同审理本案。

仲裁庭如期对本案进行三次开庭审理。申请人与两被申请人均委派仲裁代理人出席了庭审。双方当事人就案件的事实进行了陈述,就证据进行了质

证，并回答了仲裁庭提出的问题。

本案现已审理终结。仲裁庭根据双方当事人提交的现有材料以及庭审时查明的事实和查证的证据，经合议，作出本裁决。现将本案案情、仲裁庭意见和裁决结果分述如下。

一、案　情

（一）申请人的仲裁请求

申请人提起仲裁请求称：

申请人与第一被申请人于2011年6月14日签订了《工程承包合同》，约定由申请人承包第一被申请人位于蒙古国某盆地某区块的油井钻井工程。后双方陆续签订补充协议（一）、补充协议（二）、补充协议（三）、补充协议（四）及补充协议（五）。

自2012年5月25日至9月13日，申请人仅完成2口井的施工工作，第一被申请人即以没有后续生产任务为由于2012年9月13日要求申请人所有人员撤离施工现场。双方自2012年9月26日起，进行了多次磋商。申请人要求第一被申请人支付已完成的工程款并承担相应的责任，但第一被申请人以各种理由予以拒绝。

申请人的仲裁请求如下：

1. 第一被申请人向申请人支付2012年度工程款60万余美元及违约金65万余美元；

2. 第一被申请人向申请人支付2012年等停费75万余美元；

3. 第一被申请人向申请人支付2013年等停费近200万美元；

4. 第一被申请人向申请人支付库存材料损失人民币近300万元；

5. 第一被申请人向申请人支付钻机国内复员费近30万美元；

6. 第一被申请人和第二被申请人连带承担申请人垫付的钻井设备蒙古国

复员费近40万美元及违约金近15万美元;

7. 第一被申请人向申请人支付医生费用人民币4万余元;

8. 被申请人承担申请人为本案支出的律师费人民币近30万元,及为本案支出的其他费用(以实际发生为准,包括但不限于差旅费、证据公证费等);

9. 本案仲裁费由两被申请人共同承担。

申请人在其庭后提交的代理意见中发表如下观点:

1. 关于合同的违约责任

(1)实际违约

依据《工程承包合同》及相关补充协议的约定,申请人于2011年9月陆续出口钻机设备及工程材料至蒙古国施工现场进行施工。依据合同约定,2012年、2013年每年工作量不少于10口井。2012年第一被申请人在仅仅提供申请人2口井的施工任务后再无后续工作量,申请人设备在现场停待至复员,与合同约定的每年10口井的工程施工量相去甚远。

2012年9月13日第一被申请人以没有后续生产任务为由要求申请人所有施工人员撤离施工现场。申请人于2012年9月17日至2012年12月12日共5次致函第一被申请人,要求其就已完成的工作量予以结算并要求其承担因无后续施工量而违反合同所应承担的责任。第一被申请人于2012年12月24日回函称因第一被申请人与其他第三方的合作洽谈对后续施工及结算产生影响而深表歉意,同意尽快完成工程验收及资料交接工作,并尽快完成2012年工程决算,同时第一被申请人称,至2013年年底的勘探部署和投资计划已经委托研究单位制定。某公证处出具的《公证书》显示,第一被申请人承认,“2012年国内外经济形势、投资环境发生重大变化,B油田公司蒙古国某区块的勘探工作陷入停顿,2013年管理层进行了重大调整,新团队邀请国内顶尖专家对蒙古某区块进行了全面细致的论证分析”,“2014年1月22日,申请人与蒙古国某石油局共同组成三维地震招标工作。对某区块公开招标,已确定中标单位为E物探公司,正在开展物探开工前的准备,安排物探公司进行现场踏勘”。因此,工作量不足是由于第一被申请人自身的原因造成的,而且也是第一被申请人长期“画饼”,挽留申请人的设备留在当地的理由。

综上所述,因第一被申请人原因,未能按照《工程承包合同》约定提供每年不低于10口井的工作量,2012年实际施工量仅为2口井且无后续施工任务,违反了合同的约定,应当赔偿相应的损失。

(2)结算违约

2013年1月24日申请人与第一被申请人就2012年钻井施工工程事项予以结算,并签订了《2012年钻井工程合同结算明细表》。

《工程承包合同》约定,工程采用单井费用结算方式。完井后提交原始资料、初步成果后若无质量问题10个工作日内被申请人向申请人核定实付款额,并预留10%的质保金,待环保、质量验收完成并交清全部资料后10日内向“乙方”支付预留的10%的质保金。申请人施工完毕后,按照合同约定和石油工程施工惯例,履行了资料交接、环境恢复等工作,第一被申请人予以接收并确认。至今,申请人并未收到第一被申请人关于上述问题的不同意见。

同时,根据《2012年钻井工程合同结算明细表》可以得知,申请人与第一被申请人就2012年工程款、环境恢复费用等费用进行了确认,说明申请人已经按照《工程承包合同》的约定履行了相关义务,无质量问题,不存在违约情形,双方对此是确认同意的。并且,在《2011~2013年度钻井工程承包合同补充协议(四)》中,明确表明“2013年12月31日,合同已执行完成,乙方为甲方提供钻井服务期间取得了良好的勘探效果”,更进一步说明双方对于钻井工程质量是无争议的。

申请人为履行《工程承包合同》的约定,将2套价值过亿元的钻井设备运至蒙古国,2012年仅仅施工2口井,而后被迫停工并按第一被申请人的要求将人员撤回国内,资产闲置国外达3年之久,而第一被申请人明确因自身原因而无法继续履行合同的事实,应构成实际违约情形。

2. 关于《工程承包合同》的效力

申请人与第一被申请人于2011年6月14日签订的《工程承包合同》及陆

续签订的补充协议(一)、补充协议(二)、补充协议(三)、补充协议(四)和补充协议(五)系双方真实的意思表示,合同合法有效。

3. 关于请求数额部分

(1)工程款及违约金

《工程承包合同》约定申请人承包被申请人位于蒙古国某盆地某区块的油井钻井工程。申请人依据合同的约定,组织施工队伍赴蒙古国境内并实际施工。因第一被申请人原因,导致工程停工。

截至提起仲裁申请日,依据申请人提交的《2012年钻井工程合同结算明细表》《蒙古钻井项目会议纪要》等证据,并且根据《工程承包合同》“因甲方原因未按合同约定付款,每逾期一天,甲方应向乙方支付应付而未付0.1%的违约金”的约定,第一被申请人应支付申请人所拖欠的工程款60万余美元及违约金65余万美元。

依据建筑工程的相关司法解释及北京市高级人民法院《关于审理建设工程施工合同纠纷案件若干疑难问题的解答》(京高法发〔2012〕245号)“结算协议生效后,承包人依据协议要求支付工程款,发包人以因承包人原因导致工程存在质量问题或逾期竣工为由,要求拒付、减付工程款或赔偿损失的,不予支持”,故第一被申请人的抗辩不成立。

(2)等停费

依据《工程承包合同》的约定,申请人的人员、设备、物资全部到达井场并具备开钻条件后,因甲方原因造成等停超过6天,甲方按照每台钻机约4000美元/天,两支钻井队等停199天的标准向乙方支付等停费。故第一被申请人应向申请人支付2012年等停费75万余美元,2013年等停费近200万美元。

等停费为钻井施工的国际惯例,等停费分为有员等停和无员等停,有员等停费用一般为每天1万美元,无员等停一般为每天7000美元。申请人和第一被申请人在《工程承包合同》中明确约定了等停费的支付标准,依据《工程承包合同》,在第一被申请人无法提供合同约定的工程施工任务而造成申请人等停的，第一被申请人应支付等停费。

（3）泥浆、材料费用

依据第一被申请人提供的钻井工程量及施工方案，申请人计划储备了25口井的泥浆材料和设备配件，属于永久出口范畴，目前在蒙古国只施工了4口井，还有部分泥浆材料和设备库存无法运回国内，其中：

泥浆材料共计近230吨，价值人民币100余万元；

设备配件近300件，价值人民币110余万元。

另外还有永久进口的15件货，具体包括3栋材料房、2栋井场住房、2栋泥浆药品房、2栋工机长修理房、1栋杂品房、5个水罐，价值人民币125万元（按5年折旧测算，使用3年后，2年的剩余价值为人民币50万元）。关于材料的折旧，《蒙古人民共和国企业所得税法》第13.2条规定："对固定资产按下列使用年限平均给予折旧和计算损耗：车辆、机械、机器设备；其他固定资产的有效使用期限为10年。"同时中国《企业所得税法实施条例》第60条规定："除国务院财政、税务主管部门另有规定外，固定资产计算折旧的最低年限如下：……（三）与生产经营活动有关的器具、工具、家具等，为5年……"据此，申请人按照5年折旧年限计算，使用3年后，按照2年的剩余价值进行计算为人民币50万元。

故第一被申请人支付上述材料损失费用合计人民币近300万元。

（4）复员费

依据《工程承包合同》的补充协议（一）：设备复员时，甲方应负责将设备运送至甘其毛都口岸，费用由甲方承担。钻机设备国内复员费：当年返回，两台钻机复员费共计近40万美元；如2年后返回，并且甲方保证乙方工作量连续的话，两台钻机复员费共计近30万美元；故第一被申请人应支付国内复员费近30万美元。

依据《垫资合同》"乙方垫付的资金及利息，在2014年12月25日前还给乙方，每逾期1天，甲方应向乙方支付应付而未付款0.1%的违约金"的约定，乙方垫付资金的本金及利息、违约金，由第二被申请人向申请人承担连带担保责任。根据2015年3月11日《会议纪要》第2条的规定，第一被申请人应向申请人返还蒙古国境内复员费及违约金。

故申请人请求第一被申请人、第二被申请人偿还垫付的蒙古国境内复员费近40万美元；同时，支付自2014年12月25日至2016年1月15日的违约金近15万美元。

(5)现场医生费用

依据《工程承包合同》的补充协议(三)及有关证据，医生费用应由第一被申请人现场协调解决。第一被申请人应承担申请人方医生费用为人民币4万余元。

(6)其他费用

申请人请求第一被申请人、第二被申请人支付本案的仲裁费用及因提起仲裁而支付的其他相关费用，其中律师费合计人民币近30万元。

4. 关于停等费用及预期利益

(1)停等费用的惯例

国际上钻井施工风险大、不确定因素较多，且钻井工程中的钻机设备造价高昂，配套设备因施工条件的要求不同而单独配置，整体设备维修保养费用相对较高，一旦发生停等则会造成设备的损坏，所以依据国际惯例在钻井施工合同中对施工停等费用一般予以明确约定。而我国的钻井施工合同中关于施工停等费用大多参照国际惯例，停等费用分为有员停等和无员停等。

(2)合同约定的停等费用

在本次纠纷所涉及的《工程承包合同》在签订时，原约定停等费用为每天1万美元。在磋商过程中，第一被申请人承诺施工量为每年不少于10口井，井间距离较小，故《工程承包合同》约定的停等费用为每天约4000美元。

申请人请求的2012年度的停等费依据为2012年9月19日双方签订的《等停时间统计表》确定的两支钻井队合计等停199天。第一被申请人应向申请人支付2012年度等停费用75万余美元。

蒙古国境内施工的冬歇期为当年的11月12日至次年的3月25日。自2012年9月19日施工期间等停天数确认后，至2013年12月31日《工程承包合同》结束时，申请人设备仍滞在留蒙古国境内的施工现场。2013年两支钻井队伍停等费用为近200万美元（约4000美元×240天×2支钻井），2012年度及2013年度停等费用合计为250余万美元。

（3）履行合同的预期最低收益

依据《工程承包合同》约定的20口井的预期最低收益为近1000万美元。如果每年不低于10口井的施工量计算2年为20口井，适用最低单井结算标准，即每米近300美元，按照每口井平均井深1600米计算，申请人最低的收益为近1000万美元。

申请人与第一被申请人在商谈《工程承包合同》时，由于考虑到第一被申请人的工作量是长期可持续的，因此，在此基础上进行了履行合同预期最低收益的判断。与其他石油钻井工程的收益相比，最终《工程承包合同》确定的价格是相当优惠的。而第一被申请人实际提供的工作量与其承诺的相距甚远，由此导致申请人蒙受了巨大的损失。

5. 关于第二被申请人的连带担保责任

（1）对外担保合同

我国现行有效的《跨境担保外汇管理规定》（替代2014年6月8日失效的《境内机构对外担保管理办法》）规定："本规定所称的跨境担保是指担保人向债权人书面作出的、具有法律约束力、承诺按照担保合同约定履行相关付款义务并可能产生资金跨境收付或资产所有权跨境转移等国际收支交易的担保行为。"同时，我国《跨境担保外汇管理规定》第29条规定，国家外汇管理局对跨境担保合同的核准、登记和备案不构成跨境担保合同的生效要件。

在本仲裁案中涉及的《垫资合同》担保法律关系中，担保的受益人为申请人，担保人为第二被申请人，申请人及第二被申请人均为国内企业，偿付的资金不涉及向境外转移,不需要外汇管理部门审批。故第二被申请人履行担保义务所支付的资金实际为境内流动,不涉及外汇管制。

为外国企业的境内债务向境内企业提供的担保,因受益人非境外机构以及境内的外资金融机构,该担保债务仅在境内风险转移,不属于法律规定的对外担保范畴,该担保合同合法有效。

综上所述,本案系涉外因素的担保合同,不属于跨境担保合同,不适用我国最高人民法院《关于适用〈中华人民共和国担保法〉若干问题的解释》(以下简称《担保法司法解释》)第6条的规定。

(2)连带责任的请求

《垫资合同》约定,2014年12月25日前第一被申请人应支付申请人垫付蒙古国境内复员费用。2014年10月20日申请人支付最后一笔垫付费用后,分别于2014年11月7日、11月20日向第一被申请人和第二被申请人发函,要求第一被申请人确认工程款项并同时要求第二被申请人支付垫付的复员费用。

我国《担保法司法解释》第34条第2款的规定:“连带责任保证的债权人在保证期间届满前要求保证人承担保证责任的,从债权人要求保证人承担保证责任之日起,开始计算保证合同的诉讼时效。”

2015年1月6日申请人的蒙古国项目负责人和法律部门负责人赴第二被申请人公司的办公处同第二被申请人沟通,请求第二被申请人支付垫付的蒙古国境内复员费用,但第二被申请人拒绝签署和接受任何函件。2015年1月7日申请人就垫付的蒙古国境内复员费用的支付时间同第二被申请人进行了商谈。

综上所述,申请人在连带担保责任届满前及法律规定的请求时间内履行了请求付款的义务,第二被申请人拒绝履行并拒绝签署任何文件系第二被申请人故意推脱责任的行为,第二被申请人的抗辩理由不成立,应承担连带担保责任。

6. 申请人依据《工程承包合同》及《垫资合同》的约定履行了义务

申请人依据《工程承包合同》及补充协议和《垫资合同》完全充分的履行了

义务,现要求两被申请人依据合同支付工程款及违约金、等停费、泥浆材料费、现场医生的费用、国内复员费用及已经垫付的复员费用和其违约金、其他费用的请求合理合法。

(二)第一被申请人的答辩意见

1. 申请人未履行相关合同义务,其完成的钻井未经试压和验收,未向第一被申请人提交相关资料,未依约先向第一被申请人开具发票,故付款条件未成就,对申请人第一项仲裁请求不应予以支持。

(1)付款条件未成就,申请人因此无权主张相应付款。

第一,申请人未完成试压工作。

依据双方签订的《工程承包合同》的约定,申请人应完成涉案工程的试压工作,未完成试压工作,即属未完成工程。

根据现行有效的行业规范 SY/T 5467 - 2007《套管柱试压规范》第 5 条的规定,涉案工程为实行总承包制的钻井,应由申请人组织并进行试压,但申请人至今拒绝履行该合同义务,导致涉案钻井无法验收及投入使用。

第二,申请人完成的工作一直未验收。

我国《合同法》第 279 条规定,建设工程竣工后,发包人应当根据施工图纸及说明书、国家颁发的施工验收规范和质量检验标准及时进行验收。验收合格的,发包人应当按照约定支付价款,并接收该建设工程。建设工程竣工经验收合格后,方可交付使用;未经验收或者验收不合格的,不得交付使用。

在本案中,双方未办理验收手续,申请人直接申请要求第一被申请人支付工程款,不应予以支持。

第三,申请人未履行环境恢复义务。

《工程承包合同》除约定了申请人的环境恢复义务外,还约定申请人应“做好环境保护,达到环保要求,并向被申请人提交《环境保护预案》及《环境恢复报告》(中、英、蒙文版本);乙方(即申请人)根据蒙古国环保相关规定,负责做好井场及生活区环境恢复(泥浆池除外),并协助甲方取得当地政府的环境恢复批文”。

申请人至今未履行环境恢复义务，未依约提供《环境恢复报告》，导致第一被申请人无法取得蒙古国政府出具的环境恢复证明文件，导致涉案钻井无法验收及投入使用。

第四，申请人未向第一被申请人提交相关资料，未依约先向第一被申请人开具发票。

《工程承包合同》约定乙方应按照合同向甲方提供资料，并对申请人应向第一被申请人提交的单井资料、总结报告、记录、资料、语言要求等作出明确约定。《工程承包合同》另约定申请人应在付款前向第一被申请人提交原始资料、初步成果等资料；申请人应向第一被申请人提交施工设计；申请人应向第一被申请人提交工程日报、周报及月报；申请人在本年度最后一口井完成后30日内，应将全部资料提交第一被申请人验收；每次付款前，乙方均应先向甲方开具英文形式发票。但申请人至今未向第一被申请人提交有关资料，未向第一被申请人开具发票。

(2)申请人无权主张逾期付款违约金，并且《工程承包合同》对逾期付款违约金约定过高，不应据此计算逾期付款违约金。

如上所述，付款条件未成就。因此第一被申请人不存在任何逾期付款行为，申请人无权主张逾期付款违约金。

此外，最高人民法院《关于适用〈中华人民共和国合同法〉若干问题的解释(二)》(以下简称《合同法司法解释(二)》)第29条规定，当事人主张约定的违约金过高请求予以适当减少的，人民法院应当以实际损失为基础，兼顾合同的履行情况、当事人的过错程度以及预期利益等综合因素，根据公平原则和诚实信用原则予以衡量，并作出裁决。当事人约定的违约金超过造成损失的30%的，一般可以认定为我国《合同法》第114条第2款规定的“过分高于造成的损失”。

在本案中，即便假定第一被申请人逾期付款，申请人的实际损失也只是同期同类银行贷款利息，而申请人主张的《工程承包合同》约定的逾期付款违约金为日0.1%，大大超过了损失的30%，应依据上述法律规定，酌减至同期同类银行贷款利息的130%以下。

2. 申请人关于等停费的第2项、第3项仲裁请求不能成立。

(1)如上所述，申请人未对涉案钻井进行试压及验收，导致其无法继续其他工程，故所谓的等待是由于申请人自身原因造成的，因此申请人的主张不能成立。

(2)如申请人自述，第一被申请人于2012年9月13日已经通知申请人撤离工程现场，申请人提交的证据也证明申请人知晓设备自该日后应复员回国，因此不产生2013年设备等停问题。但申请人却直至2014年才要求设备复员，故所谓的等停是由于申请人自身原因造成的，且2013年申请人人员不在工程现场，不存在等停问题，因此申请人的主张不能成立。

(3)申请人未提交任何证据证明其存在等停损失，故即便存在等停问题，《工程承包合同》约定的以每日每钻3800美元计算等停费显然约定得过高，在无证据证明该约定与申请人相关的损失相适的情况下，该等约定显然有悖公平，因此申请人的主张同样不能成立。

3. 申请人未提供证据证明其第4项仲裁请求中所述的库存材料及设备是否存在、其具体数量及价格，因此申请人的该项仲裁请求无事实及法律依据，依法不应予以支持。

4. 申请人第5项关于国内复员费的仲裁请求不能成立。

根据补充协议(一)的约定，如因申请人原因导致合同无法履行，第一被申请人不支付国内复员费。如上所述，申请人未对涉案钻井进行试压及验收，导致其无法继续其他工程，故《工程承包合同》无法履行是由于申请人自身原因造成的，第一被申请人无须支付该费用，因此申请人的主张不能成立。

5. 申请人第6项仲裁请求中主张的蒙古国复员费不应全部由第一被申请人承担，对该费用违约金的约定过高，对申请人该项请求不应予以支持。

(1)第一被申请人委托某自然人于2014年9月25日与申请人沟通复员事

项，申请人的联系人为其总经理，双方在电话沟通中确定，第一批押车费由申请人承担。根据申请人提交的证据，第一批押车费近8万美元，申请人主张的该项复员费应扣除该近8万美元。

(2)在复员过程中，因实际装车物资与2011年报关单不一致，产生了诸多费用，根据《垫资合同》第4条的约定，该等费用应由申请人承担。申请人主张的该项复员费因此应扣除该等费用。

(3)关于申请人主张的该项复员费的违约金，根据我国《合同法司法解释(二)》第29条的规定，其计算应以实际损失为基础，以实际损失的130%为限。申请人的实际损失也只是同期同类银行贷款利息，而申请人主张的违约金为日0.1%。大大超过了损失的30%，应依据上述法律规定，酌减至同期同类银行贷款利息的130%以下。

6. 申请人未提交任何证据证明其因履行《工程承包合同》向蒙古国派出医生并向该医生支付了费用，申请人第7项仲裁请求因此不能成立。

7. 申请人提出的第8项、第9项仲裁请求同样不应予以支持。

申请人在付款条件未成就的情况下，提起本不该提起的仲裁，提出多项不能成立的仲裁请求，由此产生的律师费、差旅费、仲裁费，应由其自行承担；并且，其主张的律师费没有实际支付律师费的发票予以佐证，不能证明该律师费实际发生。

第一被申请人在庭后提交的代理词中，补充发表如下意见：

1. 依据《工程承包合同》的约定，申请人要求第一被申请人付款前，应履行试压、验收、提交相关资料、向第一被申请人开具发票等义务。申请人庭审中承认其未履行该等义务，但辩称该等义务应由第三方履行，因《工程承包合同》中明确约定该等义务应由申请人履行，且没有任何证据证明该等义务应由第三方履行，申请人的辩称不能成立。故根据我国《合同法》第66条、第67条之规定，第一被申请人有权拒绝付款，申请人的第1项仲裁请求不能成立。

2. 即便存在等停问题，计算等停费的相关依据如等停天数、机上人员等均需由合同双方及监理机构签字确认，或经评估机构评估才能予以确定，申请人单方计算的等停天数不能成立。

3. 申请人提出的第4项仲裁请求不能成立。

首先，申请人未提供证据证明其第4项仲裁请求中所述的库存材料及设备是否存在、其具体数量及价格，因此申请人的该项仲裁请求无事实及法律依据，依法不应予以支持。

其次，申请人所述的设备折旧费没有任何计算依据，如该费用确实需要计算，则应经评估机构评估才能得出客观数额。此外，即便确实存在折旧，也是申请人履约的正常设备损耗，是申请人的正常履约成本，应由申请人自行承担。

（三）第二被申请人的代理意见

1. 三方当事人之间的担保合同无效，第二被申请人对设备复员垫资及相关款项不承担担保责任，申请人的第6项仲裁请求不能成立。

根据我国《担保法司法解释》第6条的相关规定，第二被申请人作为境内企业，未经国家有关主管部门批准或者登记，为境外机构第一被申请人提供担保，该对外担保无效，第二被申请人因此对担保合同下的设备复员垫资及相关款项不承担担保责任，申请人的相关仲裁请求不能成立。

2. 即便假定担保合同有效，因申请人未在保证期间要求第二被申请人承担保证责任，第二被申请人依法已免除保证责任，申请人的第6项仲裁请求不能成立。

申请人据以主张由第二被申请人承担担保责任的依据是三方签订的《垫资合同》，该协议约定的主债务履行期届满之日为2014年12月25日，且未约定保证期间。故申请人有权自主债务履行期届满之日起6个月内即2014年12月26日至2015年6月25日，要求第二被申请人承担保证责任。但申请人未在该期间要求第二被申请人承担担保责任；申请人用以证明其在上述期间要求第二被申请人承担担保责任的函件等证据，均不具真实性，且均不是向第二被申请人发出的，第二被申请人因此免除保证责任。

3. 申请人要求第二被申请人承担本案律师费、其他费用及仲裁费无事实及法律依据，其仲裁请求不能成立。

如上所述，在本案中，申请人与第二被申请人相关的仲裁请求不能成立，且涉及的金额远远低于申请人对另一被申请人主张的数额，律师费、其他费用及仲裁费亦不是因第二被申请人发生，申请人因此无权要求第二被申请人支付该等费用，其仲裁请求第 8 项、第 9 项不能成立。

二、仲裁庭意见

（一）本案争议的法律适用和《工程承包合同》的效力

仲裁庭审阅了《工程承包合同》的法律适用条款，经查，《工程承包合同》约定：“本合同的管辖法律为适用中华人民共和国法律、法规以及相关政策。”且《垫资合同》约定：“如发生争议，遵照合同相关条款执行。”故解决本案争议应适用中国法律。

仲裁庭认为，C 管理局与第一被申请人签订的《工程承包合同》及申请人和两被申请人签订的《垫资合同》是各方真实意思的表示，且不违反中国法律和行政法规的强制性规定，应属有效，对双方均有约束力。各方均应按照合同的约定履行自己的义务。

（二）关于本案的主要事实和争议焦点

经仲裁庭审理，并根据双方认可或经公证的证据，查明如下事实：

2011 年 6 月 C 管理局与第一被申请人签订《工程承包合同》，约定由 C 管理局钻井二公司采用钻井工程年度承包方式承包第一被申请人在蒙古国某盆地某区块的钻井工程，承包期限为 3 年，即从 2011 年至 2013 年 12 月 31 日。双方对于承包作业内容及要求、资料的提供、工程质量及验收标准、合同价款及结算方式都作了约定。

2011年6月14日双方签订了补充协议(一);2011年7月6日双方签订了补充协议(二);2012年5月30日双方签订了补充协议(三);2014年1月10日双方签订了补充协议(四);2014年1月13日双方签订了补充协议(五)。

后由于集团内部重组,将C管理局钻井二公司划拨给新设立的申请人,由申请人继续履行《工程承包合同》。

2012年申请人在完成2口井后,因无施工任务而停止施工。

2012年9月17日申请人致第一被申请人《关于调运蒙古两台设备回国的函》,提出因无工可施造成等停成本而要求将两台钻机调运回国。

2012年9月18日申请人向第一被申请人申报《2012年钻井现场环境恢复验收单》,第一被申请人代表签收,显示所有验收项目均合格。

2012年9月19日申请人向第一被申请人申报《2012年B油田公司(钻井)等停时间统计表》,申报两支钻井队2012年等停时间共计199天。第一被申请人代表签字认可为"初步确定时间"。

2012年12月24日第一被申请人致申请人《关于2012年工程款结算事的函》,称:"根据我公司董事会决议,并参考合作方意见,确定B油田公司到2013年年底勘探投资总额为5000万美元,详细的勘探部署和投资计划已委托研究单位制定,望贵司在未来的合作中继续给予大力支持。"

2013年1月24日申请人和第一被申请人签署《2012年钻井工程合同结算明细表》,确认申请人2012年工程款为60万余美元。

2014年3月12日第一被申请人通过《关于3月4日来函的答复》回复申请人,称:2012年因国内外经济形势、投资环境发生重大变化,B油田公司蒙古国某区块的勘探工作陷入停顿。

2014年3月20日申请人和第二被申请人签署《会议纪要》,再次确认2012年工程款为60万余美元且尚未支付,2012年9月至2013年12月31日无工作量,设备在现场"停待至今",设备复员费(含蒙古国境内和中国境内)由申请人先行垫付,完成复员后由第一被申请人支付。

2014 年 7 月 16 日申请人、第一被申请人和第二被申请人签署《垫资合同》,约定由第二被申请人连带承担第一被申请人就申请人设备蒙古国复员费及违约金的责任。

2014 年 10 月 11 日申请人和第一被申请人签署《蒙古钻机设备回运费用(最终稿)》,确认蒙古国复员费为近 40 万美元。

2014 年 11 月 7 日和 2014 年 11 月 20 日申请人两次以《关于确认并偿还蒙古国设备复员费及磋商合同相关款项的函》致第一和第二被申请人,要求被申请人偿还蒙古国复员费。

2015 年 1 月 8 日第一被申请人致函申请人,确认收到申请人《关于确认并偿还蒙古国设备复员费及磋商合同相关款项的函》。

2015 年 3 月 11 日申请人和第一被申请人签署《会议纪要》,载明“双方确认 2012 年工程总款为 60 万余美元,B 油田公司同意于 2015 年 9 月 30 日前支付”。

2015 年 7 月 6 日申请人向第一和第二被申请人发送《关于偿还垫付资金、利息及违约金的函》,要求第一被申请人按照《垫资合同》的约定偿还申请人垫付的近 40 万美元及利息,要求第二被申请人承担连带担保责任。

2015 年 9 月 11 日申请人就第一被申请人《关于蒙古国对 B 油田公司现场泥浆药品处理的告知函》作了回复,提出因没有后续任务撤场造成的泥浆损失为人民币 100 余万元。

现双方就申请人 2012 年已完工作的支付条件是否成就、2012 年和 2013 年钻机设备等停费、申请人库存材料损失、申请人钻机国内复员费和蒙古国复员费的支付及第二被申请人是否承担蒙古国复员费的连带责任等问题存在争议。

(三)关于申请人的仲裁请求

1. 2012 年度工程款 60 万余美元

仲裁庭注意到,双方就 2012 年工程款金额已经达成一致,但第一被申请人认为支付条件尚未成就。

(1)支付条件的问题

第一,试压、验收、环保报告、资料。

第一被申请人提出申请人钻井尚未试压、验收、提交环保报告和资料,因而支付条件尚未成就。

仲裁庭认为,按照《工程承包合同》"完井后,经现场验收合格,提交原始资料、初步成果等资料后,该井若无质量问题,由双方在10个工作日内根据实际工作量核定实付款额"的约定,应是先有"验收合格",后再确定结算金额。既然结算金额于2013年1月24日已经确定,更何况申请人的证据证明2口井已经过了环评验收,结论均为合格,说明涉及验收、环评及资料移交等事宜已经完成。而在双方结算完成后至申请人提出仲裁申请,第一被申请人未向申请人提出过任何要求试压、验收、提交环保报告和资料要求的事实,更说明了这些事由不再构成第一被申请人拒不付款的理由。另外,双方经2015年3月11日的《会议纪要》确认了支付的日期,未见第一被申请人要求申请人需履行任何其他义务,说明支付条件早已成就。

第二,发票的问题。

仲裁庭认为,虽然《工程承包合同》约定了申请人应向第一被申请人开具英文形式发票,但开具英文形式发票只是申请人履行合同的附随义务,不构成第一被申请人不付款的抗辩理由。如果第一被申请人愿意付款,可以随时向申请人提出发票事宜。在双方确定2012年度款项后3年多的时间内,第一被申请人再以申请人未出具发票为由拒不支付款项,缺乏合理性和正当性,仲裁庭不予采纳。

综上所述,仲裁庭认为,2012年度款项的支付条件已经成就,第一被申请人应向申请人支付2012年度款项60万余美元。

(2)违约金65万余美元

申请人请求按照合同"因甲方原因未按合同约定付款,每逾期一天,甲方应向乙方支付应付而未付0.1%的违约金"的约定,以60万余美元为基数,自

2013年1月24日至2016年1月15日共计1086天计算得出违约金金额为65万余美元，第一被申请人提出违约金约定过高。

第一，违约金是否过高的问题。

仲裁庭认为，第一被申请人未按照《工程承包合同》的约定及时向申请人支付款项，应承担违约责任，但每日0.1%的违约金约定确属过高，仲裁庭酌情调整为参照中国人民银行同期贷款罚息利率计算违约金，即参照中国人民银行《关于人民币贷款利率有关问题的通知》（银发〔2003〕251号），将利率调整为中国人民银行同期贷款利率上浮50%。

第二，违约金起算日期的问题。

仲裁庭注意到，虽然申请人和第一被申请人在2013年年初已就2012年度款项的金额达成了一致，但是在2015年3月11日的《会议纪要》则约定第一被申请人应于2015年9月30日前支付。仲裁庭认为，《会议纪要》约定的付款日期是双方对2012年度款项合同约定支付日期的变更，故第一被申请人逾期付款的违约金应从2015年10月1日起算。

综上所述，第一被申请人应以60万余美元为基数，按照中国人民银行同期贷款利率的150%（年利率为6.9%），向申请人支付2015年10月1日至2016年1月15日的逾期付款违约金合计人民币近8万元。

2. 2012年度等停费75万余美元的问题

仲裁庭注意到，双方对于2012年等停事实没有争议。

申请人依照2012年9月19日《2012年B油田公司（钻井）等停时间统计表》，统计两支井队共计等停199天。申请人主张的2012年等停费计算结果为：约4000美元×199天=75万余美元。

在申请人提起仲裁申请前，第一被申请人对申请人主张的等停时间未持异议。

（1）等停的责任

第一被申请人提出，因申请人未对涉案钻井进行试压及验收导致无法继续其他工程，等停责任在申请人。

仲裁庭注意到，申请人与第一被申请人和第二被申请人于2014年3月20日的所签的《会议纪要》载明："2012年9月至2013年12月31日无工作量，设备在现场至今。"仲裁庭认为，《工程承包合同》约定了2012年度不少于10口井，但是在申请人完成了2口井之后便出现了"无工作量"的情况，致使申请人无工可施，设备处于等停状态。第一被申请人所称的因申请人未对涉案钻井进行试压及验收导致无法继续其他工程的理由，无任何证据支持，与仲裁庭经审理查明及认定的事实完全不符，仲裁庭不予采纳。故2012年产生等停费属第一被申请人的责任。

（2）等停的天数

仲裁庭注意到，申请人主张的等停天数是以2012年可施工天数减去实际施工天数所得，且有第一被申请人代表的签字认可。第一被申请人代表签字时虽称是"初步确定时间"，但其后未对申请人主张的等停天数提出异议。第一被申请人在其代理意见中称，等停天数需由双方及监理机构签字确认，或经评估机构评估才能予以确认，但是第一被申请人在双方对2012年等停天数已经签字初步确认后多年未办理监理签字确认手续或提出该天数需经什么评估机构评估，也未提出申请人主张的天数存在何等问题。

仲裁庭认为，在双方早在2012年9月19日就2012年等停天数初步确认的情况下，第一被申请人长年未对此提出异议，而在申请人提出仲裁申请后再主张等停天数需由双方及监理机构签字确认，或经评估机构评估才能予以确认，缺乏合理性和正当性，仲裁庭不予采纳。仲裁庭采纳申请人提出的2012年两支井队等停共计199天的主张。

（3）每日等停费约4000美元

第一被申请人提出每日约4000美元的等停费约定过高，但未提出合理的等停费应为多少及其理由。

考虑到本案施工所用钻井设备成本、折旧贬损、申请人证据中其他类似工程等停费费率约定等因素，在无证据证明每日约4000美元的等停费确属过高的情况下，仲裁庭对于《工程承包合同》每日约4000美元等停费的约定予以采纳。

综上所述，仲裁庭对于申请人的此项仲裁请求予以支持。

3.2013年等停费近200万美元

仲裁庭注意到，申请人钻井设备于2013年仍在施工现场，且未投入使用。申请人的等停费用计算为两支井队，每台钻井每日约4000美元等停费，2013年可施工日期为8个月，等停费为：约4000美元×2支井队×240天=近200万美元。在申请人提起仲裁申请前，第一被申请人对申请人主张的等停时间未持异议。

(1)2013年度等停责任的问题

仲裁庭认为，申请人于2012年9月17日就致函第一被申请人，提出钻机调运回国以减少损失，而第一被申请人2012年12月24日的回函不但未予同意，反而向申请人承诺了2013年的工作安排，导致产生了2013年等停费，无端扩大了申请人的损失。直至2014年3月12日，第一被申请人才致函申请人，称：2012年因国内外经济形势、投资环境发生重大变化，B油田公司蒙古国某区块的勘探工作陷入停顿。因此，产生2013年等停费属第一被申请人的责任。

(2)等停天数

仲裁庭注意到，申请人主张的等停天数为2013年扣除4个月冬歇期为8个月。直至申请人提起仲裁申请，第一被申请人未提出其他不同的主张。第一被申请人在其代理意见中称等停天数需由双方及监理机构签字确认，或经评估机构评估才能予以确认，但是第一被申请人多年来未提出需与申请人和监理签字确认2013年等停天数，也未提出该天数需经什么评估机构评估。

仲裁庭认为，在第一被申请人对于2013年等停天数多年来未提出不同主张，而在申请人提出仲裁申请后再主张停天数需由双方及监理机构签字确认，或经评估机构评估才能予以确认，缺乏合理性和正当性，仲裁庭不予采纳。

仲裁庭采纳申请人提出的2013年两支井队等停各为8个月的主张。

(3)每日等停费约 4000 美元

鉴于仲裁庭对申请人 2012 年等停费请求的意见,仲裁庭对于《工程承包合同》每日约 4000 美元等停费的约定予以采纳。

综上所述,仲裁庭对于申请人的此项仲裁请求予以支持。

4. 库存材料损失人民币近 300 万元的问题

申请人此项仲裁请求金额构成如下:泥浆材料款人民币 100 余万元 + 配件款人民币 110 余万元 + 折旧款人民币 50 万元。

(1)泥浆材料近 230 吨价值人民币 100 余万元的问题

仲裁庭注意到,申请人在 2015 年 9 月 11 日回复第一被申请人 2015 年 9 月 10 日《关于蒙古国对 B 油田公司现场泥浆药品处理的告知函的回复》中称:"因贵司取消后续生产任务,造成剩余 300 多万元的生产材料无法使用,其中泥浆材料价值 100 余万元。"第一被申请人代表签收了此份函件,但未予表态。

仲裁庭认为,上述证据表明,申请人确有因第一被申请人取消生产任务而导致进口泥浆无法继续使用的损失。该损失由第一被申请人造成,第一被申请人应承担损失赔偿责任。申请人向第一被申请人提出了人民币 100 余万元的损失金额,第一被申请人对此未提出不同金额的主张,故仲裁庭对于申请人仲裁申请中此项费用的请求予以支持。

(2)配件近 300 件价值人民币 110 余万元

仲裁庭注意到,申请人仲裁请求中的此项费用,仅见申请人自制的《蒙古项目物资器材现场库存明细表》,未有其他证据予以佐证。仲裁庭对于是否存在近 300 件配件以及相应金额均无法作出认定。故仲裁庭对于申请人仲裁请求中的此项费用无法予以支持。

(3)折旧款人民币 50 万元

仲裁庭注意到,就申请人主张的折旧费,未有证据证明施工现场遗留了申请人所称的建筑物、设备及其价值,且申请人主张已经使用 3 年的期限为合同正常履行的期限。

仲裁庭认为,合同3年期满后,申请人撤场时该等建筑物及设备应由申请人自行处理,第一被申请人并无承担剩余年数折旧费的义务。若第一被申请人阻挠申请人自行拆除该等建筑物及处理设备,则应由第一被申请人承担赔偿责任。但若申请人撤场时未予拆除处理,而是遗留现场,第一被申请人无承担赔偿责任的义务。鉴于证据未见第一被申请人曾经阻挠申请人自行拆除该等建筑物及处理设备,即使有申请人建筑物及设备留在施工现场,亦非第一被申请人原因所致,申请人无权向第一被申请人主张折旧款项。故仲裁庭对于申请人仲裁请求中的此项费用无法予以支持。

5. 国内复员费近30万美元

仲裁庭注意到,补充协议(一)第5条约定:“钻机设备国内复员费……如两年后返回……甲方向乙方支付两台钻机中国境内复员费共计近30万美元。”仲裁庭认为,鉴于仲裁庭已经认定合同不能继续履行的责任在第一被申请人,故按照上述约定,鉴于申请人的两台钻机是在2年后调运回国,第一被申请人应按照约定向申请人支付钻机国内复员费近30万美元。

6. 蒙古国钻井设备复员费及违约金的问题

(1)蒙古国钻井设备复员费近40万美元

第一,复员费金额的问题。

仲裁庭注意到,按照《垫资合同》的约定,蒙古国境内的钻井复员费由申请人先行垫付,由第一被申请人向申请人支付,第二被申请人承担连带的付款义务。第一被申请人对于申请人已经垫付了上述费用近40万美元没有争议,但主张申请人代表在2014年9月25日的电话沟通中承诺自行承担的其中第一批押车费近8万美元,应从上述款项中扣减。申请人对于第一被申请人所称的上述承诺不予认可。第一被申请人向仲裁庭提交了鉴定申请和录音材料,申请对录音中的声音与申请人代表的声音进行鉴定。

仲裁庭认为,即使申请人在2014年9月25日电话承诺自行承担部分蒙古国复员费,但之后第一被申请人2014年10月11日的《蒙古钻机设备回运费用

(最终稿)》和致申请人的《关于垫付复员费用尾款的函》,再次确认了蒙古国复员费为近40万美元,说明双方最终确认的应由第一被申请人承担的蒙古国复员费为近40万美元。

综上所述,第一被申请人应向申请人支付蒙古国复员费近40万美元。也鉴于上述仲裁庭的意见,仲裁庭对于第一被申请人的鉴定申请不予同意。

第二,第二被申请人的付款责任问题。

其一,关于第二被申请人担保效力的问题。

就第二被申请人的连带担保责任问题,仲裁庭注意到,我国《担保法司法解释》第6条的规定,未经国家有关主管部门批准或者登记,为境外机构向境内债权人提供担保的"对外担保合同无效"。仲裁庭还注意到,国家外汇管理局于2014年5月12日颁布、6月1日生效的《跨境担保外汇管理规定》第2条规定:"本规定所称的跨境担保是指担保人向债权人书面作出的、具有法律约束力、承诺按照担保合同约定履行相关付款义务并可能产生资金跨境收付或资产所有权跨境转移等国际收支交易的担保行为。"该规定第25条则规定:"境内机构提供或接受除内保外贷和外保内贷以外的其他形式跨境担保,在符合境内外法律法规和本规定的前提下,可自行签订跨境担保合同。除外汇局另有明确规定外,担保人、债务人不需要就其他形式跨境担保到外汇局办理登记或备案。"该规定第29条还规定:"外汇局对跨境担保合同的核准、登记或备案情况以及本规定明确的其他管理事项与管理要求,不构成跨境担保合同的生效要件。"而《垫资合同》签订于2014年7月,应适用我国2014年6月1日生效的《跨境担保外汇管理规定》。

仲裁庭认为,从上述国家外汇管理局的规定可以看出,跨境担保的主要关键在于"可能产生资金跨境收付或资产所有权跨境转移等国际收支交易的担保行为",而本案所涉第二被申请人的担保责任不涉及资金跨境收付或资产所有权跨境转移。因而,依据我国《跨境担保外汇管理规定》,第二被申请人在《垫资合同》项下的担保责任无须国家主管部门批准登记,且国家主管部门的批准登记，不再构成担保合同生效的要件。因而《垫资合同》中涉及第二被申请人担保义务的条款属有效条款。

其二，关于“保证期间”和“免除保证责任”的问题。

第一被申请人提出，因申请人未在保证期间主张第二被申请人的担保义务，因而第二被申请人的担保义务已经免除。

仲裁庭注意到，我国《担保法》第26条规定：“连带责任保证的保证人与债权人未约定保证期间的，债权人有权自主债务履行期届满之日起六个月内要求保证人承担保证责任。在合同约定的保证期间和前款规定的保证期间，债权人未要求保证人承担保证责任的，保证人免除保证责任。”而我国《担保法司法解释》第34条第2款则规定：“连带责任保证的债权人在保证期届满前要求保证人承担保证责任的，从债权人要求保证人承担保证责任之日起，开始计算保证合同的诉讼时效。”申请人于2014年11月7日、2014年11月20日两次以《关于确认并偿还蒙古国设备复员费及磋商合同相关款项的函》致第一和第二被申请人，要求两被申请人偿还蒙古国复员费。申请人经公证的证据即第一被申请人的回复邮件，证明其承认了收到申请人邮件和磋商的事实。

仲裁庭认为，申请人在《工程承包合同》约定的保证期届满，也就是2014年12月25日前，已经要求第二被申请人承担保证责任，故第二被申请人的保证责任未予免除。对于第二被申请人保证责任的仲裁时效应从申请人要求第二被申请人承担保证责任之日，也就是2014年11月20日起开始计算。申请人提起本案仲裁申请的时间，未超过法律规定的仲裁时效。

综上所述，仲裁庭认为，第一被申请人应向申请人支付蒙古国复员费近40万美元，第二被申请人承担连带的付款责任。

(2)违约金近15万美元

就申请人主张按《垫资合同》约定，第一被申请人于2014年12月25日前支付申请人垫付的复员费，否则每逾期1天向申请人支付未付款0.1%的违约金，自2014年12月25日至2016年1月15日为近15万美元的仲裁请求，第一被申请人主张违约金过高。

仲裁庭认为，每日0.1%的违约金约定确属过高，仲裁庭酌情予以调整为参照中国人民银行同期贷款罚息利率计算违约金。

第一被申请人应以近40万美元为基数，按照中国人民银行同期贷款利率的150%（年利率9%），向申请人支付2014年12月25日至2016年1月15日的逾期付款违约金人民币23万余元，具体计算如下：近40万美元×6.5637×9%×386÷365=人民币23万余元。

第二被申请人承担连带的付款责任。

7. 医生费用人民币4万余元

就申请人的此项仲裁请求，第一被申请人对于按照《工程承包合同》应由第一被申请人承担医生费用不持异议，但是对申请人是否派遣医务人员未予认可。

申请人提交了证明医务人员身份并派遣蒙古国工地的证据材料。仲裁庭认为，申请人的证据材料形成了完整的证据链，证明目的明确，仲裁庭认可其真实性，故对申请人医务人员在蒙古国施工现场的事实以及申请人提出的费用予以认可。

仲裁庭虽然认可医务人员身份和申请人由此产生的费用，但是仲裁庭也注意到，申请人证据中医务人员的身份写明为"营地经理和医生"。仲裁庭认为，按照《工程承包合同》的约定，第一被申请人仅有义务承担该人员作为医务人员而产生的费用，而其为营地经理身份的费用不应由第一被申请人承担。在无法确定该人员营地经理和医务人员的费用具体比例的情况下，仲裁庭酌情裁定总费用中的50%为医生费用，即人民币2万余元，由第一被申请人承担。

8. 律师费人民币近30万元

申请人提起仲裁请求，要求两被申请人承担其为本案支出的律师费人民币近30万元。根据本案的实际审理情况，仲裁庭酌情裁定第一被申请人向申请人支付律师费合计人民币 25 万元。

由于申请人未明确其他费用的金额和提交相应的证据，仲裁庭对此不予考虑。

（四）本案仲裁费

根据本案的实际审理情况，仲裁庭认为本案仲裁费应由申请人承担 20%，由第一被申请人承担 70%，由第二被申请人承担 10%。

三、裁　　决

仲裁庭裁决如下：

1. 第一被申请人向申请人支付 2012 年度工程款 60 万余美元及违约金人民币近 8 万元。

2. 第一被申请人向申请人支付 2012 年等停费 75 万余美元。

3. 第一被申请人向申请人支付 2013 年等停费近 200 万美元。

4. 第一被申请人向申请人支付库存材料损失人民币 100 余万元。

5. 第一被申请人向申请人支付钻机国内复员费近 30 万美元。

6. 第一被申请人、第二被申请人连带承担申请人垫付的钻井设备蒙古国复员费近 40 万美元及违约金人民币 23 万余元。

7. 第一被申请人向申请人支付医生费用人民币 2 万余元。

8. 第一被申请人向申请人支付律师费人民币 25 万元。

9. 本案仲裁费为人民币由申请人承担 20%，由第一被申请人承担 70%，由第二被申请人承担 10%。由于本案仲裁费已经与申请人预缴的等额仲裁预付金相冲抵，故第一被申请人应向申请人支付 70% 的仲裁费，第二被申请人应向申请人支付 10% 的仲裁费，以补偿申请人代其垫付的仲裁费。

10. 驳回申请人的其他仲裁请求。

上述两被申请人应向申请人支付的款项，应自本裁决作出之日起 30 日内支付完毕。

本裁决为终局裁决,自作出之日起生效。

案例评析

【关键词】

境外工程施工合同;施工项目提前终止的结算;施工方境外等停费;境外遗留材料;境外担保

【焦点问题】

该案涉及的核心问题是,在境外工程施工合同提前终止的情况下如何结算,施工方主张的等停费是否可以得到支持?境外遗留材料如何认定及境外担保的问题。

【焦点评析】

涉案纠纷属于境外石油钻井施工合同纠纷,涉及项目提前终止的情况下合同价款的支付、等停费如何支持、现场遗留设施如何计算以及涉外担保等典型问题。现结合该案案情及双方争议焦点,评述如下。

(一)境外施工合同提前终止的结算问题

众所周知,中国企业"走出去"的道路并不是一帆风顺的,不少工程项目最终因政治、战争、资金、环境等原因不得不半途而废。对于作为施工方的中国公司,在合同提前终止的情况下如何主张自己的权利,存在许多实际的和法律的困难。而仲裁庭在案件审理中,也会遇到诸多特殊的困难。

1. 案件概述

该案申请人是国内石油钻井行业的专业公司。它于2011年6月与第一被申请人(一家在蒙古国注册的公司)签订了钻井施工合同,约定由申请人采用钻井工程年度承包方式承包第一被申请人在蒙古国某区块的钻井工程,承包期限为3年,即从2011年至2013年12月31日。2012年申请人在完成2口井的工程后,因无施工任务而停止施工。2014年3月12日第一被申请人告知申请人项目因国内外经济形势、投资环境发生重大变化而停顿,涉案合同提前终止。2014年7月16日申请人、第一被申请人和第二被申请人(中国企业法人)签署《垫资协议》,约定由第二被申请人连带承担第一被申请人就申请人设备从蒙古国复员的费用及违约金的责任。

2. 境外工程结算款的支付条件问题

境外施工合同提前终止,或者是境外的“半拉子”工程,经常会出现由于合同约定的竣工结算或是支付条件因合同提前终止而不能实现,或者发包人提出质量等问题而仲裁庭不具备现场勘查鉴定的手段的情况。在这些情况下,仲裁庭如何考量双方的争议,是该案的主要问题。

在该案中,双方对于2012年度工程款为60余万美元不持异议,但是第一被申请人认为支付条件尚未成就,主要集中为:钻井尚未试压、验收合格,申请人尚未提交环保报告和资料。申请人虽然称钻井早已经试压、验收合格,但是除环评验收资料外,缺少其他试压验收的证据材料。该案申请人于2016年1月提起仲裁申请,已经距离2012年的施工结束有3年之久。施工项目在境外,钻井是否试压和验收难以再现场核实查验。

在案件审理中,仲裁庭另辟蹊径,从3个角度阐述了观点:一是虽然没有证据证明钻井已经试压和验收,但是按照合同的约定,应是先有“验收合格”,再确定结算金额。结算金额既然已经确定,那么就可以推论出钻井已经过试压和验收。二是申请人证据证明2口井已经过了环评验收,结论均为合格。从而可以得出结论:既然通过了环评验收,说明涉及验收、环评及资料移交等事宜已经完成。三是从2012年施工结束到双方2015年3月11日经《会议纪要》确认支付的日期,第一被申请人从未要求申请人需履行任何其他义务。仲裁庭综合上面3个角度,说明支付条件早已成就。

裁决书对于第一被申请人的支付条件尚未成就的抗辩,在缺乏申请人必要证据的情况下,结合合同条款及申请人的部分证据,通过推论得出合理结论,因而不予采纳,也为类似的境外工程施工合同争议的解决提供了思路。

通过该案例,也提醒中国的施工企业在境外工程中尤其要对竣工、验收等文件给予足够的重视。否则在发生争议时,自己的合法权益往往难以得到保障。

(二)等停费的问题

在该案中,因申请人自2012年完工2口钻井后一直处于停工状态,由此产生的"等停费"如何支持?

该案中的等停费类似于国内施工中"停窝工费"。合同约定了2012年度不少于10口井,但是在申请人完成了2口井之后便出现了"无工作量"的情况,致使申请人无工可施,设备处于等停状态。如果是国内的施工项目,仲裁庭可能会考虑申请人适当减少人员和设备以减少损失。但是境外的施工申请人往往不具备减少人员和设备的条件和可能性。考虑到境外施工的特殊性,仲裁庭全额支持了申请人的等停费的仲裁请求。

从这个案例可以看出,境外施工若遇有"停窝工"的情况,施工方难以具有通过减少人员或设备以减少损失或者避免损失扩大的可能性。因而发生争议时,对于施工方的这类损失应当实事求是地予以支持。

(三)境外遗留材料的问题

境外施工合同提前终止,施工方往往尚存剩余的施工备料。而这些施工备料又难以在当地处理或者运回国内。在该案中,仲裁庭认为这部分的损失应当由违约提前终止合同的第一被申请人承担。

对于申请人主张的库存材料损失和泥浆材料款，第一被申请人均予以否认。在这个问题上，同样遇到了申请人举证困难而仲裁庭无法查证的问题。就申请人的这一仲裁请求，仲裁庭对于申请人的证据采取了不同态度，分不同情况予以不同的处理。

证据显示申请人曾经向第一被申请人主张泥浆材料损失，但是第一被申请人未予答复。仲裁庭对于申请人主张的这一部分损失合理地给予支持。而对于申请主张的配件损失，因为缺乏任何证据的佐证，仲裁庭无法支持。

（四）涉外担保的问题

该案不仅涉及了境外施工的疑点难点，而且还涉及了涉外担保的问题。

第一被申请人和第二被申请人与申请人于2014年7月16日签署《垫资协议》，约定由第二被申请人连带承担第一被申请人就申请人设备蒙古国复员费及违约金的责任。2014年10月11日申请人和第一被申请人确认了申请人的蒙古国复员费。申请人在仲裁请求中要求第二被申请人为蒙古国复员费承担连带责任。

第二被申请人主张根据我国《担保法司法解释》第6条的相关规定，第二被申请人作为境内企业，未经国家有关主管部门批准或者登记为境外机构的第一被申请人提供担保，该对外担保无效，因此第二被申请人对担保合同下的设备复原垫资及相关款项不承担担保责任。

仲裁庭在此重点关注了涉外担保是否“可能产生资金跨境收付或资产所有权跨境转移等国际收支交易”。在确定该案的担保责任不涉及资金跨境收付或资产所有权跨境转移的情况下，对于申请人的这项仲裁请求给予了支持。

【结语】

该案裁决书就境外工程的特殊性，尤其是在遇到“半拉子”工程时仲裁庭如何审理合同价款争议等问题从合同约定、举证责任等角度进行了论证，最终大部分支持了申请人的仲裁请求。

该案给出的提示是,境外施工存在非常多的风险和不确定因素。一旦合同提前终止,除确定已完工部分的合同结算价款外,还不可避免地会遇到施工方“停窝工”的损失如何支持、境外遗留设备材料的损失如何认定等问题。而这些问题的处理与施工方的合法权益密切相关。仲裁员除需要深厚的法律功底外,最好还有一定的涉外工程领域的经验。

另外,境外工程施工产生的争议,不仅局限于施工本身,还会遇到保险、担保等法律问题。这些问题的出现,更要求中国的施工企业在合同签订前充分做好法律的准备。

上述这些问题的合理解决,对于中国施工企业“走出去”,尤其是在“一带一路”倡议下的对外合作有非常重要的作用。该案的仲裁裁决非常专业地回应了境外工程施工争议的疑难问题,对于仲裁解决类似的争议提供了非常好的示范。

（案例评析人:赵　杭）

案例三　中国A电站工程公司、印度尼西亚B电站工程公司与印度尼西亚C工程公司承包合同争议仲裁案

中国国际经济贸易仲裁委员会(以下简称仲裁委员会)依据第一申请人中国A电站工程公司(以下简称第一申请人)、第二申请人印度尼西亚B电站工程公司(以下简称第二申请人,第一、第二申请人以下合称申请人)与被申请人印度尼西亚C工程公司(以下简称被申请人)于2012年9月24日签订的《工程、采购和施工分包合同》(Sub-Contract Agreement of Engineering, Procurement and Construction,以下简称《分包合同》)中仲裁条款的约定,以及申请人向仲裁委员会提交的仲裁申请书,受理了申请人与被申请人上述合同项下的争议仲裁案。

本案适用自2015年1月1日起施行的《中国国际经济贸易仲裁委员会仲裁规则》(以下简称《仲裁规则》)。

根据本案仲裁条款的约定,本案由独任仲裁员成立仲裁庭进行审理。由于申请人和被申请人未在规定期限内共同选定或共同委托仲裁委员会主任指定1名独任仲裁员,仲裁委员会主任根据《仲裁规则》之规定指定X担任本案独任仲裁员。X在签署了《声明书》后成立仲裁庭,审理本案。

仲裁庭如期对本案进行了两次开庭审理。申请人、被申请人均委派代理人参加了庭审,当庭陈述了案件事实,对证据进行了质证,并回答了仲裁庭的提问。

本案现已审理终结,仲裁庭根据本案现有书面文件以及庭审所查清的事实

和证据,依据《仲裁规则》的有关规定,作出本裁决。现将本案案情、仲裁庭意见以及裁决结果分述如下。

一、案　　情

2011年12月22日被申请人作为项目总承包方与业主D签订了一份关于位于印度尼西亚某省燃煤火电项目的设计、采购、施工一体化合同(以下简称EPC合同)。2012年9月24日第一申请人和第二申请人作为分包方与被申请人签订了该项目的《分包合同》(申请人在本仲裁案中将其翻译为"总包合同",仲裁庭注)。《分包合同》约定:"各方同意在仲裁开始前友好地解决与履行本《分包合同》有关的任何争议。因本《分包合同》引起的或与《分包合同》有关的任何争议或差异,应通过《中国国际经济贸易仲裁委员会(CIETAC)规则》(以下简称《规则》)中的仲裁提交并最终通过仲裁解决,《规则》被视为并入本条款。仲裁程序中使用的语言为中文。仲裁庭应由双方同意的独任仲裁员组成,或在一方提出仲裁请求的7天内双方未达成协议时,由《规则》主任指定的一个仲裁员组成。"(原文为:"The Parties agree to settle any dispute in connection with the performance of this Subcontract Agreement amicably before the commencement of arbitration. Any dispute or difference arising between the parties out of or in connection with this Subcontract Agreement shall be referred to and finally resolved by arbitration in China International Economic and Trade Arbitration Commission (CIETAC) Rules (Rules), which Rules are deemed to be incorporated by reference into this clause. The language to be used in the arbitral proceedings shall be Chinese language. The arbitral tribunal shall consist of a single arbitrator agreed to by both parties or failing agreement within seven (7) days of a party requiring such arbitration, by an arbitrator nominated by the Chairman of the Rules.")申请人与被申请人之间的分包合同以及上述仲裁条

款以英文签订,申请人在其仲裁申请书中将上述仲裁条款的主要部分翻译为:“合同履行中发生的任何争议,合同方之间超出合同或者与合同有关的任何争议或分歧,都应提交并且最终通过中国国际经济贸易仲裁委员会规则进行仲裁解决,此仲裁规则的含义和要求应被视为已经加入到本条款内。”申请人根据上述仲裁条款提起本案仲裁。

申请人在其仲裁申请书中称:申请人与被申请人之间的分包合同约定由第一申请人及第二申请人共同组成联合体来参与完成本合同,目的是修建一座位于印度尼西亚某省的电厂。被申请人希望指定第一申请人及第二申请人来执行合同工作,同时申请人同意并接受合同工作,包括但不限于设计、生产、厂内测试、发货和运输至现场、安装、现场测试、调试前准备、调试和性能测试、培训以及质保期内服务在内的所有工作。

双方约定分包合同的总价包括近860万美元和近1440亿印尼盾。

合同签订后,被申请人向申请人交付了合同所需的项目土地,但项目土地中的永久道路用地(施工必需的道路,且涉及厂区大门坐标位置)被申请人一直没有向申请人交付,亦没有确定项目大门的坐标位置及相关数据,对总平面图不及时批复,影响了申请人的初步设计工作和工程施工。2013年1月14日《会议纪要》明确,如果因为永久道路用地无法获得的原因而导致任何的工期延误,业主D将负全责。

合同签订后,第一申请人和第二申请人于2012年12月5日向被申请人开具了履约保函(金额近283万美元);2013年5月14日分别向被申请人开具了预付款保函(价值分别为179万余美元、58万余美元及近98亿印尼盾)。申请人在2013年5月28日、5月30日和7月9日分三笔收到被申请人支付的预付款:近124亿印尼盾、58万余美元、46余亿印尼盾+近71万美元。

厂区土地交付后,申请人投入人力、物力,先后完成了厂区平面设计、场地整理、地质勘测、主要设备采购以及初步设计等工作。2012年12月15日申请人向被申请人提交平面总图,2013年4月30日申请人收到批准的状态总图后，即于2013年5～7月进行了地质勘探。

由于初步设计和工程进度始终受到厂区平面图没有正式审批和厂区永久道路未交付及大门坐标不确定等因素的影响，申请人多次要求被申请人提供厂外永久用地道路及大门的坐标位置，但至今无果。后为加快进度，2013年10月双方形成《会议纪要》，确定于2013年11月20日前完成初步设计，编制进度发票并付款，缩短工期延误，2013年12月开始土方平整，并汇报锅炉采购进度。在这种情况下，申请人只能按审批状态的平面设计图进行初步设计。初步设计工作由申请人委托的设计院于2013年11月25日完成，申请人于2013年11月29日完成审图后提交给被申请人。2013年11月27日在申请人即将完成初步设计审核时，被申请人提出要申请人退还预付款，否则就兑付履约保函，尽管申请人提出异议，但被申请人仍在合同的履行过程中，不但将履约保函兑付，还将预付款保函全部兑付，且以保函款已扣为由，搁置初步设计不审批，尽管申请人多次要求被申请人退还保函款，审批初步设计方案继续履行合同，但被申请人均以各种借口推辞，形成纠纷。

综上所述，合同签订后，申请人已对项目工程做了大量的工作，对工程进行了前期投资，合同工程没有达到节点进度要求，责任不在申请人一方。双方在2013年10月10日的《会议纪要》中还约定双方要赶工期履行合同，但就在申请人积极履行合同的过程中，被申请人却不顾申请人的反对，兑付扣收了包括履约保函款在内的全部保函款，且不将初步设计提交业主D审批，不交付永久道路用地，这本身就是一种单方终止合同的行为。申请人认为被申请人的上述做法已严重损害其正当权益，在多次协商无果的情况下，申请人提出以下仲裁请求：

1. 解除双方签订的分包合同。

2. 裁定被申请人向第一申请人和第二申请人返还已兑付的履约保函款近283万美元（折合人民币1700万余元）。

3. 裁定被申请人向第一申请人返还已兑付的预付款保函款179万余美元

（折合人民币1000万余元）。

4. 裁定被申请人向第一申请人返还已兑付的预付款保函款58万余美元（折合人民币近353万元）。

5. 裁定被申请人向第一申请人返还已兑付的预付款保函款（折合82万余美元，人民币500万余元）。

上述第2～5项请求返还的总金额为602万余美元（折合人民币3660万余元）。

6. 裁定被申请人承担申请人律师代理费人民币近53万元。

7. 裁定由被申请人承担本案仲裁费。

2016年8月6日申请人变更其仲裁请求事项为：

1. 请求解除双方签订的分包合同；

2. 裁决被申请人向第一申请人和第二申请人返还已兑付的履约保函款近283万美元及利息近46万美元（自2013年12月19日计算至2016年10月31日，2016年11月1日至付清之日的利息仍按中国人民银行同期人民币贷款基准利率计算）；

3. 裁决被申请人向申请人支付预付款保函款与预付款的差额款项31万余美元及利息5万余美元（自2013年12月19日计算至2016年10月31日，2016年11月1日至付清之日的利息仍按中国人民银行同期人民币贷款基准利率计算）；

4. 裁决被申请人向申请人支付合同解除前已施工部分、设计部分的款项和为项目订购的设备价款共计65万余美元及利息近11万美元（自2013年12月19日计算至2016年10月31日，2016年11月1日至付清之日的利息仍按中国人民银行同期人民币贷款基准利率计算）；

5. 裁决被申请人向申请人支付赔偿款近141万美元；

6. 裁定被申请人承担申请人律师代理费人民币近53万元；

7. 裁定被申请人承担本案的仲裁费用。

申请人对其变更仲裁请求作出说明：因在合同履行中，被申请人已向申请人支付预付款，故合同解除后，对被申请人扣收的预付款保函款与已支付的预付款，两项相抵后，被申请人多收取的保函款应退还给申请人。另外，合同解除前申请人已施工产生的人员工资等费用和为项目订购的设备设施材料合同款的合理费用，以及设计费等需要支付的合理费用，被申请人应支付给申请人，并且，被申请人兑付的履约保函款及其他款项，应当向申请人支付利息。依据上述事实，申请人提出变更仲裁请求，以保护申请人的正当权益。

被申请人在其提交的《答辩书》中答辩称：

申请人对其未按照分包合同中约定的工期履行其相应合同义务这一事实并无异议，但是申请人认为是被申请人的行为导致申请人未履约，所以其未履约的行为可以免责。

被申请人认为申请人的以上论述不仅无任何合同依据，也无任何法律依据，而且与事实不符。被申请人认为申请人未履行合同义务的行为已经构成严重违约，被申请人因此而兑付保函的行为符合合同约定。

1. 申请人声称其违约可以免责的理由既无约定的、也无法定的依据。

根据仲裁申请书所述，本仲裁申请所依据的协议是三方于2012年9月24日签订的分包合同。但是申请人在其仲裁申请书中并未援引《分包合同》中的任何一项条款来支持其论据。换言之，申请人没有指出《分包合同》项下有哪一项合同条款规定在某种情况下其违约行为可以免责，更没有指出《分包合同》项下有哪一项合同条款规定被申请人的某种行为属于申请人免责的事由之一。因此，申请人声称其未履约的行为可以免除其合同项下违约责任的这一理由没有任何合同依据。

根据《分包合同》的约定，该合同的适用法律为新加坡法律。但申请人在其《仲裁申请书》中并未援引任何一条新加坡法律来支持其论据。换言之，申请人没有援引任何一条新加坡法律规定证明在某种情况下其违约行为可以免责，更没有援引任何一条新加坡法律规定证明被申请人的某种行为属于申请人免责的事由之一。因此,申请人声称被申请人未履约的行为可以免除申请人合同项下违约责任的这一理由没有任何法律依据。

实际上,被申请人的行为不会免除申请人的违约责任。在国际交钥匙工程中,总承包商一般负责设计、采购、建设等全部工作并承担相应责任,而业主往往仅负责验收和支付等少数义务。而本案中的《分包合同》条款也正验证了这一点,被申请人代替了业主的位置,除负有支付合同价款的义务外,仅在"协助"条款中承担了一些义务。而这些义务,顾名思义主要是指由被申请人负责协调申请人作为分包商与业主之间的一些沟通和协调,与《仲裁申请书》中所指责的被申请人的行为无关。

由此可见,申请人声称其违约可以免责的理由既无约定的、也无法定的依据,故申请人无任何合理理由推托其所造成的工程进展延迟。

2. 申请人在2013年1月25日已经确认合同生效,本次仲裁申请理由与其于2013年1月25日签署之文件互相违背,违反"禁反言原则"(equitable estoppel)。

申请人于2013年1月25日签署了一份《土地移交声明》(Land Hand Over Statement),其中明确表示双方确认《分包合同》于2013年1月15日开始生效。也就是说,双方当时已经确认了依据《分包合同》约定的专案工程已经符合了开始的条件,然而申请人却在本次《申请仲裁书》中表示项目土地中的永久道路用地为施工必需的道路,且涉及厂区大门坐标位置,显然与上文《土地移交声明》中所确认合同中所约定的专案工程已经符合了开始的条件之事实相违背,违反"禁反言原则"。

3. 2013年1月14日的《会议纪要》并不能使被申请人在原有的合同义务外产生额外的义务。

申请人声称:"2013年1月14日《会议纪要》明确,如果因为永久道路用地无法获得的原因而导致任何的工期延误,业主D将负全责。"但是,申请人不能因为《会议纪要》而免除其工期延误的违约责任,原因如下:

该会议的主要目的在于将工程土地移交给申请人作为工程建设之用,其在法律上的意义在于确认《分包合同》是否依据所约定的专案工程已经符合了开始的条件而生效。如果申请人认为《分包合同》尚未达到生效条件,应该在当时就主张其尚未生效,而并不能在一个确认土地移交的会议上变动双方在《分包合同》下的权利义务关系。

何况,如果要对原协议进行修订需要满足一个前提条件,即补充协议的签约方需与原协议的签约方均保持一致,且双方均需为经过授权或法定上有变更合同内容权限的代表人。而本案中的《会议纪要》的签约方是业主D与被申请人代表,而原协议(《分包合同》)的签约方是申请人与被申请人,两份协议的签约方不一致。因此,该前提条件并不满足。况且,代表被申请人在2013年1月14日《会议纪要》上签字的员工的职务为项目经理,其无权代表被申请人签订任何协议或作出任何重大许诺。因此,申请人声称的2013年1月14日的《会议纪要》,并不是一份足以变动《分包合同》内容的法律文件。

此外,该《会议纪要》中明确"业主D将负全责"。因此,如果该《会议纪要》得以成为一份法律文件而依其主张权利,该文件亦仅仅可以成为申请人用以向业主D主张损害的法律文件,而并非一份得以据此向被申请人请求或仲裁庭得以有权审理的法律文件。

4. 事实上,永久道路用地的交付与工期延误之间没有因果关系。

永久道路用地实际上不是进入工程场地的唯一通道,其交付与否对电厂工程进展并无影响。

因此,申请人声称永久道路用地未交付导致工期延误的理由与事实不符,申请人对于该事实应该负举证责任。

5. 申请人违约的唯一原因应归咎于其自身,而非被申请人。

申请人曾多次承认其未能按时推进工程(参见申请人提交的2013年8月16日的电子邮件以及2013年10月10日的《会议纪要》)并按期提供初步设计(参见申请人对074号电子邮件的回复)。

根据《分包合同》，申请人应保证工程进展无延误。根据《分包合同》以及《一体化合同特殊条款》，若工期发生延误，申请人应承担相关损失，而被申请人在发生该等违约行为时有权兑付履行保函和预付款保函。

因此，被申请人有权依照合同和相关保函条款兑付所有保函。

申请人延误工期构成《分包合同》项下的违约是一个不容置疑的事实。该违约是由申请人自身（而非由被申请人）造成。以被申请人的某些行为作为申请人违约的免责事由既无合同上的依据，也无法律上的依据。因为申请人违约，被申请人兑付保函符合合同的约定。

基于上述事实与理由，被申请人请求仲裁庭不予支持申请人的全部仲裁请求。

在整个仲裁程序中，申请人与被申请人在仲裁庭的安排下，提交了数轮书面陈述，并提供了大量的书面证据与证人证言，就争议涉及的具体问题，陈述了相关事实、阐明了各自的立场，仲裁庭将在仲裁庭意见部分，对这些问题进行具体的介绍和分析。

二、仲裁庭意见

（一）本案法律适用

本案争议合同，即申请人与被申请人之间的《分包合同》，约定了合同适用的法律为新加坡法律，其原文为："本《分包合同》受新加坡共和国法律管辖，不考虑其冲突法原则。"（原文为："This Subcontract Agreement shall be governed by the laws of Republic of Singapore, without regard to its conflict of laws principles."）

仲裁庭认为，当事人在合同中约定的法律适用条款，是合同的重要内容，应当得到充分的尊重，在当事人未能就合同约定的变更达成一致的情况下，合同约定的法律适用条款是当事人之间有效的约定，必须得到尊重，因此，本案适用的法律遵照当事人约定,为新加坡法律。

但本案申请人与被申请人均没有委托新加坡律师作为仲裁代理人,被申请人虽然提交了一份新加坡法律专家的书面专家证言和部分新加坡判例,但其中提供的新加坡法律内容非常有限,未能涉及双方争议的主要问题,而申请人则没有提交新加坡法律的具体内容,只是从中国法律的角度提出了自己的主张。这种情况虽经仲裁庭提醒,但并未有实质性改进,双方均未能提交为解决双方争议的问题所涉及的新加坡法律具体内容的充分材料。

申请人提出,在新加坡法律的具体内容不能查明的情况下,应根据中国《涉外民事法律关系适用法》的相关规定,适用中国的法律,但被申请人表示反对,认为申请人与被申请人的合同中明确约定了适用新加坡法律,因此本案没有适用中国法律的余地,中国《涉外民事法律关系适用法》的相关规定并不适用于在中国进行的国际仲裁案件。

为解决上述法律查明的实际问题,根据本案的具体情况,考虑《仲裁规则》第49条第1项的规定,即"仲裁庭应当根据事实和合同约定,依照法律规定,参考国际惯例,公平合理、独立公正地作出裁决",仲裁庭建议申请人与被申请人在不能提供新加坡法律具体内容的情况下,就争议涉及的法律问题,依据《国际商事合同通则》的有关规定进行阐述,如果一方认为《国际商事合同通则》的规定与新加坡法律的内容不同,则需提交相关新加坡法律的具体内容予以证明,不否认则视为《国际商事合同通则》的相关规定与新加坡法律的内容是一致的。申请人与被申请人均接受了这一解决方案,在庭后提交的书面陈述意见中,除能提供新加坡法律的具体内容外,依据《国际商事合同通则》对各自立场涉及的法律问题进行了阐述。

综上所述,本案争议的适用法律,根据申请人与被申请人之间的合同约定,为新加坡法律,在新加坡法律的具体内容不能查明的情况下,仲裁庭将参照《国际商事合同通则》的规定,假定新加坡法律的内容与《国际商事合同通则》的规定相一致而予以适用,除非一方当事人能够证明新加坡法律的具体内容与

《国际商事合同通则》的规定不一致。

(二)本案争议焦点问题的分析

在第一次开庭之后,仲裁庭根据申请人与被申请人提交的书面陈述以及开庭时的口头陈述,总结了本案争议焦点问题,要求双方当事人按照争议焦点问题提交补充陈述并组织、提供相关证据,同时告知双方,他们可以在上述问题之外,就他们各自认为与本案争议有关的问题提交陈述意见并提交证据。

以下仲裁庭将对申请人与被申请人就争议焦点问题提出的陈述予以总结,并提出仲裁庭的分析意见。

1. 关于合同解除的问题

(1)申请人解除合同的依据是什么?包括事实依据、合同依据和法律依据,分别说明。

第一,申请人立场总结。

其一,解除合同的事实依据:

申请人先是认为,被申请人违约后无理兑付申请人的履约保函款和预付款保函款,其后不再进行项目工程,该行为表明被申请人已解除合同。申请人后来又提出,业主与被申请人并没有解除合同,而是由于被申请人的根本违约导致申请人提请解除合同。

①依据合同的相对性,被申请人在与业主的《总包合同》中充当承包人的角色,在与申请人的《总包合同》中是取代业主位置,是以业主身份与申请人履行《总包合同》。

②《总包合同》约定,合同履行期间,分包商应遵守与《总包合同》所列任务有关的所有合同条款和条件,并应承担所有相关责任和义务,包括与《总包合同》任务有关的、应由承包商承担的所有责任和义务。《总包合同》多条约定证明场外永久道路用地属项目现场条件。在2013年1月14日的《会议纪要》中明确,通向永久道路的电厂主大门坐标由业主提供。

③场外永久道路用地没有提供,电厂主大门坐标未提供,使申请人无法正

常开展项目工作。

④2013年12月19日被申请人兑付了申请人的全部履约保函和预付款保函，全部预付款保函兑付后，相当于被申请人收回已支付的全部工程资金，终止合同。

⑤全部保函款扣划后，被申请人终止了项目推进，如在2014年8月7日《会议纪要》中，申请人询问被申请人是否已将初步设计提交业主审批时，被申请人答复没有提交，原因是保函款已扣划。申请人提出退回保函款，重新开具保函，以及重新制定方案，让业主D提供厂外道路用地以履行合同，但被申请人推辞，称截至目前，业主D还未对此项目的执行提出意见。

上述事实证明，被申请人兑付了申请人的履约保函和全部预付款保函，并终止项目工作，相当于已将全部已付工程款抽回，解除了合同。

其二，解除合同的合同依据：

①《总包合同》约定，总包合同的生效条件有A、B、C三项，其中B项是履约保函。履约保函是对整个合同履行的担保，对此，《总包合同》约定，履约保函直至最后一单的最终验收证书生效的60天内有效。而被申请人在合同履行过程中兑付履约保函，合同自然解除。

②依据《总包合同》条款之约定，预付款保函是对已付预付款返还的保证。因此，兑付预付款保函就相当于收回了已为项目工程支付的预付款。《总包合同》下本地采购、国外采购（FOB部分）合同、项目土建安装和调试合同三份子合同均约定该预付款数额，而被申请人以兑付保函款的方式将该预付款全部抽回，造成合同工程无款履行，其行为表明终止或解除合同。

其三，解除合同的法律依据：

申请人未查找到新加坡法关于合同解除的法律规定，因此，依据中国《涉外民事关系法律适用法》的规定，在这种情况下，可以适用中国法律。本案《总包合同》因被申请人违约和不履行合同义务使合同目的无法实现，符合我国《合同法》第94条第2项、第4项规定的情形，具备解除条件，应依法解除。

第二,被申请人立场总结。

被申请人认为,申请人对本案焦点问题的陈述意见基于如下两点:一是被申请人通过兑付保函的行为表明其单方决定解除合同的意思表示;二是被申请人兑付保函缺乏合法依据。

但是,申请人没有引用任何一条新加坡法律来证明兑付保函行为构成合同解除的法定理由,而且错误地将合同中关于保函的有效性及使用的条款作为证明兑付行为构成合同解除的约定依据,所以申请人提出合同解除的理由不成立。事实上,申请人严重延误工期的行为已经构成合同项下的违约,被申请人依据合同约定完全有权兑付保函。

申请人关于由申请人终止合同的主张是在庭审前及庭审期间从来没有提出的主张或攻击防御方法,在庭审后的代理词中提出这个新的主张及攻击防御方法已经变更了原来的仲裁请求内容,这种新提出的主张及攻击防御方法已经违反了仲裁庭第一号程序命令及第二号程序命令的内容,也剥夺了被申请人得以防御及主张案件的权利,无论在程序或实体上都违背了《承认及执行外国仲裁裁决公约》(以下简称《纽约公约》)的规定及精神,仲裁庭应该不允许这种在庭后代理词中变更请求内容的行为,更不应该审酌其内容。

对于申请人主张永久道路用地属于项目现场“条件”的主张,被申请人否认。理由为:申请人所列举的《总包合同》多条约定,均仅能说明场外永久道路为整体工程的一项,并非如申请人所主张之前提“条件”。

对于永久道路的电厂大门坐标由业主提供的主张,被申请人否认。理由为:根据2013年1月14日的《会议纪要》,其内容明确叙述为“永久道路所需的电厂主大门坐标由承包商决定并经由业主D认可……”(原文为:“...the Power Plant main gate coordinate for permanent access road is determined by the Contractor with approval of Owner D and...”)。而在《总包合同》中,此处之“承包商”就是指申请人。因此,该部分之内容与申请人主张之“坐标是由业主提供”相矛盾。

关于兑付保函是否构成解除合同的问题,被申请人陈述如下:

当事人于总包合同特别条款中约定:"该笔保证金应保证于违反本合同情形下首期付款之返还。"(原文为:"Such security shall guarantee the return of the initial payment in the event of a default or breach of this Subcontract Agreement.")

《总包合同》约定:"合同金额中FOB及印度尼西亚工厂交货部分之银行保证,将以出示之相关收据复印件为凭,按各该部分已履行之比例减少。"(原文为:"The bank guarantees for the down payment on the F. O. B portion and exWork Indonesian portion of the Contract Price of the EPC Contract will be reduced automatically pro rata the value of each delivery at site for FOB Portion and delivery at site for the ex-works Indonesian Portion, against presentation of a copy of the relevant invoice.")另外,条款亦针对项目土建安装和调试部分的保证金有相同约定。

根据以上内容,如各该部分工程依约执行,工程完工时,该部分保证金额将归零,但并不会使合同发生终止或解除的效果,否则完工后的质量保证将缺乏合同依据,此结论显然与工程合同的目的相抵触,由此亦可推论预付款保函之存在并非是合同的"前提条件"。

申请人与被申请人2014年8月7日的《会议纪要》载明:"被申请人要求第一申请人先提供建议,包含如需延长多久时间以及新的时间表等,根据该等建议,被申请人将询问业主D对此项目的意见。"(原文为:"The Respondent asks the First Claimant to first provide the proposal, such as how long is the time extension and new milestones, etc. Based on these proposals, the Respondent will ask Owner D about their opinions about this project.")

在《会议纪要》中,关于申请人询问设计图是否送交业主D审查时,被申请人的回复为:"被申请人尚未将基础设计提交予业主D审查,因为C公司仅收到电子版设计图,而并未收到纸本;同时银行保证金已遭兑付。"(原文为:"they haven’t submitted the basic design to Owner D for review because the Respondent only received the soft copy of the basic design but didn’t receive the hard copy of the basic design, and at same time the bank guarantee has already been withdrawn.”)

由以上2014年8月7日《会议纪要》内容可知,至少至该日止,双方当事人仍在会议中讨论时程的可能延展等事项,表明了当时双方当事人并没有认定《总包合同》已经终止的意思,申请人主张合同因保证函被兑付而终止,显然与申请人主张之终止后所发生的事实互相违背。

针对申请人提出的解除合同的合同依据,被申请人陈述如下:

在《总包合同》中已经约定:“在承包方违反本合同之情形下,业主得将任何非金钱的履约保证转换成金钱,而此款项将被视为现金保证金。对因依本条将保证转换成现金所产生的任何损失,业主不须负责。”(原文为:“In the event of any default or breach of this Contract on the part of the Contractor, the Owner may convert into money any performance security which does not consist of money, and the proceeds shall be deemed to be a cash deposit. The Owner will not be liable for any loss resulting from the conversion of any security deposit into money as herein provided.”)

上述约定已经清楚地表明了业主兑付保函之效果为将保证视为现金保证金(cash deposit),而并非作为解除合同的意思表示,而申请人主张兑付保函即产生合同终止的效果,与合同上的约定不符。

申请人主张兑付保函款即表明终止或解除,并无法律上或合同上的依据。相反地,根据《总包合同》的内容可以推知,预付保函款的兑付本身并不会造成合同终止或解除的结果。

针对申请人提出的法律适用问题,被申请人陈述如下:

双方当事人对于本案之准据法为新加坡法律,并无异议。

被申请人从未同意将准据法改为中国法,也没有同意在新加坡法律不明确的情况下,中国法得以适用。

依据《仲裁规则》第49条第2项的规定:“当事人对于案件实体适用法有约定的,从其约定。当事人没有约定或其约定与法律强制性规定相抵触的,由仲裁庭决定案件实体的法律适用。”在本案中,当事人已经约定适用的实体法,亦不存在与法律强制性规定相抵触的问题,故仲裁庭没有被授予适用中国法的权限。

《总包合同》约定,该合同的准据法是印度尼西亚法律,当初在《总包合同》中改以新加坡法律为准据法乃是配合申请人的要求,被申请人为印度尼西亚的公司,没有理由改用新加坡法律为准据法,是申请人先已于合同协商过程中主张了以新加坡法律为准据法,依据“禁反言”的原则,申请人不得再主张适用中国法。

第三,仲裁庭意见。

申请人在本仲裁案中的第1项仲裁请求为:“请求解除双方签订的分包合同。”但在解释其所依据的理由时,提出过两个不同且互相矛盾的理由:申请人提出的第一个理由认为,被申请人无正当理由兑付了申请人的履约保函和预付款保函,其后又拒不将申请人完成的初步设计提交业主审批,不再履行合同,该行为表明其解除了申请人与被申请人之间的《分包合同》。申请人提出的第二个理由则认为,被申请人的上述行为构成根本违约,导致申请人有权提请解除合同,请求仲裁庭在本案中裁决解除申请人与被申请人之间的《分包合同》。

仲裁庭首先需要指出的是,在国际仲裁程序中,当事人就同一仲裁请求提出不同的、替代的、甚至互相矛盾的数个理由,并非不能允许,申请人在阐述其解除合同的不同理由时,并没有变更其仲裁请求,并没有影响被申请人答辩权利的行使,而本案被申请人也未能证明申请人的上述仲裁行为剥夺了被申请人进行答辩的正当权利,因此,对被申请人认为申请人的上述行为违反了《纽约公约》的规定及精神的主张,仲裁庭不予支持。

关于申请人解除合同的仲裁申请,仲裁庭首先考察申请人提出的第一个解除合同的理由,即被申请人的行为是否表明被申请人解除了合同。仲裁庭在考察了相关时段当事人往来的函件后,不能支持申请人的这一理由。被申请人在兑付预付款保函以及履约保函时,并没有表示要终止合同的履行,反而在其2013年12月17日的邮件中,被申请人还说:“被申请人依据合同所赋予的权利,不得已采取必要措施来扣留银行保函,目的是将这个项目继续下去。”直到本案仲裁程序进行期间,被申请人一直主张合同并没有解除,并主张合同应当继续履行。

申请人依据《分包合同》中有关合同生效条件的规定,来主张合同因为被申请人兑付保函而由被申请人解除的理由,也是不能成立的,合同的生效条件与合同解除是两个不同的概念,合同生效条件之一是申请人提交必要的保函,申请人提交了合同要求的保函后合同生效,但若此后因申请人违约,被申请人正当地依据合同或法律规定,行使了保函项下的权利,部分甚至全部兑付保函,并不当然导致合同的解除,申请人的这一主张显然基于对合同条款的错误理解。

申请人依据我国《合同法》第94条第2项和第4项的情形,认为本案具备解除条件,应依法解除,但《合同法》第94条第2项和第4项规定的是合同一方根本违约的情况下,合同另一方有权解除合同,与申请人主张的被申请人自身的行为表明其解除合同无关。

因此,基于以上分析,仲裁庭不接受申请人提出的被申请人的行为表明合同已经由被申请人解除的主张。

接下来,仲裁庭需要考察申请人提出的解除合同的第二个理由,即被申请人的行为是否构成根本违约,从而导致申请人有权主张解除合同。

本案的基本事实是,申请人与被申请人签订《分包合同》后,项目业主至今未能提供场外永久道路用地,这一事实双方都承认,但在项目延误是否与场外永久道路用地的提供有关这一问题上,双方持相反立场。申请人认为,场外永久道路用地没有提供,电厂大门坐标无法确定,使申请人无法正常开展项目工作,因此,项目延误的责任不在申请人。被申请人则认为,场外永久道路用地的提供仅仅与项目施工有关,并不影响项目设计阶段的工作,项目设计阶段的延误是申请人自身原因造成的,因此项目延误的责任在申请人。

仲裁庭注意到,申请人与被申请人2013年1月15日签订的《土地移交声明》及其附随的1月14日被申请人与业主签订的《会议纪要》(Minutes of Meeting)对场外永久道路用地的提供及其影响作出了约定。申请人与被申请人在《土地移交声明》中明确同意:“本声明连同业主D的《土地移交声明》应构成E项目移交文件的组成部分,并构成被申请人与财团X之间的合同文件。”(原文为:This statement together with land hand over statement with Owner shall form integral part of the hand over document for E project and to be part contractual document between the Respondent and Consortium X.)“……因此,双方确认E项目《分包合同》已于2013年1月15日生效。”(原文为:“... both parties therefore confirm that E project subcontract has become into effectiveness on January 15, 2013.”)被申请人与业主之间的《土地移交声明》以印度尼西亚文签署,其主要内容包含在其所附的《会议纪要》中,包括:“然而,永久通道的土地还没有准备好。为了进行工程,业主D和承包方同意该项目将根据《土地移交声明》中规定的条件和本《会议纪要》中约定的条件生效。”(原文为:“However, the land for permanent access road is not ready yet. In order to proceed for the works, Owner D and Contractor agreed that the project shall become into effectiveness with the condition as stated in the Land Hand Over Statement and conditions agreed in this Minutes of Meeting.”)“承包方解释说,永久通道的电厂大门由承包方经业主D批准确定,此类坐标应参照合同图纸。因业主D的原因造成的批准的大门坐标的任何变更以及此类变更对设计和施工工程的影响应由业主D承担风险和责任。”(原文为:“Contractor explain that the Power Plant main gate for permanent access road is determined by the Contractor with approval of Owner D and such coordinate shall refer to the contract drawing. Any change to the approved main gate coordinate caused by the reasons attributable to Owner D and such change affect to design and construction works therefore shall be at risks and responsibilities of Owner D.”)“承包方解释说,根据合同时间表,为了完全进入项目现场,应首先建造通道。然而,由于该通道的土地尚不可用,承包方可能会使用现有的乡村道路进行工作准备,例如现场调查。然而,在施工期间将使用永久通道。如果由于永久通道的土地不可用而导致项目执行延迟,业主 D 应承担责任。”(原文为:“Contractor explains that according to the contractual schedule, the access road should be constructed first in order to have full access to the project site. However due to the land for this road is not available yet, the contractor might use the existing village road for the purpose of work preparation such as site invcstigation. However the permanent access road will be used during construction period. Owner D shall be taking responsibilities in case the project executions delay due to unavailability of land for permanent access road.”)

申请人说,不提供场外永久道路用地,则无法确定电厂大门的坐标,因此无法完成初步设计。而上述《会议纪要》明确了,电厂大门的坐标由承包商(在申请人与被申请人之间则为申请人)确定并取得业主的批准,如果此后由于业主的原因造成变更,对设计和施工造成影响的,由业主承担其风险与责任。《会议纪要》还约定了,永久道路在施工阶段需要被使用,如果因为未提供永久道路而导致项目执行的延误,业主方承担责任。

在争议发生时,项目尚未进入施工阶段,实际上直至今日,项目也未进入施工阶段。双方产生争议的是项目设计阶段延误的责任问题,因此,仲裁庭认为,未能提供场外永久道路用地并没有影响申请人的初步设计工作,申请人不能将初步设计的延误归咎于未能提供场外永久道路用地。事实上,在申请人于 2013 年 11 月 29 日完成初步设计时,场外永久道路用地依然没有交付,但申请人还是完成了初步设计,这也从一个方面说明了,场外永久道路用地的提供不是进行初步设计的必要条件。

此外，申请人与被申请人对提交初步设计图纸的具体时间要求也有争议，被申请人认为，初步设计的提交日期对应于合同附表《时间表4：合同时间表关键日期》（Schedule 4 Contract Schedule Key Dates）中的"设计和细节图的提交"（Submission of Design and Detail Drawing），即应该在合同生效的1个月内提交，《分包合同》于2013年1月15日生效，而申请人在2013年11月29日才将初步设计图纸电子版提交给被申请人，显然晚于合同约定。申请人则认为，合同生效后1个月内提交初步设计根本是不可能的，合同附表所提及的Design and Detail Drawing是指总体平面图纸，申请人已经在2012年12月15日提交，合同附表对初步设计图纸的提交日期没有具体要求，因此，申请人于2013年11月29日提交初步设计没有违反合同。

仲裁庭注意到，被申请人方的证人自然人F出庭作证时也确认了，初步设计随着工程的进展逐步展开，初步设计图纸不可能在合同生效后1个月内提交。自然人F是一个在电厂项目建设方面有经验的工程师，是被申请人方的证人，他对初步设计图纸提交日期的上述证言应该是可信的。因此，被申请人认为初步设计图纸应该在合同生效后1个月内提交的主张不能成立。

在之后的庭审中，申请人与被申请人的代理人都同意，初步设计应该在打第一根桩之前完成，根据合同附表，打第一根桩的时间应该为合同生效后的6个月内，照此推算，打第一根桩的日期应该在2013年7月15日之前。因此，申请人的初步设计应该早于2013年7月15日之前完成，并将初步设计图纸提供给被申请人。申请人未能在此日期前提交初步设计图纸，构成违约。特别是在申请人与被申请人于2013年10月10日签订《会议纪要》，确认在2013年11月20日完成"批准初设"的情况下，申请人依然没有能在11月20日前提交初设图纸，明显属于违反合同的行为。

同时，申请人与被申请人的代理人也都同意，打桩属于合同施工阶段，必须在场外永久道路用地交付之后才能进行，而实际上场外永久道路用地至今也未能交付,因此,被申请人说申请人没有能在合同生效后6个月内完成打第一根桩也构成违约的主张不能成立。

那么申请人在提交初步设计图纸方面的延误,构成的违约行为,对此,被申请人有什么样的补救措施;被申请人是否有权兑付申请人提交的预付款保函与履约保函的全部金额?

仲裁庭认为,虽然申请人在提交初步设计图纸方面有严重延误,但根据本案项目场外永久道路用地至今没有提供的实际情况,被申请人在没有宣布解除合同的情况下,就全额兑付了申请人提供的3份预付款保函和1份履约保函,其这样做并没有充分的理由。虽然合同约定了在申请人违约的情况下,被申请人有权兑付保函下的款项,但被申请人在行使其权利时,应该根据申请人违约的具体情形及其造成的实际损害,来衡量决定兑付保函款项的范围和金额。保函的目的是在申请人违约给被申请人造成损害时,被申请人可以得到及时的赔偿,但不能说申请人任何程度的违约,被申请人都可以全额兑付全部保函下的全部金额。而且,被申请人并未能证明申请人的履约延误行为给其造成了接近或者超过全部保函金额的损失,因此,被申请人兑付履约保函和预付款保函全部金额的行为缺乏合同与法律上的依据和合理性。此后被申请人长期拒绝将申请人提交的初步设计图纸提交给业主审核批准,导致合同无法继续履行,合同项目停滞至今,超过3年之久。并且,被申请人既不提出终止合同,但同时又长期不履行将初步设计图纸报送业主审批的义务,令人无法理解。这一行为造成的后果非常严重,导致合同的履行被长期搁置,而被申请人并未能为其行为提出合理的、令仲裁庭接受的理由。因此,仲裁庭认为,被申请人的上述行为已构成根本违约,根据《国际商事合同通则》第7.3.1条的规定,申请人有权提请解除合同。

《国际商事合同通则》第7.3.1条规定:

(1)合同一方当事人可终止合同,如果另一方当事人未履行其合同项下的某项义务构成对合同的根本不履行；

(2)在确定不履行某项义务是否构成根本不履行时，应特别考虑到是否存在以下情况：

(a)不履行实质上剥夺了受损害方根据合同有权期待的利益，除非另一方当事人并未预见并且也不可能合理预见到此结果；

(b)对该项义务的严格遵守是合同的实质性约定；

(c)不履行是有意所致还是疏忽所致；

(d)不履行使受损害方有理由相信，不能依赖另一方的未来履行；

(e)若合同被终止，不履行方将因已做的准备或履行而蒙受不相称的损失。

被申请人先是兑付了申请人提供的履约保函和预付款保函的全部金额，随后在长达3年的时间里，拒绝将申请人已经提交的初步设计图纸提交给业主进行审核，使合同无法继续履行，后果非常严重，导致申请人无法继续履行合同并取得合同约定的价款，而被申请人这样做显然并非疏忽所致，而是其有意为之，而在经历了长期的不履行合同之后，很难保证未来合同的履行可以顺利进行下去。因此，仲裁庭认为被申请人的行为构成了根本违约，申请人有权要求解除合同。

(2)申请人请求解除合同，请明确合同从何时解除?

第一，申请人立场总结。

申请人认为，解除合同的时间是2013年12月19日，因该日被申请人兑付了申请人的全部履约保函和预付款保函，并终止了项目工程。

第二，被申请人立场总结。

对于申请人的上述主张，被申请人全部否认。理由除讨论第1个问题时已经陈述的内容外，被申请人还补充说明如下：

申请人主张的合同解除时间是2013年12月19日，但由申请人与被申请人在2014年8月7日签订的《会议纪要》中可以看出，至少在2014年8月7日以前,双方当事人仍然在讨论可能的期限延展方案,被申请人仍然要求申请人能够先提出建议,然后依据该建议内容向业主 D 提出是否同意延展,该讨论内容未能推动的原因在于申请人始终没有提出其对于期限延展的具体建议。

第三,仲裁庭意见。

申请人一开始主张解除合同的时间是 2013 年 12 月 19 日,因该日被申请人兑付了申请人的全部履约保函和预付款保函,并终止了项目工程。申请人后来又主张,业主 D 与被申请人并没有解除合同,而是由于被申请人的根本违约导致申请人提请解除《总包合同》,而没有对合同解除的时间作出说明。

仲裁庭前面已经认定,被申请人兑付预付款保函和履约保函的行为本身并不构成对合同的解除,因此,申请人主张合同于 2013 年 12 月 19 日被申请人兑付申请人全部预付款保函和履约保函之日解除,仲裁庭不予支持。

根据本裁决书上文阐述的结论以及下文的具体分析,仲裁庭支持了申请人因为被申请人根本违反合同,导致申请人提请仲裁庭解除合同的主张。根据申请人的仲裁请求,仲裁庭以本裁决书确认、裁决并宣告申请人与被申请人之间的《分包合同》因为被申请人的根本违约而解除,因此,申请人与被申请人之间的《分包合同》解除日期应为本裁决作出之日。

(3)申请人解除合同是否发出了解除通知,解除通知在形式上和实体上是否符合合同和法律的要求?

第一,申请人立场总结。

申请人于 2013 年 12 月 13 日给被申请人发送的律师函中已明确,被申请人兑付全部履约保函和预付款保函是终止合同,如果被申请人执意终止合同,被申请人可向银行申请撤销申请人的保函,申请人退还被申请人的预付款,关于合同损失,申请人将依法提起仲裁解决。

第二,被申请人立场总结。

对于申请人的上述主张,被申请人全部否认,理由如下:

申请人根据其于 2013 年 12 月 19 日所发出的律师函,认为被申请人意图单方面终止合同，然而被申请人于《违约通知函》以及对申请人律师函的回函中，都表明兑付保函有合同上的依据，且于回函中更明确指出兑付保函是不得已的措施，目的是使此项目继续进行（原文为："Based on the above facts, The Respondent, based on the rights provided in the contract, has to take all the necessary steps to drawn-down the Bank Guarantee, in order to continue this Project."），由此可知，被申请人并没有解除合同的意思表示。

第三，仲裁庭意见。

关于对解除合同的通知的形式要求与实体要求，申请人与被申请人都没有援引合同的约定。被申请人在其《庭后陈述意见书》中援引了新加坡高等法院的一个案例，即"铝不锈钢业私人有限公司诉维新建筑私人有限公司案"（Al Stainless Industries Pte Ltd v. Wei Sin Construction Pte Ltd [2001] SGHC 243），该案的法官吴碧丽（Woo Bih Li JC）阐述道："希望行使其终止合同或终止分包合同权利的当事人有义务明确书面通知是根据终止条款发出的。在理想情况下，书面通知应确定其发出所依据的条款，尽管我并未说这总是必要的（参见'苏帕马尔有限公司诉联邦住房有限公司案'）。但是，对于通知是根据特定条款发出的，收件人必须不怀疑问，因为建筑业的投诉或追逐者并不少见。"[原文为："It is incumbent on a party who wishes to exercise its right to terminate a contract or sub－contract to make it clear that the written notice is being given pursuant the provision for termination. Ideally, the written notice should identify the provision that it is issued pursuant to, although I do not say this is always necessary (see Supamarl Ltd v. Federal Homes Ltd [1981] 9 Con LR 25). However the recipient must be left in no doubt that the notice was sent pursuant to a particular provision since complaints or chasers in the construction industry are not uncommon."]

仲裁庭认为，新加坡法律和大多数国家的法律一样，对解除合同的通知有基本的要求，即必须使接受通知的一方没有疑问地确知该通知是根据有关解除合同的规定而发出的，因为解除合同在当事人之间会产生非常严重的法律后果，因此解除合同的意思表示必须是非常明确的，不能留有任何疑问。

本案申请人以其律师 2013 年 12 月 13 日代表自己向被申请人发的律师函作为解除合同通知，基于以下原因，仲裁庭认为，该律师函不能构成一份解除合同的通知。

首先，该律师函以被申请人兑付预付款保函与履约保函的行为表明被申请人单方面解除合同为前提，而仲裁庭已经认定，被申请人兑付预付款保函以及履约保函的行为本身并不构成解除合同的行为。其次，申请人的律师 2013 年 12 月 13 日的律师函，其措辞与内容均不是十分明确，既假设了被申请人“继续履行合同”的情形，也假设了被申请人“执意终止合同”的情形，提出了不同情形下的申请人立场，而没有明确的解除合同的意思表示。因此，仲裁庭认定，申请人律师代表申请人于 2013 年 12 月 13 日向被申请人所发的律师函不构成有效的解除合同的通知。

但从本仲裁案一开始，申请人就明确提出仲裁请求，请求仲裁庭裁决解除申请人与被申请人之间的《分包合同》，申请人在本仲裁案中要求解除合同的意思表示自始至终是明确的，被申请人对此解除合同的要求不可能有任何疑问，并且在本案长达 1 年多的时间里，被申请人有充分的时间和机会对申请人解除合同的请求作出回应和答辩，因此，仲裁庭认为，申请人在本案中提交的包括请求解除合同在内的《仲裁申请书》，已经送达被申请人，并已给予被申请人充分答辩机会，充分满足了解除合同的通知的要求，构成有效的解除合同的通知。

(4)解除合同的法律后果是什么？已经履行的部分如何处理？没有履行的部分如何处理？双方是否有相互索赔，以及如何处理？

第一，申请人立场总结。

其一，解除合同的法律后果，《总包合同》约定：业主应支付承包人在合同解除前已施工部分的款项和为施工准备而发生的合理费用，支付承包人在合同解除之前已施工部分的未支付款项。包括为施工而进行的准备工作部分,为施工或临时工程已经运至承包人的货物或材料,承包人为完成整个工程而发生的合理费用,承包人建筑设备、设施的迁移和搬运产生的费用,以及承包人重新分配人员或工人发生的合理费用。

其二,被申请人应退还兑付申请人的履约保函款。

其三,被申请人应向申请人赔偿包括预付款保函与预付款的差额款项损失、订货损失、利息损失和人员工资费用等相关损失。

其四,对现场的地表进行清理及将地勘移交给被申请人,所订货物因是为项目特殊制作的,属定做性质,须支付合同款及违约金,其损失列入本案损失。

第二,被申请人立场总结。

对于申请人上述第一项主张,被申请人全部否认,并说明:即使如申请人所主张,被申请人已依《总包合同》的约定解除合同,业主应该支付的费用,根据该条款也仅限于如下的特定内容与范围,而申请人所主张被申请人应支付的费用,没有一项是符合该等内容及范围内:

其一,已经业主认可的工程进度所产生部分(原文为:"The amounts payable in respect of any preliminary items so far as the work or service comprised therein has been carried out or performed and a proper proportion as certified by the Owner of any such items of the work or service which has been partially carried out or performed.");

其二,已经合理地购买且将所有权转移至业主的材料或货物所产生的花费(原文为:"The cost of materials or goods reasonably ordered for the Works or Temporary Works which shall have been delivered to the Contractor or of which the Contractor is legally liable to accept delivery, such materials or goods becoming the property of the Owner upon such payment being made by him.");

其三,经业主认可之其他的合理的延伸支出(原文为:"A sum to be certified by the Owner being the amount of any expenditure reasonably incurred by the Contractor in the expectation of completing the whole of the Works in so far as such expenditure shall not have been covered by the payment in the sub-items before mentioned.”)。

对于申请人上述第二项主张，被申请人全部否认，并说明如下：

其一，总包合同约定，并不包含被申请人应退还已兑付的履约保函款，而申请人也没有提出退还履约保函款的合同基础或新加坡法律的依据。

其二，即使仲裁庭认为被申请人有义务返还该已兑付的履约保函款，该保函款亦因与申请人应赔付给被申请人的所损失的商业利益与违约金相互抵销，而使该返还的义务归于消灭。

其三，被申请人所损失的商业利益的计算为：

①被申请人与业主D的合同总价款为：近858万美元+1600亿余印尼盾；

②申请人与被申请人的合同总价款为：近858万美元+近1440亿余印尼盾；

③因申请人的严重违反合同的时程，导致被申请人原可期待的合同差价的利润为：169亿余印尼盾。

其四，另申请人应负担违约金：

①依《总包合同》的约定：“如承包者未能依照EPC合同中Part 5表4所特定的各个牵涉违约金的关键日期履行其合同下的义务，或当此延期可能受到业主依合同（完成时间的延展）允许，承包者应对业主依所订之费用，负支付违约金的责任。”［原文为：“If the Contractor shall fail to carry out his obligations under the Contract by the respective Key Dates which are subject to liquidated damages, as specified in or such extensions thereto as may be granted by the Owner pursuant to the provisions of (Extension of Time for Completion) herein, the Contractor shall be liable to pay to the Owner liquidated damages In accordance with and at the rates specified.”］

②又依《总包合同》中对于违约金计算的约定：“如果承包者未能如期

(Schedule 4 所特定的关键日期)达成各单位的商业运转,则业主对承包者的违约金将按 Part 5 表4 的日期,以合同金额的0.5%为单位计,延迟每7 天为1 单位,未满 7 天依比例计。"[原文为:"Should the Contractor fail to achieve Commercial operation of each Unit(which key date is specified in Part 5, Schedule 4) the liquidated damages will be assessed against the Contractor by the Owner on the basis of one half percent(0.5%) of the Contract Price of the associated Unit as stipulated in Part 5, Schedule 4 for each seven(7) day week, or pro rata for a part of seven(7) day week, by which Operation is delayed."]

③依据《总包合同》的约定:"本工程完成时间应以总包合同的 Schedule 4 为依据。"(原文为:"The time of completion of the Works shall be in accordance with to the Schedule 4 of the EPC Contract.")依据《总包合同》中 Schedule 4 - 2,申请人应于合同生效后1 个月内即提交详细的设计图纸。然而在被申请人提醒下,申请人仍一再迟延;于2013 年10 月10 日申请人与被申请人讨论执行进度的会议中,申请人承诺立即提交初步设计使业主得以在2013 年11 月20 日前完成批准;但申请人依然拖延至2013 年11 月29 日方提交初步设计,且并未提供纸本。依据前述约定,申请人应支付违约金。

④由于申请人自初设提交与审核部分即有迟延的情形,违约金如自原订期限起算,依 Schedule 4 为合同生效后1 个月,即2013 年2 月15 日,按照上述条款,申请人的迟延已经达到1277 天,如以每7 天0.5%按比例计算,已达到合同金额91.21%;又由于至今仍未达成商业运转,违约金如分别自第一与第二单位商业运转的期限起算,依 Part 5 表4 分别为合同生效后20 个月与22 个月,即起算日期各为2014 年9 月15 日与2014 年11 月15 日。截至2016 年8 月15 日,已分别有700 天与639 天之迟延。如以每7 天0.5%按比例计算,则分别达到50%与45.64%,均已经超过10%之上限。

对于申请人上述第三项主张,被申请人全部否认;被申请人对于申请人的各项主张,分别叙述理由如下:

其一,预付款保函与预付款的差额部分:预付款以及预付款保函的支付均包含美元以及印度尼西亚盾两种币值,因此差额应为108万余美元-近73亿印尼盾。

其二,订货损失部分,包含申请人主张之发电机与汽轮机货款:

①依申请人所附证据之发电机订货合同之约定,发电机应于2013年11月30日前交货;在交货后、货物开箱验收后、运行一定期间后,申请人均应分别支付一定比例之货款。

②依申请人所附证据汽轮机订货之约定,汽轮机应于2013年11月30日前交货;申请人应在合同生效一定期间后支付进度款、在发货后40天内支付后续货款。

③依据《总包合同》的赔偿范围,业主对于材料或货物的支付内容及范围,必须是合理地购买且将所有权转移至业主的材料或货物所产生的花费(原文为:“The cost of materials or goods reasonably ordered for the Works or Temporary Works which shall have been delivered to the Contractor or of which the Contractor is legally liable to accept delivery, such materials or goods becoming the property of the Owner upon such payment being made by him.”);然而申请人并未完成交货程序,是申请人未取得设备,当然被申请人或业主也无从取得所有权。因此,申请人对于发电机与汽轮机的订货损失主张,显然与《总包合同》的约定不符。

其三,设计合同部分:

依《总包合同》的约定,已经业主认可的工程进度所产生的费用,才属于赔偿范围(原文为:“The amounts payable in respect of any preliminary items so far as the work or service comprised therein has been carried out or performed and a proper proportion as certified by the Owner of any such items of the work or service which has been partially carried out or performed.”);申请人主张设计合同的赔偿部分,由于设计图的进度迟延,且没有得到业主认可,因此并不符合约

定的赔偿范围。

其四,人员工资部分:

①依据《总包合同》的约定,业主对于已经完成的工程进度的支付内容及范围,必须是符合已经业主认可的工程进度所产生部分完成或全部完成的内容才符合支付的要件(原文为:“The amounts payable in respect of any preliminary items so far as the work or service comprised therein has been carried out or performed and a proper proportion as certified by the Owner of any such items of the work or service which has been partially carried out or performed.”);因申请人所主张的内容,并未有经业主认可的工程进度,因此不符合《总包合同》的约定内容及范围。

②另申请人对于该项目的工作进度,是从最基础的设计开始就出现了严重的迟延,足见申请人所支付的人员工资都不是用于该项目的工作内容,申请人所提出的人员工资、管理费与差旅费,实际上是一欺瞒仲裁庭的虚构费用,其支出与本案的项目没有因果关系。

对于申请人上述第四项主张,被申请人全部否认,并陈述理由如下:

其一,依据《总包合同》的约定,业主对于已经完成的工程进度的支付内容及范围,必须是符合已经业主认可的工程进度所产生部分完成或全部完成的内容才符合支付的要件。(原文为:“The amounts payable in respect of any preliminary items so far as the work or service comprised therein has been carried out or performed and a proper proportion as certified by the Owner of any such items of the work or service which has been partially carried out or performed.”)

其二,申请人请求对现场的地表清理及地勘工作部分,并不属于业主认可的工程进度所产生部分完成或全部完成的内容,因此不符合《总包合同》的赔偿范围。

其三,依据《总包合同》的约定,业主对于材料或货物的支付内容及范围,必须是合理地购买且将所有权转移至业主的材料或货物所产生的花费。(原文为:"The cost of materials or goods reasonably ordered for the Works or Temporary Works which shall have been delivered to the Contractor or of which the Contractor is legally liable to accept delivery, such materials or goods becoming the property of the Owner upon such payment being made by him.")

其四,申请人请求对于订货合同款部分,由于申请人并未取得货物,不符合总包合同的赔偿范围。

其五,依据《总包合同》的约定,对于其他的合理地延伸支出,必须是业主认可之项目。(原文为:"A sum to be certified by the Owner being the amount of any expenditure reasonably incurred by the Contractor in the expectation of completing the whole of the Works in so far as such expenditure shall not have been covered by the payment in the sub-items before mentioned.")

其六,申请人主张的违约金部分,由于并不属于货物支出,且亦不是经业主认可之合理延伸支出,在合同上是欠缺基础向被申请人请求的。

第三,仲裁庭意见。

仲裁庭已经认定,被申请人在申请人违反合同延迟完成初步设计之后,没有解除申请人与被申请人之间的《分包合同》,但却全额兑付了申请人提供的预付款保函和履约保函,此后拒绝将申请人提交的初步设计图纸提交业主审批,因而停止了合同的履行,至今长达3年多,构成了根本违约,据此,仲裁庭支持了申请人解除合同的仲裁请求,申请人与被申请人之间的《分包合同》自本裁决作出之日终止。

申请人与被申请人之间的《分包合同》,因被申请人的根本违约行为而终止,被申请人因此需对申请人承担相应的违约损害赔偿责任。

申请人援引《总包合同》有关合同终止的约定,并提交了该条款的英文原文,其内容为:

"业主保留随时通过书面通知承包方全部或部分终止和取消本合同的权利。除非且直到承包方收到并确认终止通知,否则承包方应尽最大努力按照合同要求完成工程的执行。

在承包方收到终止通知后,承包方应立即终止,但不妨碍任何一方对任何先前违约的权利。

如果合同应按上述方式终止,对于在终止日期之前执行的合同所规定的所有工作,业主应向承包方支付(款项),只要这些金额或项目不在应向承包方支付的款项内,包括……”

(原文为:

“The Owner reserves the right to terminate and cancel this Contract in whole or in part at any time by written notice to the Contractor. Unless and until such notice of termination has been received, and acknowledged by the Contractor, the Contractor shall use his best endeavors to complete the execution of the Works in accordance with the requirement of the Contract.

Upon receipt by the Contractor of such notice of termination the Contractor shall immediately terminate but without prejudice to the right of either party in respect of any antecedent breach thereof.

If the Contract shall be terminated as aforesaid the Contractor shall be paid by the Owner in so far as such amounts or items shall not have already been covered by payments on account made to the Contractor, for all work executed prior to the date of termination as provided in this Contract, including ...”)

很明显,该条款约定了业主保留单方面终止合同的权利,以及在业主单方面终止合同的情况下,业主需要向承包方支付的款项。该约定显然不适用于因合同当事人一方根本违约,另一方解除合同的情形。并且,正如被申请人所指出的,如果该条款适用,业主需要支付的款项也仅限于业主已经收到并确认的项目。

根据申请人与被申请人之间《分包合同》的约定,《总包合同》的条款适用于《分包合同》,但申请人与被申请人都没有提交《总包合同》的全文,只是有选择性地提交了非常有限的一些条款。仲裁庭因此无法确认《总包合同》条款是否约定了在一方根本违约导致另一方解除合同的情况下,违约方应当承担的责任。而双方也都没有提交新加坡法律有关合同因一方违约而解除时违约损害赔偿的具体内容。因此,仲裁庭将依据《国际商事合同通则》的相关规定来分析并解决此类问题。《国际商事合同通则》的相关规定如下所示:

第7.3.5条(终止合同的一般效果)

(1)合同终止解除双方当事人履行和接受未来履行的义务。

(2)终止并不排除对不履行要求损害赔偿的权利。

(3)终止并不影响合同中关于解决争议的任何规定,或者即便在合同终止后仍应履行的其他合同条款。

第7.3.6条(一次性履行合同的恢复原状)

(1)一次性履行合同终止时,合同任何一方当事人均可主张返还其依据合同所提供的一切,但该方当事人亦应同时返还其所依据合同所收到的一切。

(2)如果返还实物不可能或不适当,只要合理,应做折价补偿。

(3)如果不能进行实物返还之原因归咎于对方当事人,则收到履行的当事人无须折价补偿。

(4)对于保存和维护收到的履行而合理发生的费用,可请求赔偿。

第7.4.1条(请求损害赔偿的权利)

任何不履行均使受害方取得损害赔偿的请求权,该权利既可以单独行使,也可以和任何其他救济手段一并行使,但该不履行根据本通则属于可免责的情形除外。

第7.4.2条(完全赔偿)

(1)受损害方对于因不履行而遭受的损害有权得到完全补偿。该损害既包括该方当事人遭受的任何损失,也包括其被剥夺的任何收益,但应当考虑到受损害方因避免发生的成本或损害而得到的任何收益。

(2)此损害可以是非金钱性质的,并且包括例如肉体或精神上的痛苦。

第7.4.3条(损害的确定性)

(1)赔偿仅适用于根据合理的确定性程度而证实的损害,包括未来损害。

(2)对机会损失可根据机会发生的可能性程度按比例确定。

(3)凡不能以充分确定性程度来确定损害赔偿金额的,赔偿金额以法院的自由裁量权确定。

第7.4.4条(损害的可预见性)

不履行方仅对在订立合同时他已经预见到的或应当合理预见到的、因其不履行可能产生的损害承担责任。

第7.4.7条(部分归咎于受损害方的损害)

如果损害部分归咎于受损害方的作为或不作为,或是部分归咎于由该方当事人承担风险的其他事件,在考虑到各方当事人行为的基础上,损害的赔偿金额应扣除因上述因素所导致的损害部分。

《国际商事合同通则》的上述规定,反映了合同法的一般性原则,没有理由认为新加坡法律与上述一般合同原则不相符。仲裁庭将根据上述合同法的一般原则,并根据申请人陈述的事实与理由以及被申请人的答辩理由,对申请人的各项仲裁请求加以分析,具体分析意见请见下文第三部分。

2. 关于保函的问题

(1)2013年11月的相关时刻,被申请人提出索赔保函下全部款项的依据是什么?包括事实依据、合同依据及法律依据,分别说明。

第一,申请人立场总结。

申请人认为被申请人索赔保函没有合法依据。2013年11月,在合同履行过程中,被申请人提出索赔保函下全部款项是没有合法依据的。被申请人提出索赔保函的主要原因是按照双方新的计划,申请人应在2013年11月25日前交付初步设计,但申请人是2013年11月29日才交初步设计(只是厂区初步设计,且按照审批的状态总图作出),被申请人认为逾期,故索赔保函。《土地移交协议》和《会议纪要》中已明确,如果因为永久道路用地无法获得原因而导致任何的工期拖延,业主D负全责。应由业主承担工期拖延责任,被申请人向申请人索赔保函款是无理的。

第二,被申请人立场总结。

对于申请人上述立场,被申请人否认。理由如下:

其一,根据《总包合同》的约定:“次承包方应向承包方提出一履约保证……此履约保证应遵循总包合同第2.9条。在次承包方违反其在本总包合同下的义务时,承包方有权提领该履约保证。”[原文为:“The Sub-Contractor shall issue a performance security(the Performance Security) to the Contractor … The performance security shall be complying with clause 2.9 of the EPC Contract. The Contractor is entitled to withdraw such Performance Security in case the Sub-Contractor is in breach of its obligations as mentioned in this Subcontract Agreement.”]

其二,根据《总包合同》第2.9条的约定:“在承包方违反本合同之情形下,业主得将任何非金钱的履约保证转换成金钱,而此款项将被视为现金保证金。对因依本条将保证转换成现金所产生的任何损失,业主不须负责。”(原文为:“In the event of any default or breach of this Contract on the part of the Contractor, the Owner may convert into money any performance security which does not consist of money, and the proceeds shall be deemed to be a cash deposit. The Owner will not be liable for any loss resulting from the conversion of any security deposit into money as herein provided.”)所以在承包方违约的情形下,兑付保函本来就是业主的权利,且保函兑付后,并未实质改变合同的本质,仅系将兑付的款项视为现金保证金。

其三,申请人屡次以无法取得道路用地作为工期拖延的理由,然而申请人在初步设计时间就已经迟延,显然与道路用地无关。因此,工期拖延是申请人的责任，被申请人兑付保函有合同上的依据。

依据《总包合同》的规定："如果承包者未能采取合适的行动以确保工作的及时完成，则应视为重大违约。"（原文为："Failure by the Contractor to take appropriate action to ensure timely completion shall be deemed a material breach of Contract."）申请人一再拖延交付初步设计的日期，以致工程进度严重落后，已经构成重大违约，被申请人兑付保函是实行合同项下的权利。

第三，仲裁庭意见。

仲裁庭在前面已经认定，申请人迟至2013年11月29日才向被申请人提交初步设计图纸，对比合同附表有关关键项目节点的时间要求，工期有明显的延误，特别是双方2013年10月10日的《会议纪要》在讨论了工期延误的问题之后，强调了必须于2013年11月20日完成"初设批准"的情况下，申请人的延误是严重的违约行为。

虽然《分包合同》以及申请人向被申请人出具的预付款保函与履约保函的具体条款都规定了，申请人违反合同时，被申请人有权兑付保函项下的款项。但根据合同法的一般原则，合同双方都应遵守诚实信用、公平合理的原则履行合同义务和行使合同权利，当实际违约情形发生时，需要视违约的具体情节及其给被申请人造成的损害，来判断是否应当兑付保函以及具体的兑付金额。无论是《分包合同》的条款还是预付款保函或者履约保函的具体条款，都没有给予被申请人在任何情况下，只要申请人有违约行为，无论其是否给被申请人造成实际损失以及给被申请人造成损失的大小，被申请人均有权兑付全部保函金额的权利。因此，根据合同的约定，仲裁庭不能得出只要申请人发生违约，无论违约情形的轻重以及对被申请人造成损害的大小，被申请人均有权兑付预付款保函与履约保函下全部金额的结论，这一结论显然是违反合同法的一般原理的。

因此，在发生申请人延误工期的情形之后，被申请人应当根据合同履行的具体情况，对此项延误给被申请人可能造成的损害作出合理的评估，采取相适应的措施,决定是否需要兑付保函以及具体兑付多少金额。

但在被申请人兑付保函时,被申请人并没有向申请人提出因其违约给被申请人造成损害的任何数字,只是不顾申请人的反对,武断地兑付了 3 份预付款保函和 1 份履约保函下的全部金额。被申请人未能提供其这样做的法律依据。

即使在本案仲裁程序中,被申请人依然没有能够证明因申请人延误工期的违约行为给被申请人造成了何种损失。被申请人提出因申请人延误工期给其造成了两个方面的损失:一是合同履行后可期待的合同差价利润,具体金额为 169 亿余印尼盾;二是 EPC 合同约定的延误项目关键日期应当支付的约定违约金,以合同总金额的 10% 为上限。

被申请人并未因为申请人发生工期延误而解除其与申请人之间的《分包合同》,同样,项目业主 D 也没有因为工期延误解除其与被申请人之间的承包合同,因此只要被申请人愿意继续履行合同,它依然可以获得合同履行后可期待的合同差价利润。实际上,直至本案最后一次开庭,此时距申请人提交初设图纸已经将近 3 年的时间,其依然没有取得场外永久道路用地,而被申请人也还没有将已经收到的初步设计图纸提交业主审批,而这些延误并非由于申请人的原因造成的。因此,仲裁庭认为,在被申请人没有提出解除合同的情况下,被申请人未能证明因为申请人延误工期的违约行为导致被申请人失去了可预期的履行合同的利润。

合同附表对初步设计图纸提交没有规定一个"关键日期",也没有规定要支付约定违约金,合同附表规定的最早的约定订违约金的支付事项为 1st Synchronization 的延误,按照附表的计划,它应该在合同生效后的 17 个月内完成,即应该在 2014 年 6 月 15 日前完成,如果未能按时完成,才需要支付约定违约金。在 2013 年 12 月 19 日被申请人兑付预付款保函与履约保函时,距该日期还有约半年的时间。因此,仲裁庭认为,被申请人要求申请人因延误工期承担支付约定违约金的责任,或者将此约定违约金计算为被申请人因申请人违约而发生的损失,是没有依据的。

被申请人没有因为申请人延误工期而解除合同，但在兑付保函时，被申请人还停止了向业主提交初步设计图纸供业主审批的工作，导致合同履行至今不能继续，这是非常严重的违约行为。虽然被申请人现在说是因为申请人只提交了图纸的电子版本，没有提交纸质的图纸而导致的，但在仲裁庭看来，这显然是被申请人事后寻找的借口，从双方当时的邮件来看，被申请人曾表示自己可以打印纸质图纸，而申请人当时也表示一旦被申请人审阅图纸后决定提交业主审批，申请人会提供纸质图纸，但被申请人此后没有再要求申请人提供纸质图纸，也没有表示过准备将初设图纸提交业主审批。

综上所述，仲裁庭认为，在申请人发生延误工期的违约行为后，被申请人在没有解除合同，也没有向申请人说明因其违约行为给被申请人造成损失的金额的情况下，武断地兑付了全部预付款保函和履约保函的金额，此行为是没有法律依据的。特别是在兑付保函之后，被申请人长期不向业主提交初步设计图纸供业主审批，使合同至今不能履行，被申请人的行为构成根本违约，申请人有权据此请求仲裁庭裁决解除申请人与被申请人之间的《分包合同》。

（2）在被申请人提出保函索赔之时，项目哪些节点已经发生了延误，延误的原因是什么以及是谁的责任？

第一，申请人立场总结。

其一，被申请人保函索赔时，原《总包合同》的节点均发生延误，延误的原因是因业主没有提供符合合同约定的项目现场，包括永久道路用地和厂区主大门坐标，以及拖延审批平面总图，没有最终审批平面总图等，责任应由被申请人承担。

其二，《总包合同》第 7 条约定了合同的生效条件：一是总包合同经各方签署；二是分包商提供了履约保函；三是项目现场已准备好。项目现场的永久道路没有准备好，合同本不具生效条件，但为了提前做好准备工作，故在 2013 年 1 月 15 日的《土地移交协议》和《土地移交声明》中，各方同意在厂区土地交付时，合同即生效，永久道路可后交付，但因永久道路用地没有交付而产生的工期延误,应由业主 D 负责。因在《总包合同》中,被申请人取代业主位置,因此,合同节点发生延误,责任由被申请人承担。

第二,被申请人立场总结。

对于申请人的上述立场,被申请人全部否认,认为项目时程的拖延是申请人的责任,理由如下:

根据 2013 年 1 月 14 日的《会议纪要》,“永久道路所需的电厂主大门坐标由承包商决定并经由业主 D 认可……”(原文为:“the Power Plant main gate coordinate for permanent access road is determined by the Contractor with approval of Owner D and.... ”)而在《总包合同》中,此处之“承包商”就是申请人,由此可见,该部分内容与申请人主张“坐标是由业主提供”并不符合。因此,厂区主大门坐标应由申请人决定,故申请人主张因业主没有提供主大门坐标而导致拖延是没有道理的。

申请人延误至 2013 年 11 月 29 日,但从其在该日得以交付初步设计来看,进度的拖延和厂区道路用地之提供并无关联性,否则在该道路尚未提供前,何以申请人仍可提出设计图?

第三,仲裁庭意见。

申请人所说在被申请人提出保函索赔时,所有的项目节点均已发生延误,显然与仲裁庭的问题不相对应。仲裁庭的问题是要查明在当时已经到期并已延误的项目节点,而当时并未到期的项目节点是否发生延误,在当时只能是一个推测。

申请人与被申请人均同意,场外永久道路用地没有提供,则施工不能够进行,任何有关施工进度的延误,申请人对此无须承担责任。因此,与本案有关的延误问题,实际上只限于设计阶段的延误。

申请人与被申请人在仲裁过程形成一致观点,同意《分包合同》对初步设计的完成日期没有作出明文的规定,但双方都同意,初步设计必须在打第一根桩之前完成,即必须在 2013 年 7 月 15 日之前完成。显然,申请人没有做到这一点,初步设计没有能够在2013年7月15日之前完成,这个事实确实存在。

申请人认为,初步设计未能按时完成,责任不在申请人,是因为业主没有提供场外永久道路用地,没有确定项目大门的坐标,才导致初步设计无法开展。

仲裁庭前文已经分析,没有提供场外永久道路用地,并不影响申请人的设计工作,申请人可以根据业主已经提供的信息确定电厂大门的坐标交由业主批准,并据此进行初步设计,如果将来因为永久道路用地的变化导致大门的坐标设计变更,相关责任由被申请人承担,但申请人根据约定应当开始进行初步设计工作。并且,申请人在业主没有提供上述条件的情况下,实际上也最终完成了初步设计,这也从事实上说明了当时申请人是可以开展初步设计工作的。

在初步设计未能于2013年7月15日之前完成,特别是在申请人与被申请人于2013年10月10日签订备忘录明确了初步设计必须于2013年11月20日之前获得业主批准的情况下,申请人依然未能按时完成,责任显然是在申请人方。

(3)如果申请人对上述延误有责任,是否可以成为被申请人索赔全部保函全部款项的理由?

第一,申请人立场总结。

申请人认为,即使申请人对工期延误有责任,被申请人也不能索赔全部保函款。

依据《总包合同》之约定,发生工期延误,业主应书面通知承包人,允许承包人赶工,且业主不得无理拒绝赶工。对赶工还不能完成工期的,合同约定了逾期违约责任,即每逾期1周承担本机组价格的0.5%,但逾期责任最高不超过合同总额的10%。被申请人可以在合同结束时追究申请人的违约责任,而不能在合同履行过程中,将履约保函和预付款保函全部兑付。

第二,被申请人立场总结。

被申请人认为,《总包合同》中违约金的约定,并无排除被申请人兑付保函的权利,申请人主张有违约金的约定因而不能兑付保函,并没有在合同约定上的法律基础,也没有在新加坡法律下提供的法律基础。

第三,仲裁庭意见。

仲裁庭在前文已经分析指出,虽然《分包合同》以及申请人向被申请人出具的预付款保函与履约保函的具体条款都规定了,申请人违反合同时,被申请人有权兑付保函项下的款项。但根据合同法的一般原则,合同双方都应遵守诚实信用、公平合理的原则履行合同义务和行使合同权利,当实际违约情形发生时,需要视违约的具体情节及其给被申请人造成的损害,来判断是否应当兑付保函,以及具体的兑付金额。无论是《分包合同》的条款还是预付款保函或者履约保函的具体条款,都没有给予被申请人在任何情况下,只要申请人有违约行为,无论其是否给被申请人造成实际损失,以及给被申请人造成损失的大小,被申请人均有权兑付全部保函的权利。根据案涉合同的约定,仲裁庭不能得出只要申请人发生违约,无论违约情形的轻重以及对被申请人造成损害的大小,被申请人均有权利兑付预付款保函与履约保函下全部金额的结论,这一结论显然是违反合同法的一般原理的。

因此,在发生申请人延误工期的情形之后,被申请人应当根据合同履行的具体情况,对此项延误对被申请人可能造成的损失作出合理的评估,并采取相适应的措施,决定是否需要兑付保函以及具体兑付多少金额。

但在被申请人兑付保函时,被申请人并没有向申请人提出因其违约给被申请人造成损害的任何数字,只是不顾申请人的反对,武断地兑付了 3 份预付款保函和 1 份履约保函下的全部金额。被申请人未能提供他这样做的法律依据。

(4)被申请人在没有提出解除合同、没有提出具体损失项目及金额的情况下,索赔全部保函款项的依据是什么,其后果是什么?

第一,申请人立场总结。

申请人认为,被申请人在没有任何依据的情况下,索赔全部保函款,其后果是合同终止并解除。本案证据已证明,因永久道路用地没有交付产生导致的工期延误,应由业主 D 负责。被申请人在未提出解除合同和损失主张情况下,索赔全部保函款,是没有道理的,其后果是合同终止解除。

第二,被申请人立场总结。

被申请人认为,兑付保函这个行为本身仅仅是将具有金融属性的担保措施转变成现金担保措施,而没有改变该资产的担保属性。换言之,被申请人尚未主张保函项下金钱资产的所有权。申请人错误地将“兑付”解释为“索赔”,曲解了该行为的性质,进而导致其作出错误的结论。申请人违约,被申请人兑付保函完全符合合同约定的先决条件,申请人不寻求正当合同渠道协商因迟延而导致的损害,反而曲解合约内容主张被申请人终止合约,并进而请求补偿,不仅与事实不符,也没有合同条款作为基础。如果申请人认为物价上涨到达了情事变更的程度,应该在新加坡法律下寻求情事变更的法律基础以要求调整承包价格。如果申请人认为其有权终止合同并请求补偿,亦应该查明新加坡具体的法令作为基础,而不应该曲解合同内容主张是被申请人终止合同而提出仲裁的申请。况且,申请人承认其严重延误了工期,被申请人提供的大量证据也已证明该延误并非被申请人的行为所致,反而从证据上也可看出,事实上是申请人的专业团队匮乏、英语人才短缺和成本上升造成的。关于合同解除,需要有法定或约定依据。申请人既没有援引适用的法律,也没有找到准确的合同条款,而将兑付保函这一合同担保形式的变更与合同解除的意思表示混为一谈,逻辑混乱。

第三,仲裁庭意见。

仲裁庭在前文已经分析指出,虽然《分包合同》和保函约定了在申请人违约的情况下,被申请人有权兑付保函下的款项,但在行使这一权利时,应当遵循诚实信用与公平合理的法律原则,被申请人应当根据申请人违约的具体情形及其造成的实际损失,合理确定是否需要提出保函下的索赔或者兑付,以及索赔或者兑付的具体金额。

仲裁庭在前文也进一步分析指出,从本案的具体情况来看,被申请人在没有解除合同,没有提出申请人延误工期造成的任何损失金额的情况下,索赔或者兑付了全部预付款保函和履约保函下的全部金额,这样做没有合理的法律依据。

被申请人试图说明"兑付"保函与"索赔"保函的不同,在仲裁庭看来,被申请人对此并没有作出一个法律上有实质意义的解释,也没有提出法律上的依据。无论如何称谓被申请人"兑付"或者"索赔"保函的行为,事实上被申请人已经实际上占有了预付款保函和履约保函项下全部款项的金额,在仲裁庭看来,被申请人的解释没有实质意义。

仲裁庭前文也已经分析指出,被申请人"兑付"或者"索赔"保函的行为本身并不构成单方面解除合同。

3. 关于申请人的仲裁请求

在分析了本案的争议问题并阐述了仲裁庭的意见之后,仲裁庭现在需要具体分析申请人提出的每一项具体的仲裁请求,并作出决定。

(1)申请人的第一项仲裁请求:请求解除双方签订的《分包合同》。

仲裁庭在前文已经对此进行了分析和阐述,支持了申请人的该项请求,申请人与被申请人之间的《分包合同》自本裁决作出之日解除。

(2)申请人的第二项仲裁请求:裁决被申请人向第一申请人和第二申请人返还已兑付的履约保函款近283万美元及利息近457万美元(自2013年12月19日计算至2016年10月31日,2016年11月1日至付清之日的利息仍按中国人民银行同期人民币贷款基准利率计算)。

根据《国际商事合同通则》第7.3.6条规定的恢复原状的原则,合同终止后,被申请人因兑付申请人履约保函而取得的全部款项应当返还给申请人。同时,因为被申请人自2013年12月19日起已占有了申请人的该笔资金,被申请人还应当向申请人赔偿该笔款项的利息损失。申请人按照其实际支付时,银行实际上扣划了其人民币资金以购买美元支付,所以请求以人民币同期利率计算其利息损失,仲裁庭认为是合理的。申请人计算其利息损失至2016年10月31日为止的金额为近457万美元,被申请人对此计算方式提出异议,主张2015年

10月24日之后适用的利率应当为4.75%，而不再是5%，因此上述利息应减少7000余美元，仲裁庭经查询认为被申请人提出的利率是正确的，予以确认。据此，被申请人应当向第一申请人和第二申请人返还已兑付的履约保函金额283万余美元以及至2016年10月31日为止的利息近45万美元，2016年11月1日至实际付清之日的利息按中国人民银行同期人民币贷款基准利率计算。

(3)申请人的第三项仲裁请求为：裁决被申请人向申请人支付预付款保函与预付款的差额款项31万余美元及利息5万余美元(自2013年12月19日计算至2016年10月31日，2016年11月1日至付清之日的利息仍按中国人民银行同期人民币贷款基准利率计算)。

同样，根据《国际商事合同通则》第7.3.6条规定的恢复原状的原则，合同终止后，被申请人因兑付申请人预付款保函而取得的全部款项应当返还给申请人，同时，申请人应当将其收取的预付款金额返还给被申请人，两项冲抵，被申请人应当将兑付的预付款保函的金额与支付的预付款金额之间的差额返还给申请人。申请人计算该差额为31万余美元，而被申请人则认为该差额应当为108万余美元－近73亿印尼盾。仲裁庭理解，申请人是根据合同签订时当事人在编制合同预算时使用的汇率计算，因此得出上述金额；而根据本案裁决时美元与印尼盾的汇率计算，被申请人主张的金额实际上远高于申请人请求的金额。鉴于此，仲裁庭认为，采取申请人请求的较低金额是合理的，因此支持申请人请求的金额。

申请人按照其实际支付时，银行实际上扣划了其人民币资金以购买美元支付，所以请求以人民币同期利率计算其利息损失，仲裁庭认为是合理的。申请人计算其利息损失至2016年10月31日为止的金额为5万余美元，被申请人对此计算提出异议，主张2015年10月24日之后适用的利率应当为4.75%，而不再是5%，因此上述利息应减少800余美元，仲裁庭经查询认为被申请人提出的利率是正确的，予以确认。

综上所述，被申请人应当向申请人支付预付款保函与预付款的差额款项

31万余美元以及至2016年10月31日为止的利息近5万美元,2016年11月1日至实际付清之日的利息按中国人民银行同期人民币贷款基准利率计算。

(4)申请人的第四项仲裁请求为:裁决被申请人向申请人支付合同解除前已施工部分、设计部分的款项和为项目订购的设备价款共计近65万美元及利息近11万美元(自2013年12月19日计算至2016年10月31日,2016年11月1日至付清之日的利息仍按中国人民银行同期人民币贷款基准利率计算)。

申请人在被申请人兑付履约保函与预付款保函之前,已经完成现场清理工作、签订了发电机与汽轮机订货合同以及设计合同,并因此发生了一定的费用,对此事实被申请人没有否认,但被申请人基于发电机与汽轮机并未交付,申请人已经完成的工作未经被申请人确认,主张申请人的该项请求不符合《总包合同》约定的条件,因此不应得到支持。

仲裁庭前文已经分析指出,《总包合同》约定的是业主保留单方面解除合同的权利以及业主据此规定单方面解除合同时,应当向承包方支付的款项,并不适用于本案被申请人根本违约导致申请人请求解除合同的情形,因此,对于申请人的该项仲裁请求,应当按照《国际商事合同准则》的相关规定来处理。

仲裁庭已经认定,申请人延迟履行合同、逾期完成初步设计,构成违约,该履约延迟行为对申请人的履约成本如人工成本等,无疑会有影响,根据《国际商事合同准则》第7.4.7条规定的“部分可归咎于受损害方的损害”原则,该部分损害应当从损害赔偿中扣除。此外,申请人订购的发电机和汽轮机,尚未交付,与其相关的损失具有不确定性,申请人未能充分证明该损失的确定性,根据《国际商事合同准则》第7.4.3条规定的“损害的确定性”原则,仲裁庭对此有自由裁量权来确定损害赔偿的金额。综合本案的相关具体事实,仲裁庭认为支持申请人该项请求中的40万美元是适当的。同时,因为该项损失在2013年12月19日被申请人兑付保函时已经发生,因此被申请人还应支付该项金额自该日期起计算的利息。因为第一申请人是一家中国公司,第二申请人是其在印度尼西亚设立的子公司,履行合同的主要资金由第一申请人提供,申请人的利息损失按照人民币利率计算更能够反映申请人实际遭受的损失。因此,上述损害赔偿的利息按照中国人民银行同期人民币贷款基准利率计算。

(5)申请人的第五项仲裁请求:裁决被申请人向申请人支付赔偿款近141万美元。

申请人的该项请求是要求被申请人支付申请人已经签订的发电机、汽轮机订货合同价款的80%(扣除第四项请求中已经包括的定金),以及设计合同的全部未付价款。由于两份订货合同下的发电机和汽轮机尚未交付,而申请人与第三方签订的设计合同因为申请人与被申请人之间的《分包合同》已经解除,后续部分也无须继续履行,申请人未能证明在发电机、汽轮机未交付,设计合同无须继续履行的情况下,申请人依然要支付设计合同的全部合同价款以及订货合同价款的80%,根据《国际商事合同准则》第7.4.3条规定的"损害的确定性"原则,仲裁庭可行使自由裁量权来确定损害赔偿的金额。

仲裁庭注意到,申请人与第三方供货商签订的《汽轮机供货合同》"付款方式"约定:"甲方于2013年7月17日前向乙方预付产品总价10%的预付款,其中产品总价10%作为定金。"而该合同"违约责任"约定:"甲乙双方因一方原因擅自解除合同,按以下方法计算违约金:(1)一个月内按定金罚则承担违约责任;(2)解除终止合同的除承担定金罚则外,时间每增加一个月,再加合同总价3%的违约金,以弥补守约方的损失。"该合同于2013年7月17日签订,至2013年12月19日被申请人兑付保函,申请人认为被申请人的行为是单方面解除合同之时,相距5个多月,如果那时申请人与供货商解除合同,按照上述约定,在已经支付的10%定金之外,申请人大约还要承担合同总价15%的违约金。而申请人与第三方供货商签订的《发电机供货合同》却没有类似规定。

仲裁庭还注意到,申请人与第三方签订的《设计合同》约定:"在合同履行期间,因非设计方的原因,委托方要求终止或解除合同,设计方未开展设计工作的,不退还委托方已支付的定金,已开展设计工作的,委托方应根据设计方已进行的实际工作量,不足一半时,按该阶段设计费的一半支付;超过一半时,按该阶段设计费全部支付。整个设计阶段分为初步设计阶段、施工图阶段和竣工图阶段，每个阶段的开始需要经过委托方书面确认。”根据该合同“合同价款及支付”之约定，申请人在支付21万元人民币预付款之外，还需支付初设阶段设计费近37万元人民币。申请人没有证明，在合同解除的情况下，申请人还需支付其他费用。

显然，解除合同必然要承担一定的损害赔偿责任，因为申请人该项请求下的损害具有不确定性，仲裁庭必须行使自由裁量权来确定损害赔偿的金额。考虑到在被申请人兑付保函后，申请人需要一定的时间来判断形势并作出决定是否需要解除相关的《供货合同》以及《设计合同》，以及在解除合同的同时还需发生一定的管理费用等，仲裁庭综合各方面因素，认为申请人第五项仲裁请求中《发电机供货合同》和《汽轮机供货合同》下除定金外的损害赔偿金额以合同总价的25%为宜，而《设计合同》下的损害赔偿金额以人民币45万元为宜。申请人的该项损失显然是以人民币发生的，因此赔偿金额以人民币计算更适宜。

综上所述，被申请人应当向申请人支付损害赔偿款的金额为：近296万元人民币。

(6)申请人的第六项仲裁请求为：裁定被申请人承担申请人律师代理费人民币近53万元。

鉴于申请人的仲裁请求的主要部分得到了支持，仲裁庭认为被申请人应当承担申请人的全部律师费，从本案的工作量来看，申请人主张的人民币近53万元律师费是合理的。

(7)申请人的第七项仲裁请求为：被申请人承担本案仲裁费用。

同样，鉴于申请人仲裁请求的主要部分都得到了支持，本案仲裁费应由被申请人全部承担。

4. 特别说明

申请人与被申请人在本案中都提交了大量的书面证据与陈述意见，无论本裁决书是否具体提及申请人或被申请人提出的某项理由或某一证据，仲裁庭在审理及裁决本案的过程中，已经全面考虑了申请人与被申请人的各项陈述，以及提交的全部证据。

三、裁　　决

基于以上陈述的理由，仲裁庭裁决如下：

1. 申请人与被申请人双方签订的《分包合同》于本裁决作出之日解除；

2. 被申请人向申请人返还已兑付的履约保函款近283万美元及利息近45万元美元（自2013年12月19日计算至2016年10月31日，2016年11月1日至付清之日的利息仍按中国人民银行同期人民币贷款基准利率计算）；

3. 被申请人向申请人支付预付款保函款与预付款的差额款项31万余美元及利息近50万美元（自2013年12月19日计算至2016年10月31日，2016年11月1日至付清之日的利息仍按中国人民银行同期人民币贷款基准利率计算）；

4. 被申请人向申请人支付合同解除前已施工部分、设计部分的款项和为项目订购的设备价款40万美元及其利息（自2013年12月19日起算至付清之日，利息按中国人民银行同期人民币贷款基准利率计算）；

5. 被申请人向申请支付违约赔偿款人民币近296万元；

6. 被申请人向申请人支付人民币53万余元以补偿申请人为本案支付的律师代理费；

7. 本案仲裁费全部由被申请人承担；

8. 驳回申请人的其他仲裁请求。

上述被申请人应向申请人支付的款项，被申请人应于本裁决作出之日起30日内向申请人支付完毕。

本裁决为终局裁决，自作出之日起生效。

案例评析

【关键词】

外国法查明与适用;解除合同的权利与通知要求;执行地法律对执行;外国仲裁裁决的特殊要求

【焦点问题】

该案在三个方面具有借鉴意义。

首先,该案合同约定的准据法为外国法,在当事人未能提供充分的外国法内容的情况下,如何便捷、有效地解决外国法律的查明与适用的问题。

其次,在争议的实体问题上,该案涉及当事人解除合同的权利以及在仲裁程序中请求解除合同是否符合解除合同的通知要求的问题。

另外,为符合执行地法律对执行外国仲裁裁决的特殊要求,该案仲裁庭在作出裁决后应当事人的要求提供了必要的支持。

【焦点评析】

该案第一申请人是一家中国公司,第二申请人是其在印度尼西亚设立的子公司,被申请人是一家印度尼西亚公司。为在印度尼西亚某省建设一座燃煤电厂,申请人组成联合体与作为总包方的被申请人签订了 EPC(Engineering, Procurement & Construction)分包合同。在合同履行过程中,被申请人以申请人违反合同为由,全额兑付了申请人委托银行出具的预付款保函与履约保函。双方由此产生争议,申请人将争议提交中国国际经济贸易仲裁委员会仲裁。虽然该案争议金额超过 500 万美元,但按照合同仲裁条款的约定,本案由 1 名独任仲裁员审理。

(一)合同约定的准据法的查明与适用

该案争议合同约定合同的适用法律为新加坡法律。但该案申请人与被申请人均没有委托新加坡律师作为仲裁代理人,被申请人虽然提交了一份新加坡法律专家的书面专家证言和部分新加坡判例,但其中提供的新加坡法律内容非常有限,未能涉及双方争议的主要问题。而申请人则没有提交任何新加坡法律的具体内容,只是从中国法律的角度提出了申请人的主张。这种情况虽经仲裁庭提醒,但并未有实质性改进。

申请人提出,在新加坡法律的具体内容不能查明的情况下,应根据中国《涉外民事关系法律适用法》的相关规定,适用中国的法律。但被申请人表示反对,认为申请人与被申请人的合同中明确约定了适用新加坡法律,因此本案没有适用中国法律的余地,中国《涉外民事关系法律适用法》的相关规定并不适用于在中国进行的国际仲裁案件。

为解决上述法律查明的实际问题,根据该案的具体情况,考虑到《中国国际经济贸易仲裁委员会仲裁规则》第49条第1项的规定,"仲裁庭应当根据事实和合同约定,依照法律规定,参考国际惯例,公平合理、独立公正地作出裁决",仲裁庭建议,申请人与被申请人在不能提供新加坡法律具体内容的情况下,就争议涉及的法律问题,依据《国际商事合同通则》的有关规定进行阐述,如果任何一方认为《国际商事合同通则》的规定与新加坡法律的内容不同,则需提交新加坡法律的相关具体内容予以证明,若不否认,则将《国际商事合同通则》的相关规定与新加坡法律的内容视为一致。申请人与被申请人均接受到了这一解决方案,在庭后提交的书面陈述意见中,除能提供新加坡法律的具体内容外,依据《国际商事合同通则》对各自立场涉及的法律问题进行了阐述。仲裁庭在最终裁决中,根据当事人提供的新加坡法律的具体内容,以及在当事人未能提供新加坡法律具体内容的情况下,根据《国际商事合同通则》的规定,对该案争议作出了裁决。

该案是在合同适用的准据法为外国法,而当事人又不能就适用的外国法的具体内容进行举证的情况下,进行的一个有益的探索,经仲裁庭建议和双方当事人同意,在该案得到了有效的应用,为解决外国法的查明与适用提供了一个便捷、有效的解决方法,提高了仲裁的效率,降低了仲裁的成本。

(二)申请人解除合同的权利

申请人在该仲裁案中请求解除双方签订的分包合同,在阐明其所依据的理由时,提出过两个不同且互相矛盾的理由:申请人提出的第一个理由认为,被申请人无正当理由兑付了申请人的履约保函和预付款保函,其后又拒不将申请人完成的初步设计提交业主审批,不再履行合同,该行为表明其解除了申请人与被申请人之间的分包合同;申请人提出的第二个理由则认为,被申请人的上述行为构成根本违约,导致申请人有权提请解除合同,请求仲裁庭在该案中裁决解除申请人与被申请人之间的分包合同。

首先,仲裁庭指出,在国际仲裁程序中,当事人就同一仲裁请求提出不同的、替代的、甚至互相矛盾的数个理由,并非不能允许。申请人在阐述其解除合同的不同理由时,并没有变更其仲裁请求,并没有影响被申请人答辩权利的行使,而该案被申请人也未能证明申请人的上述仲裁行为剥夺了被申请人进行答辩的正当权利,因此,对被申请人认为申请人的上述行为违反了《纽约公约》的规定及精神的主张,仲裁庭不予支持。

其次,关于申请人解除合同的仲裁请求,仲裁庭先是考察了申请人提出的第一个解除合同的理由,即被申请人的行为是否表明被申请人解除了合同。仲裁庭在考察了相关时段当事人往来的函件后,不能支持申请人的这一理由。被申请人在兑付预付款保函以及履约保函时,并没有表示要终止合同的履行。相反,直到该案仲裁程序进行期间,被申请人仍一直主张合同并没有解除,并主张合同应当继续履行。因此,仲裁庭不支持申请人认为被申请人单方面解除了合同的主张。

接下来,仲裁庭需要考察申请人提出的解除合同的第二个理由,即被申请人的行为是否构成根本违约,从而导致申请人有权主张解除合同。

该案的基本事实是，申请人与被申请人签订分包合同后，项目业主一直未能提供场外永久道路用地，这一事实双方都承认，但在项目延误是否与场外永久道路用地的提供有关这一问题上，双方持相反立场。在争议发生时，项目尚未进入施工阶段，实际上直至仲裁开庭日，项目也未进入施工阶段，双方争议的是项目设计阶段工期延误的责任问题。仲裁庭认为，未能提供场外永久道路用地并没有影响申请人的初步设计工作，申请人不能将初步设计的延误归咎于未能提供场外永久道路用地。事实上，在申请人完成初步设计时，场外永久道路用地依然没有交付，但申请人还是完成了初步设计，这也从一个方面说明了，场外永久道路用地的提供不是进行初步设计的必要条件。

在庭审中，申请人与被申请人的代理人都同意，初步设计应该在打第一根桩之前完成，根据合同附表，打第一根桩的时间应该为合同生效后的6个月内，照此推算，打第一根桩的日期应该在2013年7月15日之前。因此，申请人的初步设计应该在2013年7月15日之前完成并将初步设计图纸提供给被申请人。申请人未能在此日期前提交初步设计图纸，构成违约。特别是在申请人与被申请人于2013年10月10日签订了《会议纪要》，确认在2013年11月20日完成“批准初设”的情况下，申请人依然没有在11月20日前提交初设图纸，明显已违反合同约定。

申请人在提交初步设计图纸方面的延误，构成违反合同的违约行为，那么被申请人有什么样的补救措施？被申请人是否有权兑付申请人提交的预付款保函与履约保函的全部金额？

仲裁庭认为，虽然申请人在提交初步设计图纸方面有严重延误，但根据该案项目场外永久道路用地至今没有提供的实际情况，被申请人在没有宣布解除合同的情况下，就全额兑付了申请人提供的3份预付款保函和1份履约保函，这样做并没有充分的理由。虽然合同约定了在申请人违约的情况下，被申请人有权兑付保函下的款项，但被申请人在行使其权利时，应该根据申请人违约的具体情形及其造成的实际损害，来衡量决定兑付保函款项的范围和金额。保函的目的是使在申请人违约给被申请人造成损害时，被申请人可以得到及时的赔偿，但不能说申请人任何程度的违约，被申请人都可以全额兑付所有保函下的全部金额。且被申请人未能证明申请人的履约延误行为给其造成了接近或者超过全部保函金额的损失，因此，被申请人兑付履约保函和预付款保函全部金额的行为缺乏合同与法律上的依据和合理性。此后被申请人长期拒绝将申请人提交的初步设计图纸提交给业主审核批准，导致合同无法继续履行，合同项目停滞至今，已超过3年。然而，被申请人既不提出终止合同，同时又长期不履行将初步设计图纸报送业主审批的义务，令人无法理解。这一行为造成的后果显然是非常严重的，合同的履行被长期搁置，而被申请人并未能为其行为提出合理的、令仲裁庭接受的理由。被申请人这样做显然并非疏忽所致，而是其有意为之，而在经历了长期的不履行合同之后，很难保证未来合同的履行可以顺利进行下去。因此，仲裁庭认为，被申请人的上述行为构成根本违约，根据《国际商事合同通则》第7.3.1条的规定，申请人有权提请解除合同。

（三）申请人解除合同是否发出了解除通知，解除通知在形式上和实体上是否符合合同和法律的要求

关于对解除合同的通知的形式要求与实体要求，申请人与被申请人都没有援引合同的约定。被申请人在其《庭后陈述意见书》中援引了新加坡高等法院的一个案例，即“铝不锈钢业私人有限公司诉维新建筑私人有限公司案”（Al Stainless Industries Pte Ltd v. Wei Sin Construction Pte Ltd [2001] SGHC 243）。仲裁庭认为，新加坡法律和大多数国家的法律一样，对解除合同的通知有基本的要求，即必须使接受通知的一方没有疑问地确知该通知是根据有关解除合同的规定发出的，因为解除合同在当事人之间会产生非常严重的法律后果，因此，解除合同的意思表示必须是非常明确的，不能留有任何疑问。

该案申请人以其律师2013年12月13日代表申请人向被申请人发的律师函作为解除合同通知，仲裁庭认为，该律师函不能构成一份解除合同的通知。

首先，该律师函以被申请人兑付预付款保函与履约保函的行为表明被申请

人单方面解除合同为前提,而仲裁庭已经认定,被申请人兑付预付款保函以及履约保函的行为本身并不构成解除合同的行为。其次,申请人律师函的措辞与内容均不是十分明确,既假设了被申请人"继续履行合同"的情形,也假设了被申请人"执意终止合同"的情形,提出了不同情形下申请人的立场,没有明确的解除合同的意思表示。因此,仲裁庭认定,申请人律师代表申请人向被申请人所发的律师函不构成有效的解除合同的通知。

但从该仲裁案一开始,申请人就明确提出仲裁请求,请求仲裁庭裁决解除申请人与被申请人之间的分包合同。申请人在该仲裁案中要求解除合同的意思表示自始至终是明确的,被申请人对此解除合同的要求不可能有任何疑问;并且在本案仲裁程序长达1年多的时间里,被申请人有充分的时间和机会对申请人解除合同的请求作出回应和答辩。因此,仲裁庭认为,申请人在该案中提交的包括请求解除合同在内的仲裁申请书,已经送达被申请人,并已给予被申请人充分的答辩机会,充分满足了解除合同的通知的要求,构成了有效的解除合同的通知。

【结语】

该案涉及中国企业在海外承包工程中常见的争议问题,比如,工期延误的责任如何确认的问题、预付款保函与履约保函兑付条件的问题、哪些情况下当事人有权解除合同以及如何有效地通知合同相对方解除合同的问题等。

该案在合同约定的准据法的查明与适用方面进行了有益探索,为仲裁程序中对外国法的查明与适用提供了一种便捷的替代方案。

此外,在该案仲裁裁决书作出之后,申请人在印度尼西亚法院申请执行该案仲裁裁决,根据印度尼西亚法律对执行外国仲裁裁决的程序要求,需要作出仲裁裁决的仲裁庭将仲裁裁决书向执行地法院进行注册,为此该案申请人向仲裁委员会申请予以协助。仲裁委员会经与该案独任仲裁员协商,最后由该案独任仲裁员向申请人委托的印度尼西亚事务所出具一份委托书,授权申请人委托的印度尼西亚律师事务所代表该案仲裁庭将该案仲裁裁决书在印尼执行地法院进行注册,从而满足了印度尼西亚法律对承认与执行外国仲裁裁决的程序性要求。

(案例评析人:邢修松)

案例四 中国A化工公司与中国B建筑公司、中国C机械公司建筑施工合同争议案

中国国际经济贸易仲裁委员会(以下简称仲裁委员会)根据申请人中国A化工公司(以下简称申请人)与被申请人中国B建筑公司(以下简称第一被申请人)、中国C机械公司(以下简称第二被申请人,与第一被申请人合称被申请人)于2012年7月4日签署的《建设工程施工合同(泰国某皮带栈桥钢结构工程)》(以下简称《施工合同》)中仲裁条款的约定,以及申请人向仲裁委员会提出的仲裁申请,受理了上述合同项下的争议仲裁案。

本案仲裁程序适用自2015年1月1日起施行的《中国国际经济贸易仲裁委员会规则》(以下简称《仲裁规则》)。鉴于本案争议金额未超过人民币500万元,根据《仲裁规则》第58条的规定,本案程序适用《仲裁规则》第四章"简易程序"的规定;该章没有规定的事项,适用《仲裁规则》其他各章的规定。

根据双方当事人在《施工合同》中的约定,本案由三名仲裁员组成仲裁庭。由于申请人、被申请人均未在规定期限内选定仲裁员,仲裁委员会主任分别为其指定X、Y担任本案仲裁员。仲裁委员会主任根据合同的约定指定Z担任本案首席仲裁员。上述三位仲裁员签署了接受指定《声明书》后组成仲裁庭,共同审理本案。

之后,被申请人提交了《反请求申请书》。

仲裁庭如期对本案进行两次开庭审理。申请人和被申请人均委派代理人出席庭审,并提交了相关证据文件。对于本请求与反请求,双方当事人分别于庭审时进行了陈述、答辩、举证、质证,对案件的焦点问题进行了辩论,并发表了

最后陈述。

本案现已审理终结，仲裁庭根据现有书面材料以及庭审调查情况，依据有关法律规定，经合议，作出本裁决。现将本案案情、仲裁庭意见以及裁决结果分述如下。

一、案　　情

（一）申请人提出的仲裁申请和被申请人的答辩

1. 申请人的仲裁申请

2012 年申请人与被申请人签署《施工合同》，约定第一被申请人承包申请人发包的泰国 D 公司热回收焦炉项目皮带栈桥钢结构工程。由第二被申请人作为第一被申请人的担保人。工期为开工之日起 45 天。合同对工程价格、竣工验收标准和质量保修、违约责任等都作出了约定。

2014 年 6 月申请人组织外聘钢结构专家及本公司专业技术人员对工程质量进行了现场检测，发现工程存在许多质量问题。经与两被申请人研究协商，三方签订《关于工程有关事宜的谅解备忘录》（以下简称《备忘录》），以书面形式确认工程质量问题，并确定整改方案。此后经申请人多次催促（包括进行电话沟通、发送邮件、发送快递函件及律师函等），两被申请人至今仍未按照《备忘录》的内容履行整改义务。由于工程存在质量缺陷和巨大安全隐患，导致申请人整体投产进度受到严重影响，甚至可能彻底无法正常投产，由此申请人将遭受严重经济损失。

为避免损失进一步扩大，2015 年 2 月由申请人自行垫付费用向当地权威部门申请 2 项鉴定检测：一是针对皮带栈桥焊缝进行《皮带栈桥钢结构超声波检测》，抽检焊点 40 个，其中 18 个不合格，不合格率高达 45%；二是针对整个皮带栈桥钢结构进行《皮带栈桥钢结构质量鉴定》，鉴定结果表明工程不合格近 20 处。

申请人根据协议约定的仲裁条款,向仲裁委员会提起仲裁,请求如下:

(1)被申请人赔偿申请人因违约偷工减料造成的经济损失及工程质量整改费用共计人民币近230万元;

(2)被申请人赔偿申请人因工程质量问题而增加的额外维护和修复费用人民币100余万元(仅为3次刷漆费用);

(3)被申请人赔偿申请人代购和借用并损坏的机具设备及材料等费用共计人民币近2.5万元;

(4)被申请人赔偿申请人垫付的2项检测鉴定费用共计人民币近2万元;

(5)由被申请人承担本案仲裁等相关费用。

开庭当日,申请人增加一项仲裁请求:要求裁决两被申请人继续履行合同和《备忘录》应承担的整改义务,直至工程交付竣工验收合格。

2. 被申请人的答辩

被申请人承认与申请人双方之间合同关系的基本事实,但是拒绝接受仲裁请求。主要理由如下。

(1)申请人单方面委托的鉴定检测不符合双方合同约定,被申请人不承担鉴定费用。《施工合同》约定,双方对工程质量有争议,由双方同意的工程质量检测机构鉴定,所需费用及因此造成的损失,由责任方承担;双方均有责任,由双方根据其责任分别承担。而申请人违反约定,没有通知被申请人就私自委托所谓权威部门进行鉴定检测,其鉴定意见不能作为定案依据,被申请人对其鉴定费用不予承担。

(2)安全工程已经竣工验收合格,申请人未按照约定付款。根据《施工合同》的约定,发包方派驻专业工程师,行使通用条款下监理工程师职责,负责对施工进度、工程质量进行监督,及时检查隐蔽工程的验收签证,办理分部、分项工程的交工验收手续,解决应由发包人解决的问题等相关事宜。根据泰国D公司工程竣工验收审批单、联动调试验收单,证明被申请人所安装工程全部验收合格,联动调试合格,全线运转正常。根据《施工合同》的约定,本合同按照工程节点支付工程款，工程全部竣工并验收合格并交付竣工和工程结算资料后，发包人支付合同价款总额35%（人民币近190万元）；剩余合同价款总额的5%（人民币近27万元），作为质保金，于竣工验收合格1年后支付。实际上，工程于2013年12月20日前已全部验收合格，申请人却迟迟不付款。

（3）《备忘录》效力待定，申请人未履行《备忘录》约定的义务。申请人要求被申请人单位经理签署《备忘录》，然而申请人没有出具授权自然人W代表申请人签署《备忘录》的委托书，《备忘录》并不是合乎法律规定的文件。同时，申请人并没有按照《备忘录》的要求确认属于第二被申请人责任的整改项目。《备忘录》虽然明确了第二被申请人的误工损失，但是并没有支付相应的误工费用。按照《备忘录》的约定，对第二被申请人所提出的问题，申请人原则上需于3日内作出回复。若3日之内，申请人没有任何回复意见，视为同意第二被申请人所提出的主张。然而申请人并没有回复第二被申请人提出的问题。《备忘录》签字后被申请人及时向申请人递交了工作计划和借款申请，但申请人均没有办理。

由于申请人没有确认属于被申请人责任的整改项目，被申请人只能按照自己认识判断进行维修，完成整改。申请人违反双方约定，在验收后私自对外委托鉴定，不应得到支持。被申请人负责安装的工程已经验收合格，申请人应当支付工程款。

（二）被申请人的反请求和申请人的答辩

1. 反请求

被申请人在答辩的同时提出反请求：

（1）要求申请人将所欠工程款人民币近190万元支付给第二被申请人。

（2）将所欠工程款人民币近190万元按照同期银行贷款利率向第二被申请人支付相应利息人民币40余万元；暂从2013年12月21日起计算至2015年11月21日，而后利息应当计算至清偿之日。

（3）要求申请人向第二被申请人支付误工费人民币60万元。

被申请人认为，作为承包方，两被申请人已经履行合同义务，工程已验收合格并已经过了质保期，按照合同约定的付款方式，申请人应全部将工程款付清。根据合同约定，发包人向承包人支付工程款人民币100万元，其余工程款应当交付担保人，即第二被申请人。因申请人的基础和材料清关问题等造成“窝工”，导致产生误工费人民币60万元。

2. 申请人对反请求的答辩

申请人认为，被申请人关于申请人拖欠工程款数额、利息及误工费的主张无事实和法律依据，反请求应予驳回。主要理由是：

(1)反请求的数额人民币近190万元与事实不符。

根据双方签订的《施工合同》，工程价款为固定价人民币500余万元，申请人已经按时支付预付款人民币200余万元、进度款人民币100余万元，共计人民币320余万元。被申请人对此数额没有异议。虽然被申请人的施工质量未达到验收标准，工程至今没有竣工验收，尚不具备合同约定的验收款支付条件，为了督促被申请人进行工程整改，申请人事实上已经支付部分款项共计人民币100余万元。至此，申请人实际未付合同款数额为人民币110余万元。

同时，申请人认为下列费用应从申请人未付款中扣除。

一是延期违约金。根据《施工合同》的约定，承包人每延误一天则承担合同价款0.5%的延期违约金，违约金上限为合同价款的10%。由此，延期达20日延期违约金就已经达到上限人民币53万余元，合同工期为45天，从实际开工之日2012年11月8日起算，计划完工时间应当是2012年12月23日，然而工程至今没有交付竣工验收，其中，仅吊车、平车等设备的使用记录就足以证明工期远超45天，延期日期也远超20天，按照《施工合同》的约定，被申请人应当支付申请人延期违约金人民币53万余元，从申请人未付款中扣除。

二是超出约定的机械使用费用。《施工合同》约定甲方提供5T吊车90个台班，25T吊车90个台班，50T吊车20个台班，70T吊车5个台班，折算费用共计120余万泰铢。被申请人实际使用吊车及平板车台班数量远超合同约定内容,实际使用数量费用合计300余万泰铢,扣除申请人应当提供的吊车台班数量,被申请人实际使用吊车等台班超出费用总计180余万泰铢,折合人民币近40万元(按照汇率4.71计算)。根据《施工合同》关于“其他施工费用、差旅费等由承包人承担”的约定,被申请人超出合同范围使用的吊车、平车等机械台班费用应自行承担,从申请人应付的工程款中抵扣。

三是材料机具费用。《施工合同》约定,高强螺栓、角钢等材料机具费用由被申请人承担,由于被申请人工作疏忽导致施工现场材料严重缺损,申请人同意以代购、出借等方式为被申请人提供相应材料,双方约定相关费用由被申请人承担,从工程款中抵扣。

此外,申请人于2012年2月、2015年2月10日分别借给被申请人10万泰铢(折合人民币2万元)、人民币20万元,应在欠付工程款中抵扣。

(2)反请求的合同依据不足。

根据《施工合同》专用条款的规定,工程全部竣工并验收合格并交付竣工和工程结算资料后,发包人支付合同价款总额的35%,剩余合同价款的5%作为质保金,于竣工验收合格1年后支付。合同履行过程中被申请人施工偷工减料、擅自变更工程设计,导致工程质量存在严重缺陷。被申请人已经通过书面的《备忘录》和《关于工程整改的会议纪要》(以下简称《会议纪要》)等方式确认工程质量问题及整改内容,但没有实际履行。为督促帮助被申请人尽快整改,申请人提前支付部分工程款,但是被申请人收款后没有履行整改义务,致使工程至今未交付竣工验收。根据合同约定,至今不具备支付验收款、质保金的条件,因此,申请人不同意支付任何款项。

(3)由于工程存在质量问题未达到验收标准,尚不具备约定的支付工程余款的条件,被申请人提出由申请人支付未付工程款产生的利息没有法律依据。

(4)《施工合同》约定本合同价款采用固定价格,合同造价不作任何调整。关于被申请人主张的“窝工”误工费用,没有相关人员确认的证据,应予驳回。

针对申请人上述答辩,被申请人进一步提出以下意见:

一是根据《备忘录》记载，申请人所欠工程款应当为人民币 180 余万元，而不是反请求提出的人民币近 190 万元，有误差。

二是申请人提出工期逾期问题与事实不符，被申请人对工程逾期没有责任。且申请人在仲裁请求中并没有提出工期逾期责任问题，不属于本案的仲裁范围。

三是《备忘录》明确，申请人应安排相关人员积极配合第二被申请人工作，对第二被申请人提出的问题，原则上需于 3 日内作出回答，若 3 日内没有任何回复意见，视为同意第二被申请人所提出的主张。第二被申请人向申请人提交《工期延误说明函》，申请人收到后没有回复，视为同意第二被申请人主张，即延期和误工损失应由申请人承担。

四是《备忘录》没有提到被申请人所欠工具款问题，申请人此前也未提及被申请人欠付工具款，对此被申请人不予认可。

五是《工程竣工验收审批单》证明，全部工程已安装制作完成并验收合格，全线运转正常。申请人认为验收审批单仅对设备进行验收的观点是错误的。

对于申请人提交的检测报告和鉴定结果，被申请人认为：

一是申请人所提供的鉴定结果，在程序上和实质上均存在较大问题，不应作为定案依据。

该鉴定实质上存在很多问题，如焊缝检测错误与现场不符。包括：(1) 根据超声检测规程，超生检测焊缝的长度不应低于焊缝总长的 50%，现查出 2015 年 2 月 28 日的 13 项长度有误。(2) 某项合格品被误判为不合格。(3) 根据角焊要求，角焊焊缝厚度不应低于薄板的 0.7 倍，所以焊缝规定与实际对比存在误差。(4) 根据现场实际，预埋螺栓并非第二被申请人施工，所以螺栓上部长度的误差与第二被申请人无关。(5) 垫板按照规定不应与柱底板焊接为一体。(6) 现场工程已经验收交付，丢失螺帽与垫板是申请人保护不当。(7) 某栏杆扶手与墙体固定不在第二被申请人的施工范围内。

鉴定在程序上存在问题。《施工合同》约定，对工程质量有争议，由双方同意的工程质量检测机构鉴定。申请人单方委托鉴定违反合同约定,且违反我国《民事诉讼法》有关鉴定程序的规定。其违反鉴定程序所作的鉴定存在很大弊端,即鉴定人仅听取一方当事人的陈述,仅参考一方当事人所提供的材料。例如,有些地方按图纸无法施工或是按图施工效果不好的情况下,双方工程师现场决定变更,申请人未向鉴定机关提供,鉴定机关就无从得知。材料是申请人提供的,鉴定超出了施工合同的范围。因此鉴定是有失偏颇的,不公正的鉴定结果不应作为定案的依据。

二是工程在全部验收合格之后至鉴定时,已露天搁置 2 年有余,已超过质保期,期间日晒雨淋,当地治安又不好,在工程竣工验收后 2 年时少了螺丝、螺帽,出现油漆脱落等,属于保护不当。

(三)仲裁庭查明的事实

申请人泰国项目由国家发展和改革委员会批准立项。

1. 合同主要内容

2012 年 7 月 4 日申请人与被申请人协商一致,签署了《施工合同》。合同文件包括三部分:第一部分协议书,第二部分通用条款,第三部分专用条款。

合同约定第一被申请人承包申请人发包的泰国 D 公司皮带栈桥钢结构工程,施工地点为泰国某地,由第二被申请人负责连带担保,主要内容如下所示:

(1)概况

施工内容详见协议书之规定。

承包范围:合同工程的施工、建成和竣工验收前的维护,除本合同另有规定外,还包括提供经本合同指定或从本合同中合理地推知需要提供的为本工程的施工、建成和维护所需的一切劳力、材料、施工设备、临时工程和无论临时性或永久性的各物。

(2)工期

约定工期 45 天。按照施工安排计划,施工人员 2012 年 9 月 1 日到泰国施工现场。

(3)价款及支付

合同价款为人民币530余万元,包括差旅费、签证费、护照费、往返机票、国内运输、食宿费、境外保险费等。专用条款进一步明确本合同价款采用固定价格的方式确定,除本合同另有约定的情况外,该工程合同造价不作任何调整。发包人向承包人支付工程款人民币100万元,其余工程款交于担保人,由担保人与承包人进行结算。

合同签订后,发包人支付本合同预付款为合同价款的40%,即人民币200余万元。专用条款约定,本合同按照工程节点支付工程款:①工程安装完成60%,被申请人出具中期验收合格证书后,被申请人支付20%进度款(人民币100余万元);②工程全部竣工并验收合格后交付竣工和工程结算资料后,发包人支付合同价款总额35%(人民币近190万元);③剩余合同价款总额的5%(人民币近27万元),作为质保金,于竣工验收合格1年后支付。

(4)工程质量标准及质量问题处理

工程质量标准为中国国家标准及行业标准,且国家标准优先,同时不违反泰国当地工程质量要求。因承包人原因,工程质量达不到约定的质量标准,承包人、担保人承担违约责任。根据工程实际情况,工程质量验收标准以行业标准和施工图纸设计要求为准,进行工程验收。

双方对工程质量有争议,由双方同意的工程质量检测机构鉴定,所需费用及因此造成的损失,由责任方承担;双方均有责任,由双方根据其责任分别承担。

承包人应当按照法律、行政法规或国家关于工程质量保修的有关规定,在交付发包人使用的工程的质量保修期内承担质量保证责任。

(5)组成合同的文件

本合同协议书,报价单,本合同专用条款,本合同通用条款,标准、规范及有关技术文件,设计图纸和设计变更,双方有关工程洽商、变更等书面协议或文件视为本合同的组成部分。

(6)担保人义务

担保人应按约定时间和要求,完成工作。包括:提交和报告工程进度;负责安装人员的组织管理;负责担保人人员的护照签证;负责安装人员的境外施工保险,承担安装人员在泰期间的伤病就医所需费用;负责施工所需材料、周转材料、机械设备、工器具等从国内运输到发包人指定的泰国港口,办理提交海关需要的一切资料。

担保范围为本工程竣工时间、本工程质量问题。担保形式为连带担保。担保期限为本合同履行期限内。

(7)索赔

发包方派驻专业工程师,行使通用条款下监理工程师职责,负责对施工进度、工程质量进行监督,及时检查隐蔽工程的验收签证,办理分部、分项工程的交工验收手续,解决应由发包人解决的问题等相关事宜。

当一方向另一方提出索赔时,要有正当索赔理由,且有索赔事件发生的有效证据。承包人应当按照合同约定的程序向发包人授权代表提出索赔。

专用条款约定,承包人每延误 1 天承担合同价款 0.5% 的延期违约金,违约金上限为合同价款的 10%。

(8)仲裁

在履行合同过程中发生争议时,由双方协商解决。如果未能协商解决,可以调解解决。调解不成,则由仲裁委员会仲裁。一裁终局,对双方具有约束力。仲裁庭由 3 名有合同管理和工程实践经验的专家组成,双方各指定 1 名,由仲裁委员会指定 1 名,仲裁地点:北京。仲裁适用中华人民共和国法律。

合同还对其他相关事项进行了约定。

2. 合同履行情况

(1)验收

合同签订后,被申请人组织人员到泰国现场施工,施工过程中双方没有分歧。

2013年10月29日申请人与被申请人组织对运焦线、备煤线溜槽改制进行验收,验收结果合格。

2013年10月31日双方对运焦6条皮带机、备煤8条皮带机联动调试进行验收,结论为“全线运转正常,缺陷已消除,验收合格”。

2013年12月20日双方对备煤筛焦系统皮带机安装项目进行验收,结论为单机调试和联动调试运转正常,满足质量要求。

上述验收文件均由申请人单位领导、监理工程师签字确认。

2014年6月申请人组织外聘钢结构专家及本公司专业技术人员对工程质量进行了现场检测,认为工程存在质量问题。

2014年6月23日申请人委托E律师事务所致函第一被申请人,声明竣工验收过程中发现施工过程多次出现不按图纸和合同标准施工现象,导致申请人公司无法按期投产,请求及时协商解决。

(2)《备忘录》

2014年6月27日申请人与第二被申请人(受第一被申请人全权委托)研究协商,签订《备忘录》,主要内容如下:

《施工合同》总金额人民币500余万元,截至2014年6月18日申请人已经支付人民币350余万元,剩余人民币近160万元(不含质保金人民币近27万元)。

申请人支付工程款人民币30万元之后30天内,第二被申请人安排人员到达泰国施工现场,核对使用吊车的实际台班数,确定各自应当承担的吊车费用;核对领用的设备、工器具和材料,确定各自承担费用;明确第二被申请人误工损失和工期延误等双方各自应当承担的责任和费用;对申请人泰国项目部提出的工程质量和整改项目进行施工。同时要求:申请人泰国项目部应安排人员积极配合进行上述工作,对于第二被申请人所提出的问题,原则上需于3日内作出回复。若3日之内申请人没有任何回复,视为同意被申请人所提出的主张。上述工作结束后,双方共同形成工程竣工结算总金额。

第二被申请人完成申请人泰国项目部所提出的整改项目和工程竣工验收1个月内,申请人支付剩余合同款(不含质保金)。第二被申请人承诺,附件所列出的整改项目确保按合同约定,设计图纸和经发包方专业工程师确认的设计图纸变更的要求进行整改,并承担自行责任的费用;经双方确认不属于第二被申请人责任的整改项目,若申请人需要委托第二被申请人施工,其费用由申请人承担;经双方认定属于第二被申请人责任的整改项目,若第二被申请人放弃施工,并经申请人同意后,其费用从第二被申请人工程款中扣除。

《备忘录》还约定,第二被申请人完成项目整改并经竣工验收之后半年期,申请人支付质保金。

(3)《会议纪要》

2014年10月3日双方就第二被申请人工程整改进行协商,并达成《会议纪要》,确认下一步整改工作内容;第二被申请人在合同外使用材料及器具,大型吊装机械使用台班需要核对,便于最后结算。

此后,双方多次就履行《备忘录》内容进行协商,但约定的工程整改、核对付款结算工作没有得到落实。

3. 基本检测报告——超声检测

2015年2月28日至2015年3月2日、3月3日由申请人自行垫付费用,请具备检测资质的卓越性能检测服务有限公司进行鉴定检测。该机构出具了焦炭输送机《基本检测报告》,抽检焊点40个,其中18个不合格,不合格率高达45%。

4. 质量鉴定

2015年4月16日位于泰国的安全设计咨询事务所对整个皮带栈桥钢结构出具《传送带钢梁结构质量鉴定报告》。根据该鉴定报告,工程不合格处包括所用材料的规格和原设计不同及实际安装与设计规范不符。

双方当事人还向仲裁庭提交了各自的证据及质证意见,在此不能全部详尽列出。仲裁庭对这些材料反复研究对比,认真考量各证据与案件事实之间的关联性和证明力,特别是对于单方面孤证又没有其他证据佐证,且对方并不认可的,或者虽然证据之间能够相互印证,但是对方提供证据的证明力较强的,按照证据规则要求,仲裁庭只能以证明力较强的证据为准。总而言之,双方提交的证据材料将对本案最终裁决起到应有的作用。

二、仲裁庭意见

本案属于施工合同纠纷,仲裁庭重点在于审查合同是否具有法律效力,双方是否正确履行合同,以及双方请求及反请求中提出支付各项费用的要求是否合理。

综合双方主要意见观点,本案的主要分歧在于:一是申请人委托的质量鉴定是否合理;二是工程是否验收合格;三是双方对使用机械、领用工具及材料各自承担的费用没有结算,导致各自对应付工程款数额要求不一致;四是被申请人是否应赔偿申请人工程质量的维修费用。

(一)法律适用

虽然本案双方当事人都是中国的企业法人,但是具体的工程项目位于泰国,具体的施工行为也发生在泰国境内,因此本案存在涉外因素。

中国《涉外民事关系法律适用法》第2条规定,"涉外民事关系适用的法律,依照本法确定。其他法律对涉外民事关系法律适用另有特别规定的,依照其规定。本法和其他法律对涉外民事关系法律适用没有规定的,适用与该涉外民事关系有最密切联系的法律"。该法第41条规定,"当事人可以协议选择合同适用的法律。当事人没有选择的,适用履行义务最能体现该合同特征的一方当事人经常居所地法律或者其他与该合同有最密切联系的法律"。

双方签订合同采用的是中华人民共和国建设部和国家工商行政管理局颁布的《建设工程施工合同(皮带栈桥钢结构工程)》的制式文本。在第一部分协议书的"序言"部分明确,依照中国《合同法》《建筑法》及其他有关法律行政法规,订立本合同。在第3部分专用条款第38条“争议”中选择争议解决的机构为仲裁委员会,仲裁地为北京,仲裁适用中国法律。

仲裁庭认为,双方订立合同时依据的是中国的法律和行政法规,同时约定解决争议适用的准据法为中国法。因此,仲裁庭应当适用中国法律处理本案争议。

(二)合同效力

合同能否产生法律效力,能否产生当事人所预期的法律后果,要视协议是否具备生效要件而定。合同成立后能够生效应当符合法定的要件:一是合同当事人具有相应的民事权利能力和民事行为能力;二是合同当事人意思表示真实;三是合同不违反法律或者社会公共利益;四是具备法律、行政法规规定的合同生效的形式要件。

本案施工合同项目经国家发展和改革委员会建设项目审核批准,签约双方符合主体资格要求,形式要件齐全,不违反法律和行政法规的禁止性规定。施工合同具有法律效力,应予执行,同时也应当将其作为处理本案争议的依据。

(三)对双方争议问题分析

1.关于工程质量问题。

申请人自行垫付费用向当地权威部门申请两项鉴定检测:一是针对皮带栈桥焊缝进行《皮带栈桥钢结构超声波检测》,根据抽检焊点40个,认定18个不合格,确定不合格率;二是针对整个皮带栈桥钢结构进行《皮带栈桥钢结构质量鉴定》,鉴定工程不合格处数量。被申请人对此鉴定不予认可,认为申请人单方面委托的鉴定检测违反施工合同约定,被申请人不承担鉴定费用。

仲裁庭注意到,造成申请人自行申请鉴定的原因,主要是《备忘录》及以后的《会议纪要》均没有得到落实,工程返修不能推动,相关款项无法结算所致。另外,尽管《施工合同》规定对工程质量有争议的,由双方同意的工程质量检测机构鉴定,但是双方未能就聘请鉴定机构达成一致。目前,一方自行聘请鉴定机构对工程质量进行了鉴定,而另一方对鉴定机构及结论不予认可。在这种情况下,如果重新鉴定,不仅会造成鉴定资源的浪费,也增加了解决争议时间,不利于推动解决纠纷。仲裁庭不能否定由合法鉴定机构作出的鉴定意见,但是被申请人有权就鉴定结果提出质疑,并举证证明其怀疑的合理性。因此,被申请人在第二次开庭后对现有的鉴定意见提出了书面意见是正确的。

由于检测和鉴定都是由申请人一方安排下进行并作出报告,因此在被申请人质疑其客观性时,申请人有义务就鉴定机构是否出庭提出申请。而申请人、被申请人均没有就出具超声检测报告和鉴定报告的泰国机构出席庭审接受质询提出要求或作出安排,仲裁庭不能直接采纳检测和鉴定的结论。但是,有关工程存在的质量问题和被申请人的维修义务,在双方的《备忘录》和《会议纪要》中已经涉及。

2. 关于工程验收问题。

根据合同约定,本案钢结构工程范围包括备煤桁架的钢结构部分、筛焦出焦桁架钢结构部分及筛焦溜槽和备煤通廊溜槽的安装工程。被申请人提供的7份竣工验收单,包括运焦线备煤线溜槽改制、备煤筛焦系统皮带机安装及桁架制作安装、备煤运焦系统皮带机安装竣工验收单(联动调试验收单),记载了验收结果包括合格、单机调试和联动调试运转正常、符合设计要求、满足质量要求,以及全线运转正常、缺陷已消除、验收合格,并经监理工程师和建设方领导签字认可。申请人对上述验收不认可,但是没有提出充分证据证明其不认可的理由。

被申请人提出工程已经验收合格,是指对设备和系统运行进行验收,重心是系统设备运转是否正常。而申请人申请的两项检测、鉴定,是针对皮带栈桥焊缝(重点是抽检焊点)和整个皮带栈桥钢结构,重心是桁架焊缝是否符合要求和能够影响钢结构总体质量安全。上述情况反映出被申请人主张验收结果与申请人提出的鉴定意见的侧重点不同、阶段不同,结论必然不同。被申请人不能以运焦线、备煤线溜槽改制、运焦备煤皮带机联动调试的验收合格,来否认或对抗申请人对整体钢结构的质量鉴定意见。被申请人于2014年10月3日在《会议纪要》中签字确认了工程需要整改的问题,也间接印证了存在的瑕疵。

同时必须看到,检测、鉴定提出多个焊点不合格、钢结构安装存在不合格处,以及其他诸如防火涂料未达标、掉漆、严重锈蚀等,都是通过局部返修保养能够解决的问题,并且《施工合同》已经约定了施工单位应当履行重新修理更换等义务,被申请人仍然应当按约定履行相关义务。

3. 关于《备忘录》的效力问题。

被申请人答辩时对自然人W是否有权代表申请人在《备忘录》签字表示疑问,进而对《备忘录》的效力产生怀疑。仲裁庭认为,2015年11月30日申请人出具材料证明自然人W自2013年2月被任命为泰国D公司热回收焦炉项目皮带栈桥钢结构工程总负责人,由此自然人W作为项目总负责人,在《备忘录》上的签字合法有效。即使申请人此前没有出具自然人W签订《备忘录》的授权书,自然人W在《备忘录》上的签字也应当具有法律效力。仲裁庭还注意到,被申请人在多处答辩时也引用《备忘录》的内容证明其主张,这就反映出被申请人已经认可了《备忘录》的内容。

4. 关于工程未付款争议问题。

双方在仲裁申请及答辩中对工程未付款数额认识不一。申请人认为被申请人应赔偿偷工减料造成的经济损失及工程质量整改费用,赔偿因工程质量问题而增加的额外维护和修复费用,赔偿代购和借用并损坏的机具设备及材料等费用,赔偿垫付的两项检测鉴定费用等。被申请人除否认申请人上述主张外,认为申请人应当支付“窝工”费及所欠第二被申请人工程未付款及利息损失。

仲裁庭充分注意到双方签署《备忘录》的具体内容。《备忘录》作为双方真实意思表示的体现,真实地反映出以下事实:

一是申请人付款和余款数额。即施工合同总金额人民币500余万元,截至2014年6月18日申请人已经支付人民币350余万元,剩余人民币近160万元(不含质保金人民币近27万元)。

二是被申请人使用吊车的实际台班数，以及施工时领用的设备、工器具和材料需要核实问题，双方应确定各自责任以进行结算。

三是误工和工期延误问题，需要明确被申请人误工损失和工期延误等双方各自应承担的责任和费用。

四是确实存在某种程度的工程质量问题。

《备忘录》还包括被申请人的承诺，对附件所列出的整改项目确保按合同约定、设计图纸和经发包方专业工程师确认的设计图纸变更的要求进行整改，并自行承担费用。

综上所述，双方在《备忘录》中确认施工合同总金额人民币500余万元，截至2014年6月18日申请人已经支付人民币350余万元，剩余人民币近160万元（不含质保金人民币近27万元）。上述数额已经双方认可。仲裁庭认为，合同约定了固定价，本身就约束双方对施工过程中可能出现的费用不再提出增加费用的要求。本案不能抛开合同约定的固定价，对整个工程造价重新结算。因此，仲裁庭应当以双方认可的工程款数额为裁决基础。同时，合同约定的固定价是以合同承包范围和工作内容不变为基础。如果没有发生合同变更或工程变更等情况导致工程量发生变化，就应当按照合同约定的固定价结算工程款。

在施工合同履行过程中，主张工程价款调整的一方，应当对合同约定施工的具体范围、实际施工发生的变化、工程量增减原因及数量等事实承担举证责任，这不仅符合“谁主张，谁举证”的基本原则，而且对于双方当事人更具可操作性和体现程序正义要求。

（四）关于申请人请求事项及其他主张的分析

申请人请求被申请人赔偿违约偷工减料造成的经济损失及工程质量整改费用、因工程质量问题而增加的额外维护和修复费用，以及赔偿代购和借用并损坏的机具设备及材料等费用，并支付申请人垫付的工程质量检测鉴定费用。对上述请求，需要结合本案实际情况来确定。本庭充分考虑以下因素。

1. 关于偷工减料损失赔偿和整改费用承担。

首先，本案的实际情况是合同约定的工程已经验收，但是需要整改。按照申请人表达的质量问题的严重性，本案的当务之急是推动工程质量瑕疵的整改和完善。但是，如果按照申请人的请求事项来考虑，被申请人将免除维修义务，而仅承担的是赔偿损失责任。

其次，如果裁决施工方承担工程质量维修整改费用，需要确定申请人所称的偷工减料和质量瑕疵产生的费用，而确定上述费用，必须由具备价格评估资质的机构评估重新修理整改的费用。而申请人并没有向本庭提出价格评估的要求或者提供相应评估鉴定，因此，仲裁庭不能草率地支持申请人提出的被申请人偷工减料造成的经济损失及工程质量整改费用以及其他保修维护费用。

最后，我国《合同法》第 281 条规定，因施工方的原因致使建设工程质量不符合约定的，发包人有权要求施工方在合理期限内无偿修理或者返工、改建。施工合同约定了被申请人维修制度和质量验收制度，实际是依法要求施工方保证施工工程应当符合质量验收标准，不符合验收标准的，要无偿修理返工；即使是工程通过验收合格的，也不能免除施工方对工程的质量责任。

由此，仲裁庭有足够理由和充分法律依据来裁决被申请人按照双方达成的《会议纪要》，对工程存在的质量瑕疵进行整改维修。

2. 关于被申请人损坏的机具设备及材料等费用。

现有证据材料不能充分证明申请人主张的上述事实，特别是质证时申请人对于对方所持的否定性意见，也没有提出有力的证据材料供对方质证反驳。仲裁庭根据证据规则，无法确定超出约定的机械使用费用和领取材料机具费用的事实，也无法核实这些费用的实际发生数额，仲裁庭需要申请人提供的证据能够达到既全面充分又客观实际的标准，才能把被申请人超出约定使用机械和材料机具的费用上升为法律事实，进而对其主张给予支持。

3. 关于垫付的检测鉴定费用问题。

正如前述关于申请人质量检测鉴定问题的分析，仲裁庭认为，申请人自行聘请有资质的机构进行检测鉴定，反映出工程存在的质量瑕疵，说明工程质量问题是纠纷产生的重要原因。同时，上述鉴定中确定的质量瑕疵点，对于被申请人准确履行维修、维护义务时也是有价值的，因此对申请人垫付的两项检测鉴定费用应予赔偿。

4. 关于其他主张。

在本案审理中，申请人针对反请求答辩时，还主张应从未付款中扣除延期违约金、超出约定的机械使用费用和材料机具费用、被申请人借款等。

根据《施工合同》专用条款的约定，承包人每延误1天承担合同价款0.5%的延期违约金，违约金上限为合同价款的10%。但是，申请人并没有在仲裁请求中提出因工期延误导致损失的要求，只是在被申请人反诉时以抗辩理由要求在未付款中折抵被申请人的逾期违约金。对于工期延误，被申请人提出的主要解释是因气候等原因不能按计划施工，还包括更改图纸产生工期延误。申请人的有关人员已经在工作联系单对个别因天气情况需要顺延工期进行确认，这就证明因天气原因推延工期情况确实存在，而根据现场情况修改图纸，以便符合施工实际或达成更好的效果，也是工程施工的常态。尽管申请人不予认可，但是并没有提出其他反证，仲裁庭对此请求不予考虑。

关于申请人要求被申请人承担超出约定的机械使用费用和材料机具费用，考虑到相关证据不充分，仲裁庭难以支持从申请人应付的工程款中抵扣的请求。

至于申请人主张2013年2月、2015年2月10日分别借给被申请人10万泰铢（折合人民币2万元）、人民币20万元，应在未付款中折抵，考虑到双方之间的借款并不是工程预付款，况且被申请人对申请人主张的借款事实并不认可，仲裁庭对申请人提出折抵借款的要求无法支持。

（五）关于被申请人的反请求

2014年10月6日第二被申请人公司提出账目核对单，说明实际使用吊车台班并没有超出合同约定，原材料与油漆及工具使用参照附表应扣除。由于没有申请人人员的签字,核对单属于第二被申请人单方面的材料,申请人对此核对单不予认可,且无其他证据予以佐证,仲裁庭无法确认其证据力。

2012年10月17日第二被申请人致函申请人泰国项目部,说明由于施工现场需要材料因清关问题未到位和皮带机地基未交付造成"窝工",合计1060个工作日,建设单位负责人确认属实。此外,被申请人还提供4份工作联系单,主要证明:(1)能够确认吊车司机迟到早退造成"窝工"费达人民币8000余元;(2)根据现场实际情况,施工人需要对破碎站的溜槽进行改动;(3)运焦二桁架无法按原图纸施工,需要变更图纸;(4)被申请人提供1份工作联系单,证明2013年6月11日、6月12日下雨无法开展施工。上述均有建设单位负责人或监理工程师的签字。

仲裁庭注意到,被申请人提出了超出固定价的主张。仲裁庭认为,要判断上述争议费用是否属于超出合同约定的工程固定价范畴,关键在于是否发生合同变更、是哪一方原因发生的变更、因变更带来哪些新增工程量以及是否按照合同约定的程序进行确认,这些问题都需要提出主张的当事人举证说明。

被申请人主张"窝工"损失,尽管建设单位负责人在"窝工"申请上签字,证明"窝工"情况属实,但是申请人认为,根据合同通用条款,被申请人应当按照合同约定的程序向申请人授权代表索赔,并且被申请人没有提供人工单价和总价等关键因素供对方质证。另外,第二被申请人提供工作联系单确认吊车司机迟到早退造成"窝工"费达人民币8000余元,也没有按照合同约定的程序向发包人授权代表进行索赔。

被申请人主张误工增加,尽管提供补充工作联系单,并且出示增加工作量情况表来证明工作量增加的事实,但是由于没有按照合同约定程序向申请人授权代表进行索赔,申请人并不认可。仲裁庭在分析被申请人上述证据材料的同时,重点考虑当事人是否按照合同约定的程序进行索赔,即使发包人的过错明显,承包人也应严格按照合同的约定,要求监理工程师或发包方对应当赔偿的"窝工"损失进行确认,向承包人的授权代表进行索赔,如果没有按照约定进行索赔,就会因自身原因导致索赔权利无法实现。

(六)对双方请求的处理

1. 对申请人仲裁请求的处理如下:

(1)被申请人继续履行维修义务。申请人的第一项、第二项请求,包括请求支付因违约偷工减料造成的经济损失及工程质量整改费用、因工程质量问题而增加的额外维护和修复费用等,主要是基于质量瑕疵要求金钱赔偿。仲裁庭认为,这在本质上与申请人增加的请求继续履行维修义务是相同的。

2014年10月3日双方就工程整改达成《会议纪要》,确认下一步整改工作内容,包括:配煤皮带系统(1-4#)皮带机逆止器运行温度过高达85度需要更换;运焦六#皮带减速机运行噪音大需要更换;备煤及运焦皮带通廊的彩钢板油漆大面积生锈脱落,需要重新除锈补漆处理;备煤及运焦系统钢机构通廊有漏焊及焊缝不合格部位,需要补焊或重新焊接。

被申请人应对存在瑕疵的工程项目进行维修整改,至合格为止。履行维修义务应确定一个合理时间,双方原来的备忘录约定维修人员应在30日内到现场,仍然按照原约定为妥。

申请人有义务配合维修工作,包括人员、装备到现场,以及在现场提供必要的维护设备。如果被申请人拒绝在30日内到现场履行上述义务,申请人有权自行维修或者委托第三方维修,产生的合理费用应当由被申请人承担。

(2)不支持质量损失、机具材料丢失的索赔。对申请人请求被申请人赔偿违约偷工减料造成的经济损失及工程质量整改费用共计人民币近230万元、因工程质量问题而增加的额外维护和修复费用人民币100余万元(仅为3次刷漆费用),以及赔偿代购和借用并损坏的机具设备及材料等费用人民币近2.5万元,不予支持。

(3)被申请人承担申请人垫付的检测鉴定费用人民币近2万元。

2. 对被申请人反请求处理如下:

(1)支持给付工程款的请求。鉴于工程已经于2013年完工、验收,目前质量保修期也已经届满，对于工程存在的部分瑕疵，被申请人应当按照双方达成的备忘录履行维修义务，不影响申请人应当支付所欠工程款。仲裁庭应当支持被申请人要求给付工程款人民币近200万元的请求。

(2)被申请人请求支付至结清之日止的利息，并提交了利息计算清单。仲裁庭认为，申请人应以人民币近160万元(不含质保金人民币近27万元)为基数，按照中国人民银行同期贷款利率，计付2013年12月21日至2014年12月20日的利息；以人民币近200万元为基数，按照中国人民银行同期贷款利率，自2014年12月21日至实际支付日，向第二被申请人支付欠款利息。

(3)不支持误工费等索赔。鉴于被申请人没有按照合同约定的程序及时请求申请人确认误工费，对被申请人要求申请人支付误工费的请求不予支持。

(七)关于仲裁费

申请人请求被申请人继续履行维修义务的请求获得支持，但存在部分请求不当的问题，本请求仲裁费由申请人承担50%，由被申请人承担50%。

被申请人反请求的主要部分获得支持，反请求仲裁费用由申请人承担70%，由被申请人承担30%。

三、裁　　决

仲裁庭依据所认定的事实及所阐述的法律意见，裁决如下：

1. 被申请人根据双方《会议纪要》列举的项目，于30日内到达现场，对工程存在的瑕疵进行维修整改直至合格。

2. 被申请人承担申请人支出的检测鉴定费用人民币近2万元。

3. 申请人向第二被申请人支付所欠工程款人民币180余万元。

4. 申请人以人民币150余万元为基数，按照中国人民银行同期贷款利率，向第二被申请人支付2013年12月21日至2014年12月20日的利息；以人民币近200万元为基数，按照中国人民银行同期贷款利率，自2014年12月21日至实际支付日,向第二被申请人支付欠款利息。

5. 驳回申请人的其他仲裁请求。

6. 驳回被申请人的其他仲裁反请求。

7. 本案本请求仲裁费由申请人与被申请人共同承担,双方比例各为50%。鉴于上述本请求仲裁费已与申请人预交的等额仲裁预付金相冲抵,被申请人应向申请人支付50%的本请求仲裁费,以补偿申请人为其垫付的仲裁费用。

8. 本案反请求仲裁费由申请人承担70%,由被申请人承担30%。鉴于上述反请求仲裁费已与被申请人预交的等额仲裁预付金相冲抵,申请人应向被申请人支付70%的反请求仲裁费,以补偿申请人为其垫付的仲裁费用。

上述双方当事人应向对方支付的款项,双方当事人应于本裁决作出之日起30日内支付完毕。

本裁决为终局裁决,自作出之日起生效。

案例评析

【关键词】

国际建筑工程施工合同纠纷;结算争议;质量争议

【焦点问题】

该案属于有涉外因素的施工合同纠纷,核心问题包括合同关系的准据法、合同是否具有法律效力、双方是否正确履行合同以及双方的请求及反请求中提出支付各项费用要求是否合理。

综合案情及双方的主要意见观点,仲裁庭集中分析双方的以下主要分歧:一是申请人自行委托的质量鉴定是否合理;二是工程是否验收合格;三是施工企业使用机械、领用工具及材料应承担的费用，对应付工程款的影响；四是被申请人是否应赔偿申请人工程维修费用。

【焦点评析】

（一）法律适用

1. 涉外因素

该案的双方当事人是国内企业，但是工程建设活动发生在泰国，属于履行地在国外的涉外案件，因此需要考虑法律适用问题。

而双方在合同中约定，工程质量标准为中国国家标准及行业标准，且国家标准优先，同时不违反泰国当地的工程质量要求。工程质量验收标准，根据工程实际情况，以行业标准和施工图纸设计要求为准，进行工程验收。

2. 准据法

涉外民事关系法律适用的法律依据是我国《涉外民事关系法律适用法》，仲裁庭需要援引该法中有关冲突规范的规定。

由于双方之间所建立的是民事关系，当事人可以选择适用的准据法，结合双方签订合同采用的中国政府有关部门颁布的制式文本，以及在协议书“序言”部分和专用条款的约定，仲裁庭可以得出适用中国法律的结论。

解决本案争议适用的法律有两个层次：一是申请人和被申请人之间的商业纠纷，适用中国法；二是由于该案工程位于泰国，有关工程施工标准的法律，包括工程质量的确定，应当适用当地的法律。在该案中，一方还请该国的工程鉴定机构进行了质量鉴定，那么该鉴定活动所依据的法律肯定不是中国法，因此适用当地法律或标准是现实的。

由于双方约定的合同适用的法律是中国法律，那么如果遇到当地法律没有规定、无法明确或不能查明的争议事项，可以适用中国法。

当然，在整个仲裁审理期间，双方均没有就具体问题强调需要适用的外国法，因此，该案没有涉及外国法的查明和适用问题。

(二)争议焦点

该案属于建筑施工合同纠纷,双方因结算发生争议,但是不能结算的原因是对工程质量存在分歧,所以其本质是工程质量争议。

1.关于工程质量的鉴定

双方因为工程质量的分歧长期不能结算,而有关质量问题的分歧,存在一个单方委托形成的鉴定意见。在这种情况下,仲裁庭应当利用已有的鉴定意见,但是需要对其进行必要的审查,包括鉴定是什么机构作出的、鉴定报告的内容是否翔实具体、与双方争议的事实能否有机联系,以及反对适用的一方对报告内容的具体意见等。

导致申请人自行申请鉴定的原因主要有三个:第一,双方达成的《备忘录》和《会议纪要》中有关维修的约定没有得到落实,工程返修不能推动。第二,尽管《施工合同》约定对工程质量有争议时,由双方同意的工程质量检测机构鉴定,但是双方未能就聘请鉴定机构达成一致。第三,作为总承包商的申请人急于完成结算,可能涉及政府审批、贷款项目的后续报告以及施工款的支付问题,在此情况下,申请人自行聘请当地的权威鉴定机构对工程质量进行了鉴定。

尽管是单方委托的鉴定机构,另一方对鉴定机构及结论不认可,但是鉴定机构的资质没有问题,两项鉴定检测,包括针对钢结构皮带栈桥焊缝进行的《皮带栈桥钢结构超声波检测》和对整个皮带栈桥钢结构进行《皮带栈桥钢结构质量鉴定》,都是技术性的,列举的证据材料可靠、内容翔实、分析具体、逻辑清晰。

因此,仲裁庭给被申请人安排时间和机会,就鉴定结果提出质疑,并可以举证证明其怀疑的合理性。举证后,可以就出具检测报告和鉴定意见的鉴定机构的出庭提出申请。而在后来的审理中,双方均没有要求鉴定机构出庭接受质询。

据此,仲裁庭可以认定鉴定意见的客观性。

在一般的工程案件中,一方委托的鉴定,另一方往往对鉴定机构和鉴定意见不认可。现实中,单方面委托的鉴定受限于单方提供的材料,确实存在不能照顾双方利益和诉求的可能,甚至因受一方干扰而有失客观。仲裁庭接手的案件,往往涉及双方争议已久、难以调和的矛盾,为了避免当事人质疑仲裁庭的客观公正性,仲裁庭一般会安排新的鉴定。

在该案审理中,仲裁庭综合分析认为,鉴定所依据的材料是鉴定机构通过超声波检测手段从现场工作中取得的技术资料,不是单方提供的,也不是双方提供的,因而不能否定其客观性,由此得出的鉴定意见必须用技术或专业知识去判断。如果重新安排鉴定,采用同样的方法,完全可能得出相近的结论,因此将造成资源的浪费,也将增加解决争议的时间,不利于纠纷的高效解决。

2. 工程验收合格,但不能回避瑕疵问题

被申请人就该案钢结构安装工程提供了 7 份竣工验收单,其记载了验收结果。验收结论是缺陷已消除、验收合格。

但是,整体工程验收,是对设备和系统运行进行验收,重点是系统设备运转正常。而申请人所进行的两项检测、鉴定,是针对皮带栈桥焊缝(重点是抽检焊点)和整个皮带栈桥钢结构,重点是桁架焊缝是否符合要求及能否影响钢结构总体质量安全。上述情况反映出被申请人主张验收结果与申请人提出的鉴定意见的侧重点不同、阶段不同,因此结论也必然不同。

从检测和鉴定材料中可以看到,该案中的工程质量存在诸多瑕疵:很多个焊点不合格,钢结构安装存在不合格之处,防火涂料未达标、掉漆、严重锈蚀等。但是,鉴定意见没有否定结构的稳定性和安全性。因此可以认为,这些瑕疵都是通过局部返修、保养能够解决的问题,与《施工合同》约定的施工单位应当履行的重新修理更换等义务一致。而且在双方的《备忘录》中,被申请人也承诺对附件所列出的整改项目进行整改,并承担修复的费用。据此,仲裁庭裁定,被申请人应根据双方《会议纪要》列举的项目,于 30 日内到达现场,对工程存在的瑕疵进行维修整改直至合格。

(三)企业海外经营风险及其防范、应对策略

随着“一带一路”倡议的实施,越来越多中国企业到“一带一路”沿线国家

进行投资。其中,工程建设是"一带一路"建设的重点。中国企业到"一带一路"沿线国家进行工程建设时,会遇到各式各样的经营风险。下面笔者对这些经营风险进行总结,并对企业提出相应的风险防范及应对策略。

1. 关于鉴定

由于"一带一路"建设主要是让中国企业"走出去",因此,工程项目的施工现场一般都在其他国家。若选择中国的仲裁机构解决争议,仲裁庭不能随时到现场,无法直观了解施工情况或完工情况。同时,对于质量争议也难以借助鉴定机构,启动鉴定程序。因此,处理境外施工纠纷,仲裁庭对是非的判断主要依赖现场形成的施工资料。

当然,各方可以委托专家证人到施工现场进行勘验,例如,正在审理的"中国企业承建某国水坝垮塌引起的仲裁案"(以下简称"水坝案"),争议的双方分别委托了技术权威作为专家证人。但是,各方的专家证人往往各执一词,很难给出一致意见。而且各方请的专家证人同样需要依据现场形成的技术资料进行判断并给出意见。因此,企业需要保存好从勘察设计到施工管理,以致竣工验收各阶段的商务资料、技术资料和施工现场资料,避免一旦发生讼争找不到主张权利及反驳控告的依据。

2. 气候影响工期

由于在异国施工,对当地气候不了解,承包企业往往会遭遇非常大的麻烦。上述"水坝案"中的工程受热带气候条件影响,雨季无法施工,工期不得不延迟。在工程建设中,以及工程完成后,由于受到雨水侵蚀,导致钢结构锈蚀严重。一方认为是施工企业在建设中偷工减料,另一方认为是业主方对工程建设成果保护不力,各方各执己见,必然形成纠纷。

几年前,该案的仲裁员曾经处理了在俄罗斯发生的一个市政景观音乐喷泉工程结算纠纷。工程当地在高加索山区,夏季短暂,施工刚刚展开不久即进入冬季,承担设备安装的分包商不得不撤回国内,需要等到第二年,甚至第三年再组织人员去施工现场,导致分包商无法遵守约定工期,整体工程被迫延期。

因此，仲裁庭也需要注意这些影响工期的自然因素，在确定工期延误责任上，对受影响的一方应给予必要宽限。

3. 关于现场“窝工”

施工人员受到出入境限制和当地就业限制，很多工程都会发生现场“窝工”情况，甚至多种影响因素交织在一起，很难划清责任。

在前述“俄罗斯音乐喷泉工程案”中，施工人员办理了商务签证，但到达现场才发现，前面的基础施工有的没有开始，有的没有完成，承揽的设备安装无法进行。由于劳务人员对于驻在国是外国劳工，不能到其他地区或项目另寻工作机会，回国又需要路费及再办签证，只能“窝工”在施工现场，空耗给养，最后不得不向总承包商借钱度日。

当然，还有其他因素导致“窝工”。在“非洲某国机场精装修施工案”中，挂靠非洲某国某大公司的承包商取得工程款后，不予分包结算，携款撤离，导致施工企业员工领不到工资，滞留现场。此外，还有因战争或恐怖事件，导致在现场施工的中国公司陷入困境，最终只能依赖中国海军接回员工，损失巨大。因此，在承接工程建设项目之前，施工企业必须了解工程所在国或地区的社会政治环境以避免风险。

4. 运输中的风险

承揽国外建设工程的企业，施工所需的大量工程机械必须从中国国内起运，到达施工国家的现场，但海运和陆运过程都存在诸多风险。中国某大型国际施工公司运往非洲的工程机械，放置在远洋公司货轮甲板上，遭遇海损，全部被海水浸泡，锈蚀严重。到达现场后，除锈占用了大量时间，影响施工也延误了工期，还降低了机械寿命。某些损失可以向船东追索或向保险公司索赔，而工期延误及其他附带的损失，未必能够获得理赔。

5. 关于现金支付与结算

很多工程所在地国家的经济发展相对落后，中国公司往往承接大量的基础设施建设，实际施工现场可能远离城市，以致会有大量的现金结算、借款或支付的情况发生。很多施工款可能是通过国内银行结算，在承包企业，甚至可能是通过包工头的国内账户与发包企业的国内账户进行结算，甚至劳务队的工资也依靠总承包企业预借现金发放。在工程结算时，需要对过程中发生的现金交易一并结算。

6. 出口退税涉及多方利益

很多时候，总承包企业和分包企业都是中国公司，工程设备、材料也常常是从中国境内采购。按照中国政府的规定，其可以享受出口退税优惠。但是，有时候分包企业可以享受的利益可能被总承包商截留。为了避免这一情况的发生，分包商和总承包商需要明确约定出口退税优惠分配方案。当然，出口退税需要等待相当长的时间，实际承揽工程的分包企业如果是小企业或包工队，因为实力较弱，可能未等到退税时间就倒闭或解散了。

【结语】

随着越来越多的中国企业"走出去"参与"一带一路"建设，企业遇到的具体问题越来越多。在此过程中，及时总结经验教训、取长补短，是企业增强自身避免风险能力题中应有之义。对于争议解决机构来说，及时了解各"一带一路"参与国家或地区的政治、经济、社会和自然现状，也有利于提高自身解决纠纷的能力。

（案例评析人：刘广滨）

案例五 中国A科贸公司与中国B建筑公司加纳公司、中国C经济技术合作公司房地产开发建设争议仲裁案

中国国际经济贸易仲裁委员会(以下简称仲裁委员会)根据申请人中国A科贸公司(以下简称申请人或A公司)和第一被申请人中国B建筑公司加纳公司(以下简称第一被申请人或B公司)、第二被申请人中国C经济技术合作公司(以下简称第二被申请人或C公司,第一被申请人和第二被申请人以下统称两被申请人或被申请人)签订的《加纳D房地产公司会议纪要(四)》中仲裁条款的约定,受理了双方当事人之间本争议案。

本案仲裁程序适用自2012年5月1日起施行的《中国国际经济贸易仲裁委员会仲裁规则》(以下简称《仲裁规则》)。

根据《仲裁规则》第23条的规定,本案由3名仲裁员组成仲裁庭进行审理。由于有多个被申请人,且被申请人未在规定期限内共同选定仲裁员或共同委托仲裁委员会主任指定仲裁员,仲裁委员会主任根据《仲裁规则》之规定指定Z担任本案首席仲裁员,指定X和Y担任仲裁员。上述3位仲裁员在签署接受指定的声明书后组成仲裁庭,共同审理本案。

第一被申请人于开庭前提交《仲裁反请求申请书》;申请人针对第一被申请人的仲裁反请求提交《管辖权异议申请书》等;第二被申请人提交《答辩书》。

仲裁委员会秘书局将上述材料在双方当事人间进行了交换,并告知双方当事人:鉴于申请人针对被申请人的反请求提出的管辖权异议涉及实体问题,留待仲裁庭进行审理后才能确定,根据《仲裁规则》第6条第5款"对仲裁协议

及/或仲裁案件管辖权提出异议不影响仲裁程序的继续进行”的规定，本案仲裁程序继续进行。尔后仲裁委员会授权仲裁庭对本案有关管辖权问题在裁决中作出决定。

仲裁庭如期在北京对本案进行了开庭审理。双方当事人均委派代理人参加了庭审。在庭审中，申请人就其仲裁请求和所依据的事实和理由进行了陈述和说明，被申请人进行了答辩；第一被申请人就其反请求和所依据的事实和理由进行了陈述和说明，申请人进行了答辩；双方均对证据进行了质证，就相关的法律问题进行了辩论，并回答了仲裁庭提出的问题。仲裁庭还就庭后程序作出了安排。

仲裁庭根据庭审情况和相关证据材料，依据《仲裁规则》的有关规定，经合议，作出裁决。现将本案案情、仲裁庭意见以及裁决分述如下。

一、案　　情

经仲裁庭查明，2013年4月6日申请人与第一被申请人签署《战略合作协议》，对双方在加纳合作开发D公司房产项目，包括共同投资设立、经营管理加纳D房地产开发有限公司（以下简称合资公司）的事项约定各自义务。后又通过签署《加纳D房地产开发公司董事会纪要》（以下简称《会议纪要（一）》）、《加纳D房地产开发公司会议纪要》（以下简称《会议纪要（二）》），对合作中各自义务进行进一步补充、细化及部分变更，但上述文件并未就合作终止及终止后的清理结算作出约定。

在合作中，双方发生争议。2014年5月7日申请人向第一被申请人发出《告知函》，指称对方存在未取得此前约定的规划指标致使土地价值缩水、未依约向合资公司投资并截留申请人部分投资款、未依约办理土地过户手续、提供开发土地因屡陷法律纠纷多次被法院勒令停工等违约行为，要求对方履行《会议纪要（二）》约定的义务，否则将要求终止合作，由对方赔偿己方直接、间接经济损失,及应得的履约利益,并承担相应违约责任。第一被申请人收函后复函表示同意终止合同,并将于次日接管项目现场。

2014 年 5 月 28 日、29 日申请人、第一被申请人及第二被申请人协商关于申请人退出合资公司及项目事宜,围绕《加纳项目实际投资情况汇总表》(以下简称《5.28 汇总表》)及《D 广场项目开发及施工成本表》(以下简称《成本表》)进行会谈,签订《加纳 D 房地产公司会议纪要》(以下简称《会议纪要(三)》)。2014 年 6 月 17 日上述三方又在《会议纪要(三)》的基础上对"申请人及第一被申请人在 D 项目主体部分及非主体部分的费用"进行进一步确认,再次协商关于申请人退出合资公司及项目事宜,签订《加纳 D 房地产公司会议纪要(四)》(以下简称《会议纪要(四)》)。结合《会议纪要(四)》及附表《6.17 汇总表》,双方对申请人投入项目 2756 万余元(以下如无特指,本案所涉金额币种均为人民币,仲裁庭注)确认无争议,而双方未能一致确认的申请人支出项目如下:

1. 国外差旅费 29 万余元;

2. 国内人员工资近 13 万元;

3. 国内人员办公费近 10 万元;

4. 广告费 5 万元,由双方明确后续交接跟进,同时提供相关成果资料;

5. 国内办公室租金及装修费 6 万元;

6. 业务招待费 6300 余元;

7. 国外管理人员生活费近 6 万元;

8. 劳务公司保证金 2 万元。

以上未确认金额共计 71 万余元。

对员工 9 万余元工资以外其余以工作业绩为准的工资,双方约定单独商定。此外,申请人主张第一被申请人赔偿其投资损失及利润约 7500 万元,第一被申请人认为该主张无任何依据,不同意赔偿要求,表示目前项目尚未完工,预期收益不确定,盈利或亏损都有可能。第一被申请人还指出,在 D 广场项目投资中,涉及包括土地融资,前期动员等成本,尚未在汇总表及成本表中反映,第一被申请人损失也较大。

申请人主张第二被申请人、第一被申请人“应先支付其实际投入的已确认本金”，但第一被申请人仍主张所有确认金额在其他争议事项协商一致或仲裁裁决后由第二被申请人、第一被申请人一并支付。各方同意就未达成一致意见部分提交中国国际贸易仲裁委员会（北京）（以下简称仲裁委员会）裁决。

申请人称，其依约履行了各项义务。而第一被申请人未按照《战略合作协议》及《会议纪要（一）》和《会议纪要（二）》履行出资、土地过户、取得约定规划指标批文等义务，并存在截留申请人出资、提供土地屡遭法院禁令停工等情形，构成根本违约，其后又以“合作理念不同、分歧加大”为由，单方解除合作关系，继而控制施工现场，强令申请人退场。第一被申请人应赔偿因其违约造成申请人的全部项目损失。申请人与第一被申请人、第二被申请人就申请人退出合资公司及合作项目事宜会谈达成《会议纪要（三）》及《会议纪要（四）》，约定将各方未达成一致意见部分提交仲裁委员会裁决。故申请人请求裁决事项如下所示。

1. 第一被申请人、第二被申请人在裁决作出之日起2周之内连带向申请人支付申请人支出的合作开发费用近114万元，具体构成如下：管理人员生活费近6万元；员工工资15万余元；法定代表人F差旅费29万余元；国内人员工资近13万元；国内办公费近3万元；国内办公场所租赁费6万元；劳务保证金2万元；建筑装饰设计费40万元。

2. 第一被申请人、第二被申请人在裁决作出之日起2周之内连带向申请人支付申请人应得的加纳D房地产开发有限公司开发建设的D广场项目的利润9000万元（暂定）。

3. 第一被申请人、第二被申请人在裁决作出之日起2周之内连带向申请人支付应由被申请人承担的本案仲裁费的50%。

4. 第一被申请人、第二被申请人在裁决作出之日起2周之内连带向申请人支付其因本案支出的律师费20万元。

5. 第一被申请人、第二被申请人如未在裁决作出之日起2周内连带向申请人支付前述请求金额，应当加倍支付迟延履行期间的债务利息。

第一被申请人辩称，第一被申请人依约履行了主要义务：投资总额基本完成《会议纪要（一）》约定的各方投资额，已提供项目土地并由合资公司实际占有使用。申请人存在隐瞒和虚假陈述自身资质、管理能力和经济实力，压缩出资、出资不到位、拒绝进一步融资，单方面撤资退股等违约行为，导致项目失败。申请人主张应得利润9000万元无合同依据，不符合法律规定，也不符合项目失败的现实。申请人主张近114万元合作开发费用，无事实依据，不符合法律规定和双方约定。申请人关于律师费及加倍支付迟延履行债务利息的仲裁请求，均超出仲裁协议约定范围。申请人仲裁请求超出仲裁协议范围，且无仲裁协议依据而自行增加1名被申请人，导致仲裁费用增加，对由此增加的仲裁费用，第一被申请人不应承担。第一被申请人请求仲裁庭驳回申请人全部仲裁请求。

申请人辩称，第二被申请人是第一被申请人的实际控制人，其通过第一被申请人与申请人在加纳合作开发房地产。合作争议发生后，第二被申请人与第一被申请人共同签署《会议纪要（三）》及《会议纪要（四）》，证明第二被申请人的意思表示构成债务加入。尤其是《会议纪要（四）》第3条载明“第一被申请人仍主张所有确认金额在其他争议事项协商一致或仲裁裁决后由第二被申请人、第一被申请人公司一并支付”，第二被申请人签署的《会议纪要（四）》包括此条款，证明其对关联公司请求其承担连带责任的主张没有异议。因此，对申请人的仲裁请求，第二被申请人应与第一被申请人承担连带责任。

第二被申请人辩称，《战略合作协议》及《会议纪要（一）》、《会议纪要（二）》系由申请人与第一被申请人订立，第二被申请人也从未参加合作项目的运营过程。第二被申请人签订《会议纪要（三）》及《会议纪要（四）》的身份是见证人，而非协议主体，在《会议纪要（三）》《会议纪要（四）》中也无承担任何责任的意思表示。因此，不具备成为被申请人的主体资格，也不应对本案承担连带责任。

第一被申请人在本案中提出反请求,认为由于申请人存在隐瞒、虚假陈述自身资质、管理能力和经济实力,管理混乱,出资不到位等违约行为,致使项目失败,故请求裁决:

1. 申请人在裁决作出之日2周内向第一被申请人支付第一被申请人合作项目全部投资亏损4191万余元;

2. 申请人在裁决作出之日起2周内向第一被申请人支付本案反请求相应仲裁费用的50%。

申请人辩称,仲裁庭对第一被申请人提出的反请求不具有管辖权,仲裁条款表明进入仲裁的应是当事人"未达成意见部分",即应仅限于第一被申请人、第二被申请人不同意确认的申请人投入及损失赔偿。即使仲裁庭对第一被申请人提出的反请求有管辖权,第一被申请人的主张也不能成立,因为申请人的法定代表人F以其他公司名义开发多个楼盘,不存在"虚假承诺";合资公司项目开发资金全部源于申请人,不存在"虚构合作背景";关于申请人出资不足的主张没有事实和法律依据;人员不足、管理混乱的指称也与事实不符。

本案在审理过程中,各方当事人为支持各自主张,分别提交了相关证据材料,庭审时进行了证据出示和相互质证,并于庭后提交了书面质证意见及代理意见。

二、仲裁庭意见

(一)关于本案的法律适用

第一被申请人是依加纳法律注册设立的一家加纳公司,《战略合作协议》约定了申请人与第一被申请人在加纳某市合作开发房地产项目有关事宜,但其中并未明确约定法律适用,仅模糊表述"遵守国家法律"。《会议纪要(四)》反映了各方对解除合作关系进行的协商,签署地点为中国某市,其中明确将争议事项提交仲裁委员会裁决,但对法律适用未有明确约定。

审理中各方均表示“遵守国家法律”应理解为：各方合作及终止合作应适用中国法律，但涉及合资公司的经营管理则应适用其注册地加纳的法律。

仲裁庭认为，依据中国《涉外民事关系法律适用法》第41条的规定，当事人可以协议选择合同适用的法律，因此，本案除合资公司经营管理规制方面适用加纳法律外，其余适用中国法律。

（二）第二被申请人应否作为本案被申请人

第二被申请人辩称，其参加《会议纪要（三）》及《会议纪要（四）》的身份仅仅是会议见证人，而非争议主体，在前述两份会议纪要中均无任何对合作项目承担责任的意思表示，因此，在形式上不具备成为被申请人的主体资格。

依仲裁庭查明，第二被申请人参与了形成《会议纪要（三）》及《会议纪要（四）》的会谈，且《会议纪要（四）》中表明“各方同意就未达成意见部分先进入仲裁，积极配合仲裁机构，尽快作出裁决……各方同意就未达成一致意见的部分提交中国国际经济贸易仲裁委员会（北京）裁决……”。《会议纪要（四）》上有第二被申请人负责人员的签名。仲裁庭认为，仲裁条款或仲裁协议具有独立于合同的法律效力，依上述由第二被申请人代表签署的仲裁条款表证，可以认定第二被申请人自愿受仲裁条款的约束，因此，申请人有权依该仲裁条款对第二被申请人提起仲裁。至于第二被申请人应否及承担何种责任，则属实体审理的判定范畴。

（三）仲裁协议约定的仲裁事项范围

《会议纪要（三）》约定，“双方同意对有争议事项继续友好协商解决，两周内协商未果，将邀请北京仲裁机构对上述未确认部分一个月内进行仲裁，双方按仲裁裁决执行，仲裁相关费用双方共同承担”。《会议纪要（四）》约定，“所有确认的金额在其他争议事项协商一致或仲裁裁决后由C公司、B公司一并支付”，“各方同意将未能达成一致意见的部分提交中国国际经济贸易仲裁委员会（北京）裁决”。

本案各方当事人均认可,以上是本案仲裁协议的约定内容。

1. 仲裁协议约定的仲裁事项并非合同法定解除争议

本案系各方因合作终止发生的争议。因合作系依《战略合作协议》等建立的合同关系。合作终止即意味合同的解除。除本案不涉及的合同因约定解除条件成就而自动解除及依约定解除权解除的情形外,合同解除尚可分为法定解除与合意解除两类。前者是一方行使法定解除权的单方法律行为,一旦发生法定解除,其法律后果依据法律的直接规定自动、完整地出现,没有当事人协商的余地;后者则是双方经平等协商达成与被解除之合同目的相反的一致约定,效果完全由当事人以自治意思自由约定,排除法律的强制效果发生,其实质是一份新的合同。故有"反向契约"的法理称谓。

如果本案各方选择法定解除终止合作,则包括合资公司须依法进行解散、清算等法律规定的后果将自动发生,无须也无从由双方进行协商约定。但如仲裁庭查明,《会议纪要(三)》及《会议纪要(四)》的形成过程和内容至少都体现了双方意图通过协商解除合作关系的意思,而并无法定解除的意思表示。例如,《会议纪要(三)》载明"A公司从D公司退股";"双方协商关于A公司退出D公司及D广场项目事宜",《会议纪要(四)》载明双方"再次协商关于A公司退出D公司及D广场项目事宜",庭审过程中双方更明确并无解散合资公司的意思,而是希望通过股权转让、公司回购股权等可能的交易方式,实现申请人退出合资公司及项目合作。

由此可见,各方是想通过《会议纪要(三)》及《会议纪要(四)》所反映的磋商过程,达成一项交易,即一份新的合同,依此合同,申请人获得各方一致认可的偿付,作为对待给付,申请人向他人——无论是第二被申请人、第一被申请人,还是两者共同——让渡基于其已有合作投入所形成的利益,退出合作,从而实现合作的终止,合资公司将继续存续,原合作项目将由他人继续经营。显然,各方追求的不是合资公司解散、清算等法定解除的后果。因此,双方围绕《会议纪要(三)》和《会议纪要(四)》所产生的争议并不是法定解除争议。相应地,在《会议纪要(三)》《会议纪要(四)》中达成的仲裁协议所约定的仲裁事项也并非是指法定解除争议。

2. 仲裁协议约定的仲裁事项并非合同合意解除争议

(1)各方的一致确认并未构成合意解除的一致权利、义务约定

仲裁庭注意到了《会议纪要(三)》和《会议纪要(四)》中有各方共同确认的内容。但与本案现有争议相关的此等共同确认,并不足以构成合同合意解除的约定。

各方确认的是基于原有合作约定发生的事实,如申请人的合作投资,此行为是对原有合作约定义务的履行,其法律效果是消灭相应合作约定中的义务。虽然此等行为也受行为人意思支配,但法律效果的发生并非源于意思,而是源于"债因履行而消灭"的法律规定,故而不能成立法律行为,属于事实行为。确认此事实行为,除可以证明原有合作义务获得履行外,并不能在确认者之间形成关于合意解除合同的、新的权利、义务约定。换言之,各方只有在确认此事实的基础上,再形成将基于此进一步变动权利、义务关系的一致意思,才能构成解除合同合意。

仲裁庭同样注意到,各方的确有基于上述一致确认进行权利、义务约定的尝试。但显然,各方最终未能对一致确认部分达成权利、义务的约定一致。申请人主张应当立即受到偿付,但第一被申请人主张应在其他争议事项协商一致或仲裁裁决后支付。因此,各方在《会议纪要(四)》中的一致确认未能构成合意解除的权利、义务约定。

(2)仲裁协议并非预约将合意解除争议提交仲裁

《会议纪要(三)》和《会议纪要(四)》是各方进行合同合意解除磋商的表现,其中双方一致确认者尚不构成合同约定,其他部分更无以成立为合同。虽然仲裁协议的独立性决定,即使当事人尚未订立合同,也可以预约将未来要订立的合同提交仲裁,但本案并非如此。

即便是尚未成立合同时的预约,意思表示也应清晰表明逻辑上须先有双方

自行达成的一致约定,而后如出现指向此一致约定的争议,再提交仲裁。然而在本案中,双方无意选择法定解除,但又无法达成约定。所争议者,并非指向一致约定,而根本是指向双方从未达成一致的各自要约差异。在此种情形下,构成本案仲裁协议的文字,比如,"双方同意对有争议事项继续友好协商解决,两周内协商未果,将邀请北京仲裁机构对上述未确认部分一个月内进行仲裁";"就未达成意见部分先进入仲裁""各方同意就未达成一致意见部分提交中国国际贸易仲裁委员会(北京)裁决"等语词文义体现的意思表示,是将缔约协商过程中无法达成一致的磋商争议提交仲裁,而非约定将因未来形成的合同而产生的争议提交仲裁。

综上所述,合意解除争议仍非本案仲裁协议范围。

3. 仲裁协议的仲裁事项实为由仲裁庭为当事人创设合同

基于前述分析,仲裁庭认为本案各方是约定将合意解除协商中各自提出的要约之间的差异作为争议事项,并提请仲裁。此等约定,等于是请求仲裁庭替代或者说超越当事人的意思,在当事人之间强制性地制定一份旨在解除原有合作合同关系的新的合同,为当事人设定原有合作协议解除后各方的权利义务。

契约自由,为意思自治这一民法基本原则在合同法上的直接体现。合同只能依据当事人自由、真实的意思表示成立、生效,进而约束其订立者。而仲裁裁决具有强制性的法律属性,则内在地规定了其不具有制定合同的功能。从相反角度而言,如果仲裁庭不顾当事人的意思以裁决强制成约,则是对民法关于意思自治等基本原则、核心理念的根本违背。

最高人民法院《关于适用〈中华人民共和国仲裁法〉若干问题的解释》第2条规定,当事人概括约定仲裁事项为合同争议的,基于合同成立、效力、变更、转让、履行、违约责任、解释、解除等产生的纠纷都可以认定为仲裁事项。由此可见,合同争议仲裁的前提是当事人之间有合同,即便双方对合同是否成立、是否有效存在争议,都可以依据概括约定的仲裁条款申请仲裁,但唯独没有允许当事人双方在仲裁条款中约定由仲裁庭为其创设合同。

本案所涉合同争议,非《合作协议》及《会议纪要(一)》、《会议纪要(二)》有关的履行争议,而实为《会议纪要(三)》《会议纪要(四)》所体现的合意解除磋商中的争议。当事人排除法定解除、意图合意解除的真实意思自当受到仲裁庭的尊重,仲裁庭不能背离当事人意思以法定解除裁处;而当事人经磋商而无法成约,将各自提出的要约之间的差异交由仲裁庭解决,本质上是由仲裁庭为其创设合同,显然超出了仲裁庭的职责范围。

因此,仲裁庭认为,对申请人、第一被申请人的仲裁申请、反请求申请均应予以驳回。如果各方就合意解除实在无法达成协议的,可考虑依法定解除的有关法律规定直接向法院起诉等其他救济途径解决争议。

(四)关于申请人就涉案项目提出的利润鉴定申请

在本案中,申请人要求第一被申请人因违约解除合作关系赔偿申请人的项目预期利润损失9000万元,因第一被申请人不认可该项仲裁请求,申请人请求仲裁庭指定鉴定人对涉案项目的预期利润进行鉴定。

综上所述,仲裁庭认为,本案仲裁协议约定的仲裁事项超出本案仲裁范围,对各方仲裁申请及反请求申请应当驳回,故不同意申请人就涉案项目提出的利润鉴定申请。

(五)关于本案仲裁费和实际费用

根据双方当事人关于“仲裁相关费用各自承担50%”的约定,以及《仲裁规则》第50条第1款“仲裁庭有权在裁决书中裁定当事人最终应向仲裁委员会支付的仲裁费和其他费用”的规定,仲裁庭裁定,本案本请求仲裁费由申请人、被申请人各自承担50%,本案反请求仲裁费由申请人、被申请人各自承担50%。

三、裁　　决

综上所述,仲裁庭裁决如下:

1. 驳回申请人的全部仲裁申请；

2. 本案本请求仲裁费由申请人和被申请人各承担50%；

3. 驳回被申请人的仲裁反请求申请；

4. 本案反请求仲裁费由申请人和被申请人各承担50%。

上述款项相互冲抵后，被申请人应向申请人支付近9万元，被申请人应于本裁决作出之日起15日内支付完毕。

本裁决为终局裁决，自作出之日起生效。

案例评析

【关键词】

合意解除；事实行为；意思自治

【焦点问题】

合意解除合同磋商中不能达成一致的，可否约定请求仲裁裁决。

【焦点评析】

该案的基本案情是，申请人与第一被申请人订立有合作协议，约定双方共同出资设立合资公司从事房地产开发。除股权投资外，双方亦有各自另行向合资公司提供运营资金、经营资源、服务等的投资义务。因合作协议履行中发生争议，双方同意终止合作，并就申请人退出合作涉及的双方已有投资、合作项目损益、相互责任承担等清理结算事宜进行磋商。后期，第一被申请人之关联公司，即第二被申请人参与了相关磋商。最终，三方在共同签署的会议纪要中确认了申请人的部分合作投资，但对第一被申请人投资、合作项目损益、合作终止后的相互权利义务、责任等未能达成一致。对此各方约定,就未能达成一致部分,提交仲裁裁决。在仲裁过程中,申请人与第一被申请人分别以终止合作磋商中己方的诉求主张作为自身的仲裁请求及反请求。

现结合该案案情及法律适用焦点问题,评述如下。

(一)合意解除与合同解除的本质区别

合同解除,严格而言或称狭义合同解除,是指依单方面意思表示溯及消灭合同拘束力的单方法律行为。即行使形成权性质的合同解除权。依解除权之发生依据又可再分为约定解除和法定解除。因并非双方法律行为,合同解除的效力亦由法律直接规定为恢复原状及信赖利益损失赔偿(关于合同解除效力存有异说,但本文不采)。

合意解除,系合同双方再行达成消灭合同效力一致意思表示的双方法律行为。其本质是一份新的合同,因与原合同目的相反,故有“反向契约”的法理称谓。因其合同本质,基于意思自治原则,相应法律后果源于双方意定(包括解除原合同),排除法律直接规定。

综上所述,合同解除与合意解除的性质、机理迥异。

该案双方均同意终止合作,也初步达成了申请人就已有投资获得应有补偿;申请人在合资公司的股份向第一被申请人或各方商定的他方转让,以此实现申请人退出合作关系的意向。与此同时,双方针对对方已有的投资额、导致合作不能的可归责方、申请人退出的同时双方相互应否及如何作出补偿及赔偿等问题,也进行了磋商。原合作协议并无约定解除权,申请人也未直接单方通知第一被申请人解除合同进而提出索赔。双方的上述协商,反映的正是合意解除的磋商过程。因此,该案并非合同解除争议,而是想解决在合意解除时无法协商一致而产生的矛盾。

(二)事实行为与法律行为的性质差异

法律行为是以意思表示为要素,并依该表示内容发生法律效果的行为。

不以意思表示为要素,法律效果由法律直接规定的行为,属于事实行为。须说明,不以意思表示为要素,并不是说行为人一定无效果意思,更不是说行为人无任何意思。相反,事实行为作为人的行为必是受人的主观心理(意思)支配的行为。无意识的条件反射不属于行为范畴。清偿为法定债之消灭原因,债务人依债的本旨履行,实施了清偿行为,即足可发生消灭债务的效果。据此,债务清偿应可属事实行为的一种。

在该案各方当事人合意解除磋商中,确认了申请人的部分合作投资,申请人亦以此为据诉求受偿。但相关会议纪要同时记载,对此等投资应如何补偿、何时补偿、应否与第一被申请人主张申请人的合作期间债务抵销等问题,各方意见不一。

仲裁意见认为,申请人进行投资是合作协议中履行自身约定义务的行为,属履行合同义务的事实行为。对此确认可以免除申请人相应的举证责任,发生合作协议中申请人相应合同义务已经得到履行的效力,却不能构成法律行为,不能在合意解除中产生约束双方权利、义务变动的效力。

(三)意思自治——不能以仲裁创设合同

该案双方合意解除磋商不能达成一致,遂约定提请仲裁裁决。

从诉讼或仲裁标的构造而言,合同解除纠纷(无论约定解除权解除,还是法定解除权解除)仍属于原合同关系。但如前所述,合意解除则属于一个新的法律关系,其中纠纷可以独立成为诉讼或仲裁标的。

但是该案的特殊性在于,双方并未达成合意解除约定,而是试图将磋商中的意见分歧交由仲裁决定。这无异于请求仲裁庭在当事人之间创设出合意以解除合同。

意思自治为近现代民法的基本理念和原则,也从最底层划定了仲裁庭不可逾越的权力底线。如果当事人之间无法就合同内容协商一致,那么结果只能是唯一的——没有合同。

对于该案,仲裁庭不能代替或者抛开当事人的意思径行给出合意解除合同的裁决。双方之间没能实现合意解除，因而仍有既存的合作协议关系。原合作协议中的利益平衡已经被打破，任何一方认为利益受损，则应以合作协议为标的法律关系，另寻法律救济途径。

最终，仲裁庭驳回了双方的仲裁请求及反请求。

【结语】

该案中涉及的合意解除的契约本质，对双方诉求明显与合同解除效力不合的现象给予了合理解说，从而排除了合同解除制度的适用；事实行为概念，则否定了裁决支持申请人就已经双方确认之投资获得补偿的可能；意思自治原则，从根本上阻却双方请求仲裁替代合意解除缔约的意图。

由此可见，通过样态纷繁的个案争议表面，法律适用最终需要的，往往是对基础法律概念、制度、原则的理解及掌握，对裁判者来说，相信这也是最大的挑战。该案裁决对此所做的尝试和努力值得提倡。当然，更为显见的是法学理论的博大精深、司法实践的丰富经验，与作为个体的法律研习者自身能力之间的巨大差距，这也内在地体现了法律专业基础学习的重要性。希望以此案例待各界检验、批评。

（案例评析人：丁　朋）

案例六　中国香港 A 贸易公司与新加坡 B 能源公司、中国 C 开发公司采购框架协议争议仲裁案

中国国际经济贸易仲裁委员会(以下简称仲裁委员会)根据申请人中国香港 A 贸易公司(以下简称申请人)与第一被申请人新加坡 B 能源公司(以下简称第一被申请人)于 2010 年 7 月 24 日签订的《采购框架协议》(以下简称《框架协议 1》)、第二被申请人中国 C 开发公司(以下简称第二被申请人,与第一被申请人合称为被申请人)于 2010 年 7 月 30 日向申请人出具的《担保函》中仲裁条款的约定,以及申请人向仲裁委员会提交的书面仲裁申请,受理了申请人和被申请人之间因履行上述合同而产生的本争议仲裁案。

本案仲裁程序适用自 2015 年 1 月 1 日起施行的《中国国际经济贸易仲裁委员会仲裁规则》(以下简称《仲裁规则》)。

由于被申请人系多方且未能就共同选定或共同委托仲裁委员会主任指定仲裁员达成一致意见,仲裁委员会主任根据《仲裁规则》第 29 条第 3 款之规定指定 X、Y 担任本案仲裁员,并指定 Z 担任本案首席仲裁员。在签署了接受指定的《声明书》后,上述 3 位仲裁员成立仲裁庭,审理本案。

仲裁庭如期对本案进行了开庭审理。申请人和第二被申请人均委托代理人参加了庭审。第一被申请人经有效通知未派人出庭,亦未说明理由。仲裁庭根据《仲裁规则》的规定对本案进行了缺席审理。申请人当庭口头变更了其仲裁请求,陈述了其变更后的仲裁请求及所依据的事实与理由,第二被申请人进行了答辩。申请人出示了相关证据的原件,申请人和第二被申请人对对方的证

据进行了质证,并回答了仲裁庭的提问。

庭后,仲裁庭经仲裁院向第一被申请人书面告知了庭审情况,并给予了异议期,但第一被申请人未有任何形式的回复。

本案现已审理终结。仲裁庭根据庭审情况、申请人及第二被申请人提交的相关证据材料,以及本案合同约定和相关法律规定,经合议,作出本缺席裁决。现将本案案情、仲裁庭意见和裁决结果分述如下。

一、案　　情

(一)申请人的仲裁请求及代理意见

申请人称:

2010 年 7 月 24 日申请人于新加坡与第一被申请人就采购印度尼西亚煤炭事宜订立《框架协议 1》及补充协议。《框架协议 1》第 1 条约定:“申请人预付 250 万美元作为可偿付预付款保证金。被申请人应申请人的书面要求须在 3 个工作日内退还全部可偿还的预付款保证金。”

2010 年 7 月 30 日第二被申请人向申请人出具《担保函》:第二被申请人对申请人依据其于 2010 年 7 月 24 日与第一被申请人订立之《框架协议 1》而支付给第一被申请人的 250 万美元预付款保证金承担一切无条件担保责任,并承诺每财政年度利润不低于保证金的 10%;若因第一被申请人违约并未全数退还保证金,第二被申请人将无条件承担一切保证金全额退款责任,并于申请人向第二被申请人索要保证金时,第二被申请人将于 3 个工作日内向申请人全数偿还。

2010 年 9 月 10 日至 2010 年 11 月 1 日,申请人通过某银行分批向第一被申请人支付了 250 万美元可偿付预付款保证金。2010 年 11 月 12 日第一被申请人向申请人出具《确认函》,确认已收到申请人支付的 250 万美元。现申请人与第一被申请人之间的合作已终止,第一被申请人应在申请人书面要求退还

250万美元的预付款保证金后的3个工作日内退还，但至今仍未退还。

申请人曾向第一被申请人发函要求其返还250万美元保证金，但其违约并未返还，此后申请人向第二被申请人发函要求其承担保证责任，依据《担保函》之承诺偿还250万美元。但截至目前，第一被申请人尚未返还，第二被申请人也未履行其保证义务。被申请人的行为严重损害了申请人的合法权益。

申请人变更后的仲裁请求如下：

1. 第一被申请人向申请人偿还保证金250万美元；

2. 第一被申请人向申请人支付人民币25万元以补偿申请人花费的律师费；

3. 第一被申请人承担本案仲裁费；

4. 第二被申请人向申请人承担连带保证责任，即连带偿还上述费用（保证金250万美元、律师费人民币25万元以及本案仲裁费）。

申请人庭后提交代理词，主要意见如下：

1. 250万美元"预付款保证金"的实质为申请人给第二被申请人的借款。因此，由第二被申请人承担保证还款义务并承诺每年度利润不低于10%。

本案交易背景为：在申请人向第一被申请人支付250万美元之前，第一被申请人与第二被申请人之间早已开始进行煤炭贸易。但因为缺乏资金，第二被申请人要求申请人支付给第一被申请人250万美元，并承诺给予申请人每年10%的收益。但是没有合同，250万美元无法对外支付，因此，第二被申请人安排申请人与第一被申请人签订《框架协议1》。申请人担心250万美元无法收回，对此，由第二被申请人出具《担保函》，保证任何时候（无条件）只要第一被申请人不还款，第二被申请人即承担连带还款义务，并承诺每年10%的利润。

（1）从《担保函》的内容来看，第二被申请人对250万美元"承担一切财务无条件担保责任，并承诺每财政年度利润不低于保证金的10%。若因第一被申请人违约并未全数退还保证金事宜，第二被申请人将无条件承担一切保证金全额退款责任，并且申请人向第二被申请人索偿保证金时，第二被申请人将于三个工作日内向申请人全数偿还"。

第二被申请人无条件保证,且承诺利润,双方不可能是买卖关系,其实质就是借贷。申请人借250万美元给第二被申请人(应第二被申请人要求付款给第一被申请人),第二被申请人对此提供保证担保。

(2)从两份采购框架协议来看,第一被申请人是卖方,第二被申请人是买方(且有进出口许可),且早在申请人向第一被申请人支付250万美元之前,第一被申请人与第二被申请人之间已开始进行煤炭贸易,双方无须通过申请人进行交易。两份采购框架协议中的2美元单价差额就是第二被申请人许诺给申请人的收益形式之一。

2.本案中250万美元已经具备返还条件,在第一被申请人不返还的情形下,第二被申请人应当承担保证还款义务。

(1)《框架协议1》约定:只要申请人书面要求退还250万美元或者双方协议终止框架协议,则第一被申请人需于3个工作日内退还250万美元。《框架协议1》仅约定了退还250万美元的情形,并未约定在哪种情形下可以扣减250万美元,因此,在任何情形下,只要符合《框架协议1》之约定,250万美元均应当全额退还。在本案中,申请人已分别向第一被申请人、第二被申请人发函主张返还上述250万美元保证金,在第一被申请人不退还的情形下,第二被申请人应当向申请人偿还上述250万美元保证金。

(2)第二被申请人主张申请人拖欠第一被申请人煤炭货款的事实并不存在。首先,对于上述主张,被申请人并未提供有效证据予以证实。其次,如果申请人拖欠煤炭货款,第一被申请人应该早已向申请人主张违约,不至于拖延到"第一被申请人已注销"、申请人提起仲裁请求方才主张申请人违约。

(3)虽然已签订《框架协议1》,但申请人与第一被申请人之间从未直接产生煤炭采购关系,真实的煤炭交易存在于第一被申请人、第二被申请人之间。第一被申请人的煤炭均由第一被申请人直接发给第二被申请人,不经由申请人中转。假设存在拖欠煤炭货款,也是第二被申请人,而非申请人拖欠;更何况,申请人系应第二被申请人要求才向第一被申请人支付250万美元。因此,导致申请人无法收回250万美元保证金的,理应由第二被申请人返还上述250万美元。也正因如此,《框架协议1》并未约定在何种情况下扣减保证金,第二被申请人的《担保函》也明确将无条件返还保证金。

3. 第二被申请人对250万美元的跨境保证有效。

最高人民法院《关于适用〈中华人民共和国担保法〉若干问题的解释》第6条第1款认定涉外担保合同无效的依据为我国《外汇管理条例》第19条的规定,即"提供对外担保,应当向外汇管理机关提出申请,由外汇管理机关根据申请人的资产负债等情况作出批准或者不批准的决定;国家规定其经营范围需经有关主管部门批准的,应当在向外汇管理机关提出申请前办理批准手续。申请人签订对外担保合同后,应当到外汇管理机关办理对外担保登记"。但随着涉外金融贸易业务的发展,我国已经取消涉外担保合同的登记生效要件。我国自2014年6月1日起实施的《跨境担保外汇管理规定》第29条规定,外汇局对跨境担保合同的核准、登记或备案情况以及本规定明确的其他管理事项与管理要求,不构成跨境担保合同的生效要件。由此可见,外汇管理部门对涉外担保是否核准、登记、备案并不影响保证合同的效力。各地判决亦均遵循此审判思路。故此,本案保证合同有效。

4. 第二被申请人出具的担保函真实、合法,其首页不存在替换的可能性。

(1)如果第二被申请人主张申请人替换《担保函》首页,应由第二被申请人进行举证。

(2)从《担保函》使用纸张的统一性、函头函尾的一致性、行文的流畅性可知,《担保函》首页不存在替换的可能性。《担保函》第2页亦能够证明第二被申请人有担保的客观事实存在。

(3)申请人对第二被申请人的历次发函均陈述担保函内容,第二被申请人从未就其提供保证事实进行反驳。

申请人补充提交代理意见,仅就自然人T于2018年7月23日提交至仲裁

庭的落款日期为2018年7月20日的函(以下简称该函)发表意见如下:

一方面,该函并非本案任一当事人提交,不应作为证据被采纳。并且,该函署名为T,是否其本人书写并签名,其真实性无从考证。

另一方面,该函的内容证实了申请人的主张。该函陈述:"第一被申请人与第二被申请人以合伙关系开展煤炭买卖业务。第二被申请人的主要责任即为提供资金。第二被申请人通知我,还有一名为'香港公司'(申请人)的香港第三方公司对参与投资感兴趣。"[原文为:"The First Respondent was doing business in partnership with the Second Respondent as a business partner, buying and selling coal ore. The principal responsibility of the Second Respondent was to fund the Business. I was informed by the Second Respondent that there was a third party company in Hong Kong called the Hong Kong Company (the Claimant) who were interested to participate and invest in the Business."]这就证明:真实的煤炭贸易始终存在于第二被申请人与第一被申请人之间,第一被申请人并不认为其与申请人存在贸易关系。申请人系应第二被申请人的安排向第一被申请人付款。

更重要的是,虽然否认第一被申请人欠申请人钱,但该函从未提及申请人拖欠第一被申请人款项(第二被申请人主张)。

之后,申请人又就第二被申请人向仲裁庭提交的《答辩状》《质证意见》及国家外汇管理局关于转发和执行最高人民法院《关于适用〈中华人民共和国担保法〉若干问题的解释》的通知共3份文件,发表补充代理意见如下。

1. 申请人与第一被申请人订立《框架协议1》及补充协议,虽然合同名称为买卖合同,但是实则为申请人为了向第二被申请人出借250万美元,代替第二被申请人向第一被申请人支付250万美元预付款保证金。第二被申请人出具的《担保函》中也表明其承担保证还款义务并承诺每年度利润不低于10%,该利润实则为利息。

2. 第二被申请人向申请人出具的《担保函》内容不违反法律、行政法规的强制性规定,合法有效。

(1)第二被申请人向仲裁庭提供2001年1月18日实施的国家外汇管理局关于转发和执行最高人民法院《关于适用〈中华人民共和国担保法〉若干问题的解释》的通知,用于证明《担保函》未经登记,为无效合同。

但是该通知已经失效,失效依据为2004年6月1日我国实施的国家外汇管理局《关于发布〈跨境担保外汇管理规定〉的通知》。《跨境担保外汇管理规定》第29条规定:"外汇局对跨境担保合同的核准、登记或备案情况以及本规定明确的其他管理事项与管理要求,不构成跨境担保合同的生效要件。"各地法院判决亦均遵循此审判思路。故此,本案《担保函》有效。

(2)申请人接受第二被申请人出具的《担保函》是基于合理信赖。对跨境担保负有登记义务的主体为担保人,即我国内地注册的第二被申请人,申请人为我国香港特别行政区注册成立的公司,并无知晓国内跨境担保的具体规定的可能。

申请人提交的司法案例均引用了我国现行有效的法律、法规规定。外汇管理部门对涉外担保是否核准、登记、备案并不影响保证合同的效力,故《担保函》亦为有效,第二被申请人应当履行约定的担保义务,应向申请人承担连带责任。

3.《担保函》首页与第2页内容连贯、相对应,不存在替换首页的可能,应确认《担保函》系第二被申请人的真实意思表示。

(1)《担保函》第2页落款处有第二被申请人经理自然人E本人签名、第二被申请人公司盖章,第二被申请人在答辩意见中已认可《担保函》第2页公章的真实性。第二被申请人不得以公司内部无用章记录,企图以公司管理混乱为由,逃脱向申请人提供担保责任。

(2)第二被申请人出具的《担保函》,其书面文稿乃从第二被申请人处的打印机里打印出来,且《担保函》首页页眉处有第二被申请人公司标志。第二被申请人虽然在答辩意见中陈述申请对《担保函》首页、第2页是否由同一台电脑、同一台打印机同一次打印形成申请鉴定,但是并未在举证期限内依法申请鉴定,从而可以确认《担保函》内容全部的真实性。

(3)从《担保函》使用纸张的统一性、函头函尾的一致性、行文的流畅性可知,《担保函》第2页与首页内容连贯流畅,其首页不存在替换的可能性。况且,《担保函》第2页亦能够证明第二被申请人有担保的客观事实存在。

(4)申请人对第二被申请人的历次发函(包括2017年9月4日申请人发函)均陈述《担保函》内容,第二被申请人从未就其提供保证事实进行反驳。

因此,虽然第二被申请人未在《担保函》首页与第2页的骑缝处加盖公司公章,但是不能以此否认其真实性。人民法院出具的裁判文书也未加盖骑缝章,不能因为没有加盖骑缝章,从而否认裁判文书的真实性及合法性。

4. 第二被申请人向申请人承担保证责任的条件已经成就。

(1)申请人于2017年8月14日向第一被申请人发函要求第一被申请人退还250万美元预付款保证金之后,第一被申请人予以回函,该函上加盖第一被申请人公章,申请人并不知晓其注销事宜。

假设第一被申请人已注销系事实,则第一被申请人在未向申请人返还可偿还的250万美元预付款保证金之前注销公司,逃避返还保证金义务,已然构成违约。

(2)根据《担保函》的约定:第二被申请人对申请人依据《框架协议1》而支付予第一被申请人的250万美元承担一切财务无条件担保责任,并承诺每财政年度利润不低于保证金的10%;若因第一被申请人违约并未全数退还保证金事宜,第二被申请人将无条件承担一切保证金全额退款责任,并于申请人向第二被申请人索要保证金时,第二被申请人将于3个工作日内向申请人全数偿还。现第一被申请人已明确表示不返还上述预付款保证金,应当由第二被申请人承担返还保证金的全额退款责任。

5. 在申请人与第一被申请人合作期限届满之后,申请人向第一被申请人及第二被申请人均发函要求返还保证金,本案诉讼时效并未超过。

(1)根据各方补充协议,两份框架协议的有效期为2016年12月31日。

(2)在本案中,申请人于2017年8月14日向第一被申请人发函要求偿还保证金,于2017年9月4日向第二被申请人发函要求连带偿还保证金,在2年的保证期间之内。

(3)申请人于2017年10月提起仲裁申请,在诉讼时效期间内。

(二)第二被申请人的答辩意见

第二被申请人辩称:

申请人仲裁请求没有事实和法律依据,请求裁决驳回其全部仲裁请求。具体理由如下。

1.第一被申请人已于2015年12月8日向新加坡会计及企业管理局提出注销申请,该公司已于2016年3月5日注销,其已不具备仲裁主体资格。

第二被申请人在收到仲裁院所邮寄仲裁资料后,积极与第一被申请人联系。但其工作人员称,第一被申请人已于2015年12月8日向新加坡会计及企业管理局提出注销申请,该公司已于2016年3月5日注销,因此其已不具备仲裁主体资格。同时,在第一被申请人注销时,新加坡会计及企业管理局在政府公报上对其进行了公示,并无相关债权人主张过权利,故该公司顺利注销。

2.第二被申请人并未向申请人出具任何《担保函》,第二被申请人无须承担任何担保责任。

申请人提供2010年7月30日的《担保函》,用于证明第二被申请人应承担担保责任。但《担保函》第2页加盖第二被申请人印章,对该印章第二被申请人认可,但该页并未载明任何其他信息,且仅是说明仲裁性权利。而首页并非第二被申请人所书写,第二被申请人也不清楚内容。对《担保函》来说第二被申请人无法认可。经与相关人员核实,相关人员表示并未向申请人出具任何书面担保,公司也无相关用章记载。另外,第二被申请人对外担保必须经过上级主管部门批准,并需国家外汇管理局同意。但经第二被申请人查询,并无任何记载。故此,第二被申请人认为其无须承担任何担保责任。为避免双方对此发生争议,第二被申请人申请对该《担保函》首页、第2页是否为同一台电脑、同一台打印机同一次打印形成申请鉴定。

3. 即使最终仲裁庭认为存在所谓的《担保函》,《担保函》无效。

国家外汇管理局关于转发和执行最高人民法院《关于适用〈中华人民共和国担保法〉若干问题的解释》的通知规定:"一、根据《最高人民法院关于适用〈中华人民共和国担保法〉若干问题的解释》规定,违规对外担保合同为无效合同。违规对外担保合同包括实质性违规和程序性违规。实质性违规指担保人的对外担保行为应当经外汇局批准,但担保人在签定担保合同前未经批准的。程序性违规指担保人的担保行为已经外汇局批准或无需批准,但在提供对外担保后,未按规定到外汇局办理对外担保登记手续的对外担保合同。"其第2条第2项规定:"担保人与债权人未经人民法院或仲裁机构裁定而自行达成协议的:担保人在对外履约时,应当按照相关外汇管理规定,持有效凭证和文件向所在地外汇管理分局申请。其中,主合同有效而对外担保合同无效的,担保人对外履行民事责任的金额不得超过债务人不能清偿部分的二分之一;主合同无效导致对外担保合同无效而担保人有过错的,担保人对外履行民事责任的金额不得超过债务人不能清偿部分的三分之一。"

根据上述规定,即使仲裁庭认定存在所谓的《担保函》,《担保函》也是无效的。

4. 第一被申请人并未拖欠申请人包含保证金在内任何的款项,第二被申请人无须承担担保责任代为偿还任何款项。

根据第二被申请人在2010年7月30日出具的担保函记载,若因第一被申请人违约并未全数退还保证金事宜,第二被申请人将无条件承担一切保证金全额退款责任,则第二被申请人须在第一被申请人应当退还而未退还的前提下,承担担保责任。在第二被申请人收到仲裁材料后,与第一被申请人法定代表人、股东自然人T联系,其表示第一被申请人与申请人存在多笔账目往来,根据双方往来款对账，第一被申请人并不拖欠申请人任何款项，同时，因申请人属上市公司，每年均有相关审计机构向第一被申请人发送询证函，根据历年询证函的记载，第一被申请人并不拖欠申请人保证金，相反是申请人拖欠第一被申请人煤炭货款。另外，第一被申请人虽与申请人签订《框架协议1》，但申请人并未履行协议，在合同履行过程中从未支付货款、也未租船，申请人根本违约，造成第一被申请人巨额损失。对上述事实，第一被申请人已书面回复申请人。

此外，根据第二被申请人与第一被申请人的往来状况，第一被申请人与申请人存在诸多账目往来，双方之间债权债务已经明确，故建议仲裁庭要求申请人提供其与第一被申请人全部的账目往来流水，以确定双方之间基础债权是否清晰明确。

5. 申请人在履行其与第一被申请人、第二被申请人的采购框架协议中，存在根本违约。

申请人需履行与第一被申请人《框架协议1》的义务，取得煤炭后，再出卖给第二被申请人。但在与第一被申请人的《框架协议1》中，申请人虽支付了250万美元的预付款保证金，但针对合同项下的购煤款其并未支付、也并未租船，导致第一被申请人遭到了巨额损失。无奈之下，第一被申请人将相关煤炭另行出售，产生了巨额损失。据第二被申请人了解，仅针对两船煤炭，第一被申请人就遭受了200万美元左右的贬值损失。

6. 申请人的仲裁请求已经超过诉讼时效期间，其仲裁请求应当予以驳回。

我国《仲裁法》第74条规定，法律对仲裁时效有规定的，适用该规定。法律对仲裁时效没有规定的，适用诉讼时效的规定。我国《合同法》第129条规定，因国际货物买卖合同和技术进出口合同争议提起诉讼或者申请仲裁的期限为4年，自当事人知道或者应当知道其权利受到侵害之日起计算。因其他合同争议提起诉讼或者申请仲裁的期限，依照有关法律的规定。根据第一被申请人法定代表人、股东T提交的2013年4月30日申请人《询证函》记载，结算日期为2013年3月31日，申请人尚欠250万美元，欠申请人金额739万余美元。

后续询证函再无该款项。则申请人申请仲裁的起算点应自2013年5月1日起算,距其申请仲裁时已超过4年,则其仲裁请求已超过申请仲裁期限,其仲裁请求应当予以驳回。

综上所述,申请人的诉请没有任何事实与法律依据,应予驳回。

第一被申请人在本案中未提交任何书面或口头答辩和意见,对申请人的证据材料没有提出任何意见或异议,也未提交任何证据材料。

二、仲裁庭意见

(一)关于本案的适用法律

仲裁庭查明:申请人与第一被申请人于2010年7月24日签订的《框架协议1》约定“本框架协议适用法律为中华人民共和国合同法”。申请人与第二被申请人于2010年7月30日签订的《采购框架协议》(以下简称《框架协议2》)约定“本框架协议适用法律为中华人民共和国合同法”。第二被申请人于2010年7月30日向申请人出具的《担保函》中载明“本担保函受中华人民共和国法律管辖”。

仲裁庭尊重当事人关于适用中国法律的约定和选择。由此,仲裁庭确认,解决本案争议应适用中国法律。

(二)关于《框架协议1》的效力、履行情况及各方权利义务

仲裁庭查明:2010年7月24日申请人与第一被申请人就采购印度尼西亚煤炭事宜订立本案《框架协议1》,其后又陆续签订了两份补充协议,约定由申请人购进第一被申请人卖出的煤炭,并向第一被申请人付款。《框架协议1》系申请人和第一被申请人在平等自愿的基础上,经过友好协商订立,合同上有双方的授权代表人签字并加盖双方公司公章。

仲裁庭认为,《框架协议1》意思表示真实,且不违反中华人民共和国法律

或行政法规的强制性规定。因此,仲裁庭认为,《框架协议1》合法有效,双方均应严格按协议约定,全面适当履行各自的权利义务。

仲裁庭查明,《框架协议1》第1条约定:"……甲方(申请人)预付二百五十万美元作为可偿还的预付款保证金。乙方(第一被申请人)应甲方(申请人)的书面要求退还可偿还的预付款保证金,乙方(第一被申请人)须于3个工作日内退还全部可偿还的预付款保证金给甲方(申请人)。"而且,《框架协议1》约定,"如果双方协商终止框架协议,则乙方(第一被申请人)应在双方共同确认框架协议终止后的3个工作日内将可偿还的预付款保证金退还甲方(申请人)"。

2010年9月10日至11月1日,申请人分批向第一被申请人支付了250万美元可偿还预付款保证金。2010年11月12日第一被申请人向申请人出具《确认函》,确认已收到申请人支付的250万美元的可偿还预付款保证金。

后因第一被申请人已与申请人终止履行《框架协议1》,申请人委托律师于2017年8月14日向第一被申请人发函要求退还250万美元可偿还预付款保证金,但第一被申请人至今没有退还250万美元。

以上情况有申请人提交的本案证据及材料为证。第一被申请人在本案中未提交任何证据和答辩意见。

我国最高人民法院《关于民事诉讼证据的若干规定》第5条第2款规定:"对合同是否履行发生争议的,由负有履行义务的当事人承担举证责任。"因此在本案中,应由第一被申请人对其已经履行《框架协议1》约定的退款义务承担举证责任。鉴于第一被申请人在本案中未提交任何证据和答辩意见,无法证明其已经履行《框架协议1》约定的退还申请人支付的250万美元的可偿还预付款保证金的义务。因此,按照《仲裁规则》第41条第3款的规定,仲裁庭认为,第一被申请人没有按照本案《框架协议1》的约定退还申请人支付的250万美元可偿还预付款保证金。

仲裁庭注意到,第二被申请人主张:第一被申请人并未拖欠申请人包含保证金在内的任何款项，第一被申请人与申请人存在诸多账目往来，双方之间债权债务已经明确，建议仲裁庭要求申请人提供其与第一被申请人全部的账目往来流水，以确定双方之间的基础债权是否清晰明确；申请人并未履行《框架协议1》，在合同履行过程中从未支付货款、也未租船，申请人根本违约，造成第一被申请人巨额损失。

仲裁庭认为，第二被申请人提出以上主张属于行使第一被申请人（债务人）对申请人（债权人）的抗辩，按照《仲裁规则》第41条第1款的规定，第二被申请人应当对其答辩所依据的事实提供证据加以证明，对其主张、辩论及抗辩要点提供依据。

仲裁庭查明，第二被申请人为证明其所提供的证据中，除其中的网页公告以证明申请人与案外人中国某煤炭贸易有限公司存在关联关系外，其余所有证据均为复印件，没有提供任何原件以供质证，第二被申请人亦没有说明其证据的来源，申请人对其真实性均不予认可。

同时，仲裁庭注意到，第二被申请人所提供的证据无法证明申请人与第一被申请人之间的全部账目往来，无法确定双方之间的基础债权是否清晰明确。

仲裁庭查明，《框架协议1》中没有约定可以将申请人支付给第一被申请人的250万美元可偿还预付款保证金冲抵货款。本案中没有证据证明申请人与第一被申请人之间存在可以将250万美元可偿还预付款保证金与双方之间的其他债权债务进行抵销或冲抵的任何其他的约定。

因此，根据《仲裁规则》第41条第3款的规定并综合考虑本案具体情况，仲裁庭认为，第二被申请人的以上答辩意见不能成立。

如上所述，本案中申请人已按照《框架协议1》的约定向第一被申请人支付了250万美元可偿还预付款保证金，而且《框架协议1》约定的退还该保证金的条件已经成就，因此，按照我国《合同法》第8条的规定，仲裁庭认为，第一被申请人应当依约及时退还该保证金。

仲裁庭认为，被申请人未依约及时退还保证金的行为已构成对本案《框架协议 1》的违背,应当承担相应的违约责任。

我国《合同法》第 107 条规定,当事人一方不履行合同义务或者履行合同义务不符合约定的,应当承担继续履行、采取补救措施或者赔偿损失等违约责任。

因此,仲裁庭认为,第一被申请人应当按照《框架协议 1》的约定,将申请人支付的 250 万美元可偿还预付款保证金退还申请人并承担相应的赔偿责任。

关于第二被申请人提出的第一被申请人已经注销的情况,仲裁庭认为,本案现有证据不足以证明关于第一被申请人注销的具体情况,而且第一被申请人是否注销不影响第二被申请人承担连带责任。

(三)关于本案担保函的真实性、效力、履行情况及双方权利义务

仲裁庭注意到,第二被申请人主张:其并未向申请人出具任何担保函,申请对本案担保函首页、第 2 页是否为同一台电脑、同一台打印机同一次打印形成进行鉴定;而且,即使存在该担保函,该担保函亦因属于违规对外担保,为无效合同。

仲裁庭认为,按照《仲裁规则》第 41 条第 1 款的规定,第二被申请人应当对其答辩所依据的事实提供证据加以证明,对其主张、辩论及抗辩要点提供依据。

仲裁庭查明:本案担保函上有第二被申请人的公司印章和授权代表人的签字,第二被申请人对该印章予以认可且未对授权代表人的签字表示否认;本案中没有任何证据证明本案担保函系伪造或变造而成。

以上情况有本案证据及材料为证。第一被申请人在本案中未提交任何证据和答辩意见。

因此,综合考虑本案具体情况,按照《仲裁规则》第 41 条第 3 款的规定,仲裁庭认为,第二被申请人关于其没有出具本案担保函的主张不能成立。

仲裁庭注意到,第二被申请人提出了本案担保函属于违规对外担保合同,为无效合同的主张。

仲裁庭查明：本案担保函出具于2010年7月30日，但本案中没有证据证明该担保函曾经国家有关主管部门及国家外汇管理机关批准并到外汇管理机关办理对外担保登记。本案担保函载明“本担保函有效期自申请人向第一被申请人实际支付前述保证金起，至第一被申请人向申请人全额退还前述保证金或第二被申请人履行担保责任代为全额偿还前述保证金之日止”。申请人于2017年9月14日向第二被申请人发函要求连带偿还保证金。在申请人提起本案仲裁之前，两名被申请人均未就本案担保函的效力提出异议。

仲裁庭认为，本案担保函出具于2010年7月30日，当时尚在《境内机构对外担保管理办法》(1996年10月1日起实施至2014年6月1日失效)有效期间，因此，如果在2014年6月1日以前审查本案担保函应当适用《境内机构对外担保管理办法》的相关规定。

但是，仲裁庭注意到，随着改革开放步伐的加大和经济社会的发展，国家对外汇管理制度进行了多次修改。我国现行有效的《外汇管理条例》第2条规定：“国务院外汇管理部门及其分支机构(以下统称外汇管理机关)依法履行外汇管理职责，负责本条例的实施。”为深化外汇管理体制改革，简化行政审批程序，规范跨境担保项下收支行为，国家外汇管理局决定改进跨境担保外汇管理方式，于2014年5月12日宣布废止《境内机构对外担保管理办法》，并于2014年6月1日起实施《跨境担保外汇管理规定》，之前的相关规定与《跨境担保外汇管理规定》内容不一致的，以后者为准。

我国《跨境担保外汇管理规定》第29条规定：“外汇局对跨境担保合同的核准、登记或备案情况以及本规定明确的其他管理事项与管理要求，不构成跨境担保合同的生效要件。”

因此，综合考虑本案具体情况并根据我国《跨境担保外汇管理规定》第29条的规定，仲裁庭认为，在《跨境担保外汇管理规定》实施之后，不宜以外汇局对跨境担保合同的核准、登记或备案情况以及其他管理事项与管理要求没有得到满足为由否定本案《担保函》的效力。

因此,仲裁庭对第二被申请人提出的本案担保函无效的主张不予支持。

(四)关于诉讼(仲裁)时效

仲裁庭注意到,第二被申请人提出了诉讼(仲裁)时效抗辩。

仲裁庭认为,按照《仲裁规则》第 41 条第 1 款的规定,第二被申请人应当对其答辩所依据的事实提供证据加以证明,对其主张、辩论及抗辩要点提供依据。

仲裁庭查明:2010 年 8 月 10 日申请人与第一被申请人和第二被申请人分别就本案《框架协议 1》和《框架协议 2》签订《确认函》(Letter of Confirmation)和补充说明,约定如未发生任何不可抗力事件或发生不可抗力事件但并未产生对双方造成任何足以妨碍协议继续履行的不良影响,《框架协议 1》和《框架协议 2》均无条件自动续约。申请人称,根据各方补充协议,两份框架协议的有效期为 2016 年 12 月 31 日。本案中没有任何证据证明两份框架协议早于 2016 年 12 月 31 日终止。申请人于 2017 年 8 月 14 日向第一被申请人发函要求偿还保证金,于 2017 年 9 月 14 日向第二被申请人发函要求连带偿还保证金,在 2 年的保证期间之内。申请人于 2017 年 10 月提起本案仲裁申请。

以上情况有本案证据及材料为证。第一被申请人在本案中未提交任何证据和答辩意见。

因此,综合考虑本案具体情况,按照我国《仲裁规则》第 41 条第 3 项的规定,仲裁庭认为,第二被申请人关于申请人的仲裁请求已经超过诉讼(仲裁)时效期间的主张不能成立。

(五)关于申请人的仲裁请求

1. 关于要求第一被申请人向申请人偿还保证金 250 万美元、支付人民币 25 万元以补偿申请人花费的律师费及承担本案仲裁费的请求

如上所述,仲裁庭查明,在本案中申请人已按照《框架协议 1》的约定向第一被申请人支付了 250 万美元的可偿还预付款保证金,而且《框架协议 1》约定

的退还该保证金的条件已经成就，因此，按照我国《合同法》第 8 条的规定，仲裁庭认为，第一被申请人应当依约及时退还该保证金。

仲裁庭认为，第一被申请人未依约及时退还保证金的行为已构成对《框架协议 1》的违背，应当承担相应的违约责任。我国《合同法》第 107 条规定，当事人一方不履行合同义务或者履行合同义务不符合约定的，应当承担继续履行、采取补救措施或者赔偿损失等违约责任。

因此，仲裁庭认为，第一被申请人应退还申请人已经支付的 250 万美元保证金并承担相应的赔偿责任。

因此，对于申请人提出的要求第一被申请人退还该保证金的仲裁请求，仲裁庭予以支持。

仲裁庭查明，申请人聘请律师办理本案并已支付律师费人民币 25 万元。申请人已预交了本案仲裁预付金。

鉴于此，根据本案的情况，按照我国《仲裁规则》第 52 条的规定，仲裁庭对申请人要求第一被申请人支付人民币 25 万元以补偿申请人花费的律师费及承担本案仲裁费的请求亦予以支持。

2. 关于由第二被申请人承担连带保证责任，即连带偿还上述费用（保证金 250 万美元、律师费人民币 25 万元以及本案仲裁费）的仲裁请求

如前所述，仲裁庭对第二被申请人提出的本案担保函无效的主张不予支持。

仲裁庭查明，本案担保函载明，“C 公司（第二被申请人）同意在甲方（申请人）不违约或违反中华人民共和国合同法的基础上，对甲方（申请人）依据其于 2010 年 7 月 24 日于新加坡与 B 公司（第一被申请人）订立之《框架协议 1》的约定支付与 B 公司（第一被申请人）的二百五十万美元可偿还无条件的预付款保证金（以下简称保证金）承担一切财务无条件担保责任……若因 B 公司（第一被申请人）违约并未全数退还保证金事宜，C 公司（第二被申请人）将无条件承担一切保证金全额退款责任，并于甲方（申请人）向 C 公司（第二被申请人）

索赔保证金时，C公司(第二被申请人)将于三个工作天内向甲方(申请人)全数偿还”。“本担保函有效期自甲方(申请人)向B公司(第一被申请人)实际支付前述保证金起至B公司(第一被申请人)向申请人全额退还前述保证金或C公司(第二被申请人)履行担保责任代为全额偿还前述保证金之日止。”申请人于2017年8月14日向第一被申请人发函要求偿还保证金，于2017年9月14日向第二被申请人发函要求连带偿还保证金，在2年的保证期间之内。申请人于2017年10月提起本案仲裁申请，但第二被申请人至今没有偿还该保证金。

鉴于本案担保函对保证方式没有作出约定，根据我国《担保法》第19条关于“当事人对保证方式没有约定或者约定不明确的，按照连带责任保证承担保证责任”的规定，仲裁庭认为，第二被申请人在本担保函项下的保证责任为连带责任保证。

因此，如上所述，本案中申请人已按照《框架协议1》的约定向第一被申请人支付了250万美元可偿还预付款保证金，《框架协议1》约定的退还该保证金的条件已经成就，第一被申请人未依约及时退还保证金的行为已构成对《框架协议1》的违背；同时，本担保函约定的第二被申请人承担担保责任并偿还保证金的条件已经成就，第二被申请人至今没有依照担保函的约定履行担保责任，应当承担相应的违约责任。

我国《合同法》第107条规定，当事人一方不履行合同义务或者履行合同义务不符合约定的，应当承担继续履行、采取补救措施或者赔偿损失等违约责任。

因此，仲裁庭认为，第二被申请人应连带偿还申请人已经支付的250万美元的保证金并承担相应的赔偿责任。

因此，根据本案情况，按照《仲裁规则》第52条的规定，仲裁庭对申请人要求第二被申请人连带偿还人民币25万元以补偿申请人花费的律师费及承担本案仲裁费的请求亦予以支持。

三、裁　决

基于上述意见,仲裁庭对本案裁决如下:

1. 第一被申请人向申请人偿还保证金 250 万美元;

2. 第一被申请人向申请人支付人民币 25 万元以补偿申请人花费的律师费;

3. 本案仲裁费全部由第一被申请人承担;

4. 第二被申请人就前述第 1、2、3 项第一被申请人应当支付的款项向申请人承担连带保证责任。

上述第 1、2、3、4 项应付款项,第一被申请人及第二被申请人应在本裁决书生效之日起 30 日内支付完毕。

本裁决为终局裁决,于作出之日起生效。

案例评析

【关键词】

国际贸易中的借贷安排;可偿还预付款保证金;担保函

【焦点问题】

该案涉及核心问题是当《框架协议 1》约定的可偿还预付款保证金的偿还条件成就后债务人是否应当依约偿还该保证金,以及法律法规的修订对保证合同的效力的影响和保证人行使主合同项下债务人抵销权抗辩的条件。

【焦点评析】

该案纠纷属于国际贸易融资担保纠纷，涉及国际货物买卖背景下当事人之间灵活变通的融资和担保安排等问题，现结合本案案情及双方争议焦点，评述如下。

（一）基本案情

在该案中，第二被申请人中国C开发公司采购进口印度尼西亚煤炭以满足国内热力发电和冬季取暖之需。为此，第二被申请人与申请人中国香港A贸易公司和第一被申请人新加坡B能源公司开展了业务合作。

从三方分别签订的两份框架协议来看，合作的方式是由申请人向第一被申请人采购印度尼西亚煤炭，然后再加价转售给第二被申请人。其中，申请人与第一被申请人签订的《框架协议1》中约定，申请人预付250万美元作为可偿付预付款保证金。第一被申请人应申请人的书面要求须在3个工作日内退还全部可偿还的预付款保证金。第二被申请人向申请人出具《担保函》约定：第二被申请人对申请人依据其与第一被申请人订立之《框架协议1》而支付于申请人的250万美元预付款保证金承担一切无条件担保责任，并承诺每财政年度利润不低于保证金的10%；若因第一被申请人违约并未全数退还保证金，第二被申请人将无条件承担一切保证金全额退款责任，并于申请人向第二被申请人索要保证金时，第二被申请人将于3个工作日内向申请人全数偿还。之后，申请人依约向第一被申请人支付了《框架协议1》约定的250万美元预付款保证金，第一被申请人向申请人出具《确认函》，确认已收到申请人支付的250万美元。申请人称，在与第一被申请人之间的合作终止后，依照双方之间的《框架协议1》的约定，要求第一被申请人在其书面要求退还250万美元的预付款保证金后的3个工作日内予以退还，但第一被申请人一直未予退还，第二被申请人亦未按照其出具的《担保函》的约定予以偿还。申请人依据以上《框架协议1》和《担保函》中的仲裁条款向中国国际经济贸易仲裁委员会提起仲裁，其主要仲裁请求为裁决由第一被申请人如数偿还该250万美元预付款保证金并由第二被申请人承担连带保证责任。

该案中,存在申请人与第一被申请人之间的《框架协议 1》以及申请人与第二被申请人之间的另外一份《框架协议 2》,从形式上来看似乎是通常意义上的国际货物买卖和转口贸易。但是,由于存在前述可偿还预付款保证金以及第二被申请人出具的《担保函》,而且约定了该预付款保证金的《框架协议 1》中并未有可以扣减保证金的约定,《担保函》也明确第二被申请人将无条件返还保证金,三方之间的关系又似乎并非纯粹的国际货物买卖和转口贸易。

事实上,在该案仲裁程序中,申请人称该案交易的实质是第二被申请人和第一被申请人之间早已进行煤炭贸易,由于缺乏资金,第二被申请人要求申请人加入合作,由申请人借 250 万美元给第二被申请人(应第二被申请人要求付款给第一被申请人),第二被申请人对此提供保证担保并承诺每年 10% 的利润(以差价形式体现)。虽然已签订采购框架协议,但申请人与第一被申请人之间从未直接产生煤炭采购关系,真实的煤炭交易存在于第一被申请人和第二被申请人之间。第一被申请人的煤炭均由其直接发给第二被申请人,不经由申请人中转。第二被申请人没有直接否认申请人关于借款及其担保的说法,而是称申请人应履行其与第一被申请人《框架协议 1》的义务,但却没有支付购煤款,也并未租船,导致新加坡公司遭到了巨额损失。第一被申请人缺席本案程序,第二被申请人称第一被申请人早已注销,而自称是第一被申请人原股东和法定代表人的案外人又出具所谓的证明文件,表示第一被申请人与申请人存在多笔账目往来,根据双方往来款对账,第一被申请人并不拖欠申请人任何款项。

以上情况使该案案情变得愈发扑朔迷离。

(二)该案核心问题及争议解决

该案涉及以下核心问题:

1. 交易安排的内容和性质。

如前所述,案涉交易的三方对于案涉交易的内容和性质表达了不同的观点:申请人实际上是主张交易安排名为国际货物买卖和中转贸易,实为借贷融资和担保;第二被申请人及其转述的第一被申请人的主张则认为交易是国际货物买卖和转口贸易。

2.《框架协议1》约定的可偿还预付款保证金的性质。

由于对交易安排性质存在以上不同观点,申请人主张该可偿还预付款保证金实为借款,而第二被申请人及其转述的第一被申请人的主张则为预付(货)款。

3.《框架协议1》约定的可偿还预付款保证金的返还条件。

申请人主张,依照合同的约定,第一被申请人应申请人的书面要求退还可偿还预付款保证金,并须于3个工作日内退还全部的可偿还预付款保证金,为无条件返还。而第二被申请人及其转述的第一被申请人的主张则为该预付款应与申请人、第一被申请人之间的其他往来款项一并对账解决且第一被申请人并不拖欠申请人的任何款项。

4.担保合同的效力。

第二被申请人主张《担保函》属于违规对外担保因而无效。申请人则主张按照现行法律和司法实践《担保函》为有效担保。

鉴于该案的实际情况,仲裁庭没有拘泥于对案涉交易安排及其协议文件的学理性质的探究和认定,而是就申请人提出的仲裁请求,在明确本案法律适用的基础上,从申请人与第一被申请人之间签订的《框架协议1》的效力、案涉条款的内容、履行情况及各方权利义务等问题入手,查明事实、适用法律、分析各方主张然后作出决定。

仲裁庭依次查明和认定了《框架协议1》的签订事实及其合法有效性和约束力;查明了《框架协议1》关于预付款保证金的支付和偿还的具体条款和实际支付情况,排除了可偿还预付款保证金冲抵货款或与双方之间的其他债权债务进行抵销或冲抵的可能性,认定了第一被申请人应当按照申请人的书面要求在3个工作日内偿还预付款保证金的义务和违约责任。同时,对于第二被申请人及其转述的第一被申请人的有关主张,即第一被申请人并不拖欠申请人的任何款项，仲裁庭从举证责任和无抵销权的角度否定了其主张。之后，仲裁庭对于该案《担保函》的真实性、效力、履行情况及双方权利义务进行了调查和分析，与时俱进，按照现行有效的法律法规认定了《担保函》的效力和约束力后，进而认定了第二被申请人对于第一被申请人应偿还的预付款保证金和其他违约责任承担连带偿还责任。

【结语】

该案裁决书环环相扣，从合同条款入手，根据查明的事实，依照现行法律规定和法理逻辑，尊重商业本质和当事人的意思自治，围绕申请人的仲裁请求，对各方的主张进行了分析论证，最终支持了申请人一方的全部仲裁请求。

在国际贸易实践中，参与交易的当事人为了实现其商业目的，往往在其认为风险可控的限度内努力达成交易，出于各种原因和动机有时可能会作出各式各样在外人看来不太标准、不合规范甚至是不可思议的交易安排。有些交易安排往往难以归入商业教科书里所讲的某些交易类型的范畴，而体现这些交易安排的合同等文件也因此难以归入法律教科书里的有名合同的范畴。

例如，在一些国际贸易活动中，商人们往往借助各种金融手段和融资便利，开展和扩大其经营的货物买卖、服务贸易和技术贸易等各种形式的贸易活动，其签订的合同协议等文件可能没有以某类标准规范的合同或协议名称来冠名，或者干脆"张冠李戴"，又或者根本就对其不冠以任何名称，但其内容也可能包含了传统的贸易合同条款和金融合同条款等多方面内容。

在法治国家和地区，合法经营是最基本的法律要求和商业活动不能突破的底线；同时，对于商事活动遵循"法无禁止即可为"的基本法治原则，亦为市场经济主体的冒险和创新提供了法律保障。

随着改革开放基本国策的深入贯彻，特别是加入世界贸易组织后，中国的对外贸易和国民经济长期保持着快速增长的良好势头。世界贸易组织和世界银行发布的数据显示，中国已经成为世界第一贸易大国和第二大经济体。中国市场对于商品和服务的巨大需求和供给在推动国内经济贸易发展的同时,也为世界各国和地区提供了大量的商机,“一带一路”倡议的实施必将进一步推进中国与“一带一路”建设沿线国家和地区的经贸合作。

新加坡是“一带一路”沿线国家,其与中国开展经贸合作在地理、语言、文化和人脉等诸多方面具有得天独厚的优势,其发达的贸易、航运、金融和法律制度等亦为中国的经贸发展提供了不可多得的资源和便利。

当然,现实世界错综复杂,商事交往利益博弈频繁,如果没有明确的规则或者不按照明确的规则行事,灵活变通的交易安排在带来各种可能的便利和丰厚的利润的同时,可能也暗含各种风险和纠纷。

该案给出的提示是,商业活动中利益和风险共存,有效防范和化解风险纠纷具有非常重要的意义。

一方面,对于企业和从业人员来说,要有风险防范意识并采取相应的防范措施,例如,对交易相关方的信用调查和持续跟踪可以防范风险于未然,采取有效的担保等手段有助于减少损失,而及时开展追偿和申报债权活动可以“亡羊补牢”。

另一方面,面对商事活动中出现的纠纷,裁判者应客观公允地了解和看待不同的商业文化、传统和习惯,准确查明和细致分析案涉交易安排及其合同文件的内容和目的及其合法有效性和实际履行情况,分清是非曲直,根据事实,依据法律,公平合理、快速高效地解决当事人之间的争议。在这个过程中,遵循自然正义和正当程序,尊重意思自治和契约自由,秉持诚实信用和有约必守等基本原则不仅有利于在具体个案中公正裁判和定分止争,亦有助于弘扬法治精神、维护交易安全和鼓励企业家精神。

法律的生命力在于实践,商业的繁荣基于法治。

(案例评析人:王　强)

案例七　中国 A 贸易公司与印度 B 食品公司销售合同争议仲裁案

中国国际经济贸易仲裁委员会(以下简称仲裁委员会)根据申请人中国 A 贸易公司(以下简称申请人)与被申请人印度 B 食品公司(以下简称被申请人)签订的《供货合同》中仲裁条款的约定以及申请人于 2017 年 3 月 28 日向仲裁委员会上海分会提交的书面仲裁申请,在申请人办理了相关手续后,受理了上述合同项下的本争议仲裁案。

本案仲裁程序适用自 2015 年 1 月 1 日起施行的《中国国际经济贸易仲裁委员会仲裁规则》(以下简称《仲裁规则》)。鉴于本案争议金额未超过人民币 500 万元,根据《仲裁规则》第 56 条的规定,本案仲裁程序适用《仲裁规则》第四章"简易程序"的规定。该章没有规定的事项,适用《仲裁规则》其他各章的规定。

由于双方当事人未在规定期限内共同选定或共同委托仲裁委员会主任指定 1 名独任仲裁员,仲裁委员会主任根据《仲裁规则》之规定指定 X 担任本案独任仲裁员。上述仲裁员在签署仲裁员接受指定《声明书》后,成立仲裁庭审理本案。

仲裁庭如期开庭审理本案。申请人和被申请人均委派代理人出席了庭审。在庭审中,申请人变更和陈述了仲裁请求、事实和理由,被申请人进行了答辩。被申请人变更和陈述了仲裁反请求、事实和理由,申请人进行了答辩。仲裁庭当庭受理了双方变更后的仲裁请求和反请求。双方当事人出示了相关证据原件,对双方证据材料进行了质证,回答了仲裁庭的调查询问,就相关事实发表了意见,并作了最后陈述。庭审结束前,经征询双方当事人意见,仲裁庭就庭后仲裁程序和书面质证事宜作出了相应安排。

本案现已审理终结,仲裁庭根据双方当事人提交的书面材料以及庭审时查明的事实和查证的证据,依法作出本裁决。现将本案案情、仲裁庭意见和裁决结果分述如下。

一、案　　情

(一)申请人的仲裁请求及事实和理由

2016年9月28日申请人与被申请人签订《供货合同》和《采购订单》,申请人向被申请人采购4.5万余公斤红茶粉,按照被申请人于2016年9月9日提供给申请人的订单样(以下简称订单样)进行生产,单价为每公斤7.25美元,总价近33万美元。合同对产品规格、质量等均有明确约定。

《采购订单》约定货物分三批运送,第一批1.5万余公斤,在签订《采购订单》后的第21天内,即2016年10月19日之前发船。第二批1.5万余公斤,在签订《采购订单》后的第28天内,即2016年10月26日之前发船。第三批1.5万余公斤,在签订《采购订单》后的第35天内,即2016年11月2日之前发船。自印度某港海运至中国某港。

后因被申请人称在包装和过关卡方面有问题需要调整货运数量,在被申请人的紧急催促下,申请人仓促中回应修改《采购订单》,将交货总量减少14公斤,总价减少100余美元。第一批减少7公斤,2016年10月29日之前从印度某港发货,整批货值为10万余美元。第二批减少7公斤,整批货值为10万余美元,在2016年11月8日之前从印度某港发货。第三批公斤数量不变,时间改为在2016年11月15日之前从印度某港发货,整批货值为人民币11万余美元。以上修改是在仓促情况下进行的,申请人只是同意为配合解决被申请人在包装和过关卡问题调整数量和应对价款,但是实际上后来发现,被申请人擅自改动了合同其他条款且并未向申请人声明,包括"逾期发货每日罚金为签约货款金额的0.25%计"等。

2016年9月30日申请人支付第一批货物的首付款1.6万余美元,被申请人组织生产。被申请人于2016年10月3日邮件告知商业生产样(commercial product)的颜色跟订单样不一致,如果要按照订单样生产难以实现,希望申请人接受按照该商业生产样进行生产。订单样是被申请人提供给申请人的,被申请人与申请人经过谈判签订采购订单,随后却说没有能力生产出订单样的产品并要求申请人接受不符合约定规格的产品,由此看出被申请人毫无契约精神。2016年10月3日申请人电邮明确告知被申请人,如果被申请人无法生产出合同约定的订单样颜色的产品,申请人将要求取消订单。2016年10月5日被申请人告知专家已经到达工厂协助改进生产;2016年10月6日被申请人告知新商业生产样(new commercial run)的颜色已经与订单样一致并提供了色差分析L=46.93(订单样粉末色差值L=47.20,差距在1个色度内),并要求申请人确认,方可在2016年10月15日依约生产完成。2016年10月6日申请人电邮告知被申请人如果符合合同规定即可生产。

被申请人于2016年10月7日告知从首批生产批量中取出2公斤连续生产样寄给申请人,然而申请人在2016年10月13日收到后发现茶粉的颜色与订单样差异巨大。被申请人解释称该"商业生产样"是从2016年10月7日生产商C公司商业生产出的11吨货物中所取的2公斤样本,为了使生产的产品满足合同约定的可溶性等规格的要求,所以色差才有差异。2016年10月14日被申请人方才告知连续生产样的茶粉色差值L=45.07,是新商业生产样的连续生产产品,新商业生产样的茶粉色差值L=46.93,故颜色跟合同上的约定有差异。被申请人明知所谓"连续生产样"茶粉颜色与订单样茶粉色值相差巨大,甚至与新商业生产样茶粉色差值相差巨大,但是恶意隐瞒实情,将不同于新商业生产样规格的产品以"新商品生产样"的"连续生产样"寄给申请人,在申请人发现问题后才披露所谓"连续生产样"茶粉色差值不符合标准的实情。在商务合作中,交易双方签订采购合同或订单后,只要在交货时依据订单约定的规格来验货签收即可。在本案中,被申请人与申请人签订了有效的《采购订单》,且明确约定了订单样,在这样的前提下,被申请人却在合同约定之外又无端要求申请人确认商业生产样达成所谓生产确认,被申请人自己创造出的"连续生产样"一词,擅自寄出申请人不知道、合同并无约定的"连续生产样"。被申请人这种无视订单合同约定,试图单方任意改动约定的行为,有欺瞒申请人之嫌。

因此,申请人被迫中断2016年10月12日傍晚抵达中国台湾地区的商务行程,并紧急安排在50小时内的航班回上海勘察所谓"连续生产样",并紧急购买2016年10月15日航班紧急赶赴印度。2016年10月17日被申请人及申请人一同到达印度的生产现场,经过半天的调试,被申请人在半天内生产出申请人裸眼观察可接受并需要进一步作色差分析的产品。

被申请人第一批货物批号L1(以下简称第一批海运货物)比约定时间延迟20天,第二批货物批号L2(以下简称第二批海运货物)比约定时间发货延迟23天。由于被申请人的延迟,可预见申请人将无法在规定时间内向申请人的客户公司交货,故申请人与被申请人协定第三批货物采用空运方式运送至交货地点。第三批货物批号L3(以下简称第三批空运货物)比约定时间发货迟延23天。

2016年11月24日第三批空运货物抵达中国某机场,申请人会同被申请人委托的印度D保险公司安排的E集团勘察货物破损情形,并同意申请人自行换包理货。经E集团勘察补救后,有近900公斤破损受潮(包含2016年11月29日给被申请人电邮所提及的近40个由印度航空安检开箱封条的货箱),放置于申请人的F公司的外仓。经过电邮征询被申请人的同意,其他的近1.5万公斤货物于2016年12月1日运送至客户公司。

2016年11月28日第一批海运货物运达上海港。E集团和海关官员一同开柜解锁后发现破损严重,破损情形的照片等均有记录,随后该情况告知被申请人。因为诸多箱子破损严重,客户端将无法接收,且原来7箱叠放太高较危险,因此改为4箱叠放,申请人委托F公司组织换箱、理货,后运至客户公司。

2016年12月7日客户公司反馈第三批空运货物质量不合格,并提供客户公司自己的菌落超标的检测报告(菌落为5400 CFU/g,而申请人与被申请人合同约定为≤500 CFU/g,国标GB7101限量为≤1000 CFU/g)。申请人立即电邮被申请人反馈客户公司的检测报告,并告知被申请人,申请人将与中国检验认证(集团有限)公司[China Certification & Insepection (Group) Co., Ltd., CCIC]负责此批出入境检验检疫局便利化检疫措施专案的承办人员在2016年12月8日到访客户公司取样第三批空运货物,并至申请人于Q区的仓库取样送测。

2016年12月10日CCIC电邮告知申请人:2016年12月8日取样货物的菌落检测结果为“第一批海运货物两袋样品为8000 CFU/g和18,000 CFU/g;第三批空运货物一袋样品3000 CFU/g”。申请人随即通知被申请人,要求其立即派员来中国处理货物菌落严重超标问题。

2016年12月11日第二批海运货物运达中国某港并存储。

被申请人再次自行检测并于2016年12月12日出具菌落检测报告,菌落数三个取样结果为200 CFU/g、100 CFU/g、250 CFU/g,但是被申请人没有正式回应解决质量检测不合格的问题,亦没有提出对2016年12月12日检测合格而CCIC检测不合格之质疑的解释。

申请人于2016年12月13日向被申请人发出对于第三批空运货物和第一批海运货物的退运通知,及第二批海运货物的订单取消通知。2016年12月15日被申请人告知将授权其中国代表至申请人的仓库先行取样第一批海运货物并进行检测。被申请人中国代表和被申请人委托的第三方检测机构G公司于2016年12月20日到申请人的仓库对第一批海运货物取样后送测。2016年12月25日被申请人电邮通知申请人,G公司三个取样的检测结果分别是3100CFU/g、3200 CFU/g及5800 CFU/g。而申请人与被申请人合同约定菌落标准为≤500 CFU/g,国标 GB7101 限量为≤1000 CFU/g,产品严重不符合合同规定和国家食品安全标准。

申请人于2016年12月16日向被申请人告知第一批海运货物有做辐照灭菌的可能性及可能影响。2016年12月16日被申请人向申请人询问辐照灭菌的报价,并请申请人进行辐照灭菌。申请人于2016年12月23日将第一批海运货物运送至客户公司做进一步辐照灭菌。2016年12月24日客户公司反馈货物质量不合格,有虫子。申请人立即向被申请人反馈和沟通此事,并提供F公司就第一批海运货物清关储存情况的资料,提供F公司仓库的资质及照片,此外申请人请F公司保留相关摄像。申请人于2016年12月29日至客户公司仓库与客户公司一同开箱勘察第一批海运货物情形,随机取样的10箱产品中6箱有虫害,虫子大多位于两袋之间或者内袋,并有部分受潮破袋的情形。申请人于2016年12月30日将相关虫害受潮破袋照片发给被申请人,但被申请人不承认虫害为被申请人的问题。申请人于2017年1月2日要求被申请人派员至客户公司勘察。被申请人于2017年1月3日表示会派员与申请人一同勘察虫害受潮破袋情形。

2017年1月9日被申请人告知申请人其中国代表无法至申请人客户公司对第三批空运货物进行勘察,被申请人发送授权书委托H公司至客户端三地工厂取样,再将每个袋的样分装成三份,送至J公司、K局、H公司三个检测中心进行检测。被申请人特意在邮件表示将接受K局的检测结果。

被申请人委托的H公司通报第三批空运货物检测结果,四个样的菌落分别为12,000 CFU/g、9300 CFU/g、8000 CFU/g、5900 CFU/g,申请人收到H公司的报告后转发给被申请人。K局通报检测结果,四个样的菌落分别为120,000 CFU/g、96,000CFU/g、84,000 CFU/g、33,000 CFU/g。J公司通报检测结果,菌落为6500CFU/g。因此,被申请人的产品严重违反合同和中国国家食品安全标准。另外,H公司和K局所做的检测发现同一袋7公斤装中分装出的三个样本,菌落的分布可以差别至10倍左右,差异悬殊,正常同批生产出来的货物不会出现这种情况。被申请人于2016年10月6日至2016年10月14日生产出来的产品为不合格产品,申请人在2016年10月21日的邮件中特别提醒被申请人不得将不合格产品混拼在货物内。然而在检测中出现无法正常解释的数值差异,可能因为被申请人将不合格产品混拼入货物。申请人要求被申请人对该检测结果菌落数值巨大差异作出解释。

2017年1月24日被申请人电邮确认:同意回收第一批海运货物中尚未发给客户端的剩余近400公斤的货物,以及3个月内客户端可能退回给申请人的货物;同意承担辐照费、菌落总数分析费、清理虫子理货费用、检测货物发生的样品成本和检测费用。

2017年1月24日申请人与被申请人签订《订单取消通知》,就第二批海运货物的处理约定如下:被申请人同意将第二批全部货物退货,被申请人自行负责运回货物并承担货物在进口和退回过程中的所有费用,被申请人于2017年1月31日之前将该批货物的预付款退款给申请人。与此同时,申请人与被申请人签订《退运协议》,就第三批空运货物的处理约定如下:被申请人同意将第三批全部货物退货,被申请人自行负责运回货物并承担货物在进口和退回过程中的所有费用,被申请人于2017年1月31日之前将该批货物的预付款退款给申请人。

第一批海运货物的进展情况:申请人于2016年9月30日支付首付款1.6万余美元,2017年1月24日前议付4.6万余美元。2017年3月24日申请人依据2017年1月24日电邮确认的对该批货物约定,电邮告知被申请人该批货物因质量问题需退货数量为1331公斤,被申请人应当退还对应货款9.6万余美元;因产品质量问题而发生的检测消耗货物近18公斤由被申请人承担,被申请人应当退还对应货款近130美元。另外,申请人在进口和协助退回货物过程中产生税费、清关费、理货费等费用共计人民币4.6万余元应当由被申请人承担。

第二批海运货物的进展情况:申请人已于2016年10月12日支付货物首

付款1.6万余美元，被申请人应当依据《订单取消通知》于2017年1月31日之前退还该首付款。2017年2月6日被申请人就该款项进行退款操作时，银行账面到款金额短缺65美元，导致所有款项扣在银行，申请人未取得任何退款。另外，该批货物进口和协助退回货物过程中产生费用共计人民币260元应当由被申请人承担（2016年10月12日电汇手续费）。

第三批空运货物的进展情况：申请人已于2016年11月18日支付货物首付款近7.9万美元，被申请人应当依据《退运协议》于2017年1月31日之前退还该首付款。然而被申请人一再拖延和不守信，仅于2017年2月11日进行3.9万余美元的退款操作，剩余3.9万余美元至今未进行任何退款操作，因为被申请人没有全额退款，导致已经进行退款操作的3.9万余美元被银行扣住，申请人至今未收到任何退款。该批货物原本约定通过海运交付，因为被申请人原因发货延迟，双方协商改为空运交货，申请人当时愿意承担一部分运费，现依据《退运协议》，空运费用应当由被申请人全部承担，不得向申请人追索。因为该批货物质量不合格而进行的相关检测损失应当由被申请人承担，检测消耗货物成本由被申请人承担而无权要求申请人退还。另外，申请人在进口和协助退回货物过程中产生费用共计人民币32万余元应当由被申请人承担。

申请人的客户公司向申请人发出正式订单且已经向被申请人开出信用证。但是因为被申请人供货质量不合格，导致不能如约交货，给申请人带来了巨额的实际损失。此外，客户端与申请人签订了全年供货协议，但是因为被申请人货物质量不合格导致申请人与客户端的年度供货无法继续进行，给申请人造成了巨额的预期利益损失。

因为货物生产之初，被申请人生产质量不合格，欺瞒商业生产产品颜色与订单样不一致的情况，使申请人取消商业行程，紧急赶往印度进行处理，给申请人造成了不必要的差旅损失。因为货物质量不合格问题，导致被申请人为检测等事项产生不必要的差旅费损失。以上差旅费损失（不含住宿等其他费用）合计人民币1万余元，应当由被申请人承担。

申请人与被申请人达成《订单取消通知》和《退运协议》后，截至提起仲裁之日，申请人未收到被申请人的任何退款款项，被申请人应当承担申请人由此产生的利息损失。自申请人应当收到退款之日起至款项到达申请人账户之日止，按照同期银行贷款利率计算。截至提起仲裁之日的利息为650余美元，即人民币4500余元（第二批海运货物应退款1.6万余美元，第三批空运货物应退款540余美元）。

综上所述，申请人提出并最终明确如下仲裁请求：

1. 裁决解除申请人与被申请人签订的《供货合同》和《采购订单》。

2. 裁决被申请人操作退还第一批海运货物货款近9800美元，第二批海运货物货款65美元，第三批空运货物货款3.9万余美元。共计4.9万余美元，折合人民币近34万元。

3. 裁决被申请人承担因货物问题而给申请人造成税费、清关杂费运费、理货费、检测费、交通费等一系列费用损失，共计人民币38万余元。

4. 裁决被申请人赔偿申请人的利息损失，自申请人应当收到货物退款之日起至仲裁裁决之日止，按照同期银行贷款利率计算。截至提起仲裁之日止的利息为600余美元，折合人民币4000余元。

5. 裁决被申请人承担申请人为维权而支付的法律费用人民币11万元。本次仲裁费用由被申请人承担。

（二）被申请人对仲裁本请求的答辩

第一，被申请人不同意解除双方签订《供货合同》和《采购订单》。第二，第一批海运货物已经全部交付给申请人，同时根据合同约定，所有合同在起运之前都是符合标准的，所以被申请人认为菌落总数超标并不是被申请人的责任，而是申请人自身的不当保管及运输造成的。所以被申请人不同意任何退款。第三，基于被申请人所有的产品都是合格产品的这样一个判断，并且已经交付，对方应该承担相应的关税。第四，双方签订的《订单取消通知》和《退运协议》存在重大误解，请求撤销。第五，对于律师费和仲裁费，被申请人认为申请人存在恶意滥用诉权的行为，因此不应当支持。被申请人认为本案核心争议是菌落总数的超标问题，应当严格按照合同标准，包括实际起运、到达、分装等流程来综合判断。

（三）被申请人的仲裁反请求及事实和理由

2016年9月28日申请人与被申请人签订《供货合同》，约定申请人向被申请人采购红茶粉；同日，申请人与被申请人签订《采购订单》。

由于自2015年10月10日开始，申请人便要求被申请人提供产品样品用于评估，被申请人按照申请人的要求在2015年10月至2016年9月投入了大量的技术人员及费用研发了多款产品样品并寄送给申请人用于评估，但申请人在收到上述产品样本后，多次变更样本要求，造成被申请人提供了多达70余次样品的研发和寄送，造成了被申请人研发费用共花费2万余美元。同时，由于申请人指定C公司作为该订单的产品生产商之一，为了保证产品质量，被申请人协助C公司改造其生产工艺及提高其技术标准，共投入了1.5万余美元技术支持费用。

根据最后修正的《采购订单》，第一批货物经过CCIC检测合格后通过海运方式于2016年11月8日发送；第二批货物经过CCIC检测合格后通过海运方式于2016年11月18日发送；第三批货物经过双方协商一致，并双方同意各承担一半空运费用后，经过CCIC检测合格后改为空运方式于2016年11月23日发送。第一批货物于2016年11月28日到达中国某港，第二批货物于2016年12月11日到达中国某港；第三批货物于2016年11月24日到达中国某机场。

第三批空运货物到达后，交由申请人进行清关并运输至申请人的仓库，申请人通知被申请人部分产品受潮并损坏，被申请人立即要求保险公司进行实地检查。2016年12月1日保险公司代理人在申请人负责人在场的情况于申请人的仓库进行了实地检查，并报告3箱货物受潮、1箱货物被打开。2016年12月2日M航空公司报告在货物到达后只有1箱货物被损坏，没有任何货物受潮。申请人指定的货运代理人印度L公司也最终确认M航空公司的报告为最终报告,确认货物到达时只有1箱货物损坏。

第一批海运货物于2016年11月28日到达中国某港后,申请人通知有货物外箱受损情况,并通知拒收近400公斤货物,随后最终通知拒收货物1300余公斤。

2016年12月7日货物由申请人送至其客户公司后,申请人通知被申请人货物经专业公司检测菌落总数超标,并通过邮件告知菌落总数超标的问题是由于含水量超标为5.33%(发货前CCIC检测含水量为4.11%)。2016年12月8日CCIC(上海)抽检了第一批货物,并于2016年12月10日报告申请人菌落总数超标。

2016年12月13日被申请人收到申请人发出的退还部分第一批和第三批货物并取消第二批订单的邮件,被申请人本着严格履行合同和积极解决问题的态度,坚持按照国际惯例由第三方检测机构进行再次检测,经过多次协商,被申请人安排G公司于2016年12月19日在申请人仓库对第一批海运货物进行抽样检测;于2016年12月20日前往申请人的客户公司R市仓库进行抽样检测;并对第三批空运货物在进行抽样检测,检测结果菌落总数指标的确与发货检测合格的结果出现严重超标现象。

由于被申请人重大误解的原因及基于对《供货合同》未来履约的期待,被申请人被迫于2017年1月24日同意回收第一批海运货物中的近400公斤,以及全部第二批海运货物和全部第三批空运货物。双方就此于2017年1月24日签订了《退运协议》和《订单取消通知》。该合同约定申请人同意被申请人无须赔偿任何经济损失。上述《退运协议》和《订单取消通知》严重显失公平,且被申请人存在严重误解。

2017年2月6日被申请人按照上述不公平协议的要求将第二批海运货物首付款(1.6万余美元)退款至申请人账号。

由于第三批空运货物由申请人发送至申请人三处客户公司,双方于2017年2月16日共同确认退货数量。但由于申请人的恶意不作为,造成第二批海运货物迟迟不能进行退还程序,经过与申请人法定代表人沟通后,被申请人于2017年2月21日申请按照上述不公平协议的要求退款3.9万余美元至申请人账号,为防止申请人恶意不作为,剩余3.9万余美元经申请人法定代表人确认同意用银行保函的方式在上述货物启动退货程序后,用银行保函的方式进行担保支付。

基于上述事实,被申请人认为申请人在《供货合同》订立之初存在恶意敲诈,其毫无原则地要求被申请人进行多达70余次的产品开发并提供样品,同时要求被申请人对其指定的生产商进行技术支持,以便其指定生产商通过该方式获得被申请人的产品研发和技术参数。在《采购订单》签订后,多次违背《采购订单》的约定,通过单方面修改订单参数,恶意拒绝开具第二批货物的信用证及迟延支付预付款等方式干扰被申请人履行合同。尤其值得注意的是,所有产品在装运之前均经过申请人指定的CCIC等机构进行权威检测,所有检测结果均符合《采购订单》的技术标准要求,菌落总数超标问题完全由于货物在到达后,在申请人的实际控制之下,由于不当储存和运输导致的,由此造成的产品菌落总数超标等问题应当与被申请人无关。被申请人由于重大误解,迫于申请人取消《供货合同》的威胁之下,与其签订不公平的《退运协议》和《订单取消通知》,但即便该协议存在严重显失公平的情况,被申请人也按照该协议进行了相关退款,但由于申请人的恶意不作为,造成所有货物无法进行正常退货。同时,由于申请人恶意提起仲裁恶意申请财产保全,造成货物价值严重贬值,给被申请人带来巨大的损失,造成了不必要的滞港费及相关检测及维权费用,被申请人经变更并最终明确仲裁反请求如下:

1.裁决撤销2017年1月24日双方签订的《退运协议》和《订单取消通知》;

2.裁决申请人向被申请人支付产品研发费用2万余美元,技术支持费用1.5万余美元,共计近4万美元,折合人民币26万余元;

3.裁决申请人向被申请人支付第二批海运货物价款近11万美元,支付第二批海运货物滞港费3.3万余美元(截至2017年5月24日),支付第三批空运货物价款7.3万余美元,支付第三批空运部分运费6000余美元,支付第三批空运特殊包装费近3000美元;上述共计22万余美元,折合人民币154万余元;

4.裁决申请人向被申请人支付第三批空运部分货物收集费用5000余美元,支付第一批及第三批货物抽样检测费用1500美元;上述共计近7000美元,折合人民币近5万元;

5.裁决申请人承担被申请人为维权而支付的律师费用14万余元及反请求仲裁案的全部费用(请求及反请求费用)由申请人承担。

(四)申请人对仲裁反请求的答辩

关于第1项反请求,申请人不认可《退运协议》和《订单取消通知》显失公平,上述协议和通知都是双方的真实意思表示,双方协商一致后由申请人起草发给被申请人,被申请人考虑了1个月后才签署的,因此不存在重大误解。并且上述协议和通知对货物菌落总数超标均是认可的,是明确无误的。因为菌落总数如果超标,将会被食监局处罚。因此,上述协议和通知是没有任何异议的,不存在被申请人声称的重大误解和显失公平,并且上述协议和通知已经履行了一部分。关于退运,被申请人也在委托货运代理人进行。绝大部分已经履行,唯一未履行的就是被申请人拖欠退款。

关于第2项反请求,申请人认为毫无依据。申请人从未要求被申请人进行产品研发等,并且申请人没有任何明确的表述去要求被申请人。且申请人曾明确告知对方不要乱寄样品。

关于第3项反请求,申请人同样认为是没有依据的。滞港费是由于被申请人和其货运代理人没有处理好欠费和付费的问题,是被申请人单方的责任,与本案无关,是被申请人和第三方的关系。

关于第4项反请求,所谓收集费用是被申请人自愿收集所产生的,其目的是想证明货物菌落总数不超标,但是检测结果却是超标的。上述应是被申请人应尽的责任,因此,该项请求没有合同依据和法律依据。

关于第5项反请求，亦不应获得支持，因为被申请人的所有反请求均没有事实和法律依据，相应的仲裁费自然应当由被申请人承担。

申请人同时针对被申请人的反请求所涉事实作了补充。第一，申请人从未要求被申请人进行过任何研发。第二，第二批海运货物和第一批海运货物属于同一批生产批号，这个编号是被申请人自己单方做的生产编号。第一批海运货物和第三批空运货物到达之后均显示菌落总数严重超标，因此，被申请人也同意第二批海运货物的退运，不存在再检测的问题。第三，关于保函的事宜，因为已经签订《退运协议》和《订单取消通知》，但是之后被申请人又反悔，称应当退运后再付钱。上述行为属于被申请人单方反悔，已经签订的协议双方都应该遵照履行，单方提出变更没有意义。第四，关于本案的核心，即菌落总数超标问题是何时产生的问题。因为申请人所有的测试报告、现场开箱等，无论是打开集装箱还是其他时候，都是被申请人自己的塑料包装封在里面。另外，申请人是不是在国内进行分装和运输的，货物都是从港口清关后直接发给终端客户的。被申请人提到可能是含水量过高造成菌落超标是具有误导性的，完全没有依据，且只是一个猜测。另外，被申请人自己委托的检测机构的检测结果也是菌落超标。

（五）申请人的代理意见

在庭审中，申请人的代理人发表了代理意见，庭审后又提交了书面代理意见，主要内容如下所示。

1. 针对第二批海运货物和第三批空运货物，申请人与被申请人于2017年1月24日签订的《订单取消通知》和《退运协议》真实、合法、有效，被申请人应当依据《订单取消通知》和《退运协议》中的明确约定向申请人返还货款、赔偿损失。

(1)《订单取消通知》和《退运协议》在确认菌落超标这一严重的货物产品质量问题的基础之上对于退货、货款返还、费用承担、损失赔偿等问题均有明确规定，是本案裁判的基础与核心。被申请人已经实际履行了《订单取消通知》

和《退运协议》的大部分义务，更加证明了协议是真实、有效、合法的，被申请人在开庭时提交伪造保函的行为也可以予以佐证。

开庭时被申请人指出菌落超标是申请人收货后由于运输导致破包的，而刻意忽略了：

①被申请人货运代理人印度L公司及被申请人物流告知申请人货物因机场特别安检，未能赶上原定于2016年11月20日的班机，从而改为2016年11月24日的班机。因此，被申请人存在发货迟延；

②被申请人的印度D保险公司安排的E集团勘验的报告；

③申请人的物流公司(F公司)于提货前，通知被申请人的货运代理人，货物实际破损与M航空公司破损单不合，且机场一直赶司机并询问印度L公司是否可拉货的事实。

关于破损的问题，2016年11月30日申请人告知被申请人并拍照给被申请人，目测到港货物近40箱有印度N航空公司的安检标签，另外80余箱有重大破损的事实。而被申请人却刻意在保险公司来的前后忽略此事(依据CIF条款，保单应该转让给买方，并由买方找保险公司勘察。而被申请人公司趁申请人忙于处理货物的一系列问题时，私下未将保险单转让给申请人，而自行跟保险公司理赔，使此案后续产生问题，被申请人即使败诉，也能跟保险公司索赔)。

另外，第一批海运货物，由于开集装箱时是由被申请人的保险公司会同Q区海关开箱并拍照的。被申请人刻意避谈此批货物菌落超标的事实，证明了第一批海运货物菌落超标实为在被申请人出货时即已存在。

被申请人自行委托的复测抽样公司G公司及H公司，在检测报告中，均指出所检测的货物外包完整的事实。更是证明了各家检测报告关于第一批海运货物和第三批空运货物的菌落超标事实，是在被申请人代表亲自会同被申请人自行委托的复测抽样公司，三度从数百袋的产品中精心挑选24袋的完整袋，可以证明是保质期内的菌落超标，而与其他原因无关。

根据《订单取消通知》和《退运协议》，由于被申请人提供的货物存在菌落超标的问题,双方经协商同意将第二批海运货物和第三批空运货物全部退回被申请人。并且明确规定,退运手续及退运费用均由被申请人承担,退运流程由被申请人自行负责;第二批海运货物和第三批空运货物的预付款项,被申请人应于退运协议签订后的7日内,归还至申请人账户,以便被申请人完成海关退运手续。

因此,针对第二批海运货物,被申请人尚有65美元货款未返还申请人;针对第三批空运货物,被申请人尚有3.9万余美元货款未返还申请人,被申请人应当按照《订单取消通知》和《退运协议》的规定向申请人返还上述货款。

(2)被申请人关于《订单取消通知》和《退运协议》存在重大误解、显失公平的主张没有任何事实和法律依据。

被申请人因自身原因迟迟不返还货款,且不办理退运事宜,为逃避义务履行而主张对《订单取消通知》和《退运协议》存在重大误解、显失公平,但是无论是在其书面提交的证据中,还是开庭当场的口头陈述中,均没有对该主张提出任何证据证明,没有事实和法律依据。

并且,被申请人一方面认为《订单取消通知》和《退运协议》存在重大误解,显失公平,另一方面又实际履行了上述协议和通知项下的部分义务,被申请人开庭时又向仲裁庭提交了伪造保函,以证明其在积极履行上述协议和通知项下的托运事宜,从而试图将退货延迟支付滞港费的责任归于申请人。

2. 针对第一批海运货物,被申请人提供的货物存在菌落超标和虫害问题,构成严重违约,申请人已尽最大努力协助被申请人处理可以补救的货物,尚剩余1300余公斤货物无法补救,被申请人应返还货款并承担相关损失。

第一批海运货物到港后,存在受潮、包装破损和虫害的问题,经与被申请人沟通并由多方检测机构检测(其中包含被申请人委托的G公司检测和H公司检测),发现菌落严重超标。这是双方已经确认的关于产品质量问题的事实。根据我国《合同法》第107条的规定,“当事人一方不履行合同义务或者履行合同义务不符合约定的,应当承担继续履行、采取补救措施或者赔偿损失等违约责任"。因此,在被申请人违约的情况下,申请人仍然秉持诚实信用的原则和维持长久商业合作关系的善意,尽力满足被申请人的请求,通过辐照的方式补救该批货物。在双方沟通的邮件中,被申请人也多次承诺承担申请人因此支付的相关费用,并且承诺申请人可以将无法补救的货物退回。

因此,无论是从被申请人因违约应当承担的法定义务来看,还是从当事人意思自治的约定来看,被申请人均应当返还申请人上述退货的货款。另外,申请人因检测消耗货物近18公斤,被申请人共计需返还申请人第一批海运货物的货款近9800美元。

3. 被申请人提供的货物经检测,菌落存在严重超标,属于产品质量问题,已构成违约,申请人有权向被申请人主张退货和赔偿,CIF对于费用和风险的规定不影响本案的定性。

根据《供货合同》附件A和《采购订单》的明确约定,被申请人提供的货物应当符合中国国家标准,菌落含量不超过500CFU/g。中国国家的强制标准为菌落含量不超过1000CFU/g,是生产者和销售者需要遵循的最低限度要求。一旦菌落超标,会引起一系列肠道疾病,食用者可能会出现呕吐、腹泻等症状,危害人体健康安全。这将是违反中国《产品质量法》和《食品安全法》的严重食品安全问题。但是,被申请人发出的三批货物经多方机构检测,菌落含量均不符合上述要求,存在严重超标。然而先到港的第三批空运货物在申请人客户公司内测反映不合格后,申请人与被申请人各自约定第三方检测共同到场,并由被申请人及被申请人委托的检测公司亲自挑选第一批海运货物和第三批空运货物的完整包装来复测的结果如下:

被申请人代表及被申请人自行委托取样的G公司,会同申请人于2016年12月20日到申请人委托第一批海运货物的清关货运代理人(F公司)的Q区某仓库,共从3袋第一批海运货物的原包装完整袋中取样,检测的结果分别为5800CFU/g、3100CFU/g、3200CFU/g。

被申请人授权委托取样的H公司检测公司,2017年1月12日到申请人客户位于R市的仓库,共从4袋第三批空运货物的原包装完整袋取样,由H公司检测的结果为12,000CFU/g、9300CFU/g、5900CFU/g、8000CFU/g。同袋的分样中由申请人与被申请人电邮中共同约定的K局检测的结果为33,000CFU/g、96,000CFU/g、84,000CFU/g、120,000CFU/g。同袋的分样中由申请人委派的J公司检测结果为12,000CFU/g、11,000CFU/g、8600CFU/g、6500CFU/g。

被申请人代表及被申请人自行委托取样的G公司于2017年3月12日到被申请人自行委托第三批空运货物集货并办理退运的货运代理人(F公司)的Q区某路仓库,共从17袋第三批空运货物的原包装完整袋取样,检测的平均结果为43,000CFU/g。基于上述检测结果,被申请人已构成违约,申请人完全有权据此要求退货并要求被申请人赔偿相关的损失。

本案《供货合同》约定的贸易术语是CIF,根据《国际贸易术语解释通则®2010》的规定及我国《保险法》中的一般规则和商业交易惯例,CIF中货物灭失和损害的风险自装运港越过船舷后转移给买方。但是菌落严重超标是肉眼无法看出的内在质量问题,与CIF所涉及的货物转移、所有权灭失的风险、运输过程中产生的货损风险等不是同一法律问题,CIF对于产品质量问题没有任何规定和约束。被申请人作为产品提供商,应当对其售出的产品质量负责。根据货物外包装的文字显示,货物的保质期为2年。双方通过沟通进行了多方多次检测,事实上就是对菌落超标这一产品质量问题予以确认,这一问题与合同约定的CIF贸易术语并无关联。

4. 本案系被申请人提供的货物存在严重质量问题(包括菌落超标、包装破损和虫害),被申请人严重违约,应当赔偿申请人因此造成的相关损失。

被申请人的货物菌落严重超标,为此申请人与被申请人沟通,聘请了多家鉴定机构检测:第一批海运货物和第三批空运货物到港时均存在包装破损的问题,为此申请人不得不购买包装、雇用人力对部分破损的货物进行理货。第一批海运货物到港后发现虫害问题,为此应被申请人的请求,申请人及其客户尽力采用辐照的方式补救可用的货物,被申请人也承诺会承担相应的费用。对于第一批海运货物和第三批空运货物，申请人本着对被申请人商业信誉的信赖，已经完成报关、清关手续，并支付了高额的关税、增值税和物流运输费用。

因为被申请人的违约，导致申请人支付了上述不必要的费用，这些费用均是由于被申请人违约造成的直接损失，被申请人应当对上述费用承担责任。另外，因被申请人提供的货物存在质量问题，导致申请人被迫将交易货款全部退回其客户，申请人的既得利益和商业信誉受到了严重损害。基于对《退运协议》和《订单取消通知》的信赖和与被申请人商业关系的维护，申请人之前放弃向被申请人索赔。而对于上述直接损失被申请人负有不可豁免的赔偿义务。

5. 被申请人的所有反请求均没有事实和法律依据，甚至捏造和拼凑了部分证据。

(1)被申请人主张以重大误解、显失公平解除《订单取消通知》和《退运协议》，却没有提供任何书面证据，其陈述前后矛盾、不合逻辑。

(2)被申请人主张申请人支付其研发费用不符合商业交易习惯，正常情况下买方不会委托卖方进行研发，被申请人提供的邮件沟通系其捏造和片面拼凑而成的，并且被申请人无法提供任何关于研发费用的发票、单据等，由此可见，该主张明显是被申请人虚构的。被申请人先是在 2016 年 6 月 12 日前多次蓄意不理会申请人的要求，即“勿乱寄送不符合申请人所欲采购规格的样品”给申请人，造成申请人的许多验样的劳务及技术损失。在本案受理后，被申请人又再度片面拼凑邮件给仲裁庭，捏造申请人要求被申请人提供技术支持给被申请人的代工厂 C 公司。

(3)被申请人请求申请人向其支付三批货物的部分货物价款的主张没有依据。对此主张，被申请人未提供任何证据支撑，并且如上所述，双方就三批货物的退货、货款返还、费用承担、损失赔偿等问题均已于 2017 年 1 月 24 日达成合意，被申请人应当返还申请人相应的货款。

(4)关于被申请人请求申请人支付其包装费、滞港费、货物收集费、检测费用的主张。对于这些费用，被申请人没有提供任何一张发票和付款凭证。并且,由于合同约定的是CIF,包装费作为成本费用应当由作为卖方的被申请人承担。滞港费、货物收集费和检测费均是因被申请人违约而造成的费用,应当由被申请人承担。其中,滞港费的发生乃被申请人刻意不作为导致的。

6. 被申请人以不合格产品冒充合格产品,违约在先,拖欠退还货款在后,并且在仲裁过程中诋毁申请人,伪造证据,存在强烈的主观恶意。

(1)在商务合作中,交易双方签订采购合同或订单后,只要在交货时依据订单约定的规格来验货签收即可。被申请人在合同约定之外又无端要求申请人确认商业生产样达成所谓的生产确认,被申请人自己创造出"连续生产样"一词,并擅自寄出申请人不知道的合同并无约定的"连续生产样"。被申请人无视订单合同的约定,试图寄出申请人不知道的"连续生产样"来欺瞒申请人。

(2)在本案中,因被申请人于2016年9月28日至10月17日的蓄意违约生产不合格的产品,导致被申请人的三批货物均迟延发货20余天。原本第二批货物合同约定为2016年11月8日发货。但是因为被申请人于2016年9月28日至2016年10月16日,违约未生产先前其提供的订单样产品而拖延了20天,后来又因被申请人发船后中转的误班导致到达交货目的地的时间再度从2016年12月5日延误至2016年12月11日。最终使申请人不但需要额外承担第二个月的货款,而且导致了不必要空运费的发生。《供货合同》约定,若因被申请人自身原因导致延迟发货,申请人有权根据装运的货物款项向被申请人索赔日0.25%的违约金。因被申请人提供存在质量问题的货物,给申请人进一步造成了严重的损失。被申请人的上述行为严重违约,但是申请人基于与被申请人长期合作的善意,与其签订了《订单取消通知》和《退运协议》,免除了被申请人迟延发货违约金以及其对于申请人造成的高额的间接损失。然而,被申请人仍不按上述协议和通知的明确约定向申请人返还货款,办理由其负责的货物退运事宜。

(3)申请人提起仲裁后,被申请人开始在印度散播申请人商誉存在问题的谣言,导致申请人在印度的其他合作伙伴纷纷拒绝与申请人合作,给申请人造成了严重的经济损失和名誉损失。不止于此，被申请人还提出了根本不成立的各项反请求，伪造了多份证据。

被申请人在开庭时还主张申请人开立信用证迟延以混淆视听，但是，却隐瞒了背后的原因是在于三批货物的发货时间均比约定迟延了20余天。即使2016年9月28日至2016年10月17日被申请人蓄意违约生产不合格的产品，导致迟延发货，申请人仍然在提单上所告知的货物到港期前，在合同约定的期限内，经双方银行同意开立信用证，并帮助被申请人跟被申请人自己银行的美国分行催促信用证的转单事宜。被申请人开庭当场指出第三批空运货物申请人开立信用证迟延，对于真正的原因却只字未提。真正的原因有以下3点。

第一，先到的第三批空运货物发生破损情形后，被申请人不派员查明原因，而是将破损责任归咎于他人，导致F公司对于后续接单清关产生顾虑。且2016年12月2日被申请人的保险公司会同海关对第一批海运集装箱进行开箱后发现货损，但是被申请人表示要到2016年12月6日才能派员调查。故申请人于2016年12月3日告知需要被申请人派员来厘清解决第三批空运货物责任，不然只能取消第二批海运货物的货物订单。

第二，由于被申请人将约定的空运货物的原产地证遗失，而被申请人的货运代理人印度L公司表示随货并没有看到作为亚太优惠关税抵免用的原产地证（可抵免16%），故在2016年11月29日，申请人也与被申请人协商如何避免损失，并提供开信用证及交单的变通方式。以免申请人再度因为被申请人交单的疏忽，导致申请人损失巨额关税，这样的协商是合理的，并且不会损害被申请人的权益，但被申请人迟迟无法决定。

第三，2016年12月6日即爆发了菌落事件，申请人因此告知被申请人需要办理第二批海运货物的退货事宜。在被申请人一系列的重大疏忽后，申请人为了避免事情重复发生，而要求被申请人先回应之前一系列的重大失误及合同违约的解决方案，而避免贸然再开立信用证，产生更多的纠纷及损失，这一切是基于被申请人先前的一系列重大违约及重大失误的前提下所不得不采取的行为。

7. 申请人庭审时对其他重要事宜陈述

(1)关于本案的适用法律,由于双方在相关合同中没有约定,事后也未达成合意,根据我国《涉外民事关系法律适用法》第18条的规定,"当事人可以协议选择仲裁协议适用的法律。当事人没有选择的,适用仲裁机构所在地法律或者仲裁地法律"。因此,本案中应当适用仲裁地法律,即中国的相关法律。

(2)关于第一批海运货物的虫害证据问题,申请人是否应当打开货物包装对虫子来源进行鉴定。倘若正常人在购买包装完好的月饼后发现袋中有虫,一般会保持现有状态直接找卖方索赔,而非打开包装留给卖方推卸责任的可能。在正常情况下,不可能在现场打开数百箱外箱,而是在确认外观无误并取回货物后再打开外箱,才会看到内透明袋中异物存在的情形。同理,申请人在发现虫害问题时也会保持货物包装完好的状态找被申请人索赔,而非打开包装对虫子进行检测。并且,2016年12月申请人客户通知申请人虫害事件,申请人随即通知被申请人。在申请人于2016年12月29日至客户现场,发现随机抽样10箱中有5箱内部有虫,虫子甚至是在箱子内装3袋的中间袋的完好包装内发现。申请人于2016年12月30日通知被申请人派他们的中国代表共同勘察,但是被申请人一直未就共同勘察一事作出回应。

(六)被申请人的代理意见

1. 关于法律适用问题。

(1)由于双方在订单中交易方式采用CIF模式,因此本案《供货合同》和《采购订单》应该首先适用《国际贸易术语解释通则® 2010》及相关国际通用规定作为准据法,并以此确定双方的交易及货物风险转移的责任。

(2)对于《退运协议》和《订单取消通知》及相关法律问题,鉴于双方并未明确选择适用法律,但考虑到该协议在中国境内签订,被申请人建议适应中国法律作为该类问题的准据法。

2. 关于CIF及CIP模式项下货物相关责任的划分问题。

(1)根据CIF及CIP模式,第一批海运货物、第二批海运货物及第三批空运货物均已经按照合同约定在印度通过 CCIC 检测合格并已经装运完毕并运至目的港和目的地,结合上述 CIF 和 CIP 模式,该三批货物的所有权及相关责任在货物从印度起运后便转移至申请人,因此,货物在运输过程中出现的任何因不当运输所导致的一切损害应当与被申请人无关。

(2)被申请人在上述交易模式下,已经为该三批货物进行投保,而根据保险公司在货物到达中国时的检测,第一批海运货物及第三批空运货物只有 1 箱货物破损,并未有任何货物受潮或者虫子污染等报告,因此保险公司也只给第三批空运货物进行了理赔。由此可以客观证明,货物受潮及虫子污染等现象是在货物已经到达上海转移至申请人仓库或者转运至申请人客户端过程中发生的,这些问题应当由申请人独自负责,理应与被申请人无关。

3. 被申请人为履行《供货合同》做出了巨大的努力,不存在任何重大违约行为。

(1)自 2015 年 10 月 10 日开始,申请人便要求被申请人提供产品样品用于评估,被申请人按照申请人的要求在 2015 年 10 月至 2016 年 9 月投入了大量的技术人员及费用研发了多款产品样品并寄送给申请人用于评估,但申请人在收到上述产品样本后,多次变更样本要求,造成被申请人提供了多达 70 余次样品的研发和寄送,造成了被申请人研发费用的支出共计 2.3 万余美元。同时,由于申请人指定 C 公司作为该订单的产品生产商之一,为了保证产品质量,被申请人协助 C 公司改造其生产技术及提高其技术标准,共投入了 1.5 万余美元技术支持费用。同时,双方和 C 公司同时签订了三方协议,承诺将与 C 公司一起向申请人每年供应 500 吨产品。从上述证据可以看出,被申请人为了达成与申请人的合作,做出了非常大的努力,也表示出了极大的合作诚意。

(2)2016 年 9 月 28 日被申请人与申请人签订了《供货合同》及《采购订单》。合同约定货物分 3 批运输,同时注明货物在印度必须经过 CCIC 检测通过后方可装运。而根据被申请人提交的证据,CCIC(印度)是申请人指定的检测机构,而且检验是由 CCIC(印度)、CCIC(中国)安排的,所有货物起运的指示都是由CCIC(中国)通知申请人,后再由申请人指令被申请人发货的,结合被申请人提供的CCIC检测报告,该3批货物在印度起运之前均按照合同约定进行检测,全部检测指标符合合同约定。进而证明被申请人是严格按照合同约定履行了合同供货义务,并无任何违约行为。申请人在庭审中声称没有收到CCIC(印度)的报告,而根据订单约定,该报告原件是一并附随提单等文件交付申请人的,说明申请人无视事实,实际上存在欺诈的恶意。

4. 第一批海运货物及第三批空运货物菌落总数超标,到底是谁的责任,应该由谁对此负责?

根据最后修订的《采购订单》,第一批货物经过CCIC检测合格后通过海运方式于2016年11月8日发送;第二批货物经过CCIC检测合格后通过海运方式于2016年11月18日发送;第三批货物经过双方协商一致,并由双方各承担一半空运费用后,经过CCIC检测合格后改为空运方式于2016年11月23日发送。第一批海运货物于2016年11月28日到达;第二批海运货物于2016年12月11日到达;第三批空运货物于2016年11月24日到达。以上三批货物原定交易方式为CIF中国某市。

第三批空运货物到达中国后,交由申请人进行清关并运输至申请人的仓库,申请人通知被申请人部分产品受潮并损坏。被申请人立即要求保险公司进行实地检查,2016年12月1日保险公司代理人在申请人负责人在场的情况下于申请人的仓库进行了实地检查并报告3箱货物受潮、1箱货物被打开。2016年12月2日M航空公司报告在货物到达后只有1箱货物被损坏,没有任何货物受潮。申请人指定的货运代理人印度L公司也最终确认M航空公司的报告为最终报告,确认货物到达时只有1箱货物损坏。

第一批海运货物于2016年11月28日通过海运到达后,申请人通知有货物外箱受损情况,并通知拒收近400公斤货物,随后最终通知拒收货物1300余公斤,但并未提出任何货物受潮情况。

2016年12月7日货物由申请人送至其客户公司后,申请人通知被申请人，申请人客户公司检测菌落总数超标，并通过邮件告知菌落总数超标的问题由于含水量超标为5.33%（发货前CCIC检测含水量为4.11%）。2016年12月8日CCIC（中国）抽检了第一批海运货物，并于2016年12月10日报告申请人菌落总数超标，必须注意的是上述所谓“菌落总数超标”的产品已经由申请人发往了R市、T市及S市后在客户公司发现的。而上述货物运送由申请人重新包装并且负责运输的。

综合上述证据及本案货物运输的交易方式来看，当货物在印度经过CCIC（印度）监督装运后，该货物的实际控制权及风险便转移至申请人。对于本案的核心争议点，即由于货物受潮导致菌落总数超标问题，在根据申请人指定的货物代理和保险公司以及申请人公司共同参与的现场检查中，当货物到达时并未有任何货物受潮的报告。同时，也没有任何机构在货物到达后进行任何的检测并指出菌落总数超标问题。该事实已经由申请人指定的代理人印度L公司与M航空公司共同确认。以此可以合理确认第一批及第三批货物在到达并交由申请人控制之前并未受潮也未存在任何证据证明菌落总数超标，因此我们认为，货物受潮及由此导致菌落总数超标问题是发生在申请人转运、存储及销售运输和客户端储存这一些应当由申请人自己负责的环节中，在上述环节中导致的菌落总数超标发生一系列责任应该与被申请人无关。

5.申请人在拒收第二批海运到港货物及拒开第二批货物信用证等问题上是否存在恶意？

（1）根据《采购订单》的约定，申请人应当于货物到达前7天开具信用证，第二批海运货物于2016年12月11日到达，申请人理应在2016年12月4日向被申请人提交第二批货物的信用证，但实际上申请人在第二批海运货物交易中违背合同约定，拒开信用证。尤其值得注意的是，第一批海运货物及第三批空运货物最早发现菌落总数问题的时间是2016年12月7日，即2016年12月7日货物由申请人送至其客户公司后，由申请人客户端检测菌落总数超标。因此，申请人主张因发现菌落总数超标，所以拒绝开具信用证的主张与事实和合同约定不符,也恰恰证明了申请人在第二批货物信用证开具问题上存在严重违反合同约定的重大违约行为。

(2)第二批海运货物于2016年12月11日到达后,申请人在没有开具信用证的情况下,拒收货物,导致第二批海运货物长期滞留在港口,产生滞港费3.3万余美元(截至2017年5月24日)。而此时第二批海运货物双方并没有就菌落总数是否超标进行任何的检测。申请人在理论上并没有任何的理由拒收货物,其拒收货物的行为是严重违反合同约定的重大违约行为。

(3)申请人在被申请人为了合同继续履约作出显失公平的让步后,在相应退运协议中不作为,拒绝提供任何支持性文件,被申请人在支付一半退款后,为了保证退运协议履行,试图用保函代替现金支付的方式督促申请人履行义务,但申请人对此拒绝接受,并于2017年3月28日提起仲裁并恶意进行财产保全,查封了价值远超双方所谓退运协议差额的货物(退运剩余退款为3.9万余美元,而被申请人查封保全的第一批海运剩余货物、第二批海运货物及第三批空运货物剩余产品总价值高达17万余美元,其中仅第二批海运货物价值就为10万余美元),由于其恶意保全措施造成《退运协议》和《订单取消通知》无法履行,实际上造成了该货物价值的严重降低及继续发生金额巨大的滞港费和储存费。

从上述三个事实来看,申请人在第二批货物的交易中存在严重违约,且存在严重的恶意。

6.《退运协议》和《订单取消通知》显失公平且被申请人对申请人存在重大误解,理应被撤销。

(1)被申请人为了履行《供货合同》并期待继续履行余下的合同义务,在明知其不应当对菌落总数超标问题负责的情况下作出了极大的让步,即同意双方签订《退运协议》和《订单取消通知》,在事实上是为了期待合同能够得到继续履行,而申请人在《退运协议》和《订单取消通知》签订时并未对《供货合同》的继续履行持有任何异议。

(2)结合本案的证据及客观事实来看,菌落总数超标问题应当由申请人负责,且相关的财产损失应当由申请人承担。但即便如此,被申请人按照国际惯例委托了相关机构对菌落总数等质量问题进行了再次检测,以此可以看出被申请人在产品发生非己方责任时仍保持极大的诚意以积极调查原因,并作出了巨大的让步。由此可见,被申请人对于《供货合同》能够继续履行存在巨大的期待,由于该期待而在存在重大误解的情况下签订了显失公平的《退运协议》和《订单取消通知》。

(3)《退运协议》和《订单取消通知》未能得到彻底的履行是由于申请人在货物退货上存在不作为造成的。根据申请人指定的货运代理人印度L公司的邮件可知,申请人对于货物退运涉及的多个配合手续存在严重的不作为,导致被申请人对于申请人的履约诚信产生怀疑,剩余部分款项未支付也是由被申请人与申请人印度法定代表人协商,由印度国家银行出具履约保函替代现金支付的方式变相保证双方权益。但申请人在极不配合的情况下,仍拒绝接受双方法定代表人之间关于用保函替代现金的方式,从而造成《退运合同》和《订单取消通知》未能彻底履行。由此可见,《退运协议》和《订单取消通知》未能履行从事实上是由于申请人在退货手续配合上不作为造成的,被申请人并不应当承担主要的违约责任。

(4)基于《退运协议》和《订单取消通知》并未履行完毕,且严重显失公平,其订立是基于被申请人与申请人能够继续履行剩余的《供货合同》的前提下签订的,尤其在申请人主张终止《供货合同》的情况下,若继续履行《退运协议》和《订单取消通知》,则必违背公平、平等、自愿的法律基本原则。根据我国《民法通则》第59条、最高人民法院《关于贯彻执行〈中华人民共和国民法通则〉若干问题的意见》第72条及第73条、我国《合同法》第54条及最高人民法院《关于适用〈中华人民共和国合同法〉若干问题的解释(二)》第26条等相关规定,该《退运协议》和《订单取消通知》在法律上应当可以由被申请人申请依法撤销该合同,且在申请人存在欺诈恶意的前提下,该《退运协议》和《订单取消通知》应当被撤销。

7. 双方签订的《供货合同》不应终止。

(1)被申请人在签订《供货合同》之前付出了极大人力和财力,由于申请人多次变更产品规格和要求,提供了70余次样品的研发和寄送,造成了被申请人巨大的人力和财力的损失。

(2)本案涉及的三批货物中第一批海运货物和第三批空运货物菌落总数超标问题是不应归责于被申请人的,而是应当由申请人负责的,申请人主张由于该两批货物菌落总数超标导致《供货合同》被终止的理由在法律上和事实上不应当被采信,更不应当被支持。

(3)被申请人为了履行《供货合同》,不仅付出了巨大的研发成本,承受了技术秘密外泄的风险,同时也对非被申请人原因导致两批货物退货问题做出了巨大的让步,更为履行《供货合同》签订了大量的原材料采购合同,推掉了其他客户订单等,应当说被申请人为了履行《供货合同》做出了巨大的努力,若该合同被终止,必导致了被申请人承受了巨大的财产损失,同时违背公平、公正的法律原则。

综上所述,被申请人认为申请人在合同订立之初便通过多次变更产品要求,诱使被申请人投入大量的人力和财力进行产品研发,同时也给申请人指定的生产商C公司透露了大量的研发生产技术,从而使被申请人的商业秘密有被泄露的风险。在三批订单的履行过程中,尤其是申请人在第二批海运货物交易中,只支付首付款后拒绝按照合同约定开具信用证,更在第二批货物到达后恶意拒收货物,以及在第三批空运货物到达后,拒绝按照约定支付剩余的30%货款,也证明了申请人是不诚信的。

三批货物在印度起运之前均通过申请人指定的机构CCIC出具合格的检测报告,货物运输中第三方机构均确认货物并未受潮,而在货物交付给申请人后并经过申请人重新包装并运输销售至R市、T市及S市。申请人恶意夸大货物受损情况,试图掩盖产品由于其自身不当运输、存储及分装等环节导致的菌落总数超标问题，恶意利用被申请人期待与其继续剩余合同的重大误解，诱使被申请人签订了显失公平的《退运协议》和《订单取消通知》，并在履行《退运协议》和《订单取消通知》过程中不作为，导致《退运协议》和《订单取消通知》无法履行，后又滥用诉权恶意提起仲裁，恶意超出诉权金额对第二批货物进行恶意保全，试图利用仲裁迫使被申请人做出更大让步等行为，均证明了申请人是不诚信的。

二、仲裁庭意见

在本案仲裁程序中，仲裁庭认真听取了申请人及被申请人庭审时发表的意见，仔细、全面审阅了双方提交的全部书面材料和相关证据，形成如下意见。

（一）关于本案的法律适用

申请人与被申请人在本案《供货合同》和《采购订单》中没有约定本案适用的法律，申请人在代理词中认为本案应当适用仲裁地法律，即中国的相关法律；被申请人在其代理词则认为由于双方在订单中交易方式采用 CIF 模式，因此，《供货合同》及《采购订单》应该首先适用《国际贸易术语解释通则® 2010》及相关国际通用规定作为准据法，并以此确定双方的交易及货物风险转移的责任；对于《退运协议》和《订单取消通知》及相关法律问题，建议适用中国法律作为该类问题的准据法。

根据我国《涉外民事法律关系适用法》第 41 条“当事人可以选择合同适用的法律。当事人没有选择的，适用履行义务最能体现该合同特征的一方当事人经常居所地法律或者其他与该合同有最密切联系的法律”的规定，仲裁庭认为，在仲裁过程中，申请人与被申请人关于《退运协议》和《订单取消通知》已经就合同准据法达成一致意见，应适用中国法律。另外，考虑到《退运协议》和《订单取消通知》是双方在履行《供货合同》和《采购订单》过程中订立的新合同，它们与《供货合同》和《采购订单》是一个连续的法律关系，同时，考虑到本案卸货港位于中国，双方合同约定产品品质应符合中国标准、本案仲裁在中国进行以及整个纠纷产生的经过，仲裁庭认为与《供货合同》和《采购订单》有最密联系的法律应该是中国法律，因此，本案争议应适用中国法律，并同时适用《国际贸易术语解释规则® 2010》等国际惯例。

（二）关于本案合同的效力

本案《供货合同》和《采购订单》系由双方在平等协商、意思表示一致的情形下签订，且主体适格，内容亦不违反中国《合同法》以及中国其他法律、行政法规的强制性规定，双方当事人根据合同约定进行了实际履行，且在本案仲裁程序进行过程中未对《供货合同》和《采购订单》的效力提出异议，据此，仲裁庭确认，《供货合同》和《采购订单》依法成立并生效，对双方当事人均具有约束力。

《退运协议》和《订单取消通知》是双方在履行《供货合同》和《采购订单》过程中签订的新合同，亦由双方在平等协商、意思表示一致的基础上签订，内容不违反中国《合同法》以及中国其他法律、行政法规的强制性规定，双方当事人根据合同约定进行了实际履行，且在本案仲裁程序进行过程中未对《退运协议》和《订单取消通知》的效力提出异议，据此，仲裁庭确认《退运协议》和《订单取消通知》依法成立并生效，对双方当事人均具有约束力。

（三）仲裁庭查明的事实

仲裁庭在庭审中，通过询问双方当事人以及核对双方当事人提供的证据资料，查明了以下事实。

1.2016年9月28日申请人与被申请人签订了《供货合同》，约定被申请人向申请人分批出售红茶粉，价格条款为每公斤7.25美元（3×7公斤）或者每公斤7.00美元（1×25公斤）CIF中国，15%的货款通过电汇方式预先支付，其余85%货款通过信用证支付，合同约定了产品规格、质量标准，约定了菌落数标准≤500 CFU/g。

2.2016 年 9 月 28 日申请人与被申请人签订《采购订单》约定:4.5 余吨货物分三批发运,第一批 1.5 万余公斤、第二批 1.5 万余公斤、第三批 1.5 万余公斤,价格为每公斤 7.25 美元(3×7 公斤)CIF 中国。

3.之后,申请人的代表与被申请人代表通过电子邮件将货物的总额作了微小的调整,总额减少 14 公斤,第一批近 1.5 万公斤,同意于 2016 年 10 月 29 日前在印度某港发货,第二批近 1.5 万公斤,于 2016 年 11 月 8 日前在印度某港发货,第三批数量不变,于 2016 年 11 月 15 日前在印度某港发货。

4.2016 年 9 月 30 日申请人以电汇方式支付了第一批海运货物首付款 1.6 万余美元,于 2016 年 10 月 12 日以电汇方式支付了第二批海运货物首付款 1.6 万余美元,于 2016 年 11 月 18 日以电汇方式支付了第三批空运货物首付款近 7.9 万美元。

5.2017 年 1 月 24 日前申请人通过开具信用证的方式支付了第一批海运货物的余款。

6.2016 年 10 月 21 日被申请人聘请 CCIC(印度)对第一批海运货物进行了采样,2016 年 10 月 27 日完成了检验分析,测得菌落总数为 350 CFU/g。

7.2016 年 10 月 27 日被申请人聘请 CCIC(印度)对第二批海运货物进行了采样,2016 年 11 月 8 日发布报告,测得菌落总数为 <10 CFU/g。

8.2016 年 11 月 3 日被申请人聘请 CCIC(印度)对第三批空运货物进行了采样,2016 年 11 月 16 日发布报告,测得菌落总数为 231 CFU/g。

9.2016 年 11 月 8 日被申请人在印度某港将装有第一批货物的集装箱装上 O 号轮,未经承运人开箱核对货物表面包装和数量,集装箱装载在船舶甲板上,提单上备注由托运人和收货人承担风险。

10.2016 年 11 月 12 日对于第三批空运货物的空运费,被申请人向申请人发送邮件承诺虽然双方之前就空运费各承担一半达成一致,但是被申请人愿意承担 1 万余公斤货物的空运费。

11.2016 年 11 月 18 日被申请人在印度某港将装有第二批货物的集装箱

装上P号轮,未经承运人开箱核对货物表面包装和数量,集装箱装载于船舶甲板上,提单上备注由托运人和收货人承担风险。

12. 2016年11月17日被申请人在印度某机场将装有第三批货物的集装箱交付承运人印度L公司,2016年11月19日装上M航空公司的飞机,当时未经承运人开箱核对货物表面包装和数量,以上集装箱经中国香港特别行政区转运,于2016年11月24日运抵中国内地某机场。

13. 2016年11月24日第三批货物到达中国某机场后,由海关监管转运Q区口岸清关,申请人的代表与被申请人同意的E集团工作人员当场勘验,发现有破损现象,具体数量不详,承运人M航空公司最终结论为破损1箱,申请人认为还有近900公斤破损受潮,申请人与被申请人均未对红茶粉产品包装以外的其他质量事项进行检验。申请人进行换包理货后将未破损受潮的红茶粉货物运往客户端。

14. 2016年11月28日第一批海运近1.5万公斤红茶粉运达中国某港,也由海关管转运Q区口岸清关,由海关人员与E集团工作人员当场勘验,发现存在破损现象。申请人进行了换箱、理货后将红茶粉货物运往客户端,未对货物的质量问题进行任何检验。

15. 2016年12月7日申请人的客户收到的经空运的货物后,发现货物在检验时菌落超标,通知申请人自检报告达到5400 CFU/g。

16. 2016年12月8日申请人聘请CCIC到客户处取空运货物样本和到Q区仓库取第一批海运货物的样本。2016年12月10日CCIC对取样菌落的现状作出了检测结果:第一批海运货物两个样本菌落数分别为8000 CFU/g、18,000 CFU/g;空运货物样本菌落数为3000 CFU/g。

17. 2016年12月11日第二批海运货物到达中国某港,申请人没有接收货物,也未对第二批货物进行任何检测,至今仍存放在中国某港的海关仓库。

18. 2016年12月13日申请人向被申请人发出第一批海运货物和第三批空运货物的《退运协议》,以及第二批海运货物的《订单取消通知》。

19.2016 年 12 月 24 日申请人的客户通知申请人第一批海运货物中有虫子。2016 年 12 月 30 日申请人向被申请人发出了货物中有虫子的照片。

20.2017 年 1 月 24 日被申请人发给申请人的电子邮件确认：同意回收第一批海运尚未发给客户公司的剩余 378 公斤货物，以及申请人能够当天确定并回复的最终其他货物数量并退回相应货款；同意承担第一批海运货物的辐照费、合理的清理虫子费用和菌落总数检测费用；同意承担第三批空运货物在 3 个客户端经 K 局认证机构进行取样和检测的费用。

21.2017 年 1 月 24 日被申请人接受了申请人的《订单取消通知》，同意自费承担第二批海运全部货物退货，7 日内退回第二批海运货物的首付款。

22.2017 年 1 月 24 日申请人与被申请人签订了《退运协议》，约定被申请人同意第三批空运全部货物退货，7 日内退回第三批空运货物的首付款。

23.2017 年 2 月 6 日被申请人对第二批海运货物的首付款 1.6 万余美元进行了退款操作。

24.2017 年 2 月被申请人对第三批空运货物预付款的一半即 3.9 万余美元进行了退款操作。

25.2017 年 1 月 24 日以后，被申请人要求申请人予以协助办理第二批海运货物海关退运手续，申请人要求被申请人首先支付退运货款，并以第三批空运货物 3.9 万余美元的预付款未予退还为由拒绝合作，第二批海运货物滞留海关仓库，发生滞港费用。

26.2017 年 5 月 24 日根据申请人的财产保全申请，某法院对第二批海运货物进行了财产保全。

（四）关于本案的争议焦点

根据前述案件事实，仲裁庭认为，本案的争议焦点主要为：（1）被申请人交付的货物是否符合合同的质量约定；（2）《退运协议》和《订单取消通知》签订的法律意义和后果。

1. 被申请人交付的货物是否符合合同的质量约定。

申请人认为，被申请人交付的货物不符合合同的质量约定，主要表现在产品菌落总数严重超标，同时还存在货物包装破损、产品受潮水分含量超标、小包装夹缝和内袋有虫子等问题。

被申请人则认为，被申请人交付的货物在装运前经过合同约定机构的检验，符合合同质量约定，货物到港后出现的质量问题是由运输、仓储等其他原因造成的。

仲裁庭注意到，《供货合同》对货物的质量标准作出了明确约定，双方当事人对此亦没有异议，应以此作为判断被申请人交付的货物是否符合合同质量约定的依据。《供货合同》约定红茶粉产品水分含量≤5%；《供货合同》对微生物的约定是菌落总数≤500 CFU/g，该附件对包装的约定是低密度聚乙烯或高密度聚乙烯袋加热密封7公斤包装，不能有破损袋；《供货合同》和《采购订单》没有对虫子进行约定，但作为食品的红茶粉中不能出现虫子是文明社会的一个生活常识，是各国法律要求食品生产者或销售者进行品质担保的重要内容。但是，仲裁庭也注意到，合同没有对货物质量的检验时间作出明确约定，即被申请人交付货物的质量应在什么时间符合合同约定作出明确约定。由此导致了双方之间的争议。

在仲裁过程中，申请人与被申请人均提交了有关质量检测的报告，按照时间顺序，可以分为两组：第一组为被申请人交付红茶粉货物以前的检测报告；第二组为被申请人交付货物以后的检测报告。

在第一组检测报告中，被申请人提交了CCIC（印度）分别于2016年10月21日、2016年10月27日、2016年11月3日针对被申请人交付的第一批海运货物、第二批海运货物、第三批空运货物出具的三份《检测报告》，报告中有关菌落预检测定的数值分别为：350 CFU/g、10 CFU/g、231 CFU/g，均小于《供货合同》和《采购订单》约定的"≤500 CFU/g"。申请人和被申请人均提交了CCIC（中国）对三批货物的预检报告，报告中测定的霉菌数未超过合同约定的菌落总数。

在第二组检测报告中,申请人提供了关于第一批海运货物的G公司的检测报告。被申请人聘请的G公司的检测报告显示:在2016年12月20日取了3个样本,根据中国GB4789.2－2010标准对取样现状进行检测,菌落总数分别为:5800 CFU/g、3200 CFU/g、3100 CFU/g。申请人聘请的H公司的检测报告显示:在2016年12月21日取样,根据中国GB4789.2－2010标准对取样现状进行检测,菌落总数为:1300 CFU/g。申请人提供了关于第三批空运货物的CCIC检测报告、K局的检测报告、H公司的检测报告、CCIC(中国)的检测报告、G公司的检测报告。申请人的客户某食品股份有限公司聘请的CCIC检测报告显示:在2017年1月12日取了4个样本,根据中国GB4789.2－2010标准对取样现状进行检测,菌落总数分别为:12,000 CFU/g、11,000 CFU/g、8600 CFU/g、6500 CFU/g。申请人聘请的K局的检测报告显示:2017年1月23日根据中国GB4789.2－2010标准对所取4件样本现状进行检测,菌落总数分别为:33,000 CFU/g、96,000 CFU/g、84,000 CFU/g、120,000 CFU/g。申请人委托的H公司的检测报告显示:2017年1月12日在R市的申请人客户处4件样本,根据中国GB/T 13093－2006测试方法对取样现状进行检测,菌落总数分别为:12,000 CFU/g、9300 CFU/g、5900 CFU/g、8000 CFU/g。被申请人也提交了1份检测报告,其聘请的G公司的检测报告显示:2017年3月12日根据中国GB4789.2－2010标准对取样现状进行检测,2017年3月19日检测结果为43,000 CFU/g。仲裁庭还注意到,无论是被申请人还是申请人提交的检测报告,被申请人交付货物以后经运输的红茶粉产品检测报告菌落总数均极大超过了《供货合同》和《采购订单》约定的标准。

被申请人认可上述G公司、H公司、CCIC(中国)、J公司、K局对经过运输以后取样检测报告的效力,但是申请人不认可CCIC(印度)对红茶粉产品在交付前未经运输的3份《检测报告》。申请人的理由是:CCIC(印度)无法根据中国标准进行检测,其依据是CCIC(中国)的工作人员在电子邮件中的陈述。仲裁庭认为,CCIC检验是合同约定的检验,CCIC(印度)是依据中国法律和印度法律成立的检测认证的专业机构,依法作出的鉴定意见具有法律效力,在没有其他证据予以充分证明的情况下,申请人仅依CCIC(中国)员工的陈述,不足以推翻CCIC(印度)检验报告的法律效力,CCIC(印度)的3份《检测报告》是合法有效的检测报告。

既然以上报告都有效,说明被申请人交付货物质量尤其是其中的菌落数量随着时间的推移发生了变化。考虑到货物从交货前由CCIC(印度)检测到交货后存储于仓库或由申请人客户端检测,时间跨度至少达到2~3个月,中间经历了等候装运、海运或空运及转运、到港运输、包装更换及分装、仓储等多个环节,存在外来因素对货物质量产生影响的各种可能性,在双方未于合同中明确约定质量检验时间的情况下,在未能排除各种外来因素对货物质量产生影响的可能性的情况下,仅凭各种检测报告,无法让仲裁庭得出被申请人提交货物是否符合合同质量约定的结论。

对于被申请人提出的因合同约定CIF条款、所有货物风险在越过交货港船舷后应由申请人承担的主张,仲裁庭认为CIF条款所指风险转移是指货物所有权及风险的转移,不代表免除了被申请人在合同项下货物内在的质量责任,被申请人仍有义务证明其本身交货相符。

对于申请人主张的运输包装破损、受潮、虫子污染等其他质量问题,仲裁庭注意到,申请人在庭审中提交的证据中有1份与被申请人邮件中作为附件的自制的《货物破损情况说明》包括:(1)在F公司仓库中储存的第三批空运700余箱货物中抽查36箱,有30箱受潮;抽查17箱,有40包破损;(2)在F公司仓库中储存的第一批海运700余箱货物中,有1箱3袋破损漏粉;客户验货发现破包及虫子污染10箱。申请人还提供了有关空运货损的邮件照片、中国某机场公共货运站货物破损报告以及其客户拍摄的在红茶粉小包装外大包夹层中出现的虫害照片。对此,仲裁庭认为,一方面,双方当事人在卸货时已经通过检验机构及保险公司就包装问题进行了相应处理;另一方面,申请人提交的以上证据仅能说明货物在储存仓库中包装破损、产品受潮、小包装外夹缝有虫子的状况，但不能证明该状况的出现是因为被申请人交付货物不符合合同质量的约定，还是因为货物运输储存过程中的外来因素造成的，中国某机场公共货运站货物破损报告也对破损事项作了明确记载，即破损“原因不明”。

综上所述，仲裁庭对申请人关于被申请人提交货物不符合合同质量约定的主张和被申请人关于提交货物符合合同质量约定的主张均不予采信。

2.《退运协议》和《订单取消通知》签订的法律意义和后果。

2017 年 1 月 24 日双方当事人就《供货合同》和《采购订单》履行过程中发生的上述质量争议，针对《采购订单》项下的第三批空运货物签订了《退运协议》，针对《采购订单》项下的第二批海运货物签订了《订单取消通知》。

申请人认为，被申请人以签订《退运协议》和《订单取消通知》的方式承认了被申请人交付的红茶粉产品存在质量问题。

被申请人认为，红茶粉产品菌落总数超标的责任不在被申请人，被申请人为了履行《供货合同》并期待继续履行余下的合同义务，在明知不应当对菌落总数超标问题负责的情况下，作出了巨大的让步即同意双方签订《退运协议》和《订单取消通知》，而现在申请人不准备继续履行《供货合同》，被申请人怀有这种期待而签订的《退运协议》和《订单取消通知》就存在重大误解，因而显失公平，协议和通知应予撤销。

仲裁庭注意到：(1)《退运协议》和《订单取消通知》签订于申请人提交的所有证明被申请人交付货物不符合合同质量约定的证据之后，包括菌落总数超标、包装破损、受潮、虫子污染等。(2)关于货物质量，《退运协议》的有关文字表述如下：“买方收到上述货物后，发现问题：(1)菌落总数为 18,000 CFU/g，超过合同某条款规定的 500 CFU/g，双方经友好协商后，同意将该订单的 1.5 万公斤退货，并就退货问题达成以下协议……”《订单取消通知》有关文字表述如下：“买方收到上述货物后，发现问题同批号 L1 的货物：(1)菌落总数为 3000 CFG/g超过合同规定的 500 CFU/g，双方经友好协商后，同意将该运单的近1.5万公斤退货,并就退货问题达成以下协议……”(3)《退运协议》就第三批空运货物的退货、退款等问题分别作出了约定,《取消订单通知》就第二批海运货物的退货、退款等问题作出约定,同时协议和通知亦均就《供货合同》的效力作出了明确约定,即“有关供货合同根据买卖双方合意依然有效”(原文为:“Relative supply contract will be still valid subject to mutual agreement between the buyer and seller.”)。

仲裁庭认为:(1)以上关于货物质量的两段表述,仅仅记载了买方发现菌落总数超标的货物质量状况,并没有将该状况的出现归责于卖方被申请人,也没有任何被申请人承认或接受菌落总数超标是由于被申请人原因所致的表述。因此,申请人以协议和通知的签订主张被申请人承认其交付货物不符合合同质量约定,仲裁庭不能予以支持。(2)关于货物质量的两段表述,表明双方对协议和通知签订时货物质量状况的认可,是双方当事人签订协议和通知的基础。(3)通过《订单取消通知》中的表述可以看出,双方是基于第一批海运货物出现质量争议后而在未对第二批海运货物进行检验的情况下作出的对该批货物的退运处理,再结合双方在2017年1月24日及之前往来邮件中对第一批海运货物的处理和《退运协议》对第三批空运货物的处理,上述协议、通知和邮件是双方在《供货合同》和《采购订单》履行过程中、邮件沟通以及协议和通知签订前对三批货物所有质量争议的“一揽子”解决方案,双方均应遵照执行,除非出现新的法律事实,就协议和通知签订前的质量争议,双方当事人均无权再提出其他主张,申请人亦无权以协议和通知已处理的质量争议提出解除合同等主张。(4)《退运协议》和《订单取消通知》就《供货合同》的效力问题均作出了明确约定,不存在被申请人所述存在重大误解、显失公平,以致可以撤销协议和通知的情况。

(五)关于申请人的仲裁请求

1.关于解除《供货合同》与《采购订单》的请求。

申请人认为,三批货物菌落总数严重超标,被申请人已经构成严重违约,请求解除《供货合同》和《采购订单》。根据上述焦点问题进行分析,仲裁庭认为,申请人提交的证据不足以证明其关于被申请人交付货物不符合合同质量约定的主张,特别是,双方当事人已在《退运协议》和《订单取消通知》中就申请人所主张的质量问题作出处理,申请人无权再以协议和通知签订前的质量问题提出解除合同的主张,故对于申请人的该项请求,仲裁庭不予支持。

2. 关于被申请人退还货款的请求。

申请人根据 2017 年 1 月 24 日被申请人的承诺邮件和《退运协议》《订单取消通知》的约定,请求被申请人返还被退回的第一批海运货物的货款近 9800 美元,返还第二批海运货物预付款差额 65 美元,以及第三批空运货物预付款 3.9 万余美元。

仲裁庭认为,被申请人关于退货的承诺邮件、申请人与被申请人达成的《退运协议》和《订单取消通知》是当事人真实的意思表示,是合法有效的。为此,对于已经由《退运协议》和《订单取消通知》确定的关于第二批海运货物预付款的退还和第三批空运货物预付款的退款,被申请人应当履行。关于第三批空运货物最后一半预付款 3.9 万余美元的问题,双方均认可该笔款项被申请人没有退还,被申请人应当退还。关于第二批货物预付款退款差额 65 美元的问题,由于申请人未提供证据证明相应退款的实际情况(退款金额是否短缺、是否被银行扣住等),仲裁庭无法进行认定。关于第一批海运货物,其中近 400 公斤货物的退货及退款双方均达成一致,仲裁庭予以认可。关于另外 950 余公斤货物的退货及退款,被申请人在 2017 年 1 月 24 日的邮件中承诺在同意对近 400 公斤货物的退款及退货之外,也同意对申请人能够当日回复并确认的其他最终数量的货物进行退货和退款。而申请人向被申请人主张其他 950 余公斤货物的退货及退款的电子邮件日期为 2017 年 3 月 24 日,不符合被申请人对申请人当日提供其余退货数额予以确认的条件,因此不能视为双方对相应 950 余公斤货物的退货及退款已经达成一致。又鉴于仲裁庭对申请人关于被申请人提交货物不符合合同质量约定的主张不予支持,因此,仲裁庭仅对第一批海运货物中近400公斤货物的退款予以支持，合计2700余美元。关于申请人主张的被申请人同时应当向申请人支付因检测而消耗的货物近18公斤所对应的货款近130美元，缺乏法律和合同依据，仲裁庭不予支持。

综上所述，被申请人在该请求项下应向申请人退还第三批空运货物的最后一半预付款3.9万余美元和第一批海运货物中近400公斤货物的货款2700余美元，共计4.2万余美元。

3.关于赔偿申请人的损失。

申请人提出由于被申请人交付货物与合同质量约定不符，对由此造成的申请人损失共计人民币38万余元，具体如下。

第一批海运货物造成的损失共计人民币4.6万余元：

(1)第一批海运货物的相关费用为：货物汇款开证手续费、税费、清关费、仓储费、运费，共计人民币近29万元；其中，退货1300余公斤、检测消耗近18公斤。因此，按照比例计算的该部分损失为2.6万余元。

(2)理货损失近1.7万元。

(3)检测费损失3000余元。

第二批海运货物造成的损失为电汇手续费人民币260元。

第三批空运货物造成的损失共计人民币32万余元，分别为：开汇款证手续费等损失人民币近700元；税费损失人民币27万余元；清关费损失人民币近18万元，仓储费损失人民币5万余元，运费损失人民币1万余元；理货损失人民币3000余元；检测费损失人民币近1.5万元，差旅费损失人民币1.2万余元。

被申请人认为，根据《供货合同》与《采购订单》约定的CIF的价格术语，在交货以后运输途中和仓储期间的风险应当由买方申请人承担，被申请人为了顾全《供货合同》剩余吨货物部分的顺利履行而签订的《退运协议》和《订单取消通知》显失公平，应当予以撤销，被申请人没有违约，不应当承担申请人关税、清关费用、运费、理货费、检测费、交通费等损失的赔偿责任。

仲裁庭认为，对于申请人提出的损害赔偿请求，应当根据当事人的意思自治原则、达成的协议和法律规定作以下甄别：

（1）经被申请人电子邮件承诺的第一批海运货物的有关费用。

货物出现问题后，被申请人的代表在2017年1月24日电子邮件中向申请人承诺同意回收第一批海运货物中剩余的近400公斤货物并且支付辐射杀菌的费用、合理的菌落总数检测费和清理虫子的人工费用。

申请人主张的关于菌落总数检测费用为人民币3171元。仲裁庭认为，其中H公司检测费为被申请人承诺支付的部分，仲裁庭予以支持。CCIC（中国）检测费对应的是发货前申请人委托进行的预检，并不是发现货物出现问题后而进行的检测，从正常理解的角度来看不应属于货物出现问题后被申请人承诺支付的费用，因此仲裁庭不予支持。故被申请人应当向申请人支付检测费人民币1500余元。

关于申请人主张的其余有关履行第一批海运货物的损失，鉴于双方未达成一致且仲裁庭对申请人关于被申请人交付货物不符合合同质量约定的主张不予支持，因此，被申请人无须对此承担赔偿责任，仲裁庭对申请人关于该部分其余损失的请求亦不予支持。

（2）与《订单取消通知》有关的费用。

《订单取消通知》涉及第二批海运货物，申请人提出了人民币260元电汇手续费的损害赔偿。仲裁庭注意到，《订单取消通知》约定，“退运手续及退运费用均由卖方承担，退运流程由卖方自行负责”，以及“基于双方未来友好合作的前提，买方同意卖方无须赔偿任何经济损失”。根据上述约定，申请人对人民币260元电汇手续费的索赔并不属于“退运流程”中产生的“退运手续及退运费用”，因此，仲裁庭不予支持。

（3）与《退运协议》有关的费用。

《退运协议》涉及第三批空运货物。申请人提出人民币32万余元的损失索赔。其中，检测费损失为人民币近1.5万元。仲裁庭注意到，《退运协议》约定，“退运手续及退运费用均由卖方承担，退运流程由卖方自行负责”，以及“基于双方未来友好合作的前提,买方同意卖方无须赔偿任何经济损失”。同时,被申请人于2017年1月24日通过电子邮件向申请人作出的承诺中亦对第三批空运货物取样和检测费作出了相应安排。仲裁庭认为,就上述电子邮件内容是双方在签订《退运协议》之前通过一系列邮件沟通而对相关货物处理问题作出的安排,在《退运协议》签订以后,《退运协议》是对整个第三批空运货物的处理安排,如发生不一致,应当以《退运协议》为准。因此,根据《退运协议》的上述约定,申请人对第三批空运货物主张的人民币32万余元的损失不属于“退运流程”中产生的“退运手续及退运费用”,因此,仲裁庭不予支持。

(4)关于申请人主张的差旅费人民币1.2万余元。

该项费用系在货物生产之际申请人赴印度协调指导红茶粉色度的费用,系申请人自行安排的商务旅行,鉴于被申请人并无违约行为,该项费用损失的产生并不能归责于被申请人,因此,申请人的该项索赔没有合同和法律依据,仲裁庭不予支持。

4.关于利息损失的请求。

申请人提出,被申请人未履行《退运协议》和《订单取消通知》约定的退回货款的义务,导致申请人相应的利息损失。根据《退运协议》和《订单取消通知》的约定,“该运单的预付款项,卖方需于签订合同日的7天内,归还至买方账户”,仲裁庭认为,被申请人签订上述协议和通知后负有7日内归还预付款的义务。申请人与被申请人均确认被申请人已经操作了退款手续,但申请人声称因被申请人操作不当,少付65美元导致全部款项被扣在银行,申请人未收到此笔款项,被申请人应当赔偿利息损失110余美元。仲裁庭认为,申请人没有提交任何证据证明被申请人少付65美元从而导致全部款项被扣在银行,因此,对于申请人的此项请求仲裁庭无法支持;关于第三批空运货物预付款退款,申请人与被申请人均确认被申请人已经操作了全部预付款近7.9万美元其中一半3.9万余美元的退款手续,申请人提出由于不是近7.9万美元的全额退款,导致3.9万余美元也被扣在银行拿不到。由于申请人没有提供有关事实和被申请人对此应当承担责任的证据，仲裁庭无法认定被申请人没有支付3.9万余美元或者应当承担有关责任，而根据现有证据，仲裁庭认定被申请人应针对未支付的空运货物后一半预付款3.9万余美元支付利息损失。关于申请人提出的按照银行同期贷款利率，即按年利率4.35%进行计算的主张，仲裁庭认为，就上述利率仅针对人民币而言，而本案是用美元支付。通过参照伦敦同业拆借利率，仲裁庭酌定本案的利息损失按照年利率4%进行计算。利息的具体计算方式为，以3.9万余美元为本金，按照年利率4%进行计算，从2017年2月1日计算至本裁决作出之日止。

5.关于律师费和仲裁费承担的请求。

申请人请求被申请人支付申请人聘请律师费用人民币11万元以及支付本案仲裁费。

经考虑本案的实际情况以及仲裁庭对双方请求的支持程度，申请人律师费以及本案本请求仲裁费由申请人自行承担。

（六）关于被申请人提出的仲裁反请求

1.关于撤销《退运协议》和《订单取消通知》的请求。

被申请人认为，与申请人签订《退运协议》和《订单取消通知》存在重大误解，其内容显失公平，应当予以撤销。

仲裁庭认为，申请人与被申请人均为食品领域经验丰富的经销商，申请人也不具有经济和技术上的优势地位，《退运协议》和《订单取消通知》是双方平等协商的结果，《退运协议》和《订单取消通知》对《供货合同》效力作出明确约定。因此，仲裁庭认为，被申请人关于《退运协议》和《订单取消通知》存在重大误解和显失公平的主张，既缺乏事实依据，又没有法律的基础，不符合我国《合同法》第54条规定的予以撤销的条件，仲裁庭不予支持。

2.关于产品研发费用和技术支持费用的请求。

被申请人辩称，在《供货合同》签订以前，从2015年10月至2016年9月，为了开发符合申请人标准的红茶粉产品，被申请人进行了多达70余次试验，并向申请人寄送了70余次样本,支付了研发费用2.3万余美元,并协助指定的生产商C公司改造生产工艺,投入了1.5万余美元的技术支持费。由于申请人不按合同约定指责被申请人交付的货物存在包装破损、菌落、水分超标、虫害的质量问题,并且恶意解除《供货合同》,致使被申请人支出的研发费用和技术支持费用无法通过履行后续采购订单予以回收,被申请人的以上损失系申请人的违约行为所致,因此,请求申请人支付以上研发费用和技术支持费用。

《供货合同》是货物买卖合同,在买卖合同项下,买方的责任是付款和接收货物,本案《供货合同》约定红茶粉产品的价格条款是每公斤7.25美元CIF上海,按照国际商会《国际贸易术语解释通则® 2010》的规定,在印度U市港口或机场交货以前所有的成本和费用应当由卖方承担,仲裁庭注意到,《供货合同》及其附件没有约定买方应当向卖方支付产品研发费用和技术支持费用。仲裁庭认为,研发费用和技术支持费用索赔不是《供货合同》赋予被申请人的权利,只有在申请人违约、违法行为及其导致的《供货合同》终止的情况下,才会产生被申请人以上费用不能回收的损失,由此依法产生被申请人的损害赔偿权利(如果被申请人没有放弃此项权利)。在本案中,退货是被申请人自愿同意的,《采购订单》在整个《供货合同》只占到了不足1/10的比例,被申请人为向申请人开发红茶粉产品项目支出了产品研发费用和技术支持费用,可以通过以后的其他订单予以收回。被申请人请求申请人赔偿产品研发费用和技术支持费用与其《供货合同》继续有效的主张相冲突,如果合同继续有效并能得到履行,被申请人就不会发生产品研发费用和技术支持费用不能收回的损失,为此,仲裁庭对被申请人的此项请求不予支持。

3.关于货款、滞港费、空运费、特殊包装费的请求。

(1)关于货款。

被申请人提出《退运协议》和《订单取消通知》是在发生重大误解的情况下签订的,在内容上显失公平,应当依法撤销。在本案中,申请人未提供有效证据证明《采购订单》项下三批货物在印度U市交货时不符合《供货合同》约定的质量标准,申请人应当接受全部三批货物并支付相应货款。而申请人则认为,双方签订的《退运协议》和《订单取消通知》是真实、合法、有效的,应当得到履行,相反被申请人应当返还货款、赔偿损失。

仲裁庭认为,双方经友好协商签订的《退运协议》与《订单取消通知》不存在重大误解,权利义务是对等的,不构成显失公平,是合法有效的合同,双方应当善意地予以履行。被申请人提出支付第二批海运货物货款10万余美元和第三批空运货物货款7.3万余美元的请求,缺乏合同和法律的依据,仲裁庭不予支持。

(2)关于滞港费。

被申请人认为,申请人无理拒收货物,在货物退运过程中不作为及恶意采取保全措施,从而产生的滞港费3.3万余美元(截至2017年5月4日)应由申请人承担。申请人认为,滞港费是由于货物质量不合格造成的,并且被申请人未在签订《退运协议》和《取消订单通知》以后的7日内及时返还货款,申请人有权对第二批海运货物进行财产保全。

仲裁庭认为,首先,申请人没有对第二批海运货物进行检验,申请人关于被申请人交付第一批海运货物和第三批空运货物不符合合同质量约定的主张不成立,其仅以对第一批海运货物和第三批空运货物在卸货港或客户仓库的检验报告所反映的质量状况,拒绝接收第二批海运货物,对滞港费的产生应负相应责任。但《订单取消通知》明确约定,买方无须赔偿卖方任何的经济损失,该损失的约定应包括被申请人主张的滞港费。其次,2017年1月24日签署的《退运协议》和《订单取消通知》约定了被申请人应退还申请人已经支付的预付款,以上两份协议没有规定退还预付款是被申请人运回其交付货物的前提条件,因此,被申请人退还预付款,申请人协助被申请人办理第二批海运货物运回印度的海关手续,是两个独立的法律义务。被申请人延期退还预付款应当承担支付利息损失的责任。申请人未及时配合被申请人办理回运第二批海运货物海关手续而发生滞港费损失的,也应当承担相应的赔偿责任。最后,被申请人在《退运协议》和《订单取消通知》签订后未能依约及时将相关款项退还申请人,导致双方争议升级，未能及时配合完成货物退运，其本身亦应对滞港费的增加负有一定责任。

仲裁庭经核对被申请人提交的有关滞港费的证据材料，能够证明被申请人已经实际支付滞港费的证据为某公司于2017年4月10日向被申请人开具的发票，以及于2017年4月11日向被申请人开具的收据，金额经汇率换算为近2.4万美元。

综上所述，仲裁庭酌定对于有证据能够证明的滞港费近2.4万美元，根据双方的责任，由申请人承担50%、被申请人承担50%。

(3)关于空运费和特种包装费。

被申请人认为，第三批货物经申请人提议空运，双方承诺各承担一半运费，并且空运涉及特殊包装，所以空运费的一半6000余美元和特殊包装费的一半近3000美元应当由申请人支付。申请人认为，被申请人于2017年1月24日致申请人的电子邮件已经承诺支付全部空运费，所以不应当由申请人承担。

仲裁庭认为，双方在货物空运启动前的约定是有效的安排。从申请人与被申请人往来电子邮件中可以看出，申请人与被申请人曾经同意由海运改空运，双方各承担50%的空运费，在庭审辩论中申请人对此并不否认。但被申请人的运营副总裁在其2016年11月12日给申请人的电子邮件中承诺：被申请人自愿承担1万余公斤的空运费，申请人承担5000公斤的空运费，被申请人的以上承诺应当是有效的。因此，被申请人请求裁决申请人支付6000余美元空运费超过了其承诺的金额，按照被申请人承诺的比例，申请人应当承担近4000美元的空运费。关于空运特殊包装费，申请人与被申请人在空运费承担安排时没有任何约定，仲裁庭认为被申请人接受空运安排并没有提出附加条件，即接受了自费承担特殊包装费用，被申请人提出近3000美元的特殊包装费请求，没有任何合同和法律的依据，仲裁庭不予支持。

4. 关于空运收集费、抽样检测费。

关于空运收集费。在本案中空运第三批货物已被申请人发往R市、S市、

T市客户,被申请人认为,被申请人为了履行《退运协议》而将分散至上述城市的货物收集至上海的费用应当由申请人承担。仲裁庭认为,《退运协议》已经对退运事宜作了约定,"退运手续及退运费用均由卖方承担",因此上述退运费用应当由被申请人承担。

关于检测费,仲裁庭认为,在本案中被申请人在申请人提出货物质量问题后,被申请人为了确认货物质量问题而自行对货物进行检测属于被申请人的合理商业安排,并非直接由申请人原因所致,由此而产生的相关检测费应当由被申请人自行承担。

综上所述,仲裁庭对被申请人的此项仲裁反请求不予支持。

5. 关于律师费和仲裁费。

被申请人请求申请人赔偿其聘请律师费用人民币14万余元的损失以及支付本案反请求仲裁费的请求。

经考虑本案实际情况以及仲裁庭对双方请求的支持程度,被申请人律师费以及本案反请求仲裁费由被申请人自行承担。

另外,仲裁庭需要指出的是,双方当事人在本案仲裁程序进行过程中发表的所有意见和提交的证据,分别以仲裁申请书、仲裁反请求申请书、答辩意见、代理意见、庭审笔录、证据等形式留存于本案卷宗,仲裁庭在上述案情或意见部分未作引述的,不代表仲裁庭对双方当事人意见或证据未作考虑,而是仅凭以上分析,仲裁庭已经可以就本案争议作出裁判。

三、裁　　决

基于上述事实和理由,仲裁庭对本案裁决如下:

1. 被申请人返还申请人货款4.2万余美元;

2. 被申请人支付申请人检测费人民币1500余元;

3. 被申请人赔偿申请人以3.9万余美元为本金、按照年利率4%从2017年

2月1日计算至本裁决作出之日止的利息损失；

4. 申请人支付被申请人滞港费、空运费近1.6万美元；

5. 本案本请求仲裁费由申请人承担并与申请人已缴纳的等额仲裁本请求预付金全额冲抵；

6. 本案反请求仲裁费由被申请人承担并与被申请人已缴纳的等额仲裁反请求预付金全额冲抵；

7. 驳回申请人的其他仲裁请求；

8. 驳回被申请人的其他仲裁反请求。

上述第1、2、3、4项裁决项下所涉款项，双方应自本裁决作出后30日内向对方支付完毕。

本裁决为终局裁决，自作出之日起生效。

案例评析

【关键词】

国际货物买卖合同；CIF贸易术语；意思自治；显失公平

【焦点问题】

该案的焦点问题是：CIF货物买卖合同运输途中的风险由卖方承担还是买方承担，举证责任由谁负责；以履行合同为目的的和解协议签订后，买方反悔提出解除合同时，卖方是否有权以重大误解、显失公平撤销和解协议。

【焦点评析】

申请人作为买方向卖方被申请人采购4.5万吨红茶粉并签订了《供货合

同》,价格条件为 CIF 中国,分三批运出。买方聘请的检验机构在出运前对货物进行了检验,产品合格;货物出运后分别在进口国海关仓库、买方客户仓库检验出食品霉菌超标,部分产品出现包装破损、受潮、有虫害;而卖方为使前期三个订单不影响整个《供货合同》的履行,电邮同意一批货物小部分退货,其余赔偿损失,另外两批货物退货,以《退运协议》和《取消订单通知》方式签订了和解协议(上述两份文件以下合称《和解协议》),而买方则进而要求赔偿损失和解除合同。卖方则认为买方提出交付货物与合同不符没有事实依据,和解的前提是《供货合同》继续有效,现在买方解除合同,原《和解协议》签订系重大误解和显失公平而无效,要求买方支付三个订单项下的全部货款。

对涉案争议涉及 CIF 货物买卖合同运输途中风险由谁承担,货物品质检验地点应当在哪里,货物霉菌超标的举证责任由谁负责,被申请人出于顾全《供货合同》履行、承担运输途中责任不明货物损失而签订的《和解协议》能否被撤销的案情焦点问题,评述如下。

(一)关于货物的检验

该案的第一个焦点是:检验货物质量的地点应当在哪里?该案价格条款是 CIF,装运港在印度某港,目的港是中国某港,运输的货物是红茶粉,质量问题主要是霉菌超标。根据国际商会《国际贸易术语解释通则® 2010》,CIF 贸易术语关于货物风险转移的规定如下:A5 风险转移,卖方在装运港按照约定的日期或者期间,以及通常的方式将货物交付到船上之后,不再承担货损风险;B5 风险转移,买方承担在装运港按照约定的日期或者期间,以及通常的方式将货物交付到船上之后的货损风险。也就是说,CIF 价格条件下货物在运输途中的风险由买方承担。一般来说,在 CIF 合同情况下,货物检验最佳的检验地点是装运港船上,此时还未进入运输期间,如果检验出食品菌落超标,按照《国际贸易术语解释通则® 2010》的规定,应当由卖方承担违约责任。而如果货物不是食品、农产品等容易在运输途中变质的产品,其质量比较稳定,在运输途中一般不会发生问题的情况下,在目的港检验货物也未尝不可。但是该案涉及的货物是食品，检验的项目是菌落；在地球上，细菌无处不在，特别是海运高温、高湿的条件下，食品菌落生长是十分正常的事情。按照商品检验机构的惯例，一般不提供对运输途中商品的检验，因此对于食品、农产品等商品的品质检验通常在货物交付地点，在该案中，是在印度港的船上或者在印度机场承运人的仓库。在CIF条件下，证明货物不符合合同约定的举证责任在买方；买方须证明卖方在装运港将货物交承运人时，也就是货物越过船舷放到船上时食品菌落超标，而买方在目的港，甚至在其客户的仓库里检验货物，发现菌落数超标，此时买方的举证责任就多了一项，其不仅要证明在目的地食品菌落超标，还要证明在整个运输途中，食品菌落没有增加或者不可能增加。在世界范围内，食品菌落检验的技术还达不到在目的地检验运输途中菌落是否增加的水平，也不存在商品检验机构对海上货物运输途中发生货损进行认证的检验服务项目，因此，在该案中买方不可能事后证明在运输途中食品菌落总数没有增加，也就是说，买方在目的地检验出菌落总数超标，这个事实表明菌落总数超标可能发生在装运港货物越过船舷之时，也可能发生在越过船舷之后；如果是前者，是卖方交付货物与合同约定不符，属于卖方违约；如果是后者，则属于运输途中的货损风险，应当由买方承担货损风险。在该案中，买方没有在装运港货物装船之后检验货物，因此，仲裁庭不可能确定食品菌落总数超标是装船以前还是运输途中发生的，仲裁庭能做的只有确定谁负举证责任。

关于举证责任的分配，仲裁庭参照最高人民法院民事诉讼证据规则，首先，关注的是“谁主张，谁举证”；其次，是由负有承担风险义务一方来举证。在该案中，买方主张卖方交付的食品不符合合同约定主要因为菌落总数超标，因此负举证责任应当是买方；买方提交货物在目的地存在菌落总数超标的证据，由于买方承担的运输途中货损风险义务无法被排除在食品菌落总数超标之外，所以买方无法归责于卖方。另外，按照负有承担风险义务一方举证规则，买方认为其提交的检验报告属于初步证据，要求此后的举证责任分配给卖方。仲裁庭未予支持，因为买方负有承担运输途中货损风险的义务，所以证明运输途中未发生货损的举证责任应当分配给买方，否则将与买卖双方共同选择的CIF价格条款规定的买方义务大相径庭，违背了当事人意思自治原则和国际贸易惯例。在该案中，买方没有提交相关证据。所以无论按照“谁主张，谁举证”还是由负有义务一方举证，都可以判定为买方举证不能。

（二）《和解协议》是否可以显失公平的理由予以撤销

该案的第二个焦点是：《和解协议》生效后，买方不依不饶进而主张解除《供货合同》，卖方可否主张《和解协议》存在重大误解和显失公平，请求撤销《和解协议》，进而拒绝退货，请求买方支付全部货款？

在该案中买方举证不能，本来无权要求退货和损害索赔，但卖方同意退货则另当别论。在有关退货的《和解协议》中，没有涉及菌落超标责任归属，在卖方承担费用负责收回货物后，双方没有其他的债权债务，《供货合同》继续有效。但是买方首先违反《和解协议》并要求解除《供货合同》，是否卖方也可以提出《和解协议》无效？

仲裁庭在解决这两个问题时，坚持当事人意思自治原则，认为《供货合同》与《和解协议》均为有效的合同，一旦签订双方应当全面履行，则不能单方面撤销：第一，买方签订《和解协议》以后，应当遵守《供货合同》继续有效的约定，而不能单方面宣布解除合同；第二，卖方也无权以买方宣布解除《供货合同》，就主张《和解协议》存在重大误解和显失公平，进而请求撤销。仲裁庭认为，卖方与买方均为食品领域经验丰富的经销商，买方不具有经济和技术上的优势地位，《和解协议》（买方发出，卖方签字同意）是双方平等协商的结果，买方在菌落总数超标原因不明的情况下，实现退货的目的，而卖方明知自己并未违约，以小批量货物回收而实现保障整个供货合同得以继续履行的目标，《和解协议》明确约定，原《供货合同》继续有效，买卖双方在《和解协议》的对价上是平衡的，签订《和解协议》是否存在重大误解和显失公平，由签约当时的客观情况、当事人的行为、签约的内容以及条款所决定，而与事后买方单方面提出解除《供货合同》的请求无关，不存在卖方同意退货的重大误解和买方拥有单方面解除合同的权利与卖方未违约则还需要回收货物、赔偿损失的显失公平的事实依据，同时也没有相关法律的依据，不符合我国《合同法》第54条规定的予以撤销的条件，仲裁庭既不支持买方请求解除《供货合同》，也不支持卖方撤销《和解协议》的请求，进而不支持卖方支付全部货款的请求。

【结语】

裁决准确把握CIF价格条件下买方承担运输途中货损风险的国际惯例规则，坚持"谁主张，谁举证"以及有履行义务一方举证的证据规则，把货物不符合合同约定的举证责任分配给了买方，这样否定了买方因卖方违约退货发生的海关税费、清关杂费运费、理货费、检测费、交通费、利息等损害赔偿和解除《供货合同》的请求；同时，仲裁庭还坚持意思自治原则和契约精神，否定了卖方关于《和解协议》重大误解和显失公平的主张，也否定了借买方不遵守契约精神而对《和解协议》反悔的观点，不支持买方关于支付全额货款、产品研发费用、空运费、检验费等损失的请求。

仲裁庭在该案裁决中始终秉持合同不能单方面解除或撤销，而应当全面适当地履行的立场，尊重国际惯例，尊重当事人意思自治，平等地对待双方当事人，营造人类命运共同体和"一带一路"沿线国家或地区之间良好的投资和商业环境氛围。

（案例评析人：朱兆敏）

案例八 韩国 A 船务公司与中国香港 C 贸易公司、中国 B 贸易公司镍矿买卖合同争议仲裁案

中国国际经济贸易仲裁委员会(以下简称仲裁委员会)根据申请人韩国 A 船务公司(以下简称申请人)与中国 B 贸易公司于 2014 年 6 月 9 日签订的《镍矿合同》(Contract of Nickel Ore,以下简称《1 号合同》)中仲裁条款的约定,以及申请人以中国香港 C 贸易公司为第一被申请人(以下简称第一被申请人)、B 贸易公司为第二被申请人(以下简称第二被申请人,如无特指,以下第一被申请人和第二被申请人合称两被申请人)向仲裁委员会提交的书面仲裁申请、“关于仲裁申请的进一步说明”及其附件,受理了上述合同项下的争议仲裁案。

本案仲裁程序适用仲裁委员会自 2015 年 1 月 1 日起施行的《中国国际经济贸易仲裁委员会仲裁规则》(以下简称《仲裁规则》)。

申请人选定 X 担任本案仲裁员。两被申请人共同选定 Y 担任本案仲裁员。由于双方未在规定期限内共同选定或共同委托仲裁委员会主任指定首席仲裁员,仲裁委员会主任根据《仲裁规则》之规定指定 Z 担任本案首席仲裁员。上述三位仲裁员在签署了接受指定的《声明书》后组成仲裁庭,共同审理本案。

鉴于第一被申请人提出了管辖权异议且涉及实体问题,仲裁委员会主任根据《仲裁规则》的规定授权仲裁庭在实体审理后就管辖权问题在裁决中一并作出决定。

仲裁庭如期对本案进行了三次开庭审理。双方当事人均委派仲裁代理人参加庭审。在庭审中,申请人和被申请人就申请人的仲裁请求和所依据的事实

和理由分别进行了陈述和答辩,对证据进行了质证,就法律问题进行了辩论,回答了仲裁庭的提问,并进行了最后陈述。

本案现已审理终结。仲裁庭根据双方当事人提交的书面意见、证据及庭审情况,经合议,依法作出本裁决。现将本案案情、仲裁庭意见以及裁决结果分述如下。

一、案　　情

(一)申请人的仲裁请求

申请人称:

申请人于2014年6月9日与第一被申请人、第二被申请人签订了《1号合同》。两被申请人在《1号合同》生效后,没有根据《1号合同》的约定开立信用证,导致《1号合同》未能得到履行。由于两被申请人的违约行为,申请人不得不将货物转卖给了第三人,申请人因此遭受了转卖损失。申请人提出具体仲裁请求如下:

1. 裁定第一被申请人和第二被申请人违反了买卖合同约定,构成违约,应承担连带赔偿责任,赔偿因违约而给申请人造成的损失共计近270万美元。

2. 裁定第一被申请人和第二被申请人向申请人支付上述损失产生之日起至被申请人实际支付损失赔偿之日止的利息。

3. 裁定被申请人向申请人偿付申请人因本案所支出的所有办案费用,包括律师费、差旅费等;申请人在仲裁程序中明确其请求的具体金额为:律师费3万美元、差旅费等办案费用近7000美元。

4. 裁定由被申请人承担本案仲裁费。

(二)第一被申请人的答辩

第一被申请人向仲裁委员会提交了管辖权异议,同时在不放弃管辖权异议的前提下，提交了书面答辩意见并在庭审中进行了答辩，其主要观点为：

1. 第一被申请人从未与申请人就涉案纠纷达成任何的仲裁协议，也未参与任何合同谈判、签约，申请人没有任何证据证明双方之间存在有效的书面仲裁协议，申请人仲裁协议约束第一被申请人的主张是错误的，理应不予支持。第一被申请人不是本案当事人，不应受该仲裁条款的管辖。

2. 第一被申请人从未向申请人发送过开证申请书范本，也未授权自然人 S 代表第一被申请人进行发送，S 所发送的信用证草本并不能代表第一被申请人的行为，不能约束第一被申请人。

3. 第一被申请人并未在《1 号合同》中签章，且申请人也没有任何证据证明第一被申请人实际参与了《1 号合同》的谈判，若仅因为合同抬头打印着买方为第一被申请人，便认为第一被申请人是本案的共同买方是完全错误的。

此外，申请人依据我国《民法通则》第 87 条的规定，认为第一被申请人作为本案的共同债务人负有连带义务，属于对法律理解的错误。我国《民法通则》第 87 条规定：“债权人或者债务人一方人数为二人以上的，依照法律的规定或者当事人的约定，享有连带权利的每个债权人，都有权要求债务人履行义务；负有连带义务的每个债务人，都负有清偿全部债务的义务，履行了义务的人，有权要求其他负有连带义务的人偿付他应当承担的份额。”而该条规定不适用于本案，该条规定的前提是存在两个以上债务人，且以法律规定或合同约定债务人之间存在连带责任为前提，而第一被申请人并未在《1 号合同》上签章，其与申请人之间不存在合同关系，也不存在任何侵权或其他法律关系，第一被申请人并不是本案的债务人，也不存在承担任何法定或约定的连带责任。申请人所谓的推断认为，第一被申请人为第二被申请人的代理人毫无依据。申请人并未提供任何证据证明第一被申请人参与或者代表第二被申请人参与镍矿买卖合同的商谈、签订或者信用证的开证申请或者信用证的修改等事项。

（三）第二被申请人的答辩意见

第二被申请人提交了书面答辩意见并在庭审中进行了答辩，主要观点为：

1.第二被申请人并无与申请人签订《1号合同》的真实意向。在2014年6月之前,第二被申请人已通过代理人与案外人韩国L公司有过多次镍矿买卖交易。在这些交易中,自然人D和自然人K一直是作为L公司的员工和代表,与第二被申请人及其代理人联系、沟通。2014年6月9日至10日,D再次代表L公司,通过其在中国的代理人S寻找案涉货物的买方,将相关邮件发送给第二被申请人及其代理人的同时又与第二被申请人进一步电话沟通,并一再以L公司名义给第二被申请人施压,威胁如不购买案涉货物,将拿不到其他买卖合同项下的提单,还承诺将补偿第二被申请人签署《1号合同》的损失,并表示将就补偿事宜签订相关补充协议。鉴于D的态度,第二被申请人遂于2014年6月10日在D发来的L公司提供的合同版本上盖章并邮件回复D。但第二被申请人的盖章行为并不是签约行为,也不是要求与申请人签约的意思表示。第二被申请人的盖章并未在合同签章的位置,表明其并无意思受该合同约束。《1号合同》版本上记载的卖方为申请人,买方为第一被申请人,第二被申请人并非合同记载的当事人。在此情况下,第二被申请人既未对合同买方进行修改并盖章,又未要求第一被申请人代表其作为买方盖章,表明其并无受该合同约束的意思。第二被申请人盖章的真实意思,仅在于表示根据D的要求,同意按此《1号合同》版本与D代表的L公司商谈案涉货物的买卖事宜,并在相互信任的基础上合作更多业务,这和双方随后的邮件及行为可相互印证。第二被申请人意图签约的是L公司,而不是申请人,其此前从未与申请人有过任何联系。

2.第二被申请人并无与申请人签订《1号合同》的真实意向,其盖章行为既不是签约行为,也不是要求与申请人签约的意思表示。第二被申请人的盖章行为也并非合同文本所要求的买方对合同的签署行为。根据《1号合同》的文本约定,合同的签署应由买卖双方授权代表签字并盖章,而第二被申请人并非合同文本中列明的当事双方,且仅在非签署位置盖章,也没有授权代表签字,显然不是合同签署行为。《1号合同》的文本还约定,该合同只有在买卖双方于2个工作日内收到对方签署的合同复印件或传真件时才生效。然而,第一被申请人并没有在买方签章栏处签字盖章,而第二被申请人和第一被申请人也没有及时收到申请人签字盖章的合同文本。因此,《1 号合同》既未签署,更未生效。申请人提供的相关开证申请材料不能作为合同已签署并生效的依据。原因在于:(1)发送该开证申请材料的 S,是 D 和 L 公司的代理人,不能代表第二被申请人或第一被申请人;(2)开证申请书中记载的受益人或卖方是 L 公司而不是申请人;(3)即使是对开证材料进行商谈,也并不能代表合同一定已签订并生效,完全可能二者同步进行。并且,对外报告承运船舶动态的 K 也是 L 公司员工,进一步表明欲与第二被申请人商谈《1 号合同》的卖方是 L 公司,而非申请人。2014 年 7 月 8 日在 D 向案外人 J 物流公司(以下简称 J 公司)询问《1 号合同》时,J 公司明确答复没有看到或讨论过申请人所称的该份合同。同时,J 公司还反问 D 关于申请人与 L 公司之间的关系。J 公司此前也从未与申请人有过任何联系。正因为案涉《1 号合同》并未签署成立,D 与第二被申请人及 J 公司进一步沟通,表示愿意就案涉货物继续与第二被申请人和 J 公司商谈,最终由申请人作为卖方、J 公司作为第二被申请人的代理人就案涉货物签署了编号为 2 号的《镍矿销售合同》(以下简称《2 号合同》)及补充协议。虽然由于申请人和 J 公司及第二被申请人的互相信任度不够,《2 号合同》及补充协议最终并未实际履行,而是经各方协商正式被取消,改由申请人与 L 公司签订买卖合同,再由 L 公司与 J 公司(代理第二被申请人)签订买卖合同,但该合同被商谈并签署的事实亦表明《1 号合同》其实从未签署成立并生效。退一步而言,即使《1 号合同》已经成立(第二被申请人坚决不认可),但如上所述,由于申请人随后又就同一票货物与第二被申请人进行商谈,并与第二被申请人的代理人 J 公司签订了《2 号合同》及其补充协议,也应视为对原合同的变更,因此双方当事人均无任何违约行为,也就不存在违约赔偿责任。而该变更后的合同经双方协商一致予以取消,申请人并未因此遭受任何损失,第二被申请人及 J 公司也不存在任何违约行为,因此申请人无权请求索赔。

3. 事实上,由于申请人与第二被申请人之间根本不存在签署《1 号合同》的事实，也就不存在达成一致的合法有效的仲裁条款。申请人无权根据此合同文本中的仲裁条款提出仲裁申请。

（四）申请人代理意见的主要观点

申请人提交了代理意见等材料，其主要观点如下所示。

1. 根据申请人证据及证人证言，第二被申请人的代表、第一被申请人的代表J公司H、居间人D及两被申请人的代理人S于2014年6月初在马尼拉就《1号合同》的签署事宜进行谈判，在本案以及涉及第一被申请人的其他交易中，J公司一直代表第一被申请人对外开展商业活动，第二被申请人及第一被申请人口头同意与申请人签订《1号合同》。

2. 两被申请人之后与申请人交换信用证草稿，说明两被申请人已实际开始履行合同。第一被申请人是《1号合同》项下列明的买方，在前期参加了关于《1号合同》签署的谈判，在《1号合同》经第二被申请人签署后，在知情的情况下又开始按照《1号合同》要求履行主要义务，表明第一被申请人同意与申请人签署《1号合同》并认可其在《1号合同》项下买方的身份。第二被申请人在《1号合同》买方处盖章，是同意作为《1号合同》买方、受《1号合同》约束的真实意思表示。第二被申请人也参加了《1号合同》签署之前的谈判。此外，第二被申请人在《1号合同》买方处加盖公章及在整份合同上加盖骑缝章的行为，证明虽然第二被申请人不是《1号合同》项下列明的买方，但是其愿意以共同买方的身份加入，并与申请人达成《1号合同》。

3. 两被申请人未能如期开立信用证，构成违约。2014年7月8日装载本案货物的船舶抵达天津港。根据《1号合同》之规定，买方最迟应当在2014年6月27日之前开立信用证。但两被申请人至今未按照合同的要求开立信用证，构成根本违约。两被申请人应当向申请人赔偿由于其违约造成的转卖利润损失以及申请人支付的通关费用、申请人为本次仲裁支出的相关合理费用。两被申请人应该对申请人损失承担连带赔偿责任。两被申请人同为《1号合同》项下买方，都应按照《1号合同》及时履行合同义务，由于其违约导致的赔偿责任应属于两被申请人的共同债务。

4.《1 号合同》已经成立且生效，不存在任何导致《1 号合同》无效的情形，第二被申请人主张的《1 号合同》已经被《2 号合同》取代因而无效的主张与事实不符。

5.即便第二被申请人不是《1 号合同》项下买方，但是《1 号合同》签署的过程也表明第二被申请人系作为第一被申请人的代理人代为签署《1 号合同》；相应地，第一被申请人作为合同项下买方，应该受《1 号合同》的约束。第一被申请人对于《1 号合同》的签署不知情，则《1 号合同》直接约束第二被申请人，第二被申请人应承担《1 号合同》项下的买方责任。即便《1 号合同》未成立，两被申请人也应该承担缔约过失责任。

（五）第一被申请人代理意见的主要观点

第一被申请人提交了代理意见，其主要观点如下所示。

1.申请人与第一被申请人之间并不存在任何的贸易合同，申请人所主张的《1 号合同》载明合同经过签字和盖章后生效，而第一被申请人并未进行任何的签字或盖章行为，第一被申请人不是《1 号合同》的当事人，该合同条款及仲裁条款对第一被申请人不具有约束力。

2.申请人所谓的第一被申请人以修改信用证等行为实际履行了合同，导致了合同的成立，纯属歪曲事实，且法律适用错误，理应不予支持。申请人没有任何的证据证明 S 为第一被申请人的代理人，也没有任何证据证明 S 的行为构成表见代理。没有证据证明 S 发送的信用证草稿是第一被申请人发送的，也没有证据证明第一被申请人对信用证草稿进行了修改。

3.第一被申请人并未进行任何的合同履行行为，更谈不上履行合同中的主要义务。

4.J 公司的行为不等同于第一被申请人的行为，况且从申请人的证据上显示 J 公司从未参与《1 号合同》的任何谈判、签约行为。

5.没有任何证据显示第二被申请人系代表第一被申请人签署《1 号合同》，

第一被申请人也从未授权第二被申请人签署《1号合同》。第一被申请人在知晓《1号合同》后,从未对第二被申请人在《1号合同》上盖章的行为进行追认。第二被申请人的行为亦不构成表见代理,其在案涉贸易合同盖章的行为不能约束第一被申请人。

6. 第一被申请人从未参与缔约的过程,申请人主张的缔约过失责任不能成立。

7. 申请人一直对第一被申请人的法律地位认定不清,存在自我矛盾的情况。在仲裁申请中,申请人认为第一被申请人是共同的买方;在申请人提交的仲裁管辖权异议答复意见中,又认为第一被申请人是第二被申请人的代理人,代为开立信用证,实际买方为第二被申请人;而在补充代理意见中,又改称第二被申请人是第一被申请人的代理人。从申请人自相矛盾的主张中,可以进一步看出申请人根本无法确定第一被申请人在本案中的地位。而之所以出现此种情形,唯一的解释是第一被申请人根本不是案涉交易的当事方,否则,申请人作为一个正常的商业主体,在商业交往中不可能不知道交易对方的地位。

(六)第二被申请人代理意见的主要观点

第二被申请人提交了代理意见等书面材料,其主要观点如下所示。

1. 第二被申请人在1号空白合同文本上盖章的行为不足使其成为《1号合同》的买方。申请人和第二被申请人都从未向对方发送过订立《1号合同》的要约。事实上,申请人的真实意思表示是希望与第一被申请人而不是第二被申请人订立《1号合同》,文本上明确无疑地显示的合同买方正是第一被申请人而非第二被申请人。第二被申请人发给D的邮件及其盖章发送的合同文本,没有任何内容"具体确定"地显示第二被申请人有希望与申请人订立合同的意思表示。相反,合同文本上所显示的合同买方明显不是第二被申请人,而第二被申请人也并没有在合同买方处盖章以误导申请人。显然,第二被申请人的盖章行为远未构成要将自己作为合同买方的"具体确定"的要约行为,否则第二被申请人会将合同买方修改为自己,或者至少应是在合同买方处盖章。事实上,第二被申请人的真实意思表示并非希望与申请人签署《1号合同》,而是同意与L公司商谈案涉货物的买卖事宜。其在案涉空白合同文本上盖章的行为并不构成对申请人的要约,更不构成对该合同的确认和签署。

2. 第二被申请人在《1号合同》的空白合同文本上盖章的行为也不足以使申请人相信第二被申请人有权代表第一被申请人签订《1号合同》。第二被申请人并不是在买方处盖章,更没有表示系代表第一被申请人对合同进行确认,申请人没有理由认为或相信第二被申请人的盖章行为是代表第一被申请人。作为与第二被申请人和第一被申请人第一次交易的合同主体而言,申请人也无任何理由解释其为何认为或相信第二被申请人的盖章行为系代表第一被申请人签订《1号合同》或发出要约的行为,更未提供任何证据以证明其有理由相信第二被申请人有此代理权限。事实上,从申请人的代理意见和庭审陈述所多次强调的内容来看,其之所以认为第一被申请人已与其签订了《1号合同》,并非是因为第二被申请人的盖章行为,而主要是其对随后第一被申请人所谓的发送开证申请文件等行为的误解。

3.《1号合同》并未生效。《1号合同》文本第19条还约定,该合同只有在买卖双方于2个工作日内收到对方签署的合同复印件或传真件时才生效。然而,合同文本所显示的买方即第一被申请人并没有在买方签章栏处签字盖章,而第二被申请人和第一被申请人也没有及时收到申请人签字盖章的合同文本。根据申请人的证据,K(L公司员工)于2014年6月19日发送的邮件中称,"我们尚未收到贵公司与A公司之间已签字的合同,若可能,请向我们发送双方已签字的合同"(原文为:"We had not received signed contract between your company and A company, if possible, please send us signed contract signed by both of two parties…"),表明至少至2014年6月19日,还不存在买卖双方均已签署的有效合同文本;而申请人凭以提起案涉仲裁申请的合同文本也仅是日期为2014年6月10日且其上并无第一被申请人签章的文本。另外,就此合同文本第二被申请人的盖章又并非是作为合同买方的盖章,且第二被申请人也没有收到过申请人的签署文本。在庭审中，申请人辩称上述邮件中所称的未收到的合同文本其实是指纸质文本，显然与该邮件字面内容不符，也与事实不符。

4. 第二被申请人与第一被申请人更加不是《1号合同》的共同买方。首先，无论从《1号合同》文本中对于买方的定义等内容或从文末盖章处描述的买方信息，均无法看出第二被申请人与第一被申请人是作为《1号合同》的共同买方的相关表述。其次，申请人也没有任何证据能够表明双方是作为《1号合同》的共同买方，双方此前的合同及后续的往来邮件均没有共同买方这一说法。而且，第二被申请人基于商业考量，完全没有必要也无意义以共同买方的身份来参与此类镍矿进口合同。最后，申请人一方面声称第二被申请人有权代表第一被申请人，另一方面又声称第二被申请人系作为共同买方，两种主张自相矛盾，显示意思表示其实并不明确，故其行为既不构成要约也不构成承诺。

5. 案涉交易并非真正的买卖合同，申请人无论如何不会存在所谓的降价转卖损失。案涉交易并不是一份真正的买卖合同，其交易模式为合同链条各方先将案涉货物进口到中国存储，伺机而售，利润及损失由菲律宾供货方、合同买方及申请人按照一定比例进行分担。申请人提供的证据中明确表明其知悉这种交易模式（参见申请人补充证据第126页第二段）；在合同洽谈邮件中，D在2014年6月10日致J公司H的邮件中也承诺"若有问题，我同意为《LNL1.4%合同》制作一个附件……"（原文为："I agree to make and addendum for LNL1.4% contract if there is problem…"），并在后来发给申请人的邮件中，清楚地解释案涉货物卖给J公司的价格是48美元，而最终在市场上转卖的价格为55～57美元，可以降低损失，这与申请人与J公司后来所签的《2号合同》及其附录1所明确体现的此种交易模式完全相符。而从申请人与L公司所签订的所谓买卖合同及其附录1内容来看，实际也是意在将L公司拉入该交易模式的当事人链条中，共担风险和收益，而不是将货物真正转卖给L公司，因此，根本不存在申请人所称的降价转卖损失。

二、仲裁庭意见

本案系申请人与两被申请人之间关于订立和履行国际货物买卖合同产生的争议。在本案中，申请人提交了仲裁申请书和证据材料，参加了庭审并当庭发表了意见，庭后提交了代理意见、补充代理意见及其他书面材料。第一被申请人在开庭前提交了管辖权异议，两被申请人在开庭前提交了答辩意见、证据材料，参加了庭审，庭审后提交了书面代理意见、补充代理意见及补充书面材料。有必要说明的是，鉴于本案事实的复杂性，申请人和两被申请人在仲裁程序中提交了大量的书面材料和书面意见，仲裁庭已经全面查阅并给予足够重视，而仲裁庭没有逐一引用和回应之处，不代表仲裁庭对该等书面材料和书面意见的忽视。

仲裁庭根据双方的意见和证据材料，对本案争议发表如下意见。

（一）关于法律适用

仲裁庭注意到，申请人系注册地为韩国的一家企业法人，第一被申请人注册地为中国香港特别行政区，第二被申请人注册地为中国内地，而《1 号合同》并未就争议解决的法律适用问题作出约定。在本案庭审程序中，申请人和两被申请人一致同意适用中国法律并排除《联合国国际货物买卖合同公约》的适用。因此，本着尊重当事人意思自治的原则，仲裁庭决定适用中国法律审理和解决本案争议。

（二）关于仲裁庭对本案的管辖权

仲裁庭注意到，第一被申请人提交了书面管辖权异议，主张其自身未签署《1 号合同》文本也未参与该合同的签约洽谈，更未参加合同的履行，因而与该合同无关，申请人也没有与第一被申请人达成仲裁协议，因此不受《1 号合同》中包含的仲裁条款的拘束。

申请人反驳称:第一被申请人实际参与了合同的洽谈和履行。两被申请人都通过D洽谈和签订了本案买卖合同。买卖合同签订后,申请人一直与两被申请人通过电子邮件保持联系,向其更新船舶动态,第一被申请人通过居间人向申请人发送了以自己为开证申请人的信用证文本。2014年6月19日至6月25日,两被申请人和申请人通过邮件讨论修改信用证文本。即使第一被申请人未能在本案买卖合同上签字盖章,但第一被申请人事实上确认了与申请人签订的买卖合同,且拟作为买方开立信用证支付货款。可以合理推断第二被申请人是货物的实际买方,其委托第一被申请人为合同开立信用证并与申请人签订买卖合同,因此,其参与了合同洽谈过程并在买卖合同上盖章确认,但是,两被申请人在合同签订过程中或之后都未披露双方的关系,而是共同作为买方与申请人洽谈和确认合同,在此情况下,申请人有权将两者视为合同的共同买方。仲裁条款依法独立于合同存在,不受合同效力的影响。第二被申请人和第一被申请人已通过盖章和准备开证等行为确认包括仲裁条款在内的合同内容,因此,无论申请人与第一被申请人及第二被申请人之间合同关系是否成立,仲裁条款应被视为有效成立。而且,合同是否成立、两被申请人是否是合同的买方,以及申请人与两被申请人之间的法律关系都属于实体问题,应当由仲裁庭与实体问题一并审查。

第二被申请人在其书面意见中主张,申请人与第二被申请人之间根本不存在签署《1号合同》的事实,也就不存在达成一致的合法有效的仲裁条款,实际上也对仲裁委员会的管辖权提出了质疑。

仲裁庭注意到,从《1号合同》文本上可以看出,申请人和第二被申请人均加盖了公司印章。《仲裁规则》第5条第4款规定:“合同中的仲裁条款应视为与合同其他条款分离的、独立存在的条款,附属于合同的仲裁协议也应视为与合同其他条款分离的、独立存在的一个部分;合同的变更、解除、终止、转让、失效、无效、未生效、被撤销以及成立与否,均不影响仲裁条款或仲裁协议的效力。”鉴于申请人和第二被申请人均在《1号合同》上加盖公司印章,根据该等表面证据，仲裁庭认为，基于仲裁条款的独立性原则，无论申请人和第二被申请人是否达成案涉的买卖合同，申请人和第二被申请人之间存在有效的仲裁协议，仲裁委员会对于申请人针对第二被申请人提起的仲裁请求具有管辖权。

而鉴于第一被申请人未在《1 号合同》上盖章或签字，从表面证据来看，申请人和第一被申请人之间似乎不存在仲裁协议。但是，第一被申请人是通过电子邮件交换的《1 号合同》文本上所列的买方，也是本案中通过电子邮件交换的信用证草本上的开证申请人，因此，申请人和第一被申请人之间究竟是否存在仲裁协议，仲裁庭必须对全案进行查明后方可判断。因此，仲裁庭决定，将根据全案案情进一步分析判断申请人与第一被申请人之间是否存在有效的仲裁协议。

（三）关于本案争议焦点的分析和认定

针对本案的争议焦点，仲裁庭分析和认定如下。

1. 本案争议项下的合同是否成立并生效。

申请人主张其与两被申请人在 2014 年 6 月 9 日签订《1 号合同》，而《1 号合同》生效后两被申请人未依照合同约定开立信用证，构成违约。

而两被申请人均抗辩称其并非争议合同当事人，且争议合同未成立。第一被申请人主张其从未参与任何与《1 号合同》有关的谈判，并未签署《1 号合同》，从未向申请人发送过信用证开证申请书范本且未授权 S 代表其进行发送；第二申请人主张其并非合同文本所列的买方，并主张其在《1 号合同》上盖章并非签署该合同。

仲裁庭注意到，申请人系主张两被申请人在《1 号合同》下的违约责任。《1 号合同》约定："本合同自买方和卖方在两个工作日内收到各自签署的副本时生效。"（原文为："This contract comes into force when buyer and seller receive their respective signed copy with 2 working days."）根据该条款的约定，仲裁庭认为，《1 号合同》的成立依赖买卖双方各自对合同进行签署，即买方卖方将通过各自将己方签署的合同文本发送对方的方式发出要约或承诺。因此，申请人和两被申请人以电子邮件方式交换合同文本及签字版合同文本是否构成有效的要约或承诺行为，系本案的关键问题。

仲裁庭注意到，申请人主张的《1号合同》订立过程，系D代表申请人在2014年6月9日12时42分以电子邮件发送未签署的合同草本给S（S@163.com），在该邮件中D写到，“亲爱的S，我也放上了卖方的信息，以便您签名。请尽快回复我”（原文为：“Dear S, for your signature, I put the seller's information also. Please revert to me asap”）。随后S在2014年6月9日12时43分将该合同草本转发至B@sina.cn（第二被申请人代表的邮箱）、H@XXXX.com（J公司H的邮箱）。之后，B@sina.cn于2014年6月10日16时将第二被申请人盖章的合同文本发送给D并抄送S@163.com，之后，D于2014年6月10日16时45分将加盖申请人和第二被申请人印章的合同发送给B@sina.cn，并抄送K（K@XXXX.com）、S（S@163.com）、H（H@XXXX.com）。仲裁庭就以上的电子邮件反映的签约过程进行分析。

（1）申请人（卖方）通过D第一次发送的未经任何当事人签署的合同草本的行为性质。

我国《合同法》第14条规定：“要约是希望和他人订立合同的意思表示，该意思表示应当符合下列规定：（一）内容具体确定；（二）表明经受要约人承诺，要约人即受该意思表示约束。”根据《1号合同》第19条的约定，即便买方签署合同，合同仍需卖方签署方可生效并产生拘束力。因此，申请人发送未签署的合同草本，并没有表明“经受要约人承诺，要约人即受该意思表示约束”，相反，该合同草本的条文恰恰明确表示了“买方签署合同后，仍需卖方签署合同方可生效并产生拘束力”的意思。因此，仲裁庭认为，申请人代表D发送未经签署的合同草本行为的性质不是要约，而至多是要约邀请。同样，S转发D发送的合同草本给B@sina.cn和H@XXXX.com，其性质也不是要约。并且，合同草本上的买方显示为第一被申请人，但是申请人并未提供证据证明B、H或S是第一被申请人的员工或代理人，因此，仲裁庭无法认定该“要约邀请”已被实际发送至第一被申请人。

(2)B@ sina. cn 发送加盖了第二被申请人印章的合同文本的行为性质。

B@ sina. cn 是第二被申请人的邮箱,该盖章合同文本上的印章也是第二被申请人的公司印章,对于这两个问题各方当事人均无争议。鉴于 D 发送未经签署的合同草本行为、S 转发该草本的行为的性质都不是要约,因此,B@ sina. cn 发送第二被申请人盖章的合同的行为也不是承诺。B@ sina. cn 于 2014 年 6 月 10 日 16 时将加盖了第二被申请人印章的合同文本发送给 D 并抄送 S@ 163. com 的行为性质值得进一步分析,只有 B@ sina. cn 的该行为构成有效的要约时,方可对第二被申请人产生拘束力。仲裁庭注意到,B@ sina. cn 发出的合同中,合同文本的抬头部分和尾页签名栏的买方均打印着第一被申请人的名称;第二被申请人的公司印章被加盖在合同文本的骑缝上以及合同文本正文最后一条的文字上,而非加盖在签署栏的横线之上。

仲裁庭认为,根据前述我国《合同法》第 14 条的规定,假使 B@ sina. cn 发送加盖了第二被申请人公司印章的合同的行为是要约,那么必须满足"内容具体确定"和"表明经受要约人承诺,要约人即受该意思表示约束"两个要件。仲裁庭现针对第一个要件具体分析如下。

第一,买方的身份是否明确?

在本案中,第二被申请人发出"要约"的买方,可能是合同文本中所列的买方即第一被申请人,也可能是加盖公司公章的第二被申请人,或是其他第三方。若假设该买方是第一被申请人,则必须有明确证据证明第二被申请人在合同上加盖公章系代表第一被申请人签署合同的行为。换言之,必须有明确证据证明第二被申请人加盖其公章等同第一被申请人签署合同。然而,本案申请人并未提交证据证明第二被申请人有权以加盖第二被申请人公章的形式代表第一被申请人签署合同。在本案当事人提交的证据中,也没有证据显示第一被申请人曾授权第二被申请人以加盖第二被申请人公章的形式代表第一被申请人签署合同。在第二被申请人提交的证据"第二被申请人以往与 L 公司签订的部分合同”中,虽然第二被申请人在以第一被申请人为买方、案外人L公司为卖方的货物买卖合同上盖章,但该合同的买方签署栏处加盖有第一被申请人的印章,因此不能认定第一被申请人已授权第二被申请人仅凭加盖第二被申请人的印章即可代表第一被申请人对外订立合同而无须第一被申请人加盖第一被申请人的公司印章。若假设该买方是第二被申请人,但第二被申请人加盖公司印章的位置不在签署栏上,而且在第二被申请人发送的合同文本中明确显示买方为第一申请人。因此,仲裁庭认为第二被申请人发送的盖章合同文本,其中究竟谁是买方的事实是不明确的,不符合有效要约必须包含明确内容的要求。

第二,卖方的身份是否明确?

第二被申请人发送的合同文本上显示的卖方是申请人,而第二被申请人主张其盖章行为是为了确认合同文本内容,而实际的卖方是L公司。仲裁庭认为,合同文本是记录买卖双方之间的买卖内容的首要工具,而合同文本的内容将产生法律效力。若第二被申请人意欲与之交易的卖方是L公司,可以将合同草本中的卖方修改为L公司,或在电子邮件中特别说明。但第二被申请人并未提供证据证明其发送的盖章合同文本中的卖方还需修改为L公司,也未提供证据证明其曾向申请人表示合同文本中的卖方还需修改为L公司。因此,仲裁庭对于第二被申请人“实际卖方是L公司”的主张不予支持,而认定第二被申请人发送的盖章合同文本中指向的卖方是申请人。

但是,鉴于第二被申请人发送盖章的合同文本中的买方身份是不明确的,即没有包含明确的内容指向该“要约”之下究竟谁是交易下的买方,不符合我国《合同法》规定的有效要约的形式。因此,仲裁庭认为B@ sina. cn发送第二被申请人盖章合同的行为不构成针对申请人的有效要约。

(3)针对D于2014年6月10日16时45分将加盖申请人和第二被申请人印章的合同发送给B@ sina. cn的行为性质进行分析认定。

对D发送申请人和第二被申请人各自加盖公章的合同的行为,鉴于B@ sina. cn发送第二被申请人盖章合同的行为不是要约,因此D的上述行为不能构成法律意义上的承诺,不能对第一和第二被申请人产生拘束力。

结合上述内容,仲裁庭认定:

D代表申请人在2014年6月9日12时42分以电子邮件发送空白的合同草本给S(S@163.com),以及S在2014年6月9日12时43分将该合同草本转发B@sina.cn(第二被申请人代表的邮箱)、H(H@XXXX.com)的行为并非要约,至多是要约邀请。

第二被申请人于2014年6月10日16时将加盖第二被申请人印章的合同文本发送给D并抄送S@163.com的行为,因为不具备法律规定的要件,不构成针对申请人的有效要约。

之后,D于2014年6月10日16时45分将加盖申请人和第二被申请人印章的合同发送给BX@sina.cn,并抄送K(K@XXXX.com)、S(S@163.com)、H(H@XXXX.com)的行为不构成对第一或第二被申请人的有效承诺。

(4)其他考量因素。

假设如申请人所主张,D于2014年6月10日16时45分将加盖申请人和第二被申请人印章的合同发送给BX@sina.cn等邮箱的行为构成承诺,则该承诺指向的买方究竟是谁?

仲裁庭注意到,在申请人于2014年6月9日12时43分电邮发送的空白合同文本中,买方显示为第一被申请人;2014年6月16日S发送信用证草稿时,草稿中的开证申请人为第一被申请人、受益人为L公司、通知银行为E Bank。而2014年6月19日F在邮件中要求修改信用证时,仅要求把受益人改为申请人,通知银行改为M Bank,未要求修改开证申请人。仲裁庭分析,在国际贸易实践中,通常是由合同项下的买方作为信用证开证申请人。换言之,在第三人看来,信用证的开证申请人通常就是合同项下的买方。但在某些情况下,买方在征得卖方同意的前提下,也有可能委托他人作为信用证开证申请人。但在本案中,申请人也未提交证据证明第一被申请人实际上是接受第二被申请人委托去代为申请开立信用证。由此可见,即便在2014年6月19日,即在申请人声称的“买卖双方已签署合同且合同生效”之后，申请人方面仍是以第一被申请人作为买方，而不是将第二被申请人作为买方来对待。但是，鉴于先前第二被申请人发送盖章合同文本的性质并不是第一被申请人发出的要约，因此申请人的“承诺”也不是针对第一被申请人的有效承诺。而且，结合申请人的“承诺”之后指向的买方是第一被申请人而非第二被申请人，该“承诺”也不对第二被申请人产生法律约束力。

并且，F在2014年6月19日11时58分发送给D、S、H等的邮件中，称“this vessel is related to contract no. 1 (We have not received signed contract between your company and A company. If possible, please send us contract signed by both of two parties.)”(译文：另外，该船系与《1号合同》相关联。我们尚未收到你公司与申请人之前签署的合同，若可以，请发送我们两方都签署的合同。——仲裁庭译)。对此，申请人的解释为F所称尚未收到的双方签署的合同是买卖双方均已签署的纸质版合同。仲裁庭认为，假如该合同是指买卖双方都已签署的纸质版合同，而申请人在2014年6月19日要求第一或第二被申请人向其发送该等双签后的纸质版合同，其前提是申请人曾向第一或第二被申请人发送已由申请人签署的纸质版合同。但申请人并未提供证据证明其已向第一或第二被申请人发送纸质版合同。因此，对于申请人关于该合同为纸质版合同的解释，仲裁庭不予采信。仲裁庭认定，根据F在2014年6月19日11时58分发送的邮件，申请人承认截至2014年6月19日并未收到买卖双方签署的《1号合同》，也就是说申请人承认B@sina.cn发送加盖了第二被申请人印章合同的行为不是签署合同。申请人也未提供证据证明其在2014年6月19日之后曾收到买卖双方签署的《1号合同》。《1号合同》第19条规定：“本合同自买方和卖方在两个工作日内收到各自签署的副本时生效。”(原文为：“This contract comes into force when buyer and seller receive their respective signed copy with 2 working days.”)鉴于申请人并未收到买卖双方均签署的合同，仲裁庭无法认定该买卖合同已成立生效。

此外,申请人主张两被申请人已实际履行合同(包括商讨信用证草本),因此合同已实际成立。而两被申请人认为其并未履行合同,即便有商讨信用证草本的行为,也不是履行合同的行为。仲裁庭认为,若认定任何1名(或2名)被申请人已经实际履行合同,首先要认定申请人主张的“实际履行合同的行为”是否是两个被申请人单独或者共同作出。综观全案案情,申请人并未提供证据证明究竟是哪个被申请人与其商讨信用证草本。与D邮件沟通、发送信用证草本的虽然是S,但申请人并未提供证据证明S代表的究竟是谁。因此,仲裁庭无法认定所谓的“实际履行合同”确实是申请人主张的合同的当事人所履行。其次,我国《合同法》第36条规定:“法律、行政法规规定或者当事人约定采用书面形式订立合同,当事人未采用书面形式但一方已经履行主要义务,对方接受的,该合同成立。”本案涉及国际货物买卖合同,“主要义务”通常是指实际交货、实际付款。而商讨信用证草本不是实际开立信用证,开证申请人并不会因为对信用证草本进行商讨而直接承担信用证项下的付款责任,而申请人并未说明也未提供证据证明商讨信用证草本如何能够成为合同项下交易的“主要义务”,更没有说明该义务如何为申请人所接受。因此,基于现有证据,仲裁庭无法认定《1号合同》指向的买方已经实际履行合同,进而无法认定合同已实际成立。

另外,仲裁庭注意到,申请人虽主张《1号合同》已经成立,但在转卖货物之前并未通知第一被申请人或第二被申请人解除合同,显然与常理不符。因此仲裁庭认定,申请人转卖货物但并未向其认为的合同项下“买方”宣告解除合同或发出类似通知,亦可证明申请人“《1号合同》已经成立”的主张缺乏基础。

综上所述,综合考察本案全部证据材料,对于申请人主张的《1号合同》,仲裁庭无法认定该合同系在申请人和第一被申请人之间成立,也无法认定其系在申请人和第二被申请人之间成立,亦无法认定其系在申请人(作为卖方)及两被申请人(作为共同买方)之间成立。

2. 关于第一被申请人提出的管辖权异议问题。

鉴于仲裁庭无法认定《1号合同》在申请人和第一被申请人之间成立并生效，仲裁庭亦无法认定《1号合同》草本中的仲裁协议拘束第一被申请人，或将两被申请人作为仲裁协议的共同一方予以拘束。但是，根据仲裁协议独立性的原则，鉴于申请人和第二被申请人均在《1号合同》上盖章，仲裁庭认为仲裁协议本身已在申请人和第二被申请人之间成立。而对于申请人针对第一被申请人提出的诉请，鉴于仲裁庭无法认定申请人和第一被申请人之间存在有效的仲裁协议，仲裁庭认定第一被申请人的管辖权异议成立。

3. 关于申请人主张的违约责任。

申请人主张两被申请人因没有根据买卖合同的约定在船舶抵达卸货港之前7天内，即在2014年6月27日之前开立信用证，并且最终未实际履行买卖合同，两被申请人的行为构成违约，应当承担违约责任。仲裁庭认为，申请人向两被申请人主张违约责任，前提是《1号合同》有效成立，对此，举证责任主要在于申请人一方。根据前述讨论，根据现有证据，仲裁庭无法认定《1号合同》有效成立，因此，对申请人要求两被申请人承担违约责任的主张不予支持。

4. 关于申请人主张的缔约过失责任。

申请人主张，即便《1号合同》未能成立，两被申请人也应承担缔约过失责任。申请人主张，两被申请人盖章确认合同内容；向申请人发送信用证开立申请，使申请人相信其会按照约定开立信用证；明知申请人已经将货物装船运输但两被申请人从未提出异议；在市场价格下跌后，第二被申请人委托J公司从L公司处低价购买案涉货物，因此构成我国《合同法》第42条项下的恶意磋商、违反诚实信用原则的缔约过失。仲裁庭认为，我国《合同法》第42条将"恶意磋商"构成缔约过失规定为"假借订立合同，恶意进行磋商"。两被申请人构成恶意磋商，首先需满足两被申请人并无签订合同的真实意图而假借订立合同寻求不正当利益。然而盖章确认合同内容、发送信用证开证申请在表面上均为正常的商业磋商行为。申请人主张其将货物装船而两被申请人未提出异议，但两被申请人的该等不作为行为，在表面并不能认定为其已默认将购买案涉货物。对于申请人主张的“第二被申请人在市场价下跌后委托J公司从L公司处低价购买案涉货物”的情形，仲裁庭认为，即便该情形确实存在，也不能证明两被申请人先前未签订合同系恶意。申请人也没有提交其他证据证明两被申请人存在违反诚实信用原则的情形，如虚构事实、虚假陈述。因此，仲裁庭对于申请人主张两被申请人构成缔约过失的观点不予支持。

(四)关于各方当事人的仲裁请求

申请人提出了下列仲裁请求，仲裁庭逐项分析和认定如下：

1. 裁定第一被申请人和第二被申请人违反了买卖合同，构成违约，应承担连带赔偿责任，赔偿因违约而给申请人造成的损失共计近270万美元。

鉴于仲裁庭已经确认第一被申请人的管辖权异议成立，仲裁庭对申请人针对第一被申请人的仲裁请求没有管辖权。同时，仲裁庭基于现有证据材料，仲裁庭无法认定申请人与第二被申请人之间的买卖合同关系已经成立。当事人之间存在有效的买卖合同关系是一方当事人主张违约责任的前提和基础，在申请人无法证明其与两被申请人之间存在合法有效的买卖合同关系的情况下，申请人应当承担举证不能的不利后果。基于前述分析，仲裁庭对申请人的该项仲裁请求不予支持。

2. 裁定第一被申请人和第二被申请人向申请人支付上述损失产生之日起至被申请人实际支付损失赔偿之日止的利息。

该项仲裁请求依赖第一项仲裁请求，鉴于仲裁庭已驳回申请人第一项仲裁请求，对该项仲裁请求同样不予支持。

3. 裁定被申请人向申请人偿付申请人因本案所支出的所有办案费用，包括律师费3万美元、差旅费等办案费用近7000美元。

鉴于仲裁庭已驳回申请人第一项和第二项仲裁请求，对申请人该项仲裁请求亦不予支持。

4. 裁定由被申请人承担本案仲裁费。

由于本案仲裁程序是因为申请人向被申请人索赔违约赔偿引起,但申请人的仲裁请求未能获得仲裁庭的支持,根据《仲裁规则》第52条第2款的规定,仲裁庭决定,本案仲裁费由申请人全部承担。

三、裁　　决

综合上述事实和理由,仲裁庭经合议,裁决如下:

1. 驳回申请人的全部仲裁请求;

2. 本案仲裁费由申请人全部承担。该费用已由申请人向仲裁委员会全部预缴,直接抵作申请人应承担的仲裁费用。

本裁决为终局裁决,自作出之日起生效。

案例评析

【关键词】

国际货物买卖合同;有效的要约与承诺

【焦点问题】

该案涉及的核心问题是在合同文本所列明的买方与在该合同文本上盖章的所谓买方不是同一主体时,如何判断合同在三个法律主体之间的法律效力?

【焦点评析】

该案申请人仲裁请求:第一被申请人和第二被申请人违反了买卖合同,构成违约,要求裁决两被申请人对其违约行为承担连带赔偿责任。

涉案纠纷属于国际货物买卖纠纷,涉及合同是否有效成立等典型问题,现结合该案案情及双方争议焦点,评述如下:

通常而言,有效成立的买卖合同的表现形式是经过买卖双方各自签署的合同文本。在该案中,在最终呈现仲裁庭面前的合同之上,卖方(申请人)已经盖章,合同本身所列的买方(第一被申请人)没有签署,反而是合同中没有列出的第二被申请人在合同签署栏之外的空白处加盖了自己的印章。而且,合同文本的交换系用电子邮件传递。而在传递过程中,若干个电子邮件地址所代表的主体均不明确,无法准确判断这些电子邮件分别代表的是第一被申请人、第二被申请人或是案外第三方,难以判断两被申请人之间是否存在代理关系因此存在“代为签署”而使合同成立。此时,如何判断合同是否已经有效成立?如果成立,合同之下的买方应当是谁?

该案开始审理前,三方当事人均同意选择中华人民共和国法律作为准据法。为查明案情,仲裁庭把“合同是否有效成立”的问题回归到“要约与承诺”的更基本层面,通过分析各方每次交换合同文本按照是否构成有效要约或有效承诺,认定该案中既不存在有效要约也不存在有效承诺,从而认定案涉合同没有成立。

对仲裁庭的思路简要评述如下:

仲裁庭对案涉合同文本所涉的三封电子邮件交换进行了归纳和评价:

1. 申请人通过其代理人向其主张的买方(第二被申请人)的邮件地址发送合同文本,合同文本没有加盖任何当事人的印章。

仲裁庭认为,合同文本已经约定合同只有在双方均加盖印章且双方均收到加盖双方印章的合同复印件之后方可生效。因此,申请人发送未加盖其印章的合同文本,不代表其具有欲受该合同拘束的意思表示,不构成有效要约。

2. 第二被申请人发送其加盖印章的合同文本。

仲裁庭首先认定,既然申请人第一次发送未加盖印章的合同文本不是有效要约,因此第二被申请人发送其加盖印章的合同文本便不是有效承诺。

仲裁庭进而分析第二被申请人发送其加盖印章的合同文本是否为有效要约。仲裁庭认为,鉴于没有证据证明第二被申请人系以加盖自己印章的方式代表第一被申请人签约,因此不能认定第二被申请人的行为是代表第一被申请人签约。同时,鉴于合同中所列买方是第一被申请人,而加盖印章的是第二被申请人,且第二被申请人加盖印章的位置不是合同签署栏,因此第二被申请人发送盖章合同文本的行为,其中究竟谁是买方的事实是不明确的,不符合有效要约必须包含明确内容的要求,因此第二被申请人发送盖章合同文本的行为不是有效要约。

3. 申请人在第二被申请人发送的盖章合同文本上加盖申请人印章,之后发送该合同文本给所谓的“买方”。

仲裁庭认定,既然第二被申请人发送盖章合同文本的行为不是有效要约,那么,申请人在第二被申请人发送的盖章合同文本上加盖申请人印章并发送该合同文本给所谓“买方”的行为便不是有效的承诺。

另外,仲裁庭经过分析全案证据,发现了以下案件事实:

1. 申请人主张的合同成立之后,买卖双方就案涉合同开立信用证进行了磋商并交换了信用证文本。信用证文本上所列的开证申请人是第一被申请人,申请人也未提交证据证明第一被申请人实际上是接受第二被申请人的委托去代为申请开立信用证。鉴于先前第二被申请人发送的盖章合同文本的性质并不是第一被申请人发出的要约,因此,申请人将加盖自己印章的合同发送第二被申请人的“承诺”也不是针对第一被申请人的有效承诺。而且,结合申请人的“承诺”之后指向的买方是第一被申请人而非第二被申请人,该“承诺”也不对第二被申请人产生法律约束力。同时,鉴于第一被申请人未实际签署案涉合同,案涉合同对第一被申请人也不发生效力。

2. 在申请人主张的合同成立之后,申请人的雇员曾发送邮件,称未收到双方签署的合同。合同文本本身存在双方均收到加盖双方印章的合同复印件之后方可生效的要求,鉴于申请人并未收到买卖双方均签署的合同,仲裁庭无法认定该买卖合同已成立生效。

3. 申请人在转卖案涉货物之前,没有宣告解除该案合同,与常理不符,亦可证明申请人主张的“本案合同已经成立”缺乏基础。

【结语】

该案当事人涉及韩国、中国香港特别行政区、中国内地三家企业,案件基础材料涉及众多往来电子邮件和众多电子邮件地址,当事人的仲裁请求和抗辩基本上都依据电子邮件呈现的信息,各方都提交了大量的电子邮件。电子邮件的收件人和发件人众多,邮件地址中还包括公共邮箱。各方在邮件地址使用者具体所在的公司、邮件地址使用者在通信时是否系以其他哪家公司的代理人的身份行事等事实问题上无法达成一致。仲裁庭最终依据合同文本对合同成立条件的要求,将一份“列明的买方与签署的买方不同”的合同回归到“要约和承诺”的合同效力基本问题上,抽丝剥茧地对每次电子邮件交换合同文本的行为是否构成有效要约或有效承诺进行分析,并结合所谓合同成立后各方的行为,最终认定合同没有成立生效。该案件说明,将复杂案情回归到基本法律问题上予以分析,往往有助于查明案情而最终定分止争。

(案例评析人:董　箫)

案例九 中国香港A资源公司与新加坡B公司铁矿石买卖合同争议仲裁案

中国国际经济贸易仲裁委员会(以下简称仲裁委员会)根据申请人中国香港A资源公司(以下简称申请人)和被申请人新加坡B公司(以下简称被申请人)于2010年7月16日签订的《印度尼西亚铁矿石购销合同》(Contract for Sale and Purchase of Indonesian Iron Ores,以下简称本案合同)中的仲裁条款,以及申请人向仲裁委员会提交的书面仲裁申请,受理了上述合同项下的本争议案。

本案仲裁程序适用自2012年5月1日起施行的《中国国际经济贸易仲裁委员会仲裁规则》(以下简称《仲裁规则》)。

根据《仲裁规则》第23条的规定,本案由3名仲裁员组成仲裁庭进行审理。申请人选定X担任本案仲裁员,被申请人选定Y担任本案仲裁员。由于双方当事人未在规定期限内共同选定或共同委托仲裁委员会主任指定首席仲裁员,仲裁委员会主任根据《仲裁规则》之规定指定Z担任本案首席仲裁员。上述三位仲裁员在签署接受指定的声明书后组成仲裁庭,共同审理本案。

仲裁庭对本案进行了开庭审理。双方当事人均委派代理人参加了庭审。在庭审中,双方当事人就案件的事实进行了陈述,就本案证据进行了说明和质证,就法律问题进行了辩论,并回答了仲裁庭提出的问题。

本案现已审理终结。仲裁庭根据庭审查明的事实和本案现有书面材料,经合议,作出本裁决。现将本案案情、仲裁庭意见和裁决结果分述如下。

一、案　　情

申请人称：

2010年7月16日申请人与被申请人双方签订了本案合同，约定申请人向被申请人购买50万湿吨（+/-10%由卖方选择）印度尼西亚铁矿石，自2010年7月至2011年7月以海运分批履行。

根据合同约定，申请人交给被申请人预付款合计200万美元，用于冲抵每船货物的部分购买价款，即每吨货物结算时在预付款中按每干吨划出4美元冲抵该船货物单价每干吨5美元。

到2011年7月底，在该合同项下被申请人向申请人共交付7个船次货物。根据中华人民共和国出入境检验检疫局（Entry-Exit Inspection and Quaranting，CIQ）出具的重量证书，所交付的货物总量为近38万湿吨，未达到双方约定数量，但被申请人拒绝履行其余货物数量。

至此，被申请人留有申请人近53万美元预付款未使用。

2011年12月6日申请人与被申请人另达成一份编号为1号的5万吨（+/-10%由卖方选择）印度尼西亚铁矿石买卖合同（以下简称《1号合同》）。该合同项下货物由C轮付运。

2011年12月29日被申请人从剩余的预付款中划出近16万美元用于冲抵C轮的临时价款，申请人另行通过信用证支付280万余美元。该轮货款最终结算金额为近302万美元。扣除被申请人应付申请人速遣费近3万美元后，被申请人应返还预付款余额为34万余美元。

2012年5月7日申请人的员工自然人Q与被申请人的员工自然人R通过电子邮件对账确认了应返还的预付款余额。此后，申请人多次通过电子邮件催索，但被申请人至今分文未还。

本案合同第21条约定：“双方当事人源于、涉及或与本合同有关的所有纠纷、争议或者分歧，或者违反本合同，不能由当事人友好协商解决的，应最终由中国国际经济贸易仲裁委员会根据当时生效的商业仲裁规则在中国北京仲裁解决。在那里作出的仲裁裁决具有终局效力并对双方当事人具有约束力。仲裁费用由败诉方承担，除非仲裁裁决作出了相反的决定。”

为此，申请人特依据中国《合同法》有关规定，在本案中提出仲裁请求如下：

1. 被申请人向申请人返还款项34万余美元；

2. 被申请人向申请人支付利息暂计近2万美元（按年利率5%计算，自2012年5月8日起计至实际付款之日止）；

3. 被申请人向申请人支付3.4万美元以补偿申请人花费的律师费；

4. 被申请人向申请人偿付为本案支出的差旅费；

5. 被申请人承担本案仲裁费。

被申请人辩称：

2010年7月16日申请人与被申请人签订了本案合同，按照合同约定，“买方应以电汇方式向卖方支付200万美元预付款，其中100万美元预付款应在签订合同后支付，另外100万美元应在第一船抵达的3个月内支付。具体每船的预付款数额等于每干吨5美元乘以湿吨数。每吨的预付款应在开出信用证之前抵消该船的付款”。合同签订后，申请人于2010年7月29日、7月30日分别向被申请人电汇120万美元和300万元人民币，合计164万余美元，未足额支付预付款。

自合同签订至2011年3月，被申请人向申请人交付了7船铁矿石，共计近38万湿吨。2011年4月13日申请人与被申请人在上海达成一致口头协议，约定：本案合同签订时尚在运输途中的D轮（双方买卖该船货物签订的合同编号为3号，以下简称《3号合同》）和E轮（双方买卖该船货物签订合同编号为5号，以下简称《5号合同》）两船货物一并纳入本案合同结算。据此计算，截至2011年3月，被申请人共向申请人交付9船铁矿石，合计近49万湿吨（干吨数是近43万吨），符合本案合同关于货物数量的约定。同时，根据被申请人的交货数量，申请人的预付款余额为近16万美元。另外，根据申请人和被申请人2011年12月达成的一致意见，上述近16万美元冲抵双方于2011年12月6日签订的《1号合同》的部分货款。

需特别强调的是，即使搁置申请人与被申请人对上海口头协议的理解上的分歧，根据本案合同约定，本案合同签订后执行的7船货物的合同价格为每干吨50美元（A类）或每干吨48美元（B类），结合申请人开出信用证的情况和本案合同中关于“具体每船的预付款数额等于每干吨5美元乘以湿吨数。每船的预付款应在开出信用证之前抵消该船的付款”的约定，预付款应按照每干吨5美元的标准进行抵扣。按此计算，申请人预付款账户的余额为189万余美元。

申请人提交了对被申请人答辩书和证据材料的意见，认为：

（一）被申请人《答辩书》涉及以下陈述与事实不符

1. 被申请人主张申请人未足额支付预付款是错误的。申请人预付款通过以下方式履行：（1）电汇120万美元；（2）向指定账户转账300万元人民币；（3）《3号合同》货款余额结转近23万美元；（4）申请人关联企业向被申请人关联企业借出铁矿石货物3000吨。

2. 申请人与被申请人并没有达成关于D轮和E轮两船并入本案合同结算的口头协议。如果存在口头协议，被申请人应返还更多预付款额。

3. 根据协议，在预付款中扣除每干吨4美元实际折抵货款每干吨5美元。并且双方在2012年5月4日已经完成对账结算，但被申请人随后反悔。

（二）就有关证据的质证意见，申请人将在仲裁庭开庭审理时具体陈述

在本案仲裁过程中，申请人在开庭前提交了84份证据用以支持其仲裁请求：证据1是关于尾款结算的邮件，证明双方在2010年5月7日完成尾款结算，被申请人应返还预付款余额34万余美元；证据2是本案合同；证据3和证据4分别是2010年7月29日的付款通知和境外汇款申请书，证明申请人以电

汇方式支付120万美元预付款；证据5和证据6分别是2010年7月30日的付款通知和结算业务申请书，证明申请人按指示支付人民币300万元至指定账户，该款项折算预付款44万余美元；证据7是2010年8月2日收据；证据8至证据15分别是《3号合同》修订书、2010年6月30日电子邮件、《3号合同》、D轮结算发票、信用证、提单、重量证书和质量证书，证明申请人以《3号合同》货款余额结转近23万美元；证据16和证据17分别是换货协议、放货通知，证明被申请人的关联企业向申请人的关联企业换货3000吨，后作为预付款；证据18至证据25分别是F轮结算发票、重量证书、质量证书、装卸时间记录、提单、2010年8月25日付款通知、电子回单和借记通知，证明F轮货款临时结算按指令以电汇至指定账户人民币1400万余元完成，该船货物涉及抵扣预付款近19万美元，最终电汇结算差额4万余美元；证据26至证据35分别是G轮结算发票、提单、重量证书、品质证书、2010年9月3日付款通知、2010年9月7日借记通知、2010年9月17日付款通知、电子回单、2010年9月30日付款通知和汇款电文，证明G轮货款临时结算按指令以电汇美元与人民币折合近179万美元完成，该船货物涉及抵扣预付款18万余美元，最终电汇结算差额18万余美元；证据36至证据42分别是H轮结算发票、提单、重量证书、质量证书、2010年9月3日付款通知、2010年9月7日借记通知、2010年10月20日付款通知、电汇电文、银行电子回单，证明H轮货款临时结算按指令以电汇美元与人民币折合190万余美元完成，该船货物涉及抵扣预付款18万余美元，最终电汇结算差额19万余美元；证据43至证据48分别是I轮结算发票、提单、重量证书、质量证书、信用证、信用证对外付款通知书，证明I轮货款临时结算和最终结算均以信用证完成，该船货物涉及抵扣预付款近20万美元；证据49至证据54分别是J轮结算发票、提单、质量证书、重量证书、信用证、信用证对外付款通知书，证明J轮货款临时结算和最终结算均以信用证完成，该船货物涉及抵扣预付款近20万美元；证据55至证据60分别是K轮结算发票、提单、质量证书、重量证书、信用证、信用证对外付款通知书，证明K轮货款临时结算和最终终结算均以信用证完成,该船货物涉及抵扣预付款近20万美元;证据61至证据66分别是L轮结算发票、提单、重量证书、质量证书、信用证、信用证对外付款通知书,证明L轮货款临时结算和最终结算均以信用证完成,该船货物涉及抵扣预付款近20万美元;证据67至证据74分别是C轮结算发票、《1号合同》、信用证、提单、质量证书、重量证书、信用证对外付款通知书和2011年12月20日邮件,证明C轮货款以信用证临时结算280万余美元,其余货款扣除应付申请人速遣费近3万美元后从预付款中抵扣近19万美元,被申请人应退预付款余额为34万余美元;证据75至证据82分别是E轮结算发票、5号合同、信用证、提单、重量证书、质量证书、信用证对外付款通知书和电汇电文,证明E轮货款以信用证临时结算208万余美元,其余申请人应付滞期费和货款差额为24万余美元,申请人电汇支付66万余美元,包括了F轮、G轮、H轮、E轮4艘船的货款差额;证据83是货款结算一览表,用以证明预付款抵扣详情;证据84是预付款支付一览表,用以证明预付款支付详情。

申请人当庭提交了以下补充证据:证据85是D轮付款凭证,证据86是G轮和H轮部分付款凭证,证据87是I轮付款凭证,证据88是J轮付款凭证,证据89是K轮付款凭证,证据90是L轮付款凭证,证据91是C轮临时结算发票,证据92是C轮银行付款凭证,证据93是E轮银行付款凭证,证据94是货款差额支付凭证。

在开庭后申请人补充提交了以下证据:证据95是协议书,用以证明申请人与委托代理人(律师事务所)的代理合同关系;证据96是邮件,用以证明申请人与委托代理人确认代理费金额;证据97是差旅费发票,用以证明申请人委托代理人为本案出庭花费差旅费5000余元人民币。被申请人同意对申请人当庭提交和庭后提交的证据进行书面质证并发表了书面质证意见。

被申请人在开庭前提交了以下证据:证据1是2011年11月8日被申请人发送给申请人的电子邮件;证据2是2012年5月8日被申请人发送给申请人的电子邮件;证据3是《3号合同》;证据4是《5号合同》;证据5至证据6是两

份检验检疫证书，证明在合同履行过程中，申请人与被申请人在预付款的扣划上存在分歧；编号为3号和5号的合同与本案合同价格相同，且本案合同签订时仍在运输途中；2011年4月13日申请人与被申请人商定，以将D轮和E轮两船货物纳入本案合同结算的方式来解决双方在预付款扣划上的分歧。被申请人还提交了预付款结算一览表。

二、仲裁庭意见

（一）关于解决本案争议适用法律的问题

本案合同未对争议适用法律作出约定。仲裁庭注意到，本案申请人的注册地在中国香港特别行政区，被申请人的注册地在新加坡，合同货物全部在中国港口交付并由中国出入境检验检疫机构出具重量证书和质量证书，货款的支付也全部发生在中国，仲裁庭认为与本案合同有最密切联系的法律为中华人民共和国法律；申请人在仲裁申请书中表示本案争议的解决应适用中华人民共和国法律，被申请人在庭审中也明确同意适用中华人民共和国法律以解决本案争议，并在其书面意见中援引中华人民共和国的相关法律作为依据。因此，仲裁庭决定，本案适用中华人民共和国的法律。

仲裁庭认为，本案合同系双方当事人真实一致的意思表示，内容和形式均未违反强制性法律规范，争议双方对本案合同的真实性、效力和性质均无争议，因此，仲裁庭确认本案合同合法有效。

（二）双方无争议的事实

1. 双方于2010年7月16日签订本案合同，约定申请人向被申请人购买50万湿吨（+/-10%由卖方选择）印度尼西亚铁矿石，自2010年7月至2011年7月分批履行。

2. 2010年7月29日申请人向被申请人支付预付款120万美元。

3. 2010年7月30日申请人根据被申请人指示支付预付款300万元人民币，折合近44.3万美元。

4. 申请人在《3号合同》项下的结余货款22万余美元、在M轮项下结余货款近84美元。

5. 被申请人向申请人交付了7船铁矿石，双方对货物的重量和质量、货款支付方式及支付的金额、每船铁矿石结算发票的真实性等均无异议。在按每干吨4美元的标准扣除7船铁矿石的预付款后，预付款剩余金额为近53万美元。

6. 在本案合同之后，双方于2011年12月6日签署了《1号合同》，数量为5万湿吨，被申请人履行了交货义务，该合同的最终结算发票显示，申请人在《1号合同》项下应支付的货款为近302万美元，已付货款为近281万美元，扣除速遣费近3万美元和本案合同项下结余的预付款近53万美元后，被申请人应退回申请人的预付款为34万余美元。

(三)双方争议的焦点问题

双方争议的焦点问题，一是被申请人在《3号合同》和《5号合同》项下所供的两船货物(D轮和E轮)是否应当合并计入本案合同项下被申请人的供货，并在本案合同预付款账户中扣减预付款；二是合同价格和预付款抵扣的标准。

下面分别进行分析：

1. 被申请人在《3号合同》和《5号合同》项下所供的两船货物(D轮和E轮)是否应当合并计入本案合同项下被申请人的供货。

被申请人认为，2011年4月13日申请人与被申请人在上海达成一致口头协议，约定：本案合同签订时尚在运输途中的D轮(该船货物合同为《3号合同》)和E轮(该船货物合同为《5号合同》)两船货物一并纳入本案合同结算。据此计算，截至2011年3月，被申请人共向申请人交付9船铁矿石，合计48万余湿吨(干吨数是近43万吨)，符合本案合同关于货物数量的约定。申请人支付的本案合同项下的预付款中还应抵扣该两船货物相应的预付款，即D轮船货物抵扣预付款近18万美元，E轮船货物抵扣近19万美元，抵扣以上预付款后,申请人的预付款结余金额为近16万美元。

申请人认为,双方并没有达成关于D轮和E轮两船并入本案合同结算的口头协议;如果存在口头协议,被申请人应返还更多预付款额。

仲裁庭注意到,D轮船的货物属于《3号合同》约定内容,E轮船的货物属于《5号合同》,涉及以上两船货物的合同均签订于本案合同之前。

根据双方认可的事实,《3号合同》约定以信用证结算货款,双方已对该合同货款进行了最终结算,申请人在《3号合同》项下支付的货款结余为22万余美元。《5号合同》约定以信用证结算货款,双方已对该合同货款进行了最终结算,信用证支付后的差额部分24万余美元,申请人已经以电汇方式支付。

仲裁庭认为,一方面,D轮船货物和E轮船货物分别属于双方之间的另外两份合同,申请人明确表示双方并没有达成关于D轮和E轮两船并入本案合同结算的口头协议,被申请人的现有证据不能证明其主张的事实;另一方面,被申请人承认D轮和E轮两船货物的款项申请人已经付清,在这种情况下,被申请人再主张从本案合同的预付款中扣减部分金额也缺乏事实依据。事实上,根据双方的结算,申请人在D轮船货款的支付中尚有22万余美元的结余,因此,也不存在再从本案合同预付款中扣减货款的基础。

2. 关于合同价格和预付款抵扣的标准。

申请人认为,本案合同对价格、预付款的抵扣均作了约定,合同的支付条款除对预付款、信用证、临时支付和最终支付作了文字约定外,还有一个FOB价格条件下的付款计算示范表(payment calculation example FOB),对货款的计算作了详细的列示,表中所列的预付款为每干吨5美元乘以湿吨数,但预付款账户余款是按每干吨4美元扣减的,也就是说预付款按每干吨4美元扣减,但按每干吨5美元计入合同价,实际上是对申请人支付预付款的一个优惠。

被申请人认为,根据本案合同对价格的约定,A级铁矿石CFR贸易条件的价格为每干吨50美元,B级铁矿石CFR贸易条件的价格为每干吨48美元,这是本案合同关于合同价格的首要条款和基本条款,任何与此相冲突的条款都不能作为确定合同价格的依据。在本案合同履行过程中,考虑到货物吨数可能存在差异,被申请人同意暂时按照每干吨4美元的标准扣减预付款并开具每船的最终发票,但这并不意味着被申请人已经认可每干吨铁矿石降价1美元;根据我国《合同法》第77条的规定,在当事人协商一致的情况下,才可以变更合同;在合同履行过程中,被申请人从未作出过每干吨铁矿石降价1美元的意思表示,因此,不能根据合同履行过程中的预付款抵扣情况来推定被申请人同意每干吨少支付1美元。

申请人认为,本案合同约定的“信用证开立金额扣除数是湿吨数乘以5美元”,并不是指“预付款中的实际扣除数”,因为双方结算是以“干吨数”计算的,而本条约定是以“湿吨数”作为相乘的基数的,这与“预付款(保证金)扣4美元充当5美元货款”的解释是相符合的。在信用证开出前,将湿吨数乘以5美元的金额从货款中预先扣除,相当于在单价上直接减掉5美元。

仲裁庭注意到,本案合同对价格作了约定,A级铁矿石FOB贸易条件的(基准)价格为每干吨30美元、CFR贸易条件的(基准)价格为每干吨50美元;B级铁矿石FOB贸易条件的(基准)价格为每干吨28美元、CFR贸易条件的(基准)价格为每干吨48美元。本案合同支付条款对预付款(deposit)作了约定,预付款金额按5美元乘以湿吨数,在信用证开出前从信用证金额中预先抵扣。本案合同还以FOB价格条件为例提供了付款计算示范表:价格:FOB US $ 30/DMT,合同数量:50,000WMT;预付款为:US $ 5/DMT×50,000WMT = US $ 250,000,装货港的实际数量:51,000DMT,临时付款金额:US $ 30/DMT×51,000MT×90% = US $ 1,147,500,商检实际数量:512,000DMT,最终付款金额:US $ 25/DMT×512,000DMT - US $ 1,147,500 = US $ 132,500,剩余预付款金额:US $ 2,000,000 - US $ 4/DMT×512,000DMT = US $ 1,795,200。从示范表可以看出,在FOB贸易条件每干吨30美元的价格条件下,预付款在开证前按合同数量每湿吨5美元计算在开证金额中扣除,开证金额按合同数量每湿吨25美元计算。最终结算价格按照实际干吨数每干吨25美元计算,同时在预付款账户中按照实际干吨数每干吨 4 美元扣减预付款。

仲裁庭注意到，在交付的 7 船货物的最终结算发票中，除 F 轮船的价格条件为每干吨 45 美元外，其余 6 船货物的价格均为每干吨 43 美元，预付款账户的扣减金额全部为每干吨 4 美元。结算情况与本案合同提供的付款计算示范表相一致，预付款全部按每干吨 4 美元在预付款账户中扣减。双方在合同履行过程中未就价格问题发生过争议，双方现在的分歧在于对预付款抵扣标准的理解，不涉及降价或变更合同的问题。

仲裁庭还注意到，针对被申请人在本案合同项下交付的 7 船货物，被申请人就每一船货物向申请人出具了最终结算发票，最终结算发票对货物单价、货物总价值、速遣费金额、预付款账户金额的扣减、已付 90% 货物价值、最终应付款等项目作了列示。全部 7 船货物的最终结算单均显示预付款账户的扣减金额为每干吨 4 美元。

仲裁庭认为，尽管本案合同关于预付款扣减的标准约定不够明确，但在合同履行过程中双方对预付款计算和扣减标准的理解是一致的，每船货款结算的标准与本案合同付款计算示范表中关于预付款扣减的标准是一致的，被申请人向申请人提交的每船货物的最终结算表均按每干吨 4 美元的标准在预付款账户中扣减。在被申请人提交的预付款结算一览表中，被申请人提供的第一种结算方式也是按每干吨 4 美元的标准扣减预付款，但同时认为另外两份合同项下的 D 轮船货物和 E 轮船货物应当合并计入本案合同项下，并主张对 D 轮船货物和 E 轮船货物也按每干吨 4 美元的标准扣减本案合同项下的预付款，说明被申请人对预付款的抵扣标准（每干吨 4 美元）本身是认可的，至于 D 轮船货物和 E 轮船货物是否应当合并计入本案合同项下被申请人的供货问题，仲裁庭在前一焦点问题中已经作了专门分析。被申请人在其提交的证据“2011 年 11 月 8 日被申请人发送给申请人的电子邮件”中也明确表示：“你司支付我司 164 万余美元作为‘Deposit’，约定按每一船卸港检测干吨数 4 美元扣除”，说明被申请人对“按每干吨 4 美元抵扣预付款”的标准是认可的。双方据此确认扣减本案合同项下 7 船货物预付款后的余额为近 53 万美元。现被申请人提出按照每干吨 5 美元的标准扣减预付款缺乏合同依据，与双方结算的一贯情况不符，也与被申请人自身提交的证据相悖，仲裁庭对此意见不予采纳。

(四) 关于申请人的仲裁请求

1. 申请人的第一项仲裁请求是被申请人向申请人返还款项 34 万余美元。

被申请人对本案合同项下 7 船货物的结算与货款支付情况无异议。被申请人承认，申请人向被申请人支付的预付款金额为 164 万余美元；申请人在《3 号合同》项下的结余货款 22 万余美元、在 M 轮项下结余货款近 84 美元实际也作为预付款使用，以上合计金额为 186 万余美元。被申请人承认，如果按照每干吨 4 美元的标准扣减预付款，以上金额扣减本案合同项下 7 船货物预付款后的余额为近 53 万美元。

被申请人承认，在本案合同之后，双方于 2011 年 12 月 6 日签署了《1 号合同》，从本案合同预付款金额（近 53 万美元）中扣除该合同项下申请人应向被申请人支付的货款后，被申请人应退回申请人款项 34 万余美元，被申请人出具了《1 号合同》(C 轮) 相应的最终结算发票。

但是被申请人认为，在本案合同履行过程中，考虑到货物吨数可能存在差异，被申请人同意暂时按照每干吨 4 美元的标准扣减预付款并开具每船的最终发票，但本案合同至今尚未最终结算；申请人提交的双方往来邮件中，被申请人对自然人 R 于 2012 年 5 月 8 日发给申请人自然人 Q 的邮件的真实性予以认可，但其他邮件的来源难以确定且证据形式不符合电子证据的基本要求；即使全部电子邮件是真实的，由于自然人 R 不是被申请人的法定代表人，也不是被申请人事先授权的代表，其发给申请人授权代表自然人 Q 之间的电子邮件并未获得被申请人的追认，其对被申请人不具有法律效力；被申请人 2012 年 5 月 7 日出具的 C 轮货船的最终发票也不能证明双方对本案合同进行了最终结算，该发票的出具日期为 2012 年 5 月 7 日，在出具该发票后的第二天，被申请人的自然人 R 就给申请人的授权代表自然人 Q 发出了该发票内容具有较大差异的电子邮件，充分说明被申请人并不认可该发票记载的金额是双方对本案合同的最终结算。

仲裁庭认为，被申请人在本案合同项下交付的 7 船货物的最终结算单均是在对每船货物进行商检后出具的，并根据中华人民共和国出入境检验检疫机构出具的重量证书和质量证书以及本案合同约定进行了价格调整，体现的是每船货物的最终剩余应付款金额，是确定的金额，而不存在“货物吨数可能存在差异”的情况，每船货物的最终结算发票都是该船货物的最终结算，双方依据每船货的最终结算发票完成了结算支付，全部 7 船货物的结算构成对本案合同的最终结算，被申请人未提出需要另行最终结算的具体事实或理由，本案合同也未约定在对每船货物进行最终结算之外还需要对本案合同另行进行最终结算。

仲裁庭认为，C 轮货物的最终结算发票有被申请人的签章，被申请人认可最终结算发票的真实性，因此，可以作为认定本案事实的证据。自然人 R 于 2012 年 5 月 8 日向申请人授权代表自然人 Q 发出的电子邮件，只是提出 D 轮货物和 E 轮货物扣减本案合同项下的预付款问题（仲裁庭已对此作了分析），并未对结算单本身的内容提出异议，这实际上是邮件对预付款余额近 53 万美元作了确认。自然人 R 不是被申请人的法定代表人，也不是被申请人授权代表的事实不影响仲裁庭对相关事实的认定。综上所述，仲裁庭认为，申请人要求被申请人返还款项 34 万余美元的仲裁请求于事实有据，仲裁庭予以支持。

2. 申请人的第二项仲裁请求是被申请人自 2012 年 5 月 8 日起按年利率 5% 的标准向申请人支付利息至实际付款之日止。

被申请人于 2012 年 5 月 7 日向申请人提交了《1 号合同》的最终结算发票，据此，被申请人应向申请人退回款项 34 万余美元。被申请人未退还款项，申请人要求被申请人从 2012 年 5 月 8 日起支付利息于事实有据，年利率 5% 的标准也属合理，仲裁庭对申请人的利息请求予以支持。

3. 申请人的第三项仲裁请求是被申请人支付 34,000 美元以补偿申请人花费的律师费。

申请人提交了其与 N 律师事务所的法律服务委托合同（Agreement on

Entrustment with Legal Service)、N律师事务所就本案法律服务向申请人发送的律师费账单邮件以及申请人确认账单金额的回复邮件。

仲裁庭注意到,根据法律服务委托合同,O律师的小时费率为每工作小时350美元,P律师的小时费率为每工作小时200美元;律师费账单显示的律师费金额为5万余美元,律师费的截止时间为邮件发送日2014年12月31日;申请人在当天的回复邮件中确认了所附的律师费账单金额。被申请人对法律服务委托合同的真实性无异议,但认为约定的计时收费标准超过了S省物价局、S省司法厅2013年3月5日颁发的《S省律师服务收费标准(试行)》的上限;律师费账单邮件以及申请人确认律师费金额的邮件的证据来源难以确定且证据形式不符合电子证据的基本要件,对邮件证据不予认可,无法确认申请人代理律师的实际工作小时;律师费并非双方约定的违约责任范围,按照中国法院和仲裁机构的通行做法,除非当事人具有特别约定,律师费并不属于中国法院和仲裁机构的裁判范围。

仲裁庭认为,申请人为了维护其权益,聘请律师代理仲裁案件,约定的律师费是申请人因办理本案而发生的费用,律师费账单显示的律师费是截至2014年12月31日的律师费,申请人主张补偿的律师费金额是律师账单金额的一部分,未超出合理范围。根据《仲裁规则》第50条第2项的规定,"仲裁庭有权根据案件的具体情况在裁决书中裁定败诉方应补偿胜诉方因办理案件而支出的合理费用",并考虑到本案发生的原因以及申请人仲裁请求被支持的程度等实际情况,仲裁庭对申请人34,000美元的律师费请求予以支持。

4.申请人的第四项仲裁请求是被申请人向申请人偿付为本案支出的差旅费5000余元。

申请人提交了其委托代理人(2人)为本案出庭而支出的差旅费发票,包括机票、住宿、市内交通、餐费等项目,合计金额为人民币5000余元。被申请人对差旅费发票的真实性无异议。

仲裁庭认为,差旅费是申请人因办理本案而实际发生的费用,且未超出合理范围。根据《仲裁规则》第50条第2项的规定,仲裁庭对申请人关于被申请人偿付差旅费人民币5000余元的仲裁请求予以支持。

(五)关于本案仲裁费

考虑到本案发生的原因以及申请人仲裁请求全部被支持的情况,仲裁庭认为本案仲裁费应全部由被申请人承担。

(六)关于实际费用

本案被申请人选定的仲裁员因办理本案发生的实际费用,全部由被申请人自行承担。

三、裁　决

根据上述事实和理由,经合议,仲裁庭裁决如下:

1. 被申请人向申请人返还款项34万余美元;

2. 被申请人从2012年5月8日起以34万余美元为基数按照年利率5%的标准向申请人支付利息至实际偿付之日;

3. 被申请人补偿申请人为本案支付的律师费34,000美元;

4. 被申请人补偿申请人为本案支付的差旅费人民币5000余元;

5. 本案仲裁费全部由被申请人承担;

6. 被申请人选定的仲裁员因办理本案发生的实际费用全部由被申请人承担。

以上被申请人应向申请人支付的款项,被申请人应于本裁决作出之日起30日内支付完毕。

本裁决为终局裁决,自作出之日起生效。

案例评析

【关键词】

国际货物买卖合同;供货数量的认定;合同价格和预付款抵扣标准

【焦点问题】

当事人之间存在多份合同,涉及多次交货,所供货物是否应当计入争议合同并在争议合同预付款账户中扣减预付款;合同价格和预付款抵扣标准的认定及依据。

【焦点评析】

涉案纠纷属于大宗商品的国际货物买卖合同纠纷,在多份合同滚动交货的情况下如何确定争议合同的交货数量是此类纠纷中经常遇到的问题;由于预付款抵扣的标准约定不明确,对合同价格和预付款抵扣标准的认定,也需要结合案件的其他证据综合作出判断。

现结合该案案情及双方争议焦点,评述如下。

(一)争议合同交货数量的确定

在双方存在多份合同的情况下,将一份合同项下的交货(或部分交货)计入另一份合同交货数量的情况是经常发生的,如何认定争议合同的供货数量需要结合双方的证据。

在该案中,被申请人认为,2011 年 4 月双方达成口头协议,约定将该案合同签订时尚在运输途中的两船货物一并纳入该案合同结算,计入被申请人向申请人交付的货物数量。

双方承认这两船货物原本属于其他合同项下的交货，因此，是否应当计入争议合同的交货应当由提出主张的被申请人承担举证责任。由于申请人否认口头协议的事实，被申请人又未能提供其他证据，仲裁庭对被申请人的主张没有支持。

由于两船货物不能计入争议合同，且证据显示两船货的货款已经结清，申请人为该两船货物支付的货款尚有结余，因此，裁决书对被申请人关于从争议合同预付款中再扣减货款的主张也没有采纳。

在双方签署多份合同，滚动交货、滚动付款的情况下，交货环节和付款环节都要注意对应的具体合同，贸易凭证和物流凭证都要尽可能体现具体的合同归属（如注明合同号等）。经常遇到的情形是，合同货物为种类物（如大宗商品），多份合同的交货时间和付款时间有交叉重叠，合同货物数量和付款金额与具体合同不具有对应关系。一旦形成纠纷，难以证明所交付货物或所支付货款属于双方争议合同。如果一方当事人依据A合同申请仲裁要求支付货款，相对方可能会将A合同项下的交付货物计入B合同或其他合同而提出未交货的抗辩，也可能会将B合同或其他合同项下的已付货款计入A合同而提出货款已支付的抗辩。由于仲裁程序以具体合同为基础，一旦出现类似情形，将大大增加举证的难度，进而加大仲裁结果的不确定性。

如果是一个框架协议下分多次交货的，要及时进行结算，也可以定期对截至日前双方的交货数量、已付款金额及未付款金额予以结算并确认，避免长期滚动履行产生的凭证缺失、账务混乱。

（二）关于预付款抵扣标准的认定

争议合同中的支付条款约定，申请人向被申请人支付预付款200万美元，用于冲抵每船货物的部分购买价款，预付款金额按5美元乘以湿吨数，在信用证开出前从信用证金额中预先抵扣；该条款还以FOB价格条件为例提供了付款计算示范表，根据示范表，在预付款账户中按照实际干吨数每干吨4美元扣减预付款。

双方对上述条款的解读不同，申请人认为，申请人交给被申请人预付款200万美元（实际支付164万美元），用于冲抵每船货物的部分购买价款，即每吨货物结算时在预付款中按每干吨划出4美元冲抵该船货物单价每干吨5美元。预付款按每干吨4美元扣减，但按每干吨5美元计入合同价，实际上是对申请人支付预付款的一个优惠。被申请人认为，考虑到货物吨数可能存在差异，被申请人同意暂时按照每干吨4美元的标准扣减预付款并开具每船的最终发票，但这并不意味着被申请人认可每干吨铁矿石降价1美元，不能根据合同履行过程中的预付款抵扣情况来推定被申请人同意每干吨少支付1美元。

从条款约定来看，在信用证金额中预先抵扣的预付款金额按5美元乘以湿吨数计算，但合同基准价格按干吨确定，且付款计算示范表显示在预付款账户中按照实际干吨数每干吨4美元扣减预付款；付款计算示范表以FOB价格条件为例作了列示，但合同价格条件既有FOB又有CFR，因此合同关于抵扣标准的约定是不明确的。

在该案中，双方共提交了100多份证据。裁决书对合同履行过程中的全部证据进行了梳理，认定双方对价格本身没有争议，因此，双方的分歧只限于预付款抵扣标准的理解问题。

综合分析双方的证据，被申请人出具了争议合同项下交付的7船货物的最终结算单，最终结算单是按每干吨4美元的标准在预付款账户中扣减的；被申请人提交的预付款结算一览表中，被申请人提供的结算方式也是按每干吨4美元的标准扣减预付款；被申请人在其发送给申请人的电子邮件中也明确表示预付款按每一船卸港检测干吨数乘以4美元扣除，说明在合同履行过程中双方对预付款计算和扣减标准的理解是一致的，也是一贯的。因此，裁决书认为，被申请人要求按照每干吨5美元的标准扣减预付款缺乏依据，对被申请人的主张不予采纳。

在合同约定不明的情况下，按照合同履行过程中的往来文件推定双方的真实意思，以双方自己的文件或行为对合同条款作出相应认定是比较有说服力的。一般认为,业务人员在合同履行过程中对事实本身的确认不涉及授权或有效性的问题,对被申请人以其工作人员不是法定代表人或授权代表、未获得被申请人追认为由否认相关电子邮件对被申请人的约束力的主张,裁决书认为其工作人员不是被申请人法定代表人或授权代表的事实不影响对事实的认定。仲裁庭的任务是围绕仲裁请求查明双方的真实意思,依据合同约定和所适用的法律作出判断,要尽可能避免对合同作出令当事人感到意外的解释,避免对案件事实作出令人意外的认定。

【结语】

该案裁决书对证据的分析比较细致,围绕双方的争议焦点,梳理双方合同履行过程中的往来文件,对案件事实逐一作出认定,对事实的认定与合同履行过程中双方对合同的理解是一致的,在此基础上对申请人的仲裁请求作出判断,论证是严谨的。

国际货物买卖合同因当事人或合同的履行涉及不同国家而具有国际性,一方交付货物,另一方支付货款,双方的权利义务都是围绕货物的交付和货款的支付来展开的。国际货物买卖合同纠纷是国际商事仲裁中最常见的合同纠纷。一个完整的国际货物买卖合同通常包括规格、数量、包装、运输、保险、价格、支付、检验等多项条款,均需要双方作出明确约定。由于合同所具有的国际性,双方权利义务的确定也在一定程度上取决于合同及争议所适用的实体法。

国际货物买卖合同(涉外合同)除选择国际仲裁作为争议解决方式外,要尽可能对法律适用作出选择。如果事先未对争议适用的法律作出约定,事后又不能就争议的法律适用达成一致,合同准据法的确定本身将成为争议的一部分,仲裁庭对适用法律(准据法)的不同认定可能会影响对合同条款的解释,影响双方权利义务的内容。

在该案中,双方当事人的注册地分别为中国香港特别行政区和新加坡,合同未对争议适用法律作出约定。申请人在仲裁申请书中表示该案争议的解决应适用中华人民共和国法律,被申请人在书面意见中也援引了中华人民共和国法律作为依据,仲裁庭在庭审中也征求了双方对适用法律的意见,根据双方一致的意思表示认定本案适用中华人民共和国的法律。

对于货物交付、检验、货款支付等部分发生在中国境内,与中华人民共和国法律具有密切联系的国际货物买卖合同,选择仲裁委员会作为争议解决机构和中华人民共和国法律作为适用法律的组合是值得推荐的选项。

在国际货物贸易实务中对交货数量、时间、议付单据、价格等作出调整都是可能发生的,对于合同履行中发生的变更和调整,要及时以书面形式对调整内容予以确认,避免对双方已经形成一致意思表示的合同修改、调整,因一方否认而另一方无法举证证明而陷于不利局面。在该案中,合同约定的预付款是 200 万美元,申请人实际支付的是 164 万美元,与合同约定不一致。申请人认为,除实际支付的 164 万美元预付款外,还有其他合同项下的货款余额 23 万美元以及申请人关联企业向被申请人关联企业借出的铁矿石 3000 吨结转为争议合同的预付款,因此预付款已足额支付。双方对预付款是否足额支付的认识并不一致,由于双方未依据预付款的事实提出仲裁请求或反请求,因此,仲裁庭对预付款是否足额支付的事实未作出认定。但是,如果双方同意将其他合同货款余额抵作预付款或者将关联企业出借的货物抵作预付款的,应当以书面形式加以明确;否则,一旦产生争议,主张相关事实的一方可能会面临无法举证的困境。涉及合同修改的,要按照合同约定的修改程序予以确认,避免出现因合同修改程序不符合合同约定程序而导致双方对合同修改部分的有效性产生争议带来的不确定性。

(案例评析人:吕国平)

案例十 新加坡A电子公司与中国B电子公司采购招标合同争议仲裁案

中国国际经济贸易仲裁委员会(以下简称仲裁委员会)根据《机电产品采购国际竞争性招标合同文件》(以下简称本案合同)中仲裁条款的约定,以及申请人新加坡A电子公司(以下简称申请人)向仲裁委员会提交的以中国B电子公司(以下简称被申请人)为被申请人的书面仲裁申请,受理了上述合同项下的本争议案。

本案仲裁程序适用自2012年5月1日起施行的《中国国际经济贸易仲裁委员会仲裁规则》(以下简称《仲裁规则》)。

申请人选定X担任本案仲裁员。由于被申请人未在规定期限内选定或委托仲裁委员会主任指定仲裁员,仲裁委员会主任根据《仲裁规则》之规定为其指定Y担任本案仲裁员。由于双方当事人未在规定的期限内共同选定或共同委托仲裁委员会主任指定首席仲裁员,仲裁委员会主任根据《仲裁规则》之规定,指定Z担任本案首席仲裁员。上述三位仲裁员在签署了《声明书》后组成仲裁庭,共同审理本案。

仲裁庭如期对本案进行了开庭审理。申请人和被申请人均委派了仲裁代理人参加庭审。在庭审中,双方当事人陈述了案情,就本案有关事实和法律问题进行了辩论,仲裁庭进行了庭审调查并组织双方对涉案证据进行了质证。

本案现已审理终结。仲裁庭根据双方当事人提交的现有材料以及庭审时查明的事实和查证的证据,经合议,作出本裁决。现将案情、仲裁庭意见以及裁决结果分述如下。

一、案　　情

在本案中,申请人提起仲裁的依据为《机电产品采购国际竞争性招标合同文件》。

2011 年 10 月 14 日被申请人委托案外人中国 C 招标公司(以下简称招标公司)进行招标,项目名称为"B 公司某代设备采购"招标,货物名称为"某封装改造设备"。招标文件对设备的型号规格,对设备买卖合同的通用条款及专用条款等均作出了详细的约定。

申请人和被申请人就本案争议所陈述的事实和理由如下:

申请人在仲裁申请书中称,申请人准备通过招标投标取得被申请人的设备订单。2011 年 10 月 31 日申请人与案外人 D 公司签署《设备买卖合同》,约定 D 公司以近 120 万美元向申请人出售符合招标文件要求的设备,取得订单后,申请人向 D 公司支付设备总价款 20% 的预付款。

2011 年 11 月 4 日申请人以 150 余万美元的价格向招标公司投标。2011 年 11 月 29 日申请人收到招标公司发出的书面《中标通知书》,通知申请人以 150 余万美元中标。2011 年 12 月 9 日申请人支付中标服务费 1.64 万余美元。

自 2011 年 12 月 15 日起,申请人多次与被申请人沟通,希望被申请人继续履行设备买卖合同。2012 年 10 月 30 日被申请人回应称:感谢申请人对其事业的支持,对相关问题表示歉意;其正与 E 公司进行合并,并将在合并后再与申请人进行协商。2012 年 11 月 5 日申请人回复称:被申请人是否与 E 公司合并不影响此前的协议,被申请人应在 2012 年 12 月 31 日前以实际行动履行设备买卖合同。2013 年 4 月 18 日被申请人在给申请人律师的回复函中称:招标事实存在,只是由于各方面原因项目仍处于缓建状态,因此双方未签订合同;其早已在 2011 年 12 月 31 日明确告知停止中标项目的制作;被申请人无法确定是否继续推进该项目。

经申请人一再催促,被申请人仍拒绝履行设备买卖合同,故申请人提出如下仲裁请求:

1. 解除申请人与被申请人之间的某封装改造设备买卖合同;

2. 裁令被申请人赔偿申请人的预付款损失近24万美元及利息(利息自2011年11月28日计算至实际偿付之日,按照逾期贷款年利率7.8%计算);

3. 裁令被申请人赔偿申请人的利润损失30余万美元及利息(利息自2011年11月28日计算至实际偿付之日,按照逾期贷款年利率7.8%计算);

4. 裁令被申请人赔偿申请人支付的中标服务费损失近1.65万美元、差旅费等损失人民币1.2万余元及利息(利息自2011年11月28日计算至实际偿付之日,按照逾期贷款年利率7.8%计算);

5. 裁令被申请人赔偿申请人因聘请律师处理本案而实际支出的律师费人民币30余万元;

6. 裁令被申请人承担本案的仲裁费等全部费用。

针对申请人提出的上述事实和理由,被申请人辩称:

1. 双方买卖合同尚未成立;

2. 即使合同成立,也已被依法终止;

3. 若合同成立,被申请人并无违约情形,并依法享有"先履行抗辩权",无须承担违约责任;

4. 申请人向D公司支付的预付款不能确定为申请人的损失;

5. 预付款作为或有损失,也系申请人的过错产生,应由申请人自行承担;

6. 申请人关于预期利益的主张无效且计算错误;

7. 申请人主张的律师费明显超出合理的范围;

8. 申请人应当补偿被申请人因仲裁而支出的费用人民币45万元。

针对被申请人上述意见,申请人提出如下答复:

1. 双方设备买卖合同已经成立及生效。

(1)被申请人公开发售招标文件为要约邀请，申请人投标为要约，被申请人向申请人发出《中标通知书》为承诺。双方之间合同已于申请人收到《中标通知书》之日(2011 年 11 月 29 日)成立并生效。

(2)首先，申请人从未拒绝履行合同义务、拒绝签订书面合同。其次，目前并没有相关规定称“如果没有签订书面合同，则《中标通知书》无效”。最后，《中标通知书》明确说明了其对招标人和中标人均具有法律效力。

2. 被申请人“若合同成立，已被依法终止”的答辩意见不符合事实及法律规定。

(1)即使被申请人有权解除合同，也只能在合法情况下行使解除权，而不是说可以随时解除合同而不需要承担任何法律责任。

(2)从被申请人的函件中，申请人无法得出被申请人具有“终止合同”的意思，其意思应是“暂时”无法履行合同。

(3)被申请人婉拒申请人签订书面合同的行为仅是拒绝履行合同的表现，不能认为其已通知申请人解除了合同。

3. 关于“先履行抗辩权”的问题。

(1)得知中标后，申请人一直积极履行合同义务。在当时的情况下，只要被申请人同意继续履行合同，申请人一定能依约交付设备，因此，被申请人不能主张所谓的“先履行抗辩权”。

(2)被申请人以“婉拒申请人签订书面合同”的行为表明其拒绝履行合同义务，已经构成预期违约。

4. 被申请人应当赔偿申请人已经向 D 公司支付的第一笔货款这一实际损失。

(1)首先，发生该损失的根本原因是被申请人拒绝履行合同，预期违约。其次，申请人是为了能满足交货期限的要求才按照双方之间的合同约定在 2011 年 11 月 28 日向 D 公司支付第一笔货款。

(2)因被申请人违约,申请人也已对D公司构成违约。D公司已经开始了相关设备的生产制造,申请人无法再从正常途径要求D公司返还货款,故申请人只能向被申请人这一违约方追偿。

(3)被申请人预期违约后,申请人已通知D公司暂缓制造相关设备,也未向D公司支付第二笔货款,已经履行了"避免损失扩大"的义务。

5. 被申请人应当赔偿申请人的利润损失,即两份买卖合同的差价。

6. 申请人实际支出的律师人民币30余万元低于被申请人请求的律师费人民币近40万元,不存在申请人的请求"明显超出合理范围"。

7. 关于被申请人请求补偿其因仲裁而支出的费用人民币45万元,这无法作为被申请人提出的反请求,仲裁庭应直接驳回。

被申请人于庭后提交代理词,重申了答辩书中第4条至第7条的观点,同时提出如下主张:

1. 合同并未成立。

(1)本案《中标通知书》系由招标代理公司发出而非招标人发出,故申请人并未有效中标。

(2)招标采购合同的成立生效时间应当是招标人和中标人订立书面合同的时间。双方并未签订合同书,合同并未成立。

(3)从申请人的函件中可以看出,申请人确认中标后必须签订合同书,对此被申请人亦予确认。本案因未予签订合同书,双方合同关系尚未成立。

2. 本案不符合仲裁受理条件。

3. 迄今为止,双方仍未在合同文本上签字,被申请人仍未收到申请人提交的履约保证金。故即使合同成立,因所附条件未成就而未生效。

4. 被申请人按合同付款的前提是申请人按合同支付相当于总价款10%的履约保证金和出具出口许可证,但申请人并未如约履行。被申请人履约的前提条件尚未成就,无法按合同约定付款,并无违约行为。

5. 若合同成立,申请人还需承担赔偿3万余美元的违约责任。

被申请人同时提交了仲裁管辖异议书，提出双方需依招投标文件签署书面合同，本案合同才成立。现合同并未成立，仲裁条款自然不成立，且双方未就本案争议签署仲裁协议。

申请人于庭后提交了代理意见，梳理了本案所涉各事项的时间，对被申请人庭审中提出的意见进行了反驳，对己方所提仲裁请求给出了详尽的理由并就有关学理发表了意见。被申请人亦提交了补充代理意见，重申己方主张。

二、仲裁庭意见

(一)关于本案管辖权和合同效力的问题

仲裁庭就双方的合同关系是否成立、生效及管辖权问题的意见如下：

1.关于本案的主要事实。

仲裁庭经审理查明如下事实：被申请人委托招标公司进行项目名称为“B公司某代设备采购”招标，货物名称为：某封装改造设备。2011年11月4日申请人以150余万美元的价格投标，招标公司于当日开标。2011年11月17日招标公司在其网站公告预中标结果，公告申请人预中标，异议期为7天。2011年11月28日申请人基于其之前与D公司签署的《设备买卖合同》，向D公司支付了第一笔货款计近24万美元。2011年11月29日申请人收到招标公司发出的书面《中标通知书》，通知申请人中标，中标金额为150余万美元。2011年12月9日申请人向招标公司支付了中标服务费1.64万余美元。后被申请人因其自身原因，虽双方多次函件往来，最终未与申请人签订合同。

本案项目招标文件约定：“合同实施或与合同有关的一切争端应通过双方协商解决。如果协商开始后60日还不能解决，争端应提交仲裁。仲裁应由中国国际经济贸易仲裁委员会(CIETAC)按其仲裁规则和程序在北京或中国的其他地点进行。除非双方另有约定，仲裁的官方语言应为中文。仲裁裁决应为最终裁决，对双方均有约束力。”

2. 本案合同关系是否成立的问题。

被申请人在庭审中提出，本案合同尚未成立，仲裁条款未发生效力，故对仲裁委员会的管辖权提出异议。庭审后被申请人又向仲裁庭提交了落款时间为2013年10月11日的《仲裁管辖异议书》，称：依本案招投标文件规定及中国《合同法》《招标投标法》的相关规定，双方需依照招投标文件签署书面合同，本案合同方告成立。因双方并未签署合同，故本案合同并未成立。作为本案拟签订合同一部分的仲裁条款，因合同没有成立，仲裁条款当然也不成立。

申请人称：根据中国《合同法》及《招标投标法》等相关法律的规定，2011年10月14日被申请人委托招标公司公开发售招标文件对设备进行招标以选定供应商，此为"要约邀请"。2011年11月4日申请人以150余万美元的价格投标，此为"要约"。2011年11月29日被申请人向申请人发出《中标通知书》，通知申请人中标，中标金额为150余万美元，此为"承诺"。因此，申请人与被申请人之间的设备买卖合同已于2011年11月29日成立并生效。

被申请人辩称：虽然在一般情况下招标、投标、中标3个步骤可以视为邀约邀请、要约、承诺的合同成立步骤。但我国《招标投标法》第44条规定："中标人确定后，招标人应当向中标人发出中标通知书，并同时将中标结果通知所有未中标的投标人。"而本案《中标通知书》系由招标公司发出，与前述法律规定的情形不符。且依我国《合同法》关于委托代理合同的规定及一般法理，对实体权利的处置未经特别授权，招标公司无权实施。故本案招标公司发放《中标通知书》的行为无效，申请人并未有效中标。另外，即使申请人中标，按照我国《合同法》和《招标投标法》的规定及本案合同的约定，《中标通知书》发出后30日内，中标人应按照招标文件和中标人的投标文件订立书面合同。因约定的合同形式并未成就，故本案合同关系并未成立。

被申请人另在其补充代理意见中称：因申请人提交的投标文件为复印件，而被申请人因项目中止及人事变动，不拥有招投标资料，所以对于申请人提供的复印件证据均不认可其合法性。仲裁中被申请人部分引用申请人的"复印件”证据是为了配合审理、充分全面答辩的权宜之计。

仲裁庭认为,招标公司发出《中标通知书》的行为属于法律规定的代理行为,且被申请人直至申请人提起仲裁请求之时未对招标公司发出《中标通知书》的行为表示异议,故仲裁庭对于被申请人“《中标通知书》无效”的抗辩理由不予采纳。

仲裁庭亦认为,对于涉及申请人证据中复印件问题,被申请人一方面承认招投标确有其事,但是其作为应该具有投标文件原件的招标人却又提不出与申请人证据不同的证据,反而称引用申请人复印件证据属于权宜之计,缺少对于举证责任的基本认识和起码的诚信意识。因此,仲裁庭对于被申请人的此项主张不予支持。

仲裁庭注意到,双方均认可招标、投标、中标 3 个步骤构成合同成立的要约邀请、要约及承诺。根据我国《合同法》第 25 条的规定,承诺生效时合同成立。另根据我国《招标投标法》第 46 条的规定,招标人和中标人应当自中标通知书发出之日起 30 日按照招标文件和中标人的投标文件订立书面合同,招标人和中标人不得再行订立背离合同实质性内容的其他协议。仲裁庭认为,招标文件中订立书面合同的要求并非当事人间的特殊约定,在《中标通知书》发出后双方签订合同的行为也并不是合同成立不可或缺的形式要件。招标文件、投标文件和《中标通知书》等书面文件已经构成了书面合同,因而《中标通知书》发出时即发生承诺生效、合同成立的法律效力。故本案的合同关系业已成立。

3. 本案合同是否生效的问题。

申请人称,我国《合同法》第 25 条规定,承诺生效时合同成立;该法第 26 条规定,承诺通知到达要约人时生效;该法第 44 条规定,依法成立的合同,自成立时生效。因此,其与被申请人之间的设备买卖合同已于 2011 年 11 月 29 日生效。

被申请人辩称:即使合同成立,因合同通用条款约定,“本合同应在双方签字和买方收到卖方提交的履约保证金后生效”,本案合同因所附条件未成就而未生效。

申请人则称：因被申请人恶意阻止合同所附生效条件成就，应视为条件已经成就，应认定合同已经生效。

仲裁庭注意到了本案合同通用条款的约定。仲裁庭认为，相对于我国《合同法》第 44 条，这一约定构成了当事人之间的特殊约定，同时这一约定并不违反法律法规的强制性规范。根据我国《合同法》第 45 条“当事人对合同的效力可以约定附条件。附生效条件的合同，自条件成就时生效”的规定，这一约定应属有效。但是《合同法》第 45 条亦规定“当事人为自己的利益不正当地阻止条件成就的，视为条件已成就”。仲裁庭注意到，在被申请人于 2011 年 12 月 31 日发给申请人关联公司 F 公司的函件中，承认合同未能签署的原因是由于 OLED 技术快速发展，被申请人某代改造项目技术方案需要进行调整。此外，被申请人于 2012 年 10 月 30 日致 F 公司的函中称：“2012 年以来恰逢世界性经济危机，被申请人也受到一定的冲击，推进 OLED 产业转型的工作也遇到了困难。被申请人有望和 E 公司实现合并。在被申请人和 E 公司合并后再与申请人进行协商。”被申请人于 2013 年 4 月 18 日向申请人律师的回复函中又称：“只是由于各方原因造成项目至今处于缓建状态，因此双方未签合同。被申请人刚与 E 公司进行整合，关于被申请人的项目如何进行，现阶段尚无明确定论。”仲裁庭认为，上述被申请人的表述，表明本案合同未能签订的原因在于被申请人对自身商业利益的考虑。被申请人在申请人中标的情况下因自身商业利益拒绝与之签订合同，构成了我国《合同法》上述规定的“为自己的利益不正当地阻止条件成就”的情形，故本案合同应视为生效条件已经成就、合同已经生效。

4. 本案管辖权的问题。

鉴于仲裁庭在本裁决中的上述意见，本案合同的仲裁条款依法成立，仲裁委员会对于本案具有管辖权。

5. 适用法律。

本案合同的通用条款约定，本合同应按照中华人民共和国法律进行解释。

基于上述条款，仲裁庭认为，按照双方的约定，本案争议适用中国法律。

（二）本案争议焦点、责任分析和判断

1. 合同未能签订的责任问题。

被申请人称，按照约定，被申请人支付合同款的前提是申请人按合同支付相当于总价款10%的履约保证金和出具出口许可证，但申请人并未如约履行上述行为。被申请人履约的前提条件尚未成就，无法按合同约定付款，并未违约。申请人支付履约保证金和提供出口许可证的在先合同义务未予履行，被申请人依法享有“先履行抗辩权”，无须承担违约责任。

仲裁庭注意到，虽然本案合同约定的合同生效条件为双方签字和被申请人收到申请人提交的履约保证金，但是并未约定履约保证金应先于合同签订之日提交。仲裁庭认为，在被申请人拒绝同申请人签订书面合同的情况下，申请人未支付履约保证金不是合同未能签订的原因，亦不构成申请人的先合同义务。被申请人在申请人收到《中标通知书》之后的双方交涉过程中，从未要求申请人支付履约保证金，而是一再强调未能签约是由于其自身的原因。被申请人在仲裁中以申请人未支付履约保证金为由主张申请人违约在先，明显不符合逻辑和情理。故仲裁庭对于被申请人主张的“先履行抗辩权”不予认可，被申请人应当承担合同未能签署的法律责任。

2. 合同未能签订的法律后果分析。

被申请人称，本案合同未能签订，应属于缔约过失。

鉴于仲裁庭的上述意见，仲裁庭认为，在本案合同已经生效的情况下，被申请人拒绝签署合同及拒绝履行合同义务，应当依法承担违约责任。

（三）申请人的仲裁请求

1. 关于申请人要求解除本案合同的仲裁请求。

申请人提起仲裁请求，要求解除本案合同。被申请人则辩称：本案合同的通用条款约定，买方可在任何时候出于自身的便利向卖方发出书面通知，全部或部分终止合同。被申请人于2011年12月31日的致函中已经表明合同终止履行。合同解除权属于"形成权"而非"请求权",无须法院或仲裁机构裁判。该函的实质含义就是合同关系当时已经解除。

仲裁庭注意到,被申请人于2011年12月31日发给申请人关联公司F公司的函件亦仅表述道,"暂时停止对我司所需的某代线激光固化机、激光打标机两台设备的设计、制作工作",而未提及合同的解除。仲裁庭还注意到,被申请人于2012年10月30日给F公司的函中称:"我们将一成不变地推进某代项目的建设,在此,希望吴总及贵公司可能再等待一段时间。"此时仍然是要求申请人等待,而非解除合同。直至2013年4月18日,被申请人向申请人律师的回复函中才提及项目仍处于缓建状态,双方未签订合同。

仲裁庭认为,即使被申请人按照合同约定提出解除合同,合同亦非依法终止。被申请人尽管数次致函申请人或其关联公司,但从未提及合同解除的问题,故本案合同并未解除。鉴于被申请人在仲裁中已经明确表示不再继续履行合同义务,本案合同已经不具备继续履行的可能性及必要性,故仲裁庭裁定解除本案合同。

2. 关于申请人要求被申请人赔偿其第一笔货款损失近24万美元和自2011年11月28日起算至实际偿付之日止的按照逾期贷款年利率7.8%计算的利息的仲裁请求。

被申请人称,申请人向D公司支付的预付款不能确定为申请人的损失,因为预付款在扣除生产厂家的实际损失之后应予返还,具体金额有待认定。而且预付款即使作为损失,也应由申请人自行承担,因申请人早在2011年11月28日已向D公司支付了预付款,而中标通知书即使按照申请人的表述也是在2011年11月29日收到,预付款产生的时间早于本案合同成立的时间。同时,申请人负有我国《合同法》上"避免损失扩大"的法定义务,其并未告知生产厂商停止制造相关设备以避免扩大损失,对此应依法承担相应责任。

申请人则称:预付款的说法是由于翻译的错误造成的,其已经向D公司支付的应为第一笔货款。因为被申请人违约，申请人也已经构成了对D公司的违约，申请人已经无法通过正常的交易或者正常程序取回该笔款项。对申请人来说，这笔货款的损失已经实际发生，申请人也只能向被申请人追偿。

仲裁庭认为，从双方提交的证据、代理意见和庭审陈述来看，申请人是否在收到《中标通知书》的前一天向D公司支付第一笔款项并不是申请人能够避免该项损失的条件，也不是造成申请人该笔损失的必然原因。申请人的此项损失恰恰是因为被申请人违约不愿继续履行其合同义务而造成的。申请人的此项仲裁请求属于被申请人给申请人造成的损失，被申请人应当承担赔偿责任。

仲裁庭也认为，申请人提交的证据证明该笔费用的产生与金额是合理的，对此予以采信。申请人要求按照逾期贷款年利率7.8%计算利息的请求也是合理的。被申请人应当赔偿申请人的第一笔货款损失近24万美元，并按照逾期贷款年利率7.8%向申请人支付利息，自2011年11月28日计算至实际支付之日止。

3. 关于申请人要求被申请人赔偿其利润损失30万余美元和自2011年11月28日起算至实际偿付之日止的按照逾期贷款年利率7.8%计算的利息的仲裁请求。

被申请人称，申请人的“销售价－采购价＝利润”的计算公式是错误的，漏计了大量成本。正确的计算公式应为：销售价－采购价－投标费用－其他履行合同所需要的成本＝利润。应当从申请人“利润”中扣除的成本包括：保修期及保修期后1年（共计3年）内所需零部件和备品备件费用、售后服务费用、中标服务费用、包装费用、工具费用、验收费用等。

仲裁庭认为，根据我国《合同法》第113条的规定，当事人一方不履行合同义务或者履行合同义务不符合约定的，赔偿额应相当于因违约所造成的损失，包括合同履行后可获得的利益。故在被申请人违约导致本案合同无法履行的情况下，申请人有权要求被申请人向其赔偿预期利润损失。

仲裁庭注意到，申请人请求的预期利润高达本案合同金额的20%以上，又未减去必要的成本支出，如税费、自身的人工费、办公费、差旅费等，其请求金额存在明显不合理之处。仲裁庭认为，两份买卖合同之间的差价应仅为申请人的收益。鉴于申请人不能合理、确切地提出其预期利润的金额，也考虑到本案合同尚未实际履行，仲裁庭酌情确定申请人的预期利润为本案合同金额的5%，即7.5万余美元，故被申请人应向申请人支付预期利润损失7.5万余美元。关于申请人请求的预期利润所产生的利息，仲裁庭认为，申请人的利润应在双方依约履行完毕合同义务后或者在仲裁庭确定支持申请人的预期利润后方能确定，故申请人主张预期利润产生的利息是不合理的，仲裁庭不予支持。

4. 关于申请人要求被申请人赔偿其中标服务费近1.65万美元和自2011年11月28日起算的至实际偿付之日止的按照逾期贷款年利率7.8%计算的利息的仲裁请求。

被申请人称，被申请人拒绝签约，愿意对申请人的投标费用予以承担。但是在其落款时间为2013年11月6日的补充代理意见中又辩称：申请人提交的投标文件、申请人向招标公司支付的1.64万余美元中标服务费的凭证均为复印件，因为被申请人项目中止及人事变动，不拥有招投标资料，所以仲裁中被申请人部分引用申请人的“复印件”证据是为了配合审理、充分全面答辩的权宜之计。

仲裁庭认为，申请人的此项仲裁请求属于被申请人给申请人造成的损害，被申请人应当承担赔偿责任。而被申请人对此并无异议。故被申请人应向申请人偿还中标服务费。仲裁庭注意到，虽然申请人在其仲裁请求中提出的中标服务费为近1.65万美元，但是其作为证据提交的《涉外收入申报单》及其他相关此笔付款的文件，包括申请人在其证据说明中，标明的中标服务费均为1.64万余美元，而非近1.65万美元。故被申请人应向申请人偿还的中标服务费为1.64万余美元。关于利息问题，从申请人提交的证据来判断，申请人该笔费用的支付应不早于2011年12月9日，故被申请人应按照逾期贷款年利率7.8%向申请人支付自2011年12月9日至实际支付之日的利息。

5.关于申请人要求被申请人赔偿其差旅费损失1.2万余元人民币和自2011年11月28日至实际偿付之日止的按照逾期贷款年利率7.8%计算的利息的仲裁请求。

仲裁庭认为,申请人的证据并不能证明其所请求的差旅费金额仅用于本案的相关支出,且必要的差旅费是产生利润的相关成本,而仲裁庭对于申请人仲裁请求中的预期利润已经部分给予了支持,故仲裁庭对于申请人的此项仲裁请求不予支持。

6.关于申请人要求被申请人赔偿其因聘用律师处理本案而实际支出的律师费人民币30余万元的仲裁请求。

被申请人称:依申请人请求金额及《广东省物价局、司法局律师服务收费管理实施办法》的规定,其合理律师费支出应为人民币15万余元左右,因此,申请人所主张的人民币30余万元明显超出合理范围。

仲裁庭注意到,被申请人所引述的《广东省物价局、司法局律师服务收费管理实施办法》的规定,仅为指导价而非强制规定的价格。根据本案的实际审理情况,仲裁庭裁定被申请人应向申请人支付其为本案支出的律师费人民币20万元。

(四)关于本案仲裁费及其他

申请人请求被申请人承担本案的全部仲裁费。根据本案实际的审理情况,仲裁庭对申请人的此项仲裁请求予以支持。

对于被申请人要求申请人补偿因仲裁而支出的费用人民币45万元的主张,因其并未提出仲裁反请求及相应的证据,故仲裁庭不予支持。

三、裁　决

经合议,仲裁庭以一致意见作出如下裁决:

1.裁定解除《机电产品采购国际竞争性招标合同文件》及其附件。

2. 被申请人向申请人支付货款损失近24万美元，并支付按照年利率7.8%计算的利息，自2011年11月28日计算至实际支付之日止。

3. 被申请人向申请人支付利润损失7.5万余美元。

4. 被申请人向申请人支付中标服务费1.64万余美元，并支付按照年利率7.8%计算的利息，自2011年12月9日计算至实际支付之日止。

5. 被申请人向申请人支付申请人律师费人民币20万元。

6. 本案仲裁费全部由被申请人承担；本案仲裁费已经与申请人预缴的等额仲裁预付金相冲抵，故被申请人应向申请人支付申请人代其垫付的仲裁费。

7. 驳回申请人的其他仲裁请求。

上述被申请人应向申请人支付的款项，应自本裁决作出之日起30日内支付完毕。

本裁决为终局裁决，自作出之日起生效。

案例评析

【关键词】

国际机电设备招投标采购合同；书面合同；附生效条件的合同；违约责任

【焦点问题】

该案涉及的核心问题是，在机电产品招投标采购程序中，招标人在中标通知书发出后拒绝签订书面合同，此时招投标合同是否成立、生效，以及招标人应承担何种法律责任。

【焦点评析】

涉案纠纷属于国际机电设备招投标采购合同纠纷,涉及招投标合同的成立与生效、中标通知书的效力、拒绝签订书面合同的法律后果等热点问题。现结合该案案情及双方争议焦点,评述如下:

(一)招投标项目中合同何时成立的问题

招投标机制已逐渐成为国内外设备采购、工程项目等重大交易中的通行程序,然而由于我国相关立法并不十分明确,引发了在理论上和在实践中对招投标合同成立条件的争议,讨论聚焦于我国《招标投标法》第45条对于中标通知书法律效力的规定,及该法第46条关于“订立书面合同”这一规定的法律性质。

我国学界通说将招标阶段定性为要约邀请,将投标定性为要约,将中标通知书的发出视为承诺。然而,由于我国《招标投标法》第46条规定,“招标人和中标人应当自中标通知书发出之日起三十日内,按照招标文件和中标人的投标文件订立书面合同”,该“书面合同”的性质关系招投标合同能否成立生效。目前学界对这一问题主要有三种学说。

1.成立要件说。该学说认为,我国《招标投标法》第46条规定的“书面合同”为合同成立的要件,其主要依据为我国《合同法》第32条,即“当事人采用合同书形式订立合同的,自双方当事人签字或盖章时合同成立”。此观点认为,考虑到招投标合同往往涉及重大交易且参与程序十分严谨,特殊的交易性质要求更严格的形式管理,即应将“书面合同”认定为招投标合同成立的必要条件,只有双方当事人签订了正式书面文件后合同方才成立。因合同未成立,招标人发出中标通知书后拒签书面合同应承担缔约过失责任,以赔偿投标人的信赖利益损失为限。

2.预约合同说。该学说认为,在中标通知书发出后,招标人作出承诺,此时在双方之间成立以将来签订书面招投标合同为内容的预约合同,若招标人拒不签订书面合同则承担对预约合同的违约责任。这种观点将招投标过程区分为预约和本约两个阶段,在一定程度上解决了学理难题,但由于我国对预约合同的研究仍处于起步阶段,对预约合同的认定和效力、预约合同的违约责任范围等焦点问题尚未达成学界共识,因此该学说对实践的指导作用较有限。

3. 证据效力说。该学说认为,“书面合同”仅为形式要件,只起到确认和证明当事人权利义务的作用,不影响合同的成立与生效。“证据效力说”不仅符合我国《合同法》第36条“法律、行政法规规定或者当事人约定采用书面形式订立合同,当事人未采用书面形式但一方已经履行主要义务,对方接受的,该合同成立”规定的精神,也符合合同“不要式”的国际主流。该案裁决采取的就是这种观点,下面结合案例进行详细评述。

在该案中,双方当事人均认可招标、投标、发送《中标通知书》三步骤对应合同的要约邀请、要约和承诺,但被申请人依据我国《招标投标法》关于订立书面合同的规定,主张该案合同形式未成就故该案合同并未成立,并据此提出仲裁条款无效、被申请人仅需承担缔约过失责任等答辩。仲裁庭认为,“招标文件中订立书面合同的要求并非当事人间的特殊约定,在《中标通知书》发出后双方签订合同的行为也并不是合同成立不可或缺的形式要件”。实际上,由于我国《招标投标法》第46条规定应“按照招标文件和中标人的投标文件订立书面合同”,从法条表述中即可看出,书面合同的内容不能背离此前的招投标文件。根据合同法的一般原理,合同在承诺到达即中标通知书到达相对人时宣告成立,此时合同的主要条款已经确定,书面合同只是对已经订立的条款内容进行形式梳理和证据保存,并未实质改变合同内容。因此,招投标文件和《中标通知书》等书面文件已经构成了“书面合同”,该案合同关系业已成立。

(二)附条件合同的生效问题

被申请人主张,即使合同成立,但该案合同的通用条款约定,“本合同应在双方签字和买方收到卖方提交的履约保证金后生效”,该特殊约定并未违反法律法规的强制性规范,应属有效。而在案件中双方既未签订书面合同,申请人也没有提交履约保证金。依照我国《合同法》第45条“附生效条件的合同,自条件成就时生效”的规定,该案合同处于“成立未生效”阶段。

申请人主张,因被申请人恶意阻止合同所附生效条件成就,应视为条件已经成就,认定合同已经生效。

仲裁庭认为,该案被申请人在致申请人关联公司的函件中,承认合同未能签署的原因是由于OLED技术的快速发展,被申请人改造项目方案需要进行调整。且被申请人在函件中提出,由于自身受到世界经济危机的冲击,将在与其他公司合并后再与申请人协商。上述表述显示出,该案合同未能签订的原因在于被申请人对自身商业利益的考虑。根据我国《合同法》第45条第2款“当事人为自己的利益不正当地阻止条件成就的,视为条件已成就”的规定,应视该案合同的生效条件已成就,合同业已生效。

(三)该案合同未能签订的法律责任

前文已述,该案合同已经依法成立并生效。然而合同并未实际履行,由此产生的法律责任归属和责任范围问题成为案件的争议焦点。面对被申请人提出的抗辩理由,裁决书进行了条理清晰、逻辑缜密的反驳:

首先,对于被申请人主张申请人未支付履约保证金,被申请人依法享有“先履行抗辩权”无须承担责任的观点,裁决书指出该案合同并未约定履约保证金应先于合同签订之日提交,在被申请人拒绝同申请人签订书面合同的情况下,申请人未能支付履约保证金不是合同未能签订的原因,亦不构成申请人的先合同义务。且被申请人在往来函件中亦承认合同未能签订是由于其自身原因所致。故裁决书认定被申请人应承担合同未能签署的法律责任。

其次,关于被申请人“合同未能签订,应承担缔约过失责任”的抗辩理由,裁决书认为在该案合同已经生效的情况下,被申请人拒绝签署书面合同和履行合同义务,应承担违约责任。根据我国合同法的相关规定,当事人一方不履行合同义务或者履行合同义务不符合约定的,赔偿额应相当于因违约造成的损失,包括合同履行后可获得的利益。故申请人有权要求被申请人向其赔偿预期利润的损失。

最后,裁决书对照申请人的仲裁请求,逐项分析了违约损害赔偿的数额认定,并依据公平原则和诚实信用原则对申请人的预期利润数额进行了调整,既弥补了申请人因被申请人违约所受到的损失,又体现了合同法的公平原则的指引。

【结语】

该案裁决书条理清楚、逻辑缜密,从合同的效力出发,探讨该案合同是否成立、生效,并裁决被申请人拒绝签订合同的法律后果为承担违约责任,其每一环节均进行了充分的法理论证,裁决结果也符合诚信原则的要求,尊重了当事人订立契约的真实意思表示,有助于维护作为招投标合同中相对弱势方的中标人的利益。

在"一带一路"倡议的背景下,参与国际招投标项目中的中国企业需增强契约精神和诚信意识,不能轻易毁约,尤其在发出书面《中标通知书》后,合同双方的权利义务已确认。尽管国际上招投标合同的成立时间并不统一,但考虑到招投标程序的重大成本和严肃性,通行做法以不要式为原则,不允许当事人任意反悔拒签合同。

一方面,企业不能利用法律规定的形式义务来作为毁约的"挡箭牌";另一方面,国际经济形势变化莫测,技术升级换代日新月异,国际机电设备招投标采购中确实存在较大的商业风险,但技术进步既是风险也是机遇。在该案中,被申请人面对 OLED 技术升级换代,没有积极与申请人沟通协商,而是通过拖延方式造成申请人较大损失,也导致自行承担违约的后果。这启示企业在招投标过程中要提前做好风险评估与防范工作,具备风险意识,在机遇中创造更大的价值。

(案例评析人:赵　杭)

案例十一 中国A贸易公司与新加坡B贸易公司购销协议、委托代理进口合同争议案

中国国际经济贸易仲裁委员会(以下简称仲裁委员会)根据被申请人新加坡B贸易公司(以下简称被申请人)与案外人中国C国际贸易运输有限公司(以下简称C公司)分别签订的1号、2号《购销协议》中仲裁条款的约定,申请人中国A贸易有限公司(以下简称申请人)与C公司分别签订的3号、4号《委托代理进口合同》中仲裁条款的约定,以及申请人向仲裁委员会提交的《仲裁申请书》,受理了双方当事人因履行上述合同产生的争议案。

本案仲裁程序适用仲裁委员会自2012年5月1日起施行的《中国国际经济贸易仲裁委员会仲裁规则》(以下简称《仲裁规则》)的规定。

申请人选定X担任本案仲裁员。被申请人选定Y担任本案仲裁员。由于双方未在规定期限内共同选定或共同委托仲裁委员会主任指定首席仲裁员,仲裁委员会主任根据《仲裁规则》之规定指定Z担任本案首席仲裁员。三位仲裁员在签署了《声明书》之后成立仲裁庭,审理本案。

仲裁庭如期对本案进行了三次开庭审理,双方均委派仲裁代理人参加庭审。在庭审中,申请人和被申请人就申请人的仲裁请求和所依据的事实和理由分别进行了陈述和答辩,对证据进行了质证,就法律问题进行了辩论,回答了仲裁庭的提问,并进行了最终陈述。

本案现已审理终结。仲裁庭根据本案庭审查明的情况以及现有书面证据材料,依法作出本裁决。现将本案案情、仲裁庭意见以及裁决结果分述如下。

一、案　　情

申请人在仲裁申请书中称：

2013年1月28日和2月5日，申请人与案外人C公司先后签署了两份《委托代理合同》，委托C公司代理进口燃料油。2013年1月28日和2月5日，申请人的进口代理C公司与被申请人先后签署两份《购销协议》，向被申请人购买燃料油。

两份《购销协议》均约定：

(1)货物名称为M型号燃料油。

(2)货物数量为净油1.5万吨(±5%)。

(3)价格：近每吨700美元(净油)。

(4)货物材质的具体各项指标。

(5)数量和质量检测：卖方须在装货港自费委托商检机构检测货物的质量和重量，装货港出具的质量和数量证书将作为信用证议付发票的计算依据。买方须在卸货港委托商检机构复核货物的质量和数量。卸货港报告中的数量和水分差异(如有)构成索赔主要基础。检验费由买方支付，卖方有权出席该检验。

(6)付款方式：签订合同后，买方需为当船货物开出卖方可接受的60日有效不可撤销远期的见提单60日付款之信用证。

(7)最后装期：卖方在收到买方银行开出的有效信用证后3日内装运。

两份《购销协议》签署后，申请人按约定履行了开证义务。2013年1月30日申请人支付了第一份《购销协议》下的开证保证金人民币600余万元。2013年1月30日申请人的进口代理C公司申请开立信用证，并于2013年1月31日通过开证行中国建设银行为第一份《购销协议》开立信用证，信用证上载明：最迟装运日为2013年2月15日；货物数量为1.5万吨，信用证金额为近1000

万美元,允许货物数量和信用证金额有 ±5% 浮动。2013 年 2 月 5 日申请人支付了第二份《购销协议》下的开证保证金人民币 600 余万元。2013 年 2 月 7 日 C 公司通过开证行中国中信银行为第二份《购销协议》开立信用证,该信用证上载明最迟装运日为 2013 年 2 月 15 日,信用证金额为近 1000 万美元,允许信用证金额有 ±5% 浮动。

申请人严格履行了合同约定的开证义务,但被申请人却一再违约:

1. 被申请人两次延误装运期。被申请人延误装船日期,不能按照合同约定在开证后 3 天内装运货物,也不能在信用证约定的 2013 年 2 月 15 日前装运货物。经被申请人要求,申请人通过进口代理 C 公司于 2013 年 3 月 7 日同意修改两份信用证,约定两份信用证的有效期延至 2013 年 3 月 30 日,载明最晚装运期延至 2013 年 3 月 17 日。信用证修改之后,被申请人仍不能在 2013 年 3 月 17 日前装运货物。2013 年 3 月 21 日在被申请人保证货物质量符合合同约定的情况下,经被申请人一再要求,申请人通过进口代理 C 公司确认同意两份《购销协议》下的货物(以下简称合同货物)提单于 2013 年 3 月 21 日签发。

被申请人延误装运期,不仅增加了申请人的财务成本,而且使申请人错过了最佳销售时间。

2. 被申请人第二份《购销协议》下的提单货物数量超过合同约定货物数量的上限,提交单据金额超出合同约定范围及信用证金额的上限。

3. 被申请人装船货物质量与合同约定严重不符,并且故意隐瞒重大质量瑕疵,造成严重后果。

4. 虽然货物质量存在严重问题,申请人一直积极与被申请人协商,要求根据货物的实际质量妥善解决问题,但是始终未能与被申请人达成价格减让协议。被申请人于 2013 年 5 月 27 日要求退单,并将合同货物交由第三方报关和处理,此一系列行为均表明其不打算向申请人履行实际交货义务。

5. 被申请人提供的原产地证被海关认定存在虚假、涉嫌走私,货物被海关扣押,不仅使被申请人事实上无法履行实际交货义务,而且导致申请人被海关刑事调查,使申请人的商誉在业界严重受损。

被申请人的违约行为给申请人造成了严重商誉损失和经济损失,依据合同和法律应承担违约责任。

基于以上事实和理由,申请人提出如下仲裁请求:

1. 裁决被申请人向申请人赔偿因被申请人违约造成的损失人民币近2500万元及利息,其中:

(1)预期利润人民币1000余万元;

(2)向下家支付的违约赔偿金人民币近1000万元;

(3)申请人因被申请人违约发生的各项费用总计人民币近150万元。

2. 裁决被申请人承担本案仲裁费,以及申请人为本案而发生的差旅费、律师费等全部费用。

针对申请人的上述仲裁请求,被申请人在答辩中辩称:

1. 申请人在本案中明确提出的仲裁请求均是在被申请人不交货的基础上提出的请求,因此本案的核心争议应为被申请人是否存在"不交货"的情形。

2. 被申请人早已于2013年3月31日向本案协议上签字的买方C公司交付了货物,且货物自交付后一直处于买方的实际占有和控制下。

3. 案外人D进出口有限公司(以下简称D公司)与C公司是本案协议项下交易的共同买方。被申请人系应D公司的要求将本案协议项下提单和发票提供给D公司,由其报关。

(1)D公司与C公司是本案协议项下交易的共同买方。

本案所涉及的两份《购销协议》是C公司以"信用证开具公司"身份与被申请人签订的第二份和第三份进出口协议。该两份协议项下的交易同样经由D公司与被申请人沟通协商确定,并由D公司指定C公司与被申请人签订《购销协议》。该两份协议履行过程中的问题,主要由被申请人与D公司进行沟通,且这两份协议项下的《中华人民共和国自动进口许可证》(以下简称《进口许可证》或《自动进口许可证》),也同样是以D公司为"进口商"、C公司为"进口用户”的双抬头《进口许可证》。虽然D公司不是本案协议上的签字人，但D公司也是本案协议项下交易的买方。

(2)因C公司不配合报关，D公司要求被申请人提供1套本案协议项下的提单和发票并由其报关。

4.货物在交付买方后，由于非被申请人的原因被海关查封，与被申请人无关。

D公司在报关时向海关提交并被海关认定为伪造的原产地证并非被申请人提供的原产地证。事实上，因本案协议适用的是CNF(CFR)贸易术语，本案货物的进口手续以及进口相关税费均由买方自行负责和承担，被申请人没有任何动力或动机去伪造原产地证。货物由于非被申请人的原因被海关查封，与被申请人无关，因查封造成的损失应由买方自行承担。

综上所述，申请人系在被申请人“不交货”的前提下提出本案的仲裁请求。但事实证明，被申请人早已向本案协议的买方交付了货物，货物一直处于买方的实际占有和控制之下，且买方明确拒绝退货。在货物交付买方后，由于非被申请人的原因被海关查封，与被申请人无关。申请人因海关查封导致其不能处置货物，则转而提起本案仲裁向被申请人进行索赔，根本就是非善意的。被申请人据此请求仲裁庭查明事实，以维护被申请人的合法权益。

申请人在庭后提交的代理意见中称：

1.货物质量与合同约定严重不符，主要指标存在瑕疵，且被申请人提供装港质量证书无海关强制性查验要求的闪点指标，货物的实际闪点指标大大低于合同约定，导致严重后果，已构成根本违约，但被申请人明知并隐瞒，且不采取补救措施。

(1)货物存在严重质量问题，各项指标不符合合同约定及海关强制性要求，被申请人明知并隐瞒。

(2)申请人及时通知了被申请人货物存在的严重质量问题，并要求被申请人采取补救措施，但被申请人未予补救，未能向申请人交付合乎合同约定的货物。

2. 在货物质量存在严重问题,被申请人已构成根本违约的基础上,又发生了被申请人要求退单并通过他人处置货物的情形,之后又由于被申请人原产地证书造假导致货物被海关扣押,因此,均因被申请人的责任和原因导致合同履行不能,是被申请人的一系列行为最终构成单方毁约。

(1)被申请人不仅未向申请人交付符合合同约定质量的货物,且从未将货物的单据及所有权交给申请人。

(2)被申请人主张其已完成货物的交付,其持有提单仅仅是所有权保留,这完全是对法律的曲解。

(3)被申请人将货物交由第三方报关处理,表明其不打算向申请人履行实际交货义务,进一步构成单方毁约。

(4)由于被申请人第二次报关中原产地证造假导致合同货物被海关扣押,被申请人在法律上和事实上已不能履行实际交货的义务,导致合同最终履行不能,被申请人应对此承担全部责任。

3. 申请人通过C公司出具信函,“确认接受单据不符点,让银行流程及时办理承兑手续”,是以货物质量必须符合合同规定为前提条件的,不能免除被申请人未履行交单和交货义务的违约责任。

4. D公司不是本案项下的买方,其在本案交易中的作用仅是提供许可证;被申请人于2013年5月23日将货物交由D公司报关和处理,D公司仅是代理被申请人行事。

(1)D公司不是本案的买方,也没有承担任何买方实质性义务,在本案交易中的作用只是提供许可证。

(2)被申请人无任何证据证明D公司是本案项下的买方。

(3)D公司不是买方,只能是被申请人的代理人,是代被申请人行事。

5. 自然人F是促成外贸交易的中间人,在买卖双方中传递信息,属于自然人F的个人行为,并不代表D公司行事,也不能表明D公司是买方。

(1)签订和履行本案项下购销协议时,自然人F曾充当中间人,在买卖双方传递信息。

(2)自然人F曾促成D公司与被申请人达成交易,但自然人F并不是D公司的职员,被申请人不能将自然人F和D公司强行捆绑在一起,主张D公司是本案项下的买方,并主张自然人F的行为均代表D公司。

(3)在被申请人将货物交由D公司第二次报关时,自然人F曾作为自由的中间人在被申请人和D公司之间传递信息,这属于自然人F的个人行为。

6.被申请人应向申请人赔偿违约损失,包括预期利润、向下家承担的违约赔偿金和发生的各种费用。

(1)燃料油的市场价格。

(2)申请人与下家E国际贸易有限公司(以下简称E公司)签订的《油品购销合同》中的价格与当时的市场价格相符,申请人本应获得预期利润,但由于被申请人未能按照合同约定的质量标准履行实际交货义务且最终交货不能,导致申请人最终无法向下家履行交货义务,以致丧失了预期利润还承担了对下家的违约金。

(3)申请人与下家E公司是在业务上存在往来的两家独立的公司,双方之间的《油品购销合同》是真实的且已部分实际履行,被申请人没有有效证据否定申请人与E公司之间交易及赔偿的真实性。

被申请人在对申请人庭后代理意见的反驳中辩称:

1.申请人的庭后陈述和补充证据证明或进一步证明了下述事实:

(1)自然人F是D公司的代表。即使自然人F不是D公司的员工,自然人F与D公司之间也构成表见代理关系。

(2)自然人F同时也是申请人的代理人,但在本案协议签订时,自然人F作为申请人的代理人并没有向被申请人披露申请人与本案交易的确切关系。自然人F与申请人之间的代理范围并不仅限于协议谈判和签署,还包括协议履行。

(3)被申请人系根据自然人F的指示向自然人F提供了第二次报关使用

的单据。

(4)D公司报关的真正原因,是为了避免本案交易项下的《进口许可证》过期,而绝非申请人所声称的D公司系作为“被申请人的代理人”在替被申请人“另行处置货物”。

(5)所谓的“闪点问题”根本就是借口。

2. 被申请人进一步强调其观点如下:

(1)申请人与自然人F、D公司以及C公司之间的关系是买方的内部关系,与被申请人无关。与被申请人直接沟通的只有自然人F。

(2)自然人F是买方的代理人,被申请人系根据自然人F的要求向D公司提供单据报关,相应的后果应由买方自行承担。

(3)申请人至今未能提供任何证据证明被海关认定为伪造的原产地证是由被申请人提供的。

(4)申请人与E公司之间的交易是虚构交易,申请人主张的损失不能成立。

(5)从协议履行到本案仲裁,申请人自始至终都是非善意的。

被申请人在提交的庭后综述意见中提出:

1. 关于本案协议的签约和履约过程:

(1)在本案协议签约时,被申请人并不知道申请人与C公司之间的委托代理关系。申请人在其《财产保全申请书》中引用我国《合同法》第403条的规定来主张权利,即印证了这一事实。虽然申请人在本案中又改口称被申请人在签约时即知晓其与C公司之间的代理关系,但申请人并未能对此提供任何的证据。相反,证据显示,签约时被申请人只与D公司在进行沟通,甚至合同文件也是通过D公司在被申请人和C公司之间进行转递。

(2)本案协议签署后,协议的履行事宜,包括开证、装运、延期、提单、银行承兑以及补偿问题等,全部都是由被申请人与D公司(或申请人授权的自然人F)直接沟通。直至2013年6月中旬,在D公司向被申请人转发了一份申请人致C公司的《索赔函》(在《索赔函》中,申请人以C公司的委托人身份要求C

公司向被申请人进行索赔)后,被申请人才开始直接与C公司进行沟通。

(3)申请人对于被申请人将单据交由D公司报关的情况是清楚知晓的。在D公司向海关进行第二次报关的第二天,申请人即向D公司支付了人民币30万元的“许可证费”。申请人以向D公司支付“许可证费”的方式,表明申请人认可或者追认了D公司的报关行为,并且认可D公司是为了申请人的利益去报关。否则申请人难以解释,为何不早不晚,偏偏就在D公司报关后的第二天支付这笔“许可证费”,而此时距离被申请人向C公司交付货物已逾期近两个月(如果如申请人所说,其是“出于诚信”在还没有接受货物的情况下向D公司支付“许可证费”,申请人早就应该付这笔钱了,而不是等到两个月后付)。

(4)申请人在本案中一再强调的所谓“闪点问题”根本就是借口。申请人在本案中一再强调,由于装港质检报告没有闪点指标,导致货物无法报关并进而引致海关的高额罚金。但证据显示,适格的检测公司于2013年4月9日即已出具含有闪点检测结果的质检报告,申请人完全能够在海关规定期限,即货物到港后14天内持有含闪点检测结果的质检报告进行报关。从2013年4月9日某检测公司检测报告出具到6月中旬长达两个月的时间里,申请人从未正式向被申请人提出过闪点的问题。2013年4月双方商谈的《补偿协议》文本根本没有提及“闪点问题”。“闪点问题”归根结底影响的只是关税高低,而不是质量的问题。闪点高或低导致的关税差额(货值的5%)总计为人民币650万元左右,而申请人在本案中主张的其向下家支付的违约金就高达人民币近1000万元,申请人宁愿支付更高的成本来拒收存在“闪点问题”的货物明显不合逻辑。

2. 关于货物是否交付的问题——对申请人有关“交付”问题意见的反驳:

(1)货物的实物本身已向申请人交付并由申请人占有控制,被申请人保留提单正本只是作为获得货款支付的担保手段。

(2)在货物交付买方后,买方从未表示过拒收,且申请人明确表示不退货。

3. 关于D公司是否为本案交易的买方的问题及对申请人意见的反驳:

(1)D公司是唯一拥有合法油品进口资格并且直接与被申请人进行本案

协议项下交易的买方。

(2)申请人与D公司的关系属于买方内部关系,不能对抗作为第三方(卖方)的被申请人。

(3)申请人知道并且认可D公司的报关行为。

4. 申请人已确认自然人F是其代理人,自然人F的行为等同于申请人的行为。

5. 货物在报关过程中被查封,与被申请人无关。

6. 对于申请人在本案中提出的损害赔偿金额,鉴于被申请人已经向申请人交付货物,且货物在报关中由于非被申请人的原因被查封,申请人在被申请人"不交货"的基础上提出的损害赔偿请求全部都不成立,应依法全部被驳回。被申请人在此保留向申请人追讨货款的权利。

被申请人在对申请人提交的庭后代理意见及补充证据的反驳及补充陈述意见中进一步强调:

1. 申请人与自然人F、D公司以及C公司之间的关系是买方的内部关系,与被申请人无关,与被申请人直接沟通的只有自然人F。

2. 自然人F是买方的代理人,被申请人系根据自然人F的要求向D公司提供单据报关,相应的后果由买方自行承担。

3. 申请人至今未能提供任何证据证明被海关认定为伪造的原产地证是由被申请人提供的。

4. 申请人与E公司之间的交易是虚构交易,申请人主张的损失不能成立。而且即使该笔交易真实存在,申请人依据其与E公司之间的买卖合同要求被申请人赔偿转售差价和违约金的主张也不能成立。

5. 从协议履行到本案仲裁,申请人自始至终都是非善意的。

申请人在对被申请人提交的庭后综述意见的反驳中辩称:

1. 被申请人对本案事实作出的错误结论。

(1)被申请人的说法逻辑混乱、顾此失彼,是为了逃避违约责任的一种无力辩解。被申请人不仅事实上没有在装港确认过货物质量,更没有将合同货物改变为“凭现状交货”，具有装港质量证书也并不意味着申请人无权就到港货物质量瑕疵及由此产生的一系列根本违约行为主张救济的权利。

(2)在没有任何有效证据的前提下，被申请人一直错误坚持D公司是本案合同的买方，矢口否认申请人是买方的事实。在意识到无法否认申请人是实际买方的情况下，又转而主张其在签约时不知晓申请人是实际买方，而直至2013年6月申请人发送索赔函时才知晓申请人是实际买方。这一说法违背事实。

2. 被申请人不仅未向申请人交付符合合同约定质量的货物，且从未将货物实际交付给申请人。

3. D公司不是本案项下的买方，其在本案交易中的作用只是提供许可证；被申请人于2013年5月23日将货物交由D公司报关和处理，D公司是经被申请人同意可以报关、提货和处置货物的第三方。

(1)D公司不是本案项下的买方，在本案交易中的作用只是提供许可证。

(2)D公司于2013年5月23日第二次报关，其是经被申请人同意可以报关、提货和处理货物的第三方。

4. 自然人F不是D公司的职员，不代表D公司，其行为也不等于D公司的行为，其只是传递信息的中间人。

5. 货物在第二次报关中被查封的后果和责任应由被申请人承担。

6. 关于损害赔偿金额。

(1)申请人与E公司之间的交易及预期利润客观存在，被申请人的否认没有有效证据予以支持；

(2)申请人与E公司之间的违约赔偿金亦客观属实，被申请人应承担赔偿责任。

被申请人在庭后补充意见中辩称：

1. 本案的审理范围应围绕申请人在本案中最后明确的诉由，即被申请人“不交货”以及申请人基于该诉由提出的具体仲裁请求进行。

2. 申请人在本案中主张被申请人“不交货”，实际上是主张被申请人未向其交付作为物权凭证的正本提单。在信用证议付行已经拒付,银行信用降为商业信用、买方付款条件和卖方交单条件均归零的情况下,被申请人作为卖方依法享有对买方的同时履行抗辩权,在申请人向被申请人支付货款之前,被申请人有权拒绝向申请人提供正本提单。

申请人在本案中提出的被申请人将单据提供给D公司报关,即表明被申请人在主观上“不打算交货”以及由于合同货物仍被海关扣押,被申请人在客观上“无法履行实际交货义务”的主张均无依据,不能成立。事实证明,被申请人将单据交由D公司报关是为了使本案《进口许可证》不过期,而并非“将货物交由第三方处置”。此外,被申请人认为,本案合同项下货物已于2013年4月1日交付给申请人,而且只要申请人依约付款,被申请人随时可以向申请人交付正本提单,根本不存在“无法履行交货义务”的问题。

3. 提单只是物权凭证,卖方在向买方交付货物后,保留提单正本以担保自身能够获得买方的货款支付,这是法律允许的,并且是国际贸易中的常见做法。

(1)货物交付与所有权转移在法律上是两个完全不同的概念,法律允许卖方在货物交付后、在买方支付货款之前保留对货物的所有权。

(2)提单本身不是货物,而只是物权凭证(所有权凭证);卖方在向买方交付货物之后,通过对提单的处置保留对货物的所有权,从而担保自身能够获得价款支付是国际贸易中非常常见的做法。

4. 无论申请人主张被申请人“不交货”还是拒收货物,货物均是在买方的占有和保管期间,由于非被申请人的原因被海关查封,货物被查封与被申请人无关。

(1)D公司是申请人的代理人,而绝非与本案无关联的“第三人”。

(2)自然人F也是申请人的代理人,其在合同谈判阶段和合同履行阶段均代表了申请人。

(3)被申请人是应申请人代理人自然人F的要求,将单据交予申请人的另一代理人D公司进行第二次报关。

(4)D公司进行第二次报关的目的是使本案项下的进口许可证不过期，是为了申请人的利益报关，申请人为此在D公司报关的第二天即向D公司支付了30万元的“许可证费”。

(5)货物在报关的过程中被查封，与被申请人无关，因货物被查封引致的损失，应由买方自行承担。

申请人在庭后陈述意见中辩称：

1.被申请人一再延迟装运货物，且实际装运数量超限，造成单据与信用证不符。

2.被申请人提供装港质量证书无闪点指标，货物的实际闪点指标大大低于合同约定，货物质量存在严重问题，闪点、硫、残炭指标均与合同约定严重不符，构成根本违约。

(1)闪点是通关的第一指标，被申请人提供的货物装运港质量证书未注明闪点，导致海关无法立刻归类该油品，需查验货物，因而产生巨额滞报金。

(2)闪点是表示油品安全性质的指标，货物实际闪点大大低于合同约定，油品安全性降低。

(3)货物残炭和硫的实际含量大大超出合同约定的指标，货物质量存在严重瑕疵。

(4)由于被申请人提供的货物不符合本案项下的两份《购销协议》约定的指标，给申请人正常履行造成根本影响，已构成根本违约。

3.申请人及时向被申请人提出货物存在的严重质量问题，并于2013年4月10日提出了降价方案，以共同分担损失，但被申请人未采取任何补救措施，亦拒绝了申请人的提议，导致货物一直未能交付。

4.在货物存在严重问题已构成根本违约的基础上，被申请人要求退单并另行向他人出具发票、提单，并通过D公司另行报关、付款、处置货物，表明被申请人已不打算向申请人交付货物，计划进一步毁弃合同。

5.在被申请人将货物交由他人报关和处置的过程中，因原产地证造假导致合同货物被海关扣押,被申请人已法律上和事实上已不能履行实际交货的义务,导致合同最终履行不能,被申请人应对申请人因此遭受的经济损失承担全部责任。

被申请人声称货物被海关查封与其完全无关的主张不能成立,理由如下:

(1)根据《购销协议》第13条以及CNF贸易术语,被申请人作为卖方应提供商检机构出具的原产地证书原件,而非享受减免税优惠由东盟国家授权的特定机构出具的存在特殊格式要求的原产地证(Form E),但被申请人在与D公司另行协商进行第二次报关和货物处置的过程中,却提供了涉嫌伪造的Form E,导致货物被海关查封。

(2)D公司作为被申请人的代理人进行报关,如果是D公司造假,其行为后果也应归于被申请人。

(3)本案合同第一次正常报关时,C公司提交的是被申请人提供的商检机构出具的原产地复印件,并没有所谓的Form E,因此第二次报关及原产证造假与申请人无关,也印证了被申请人已经毁弃合同,不打算向申请人交货,才自作主张地找第三方D公司进行第二次报关。

(4)根据《经修订的中国—东盟自由贸易区原产地规则签证操作程序》,Form E只能由出口商提出申请和随附相应的证明文件,因此可以合理推断被申请人对原产地证造假导致货物被海关扣押存在过错和责任。

6.被申请人不仅从未将符合合同约定的货物交付申请人,而且一直控制提单等权利凭证,从未将货物权属在实际上和法律上交付给申请人。

(1)被申请人从未将货物及单据交付给申请人。

(2)无单卸货后,货物卸入申请人通过C公司承租的仓库,当申请人拟将货物转卖或另行处置时,不同意仓储协议的转让,这并不能说明申请人实际占有货物,反而证明被申请人仍然牢牢掌握货权。

(3)被申请人主张其已完成货物的交付,其持有提单仅仅是所有权保留,该观点完全是对法律的曲解。我国《合同法》第134条有关“所有权保留”的规定只是建议性的,只有在当事人有约定的情况下才能适用,但在本案中买卖双方无此种约定。

7. 申请人是本案货物的实际买方,被申请人从签约开始即已知道申请人的买方身份。

8. D公司不是本案项下的买方,在本案交易中的作用只是提供许可证;被申请人于2013年5月23日将货物交由D公司报关和处理,D公司是经被申请人同意可以报关、提货和处置货物的第三方,并不代表申请人。被申请人试图通过2013年5月24日支付“许可证费”这一事实主张申请人“认可”D公司进行第二次报关不能成立。

9. 自然人F在被申请人与申请人之间、被申请人与D公司之间传递信息,属于自然人F的个人行为。

(1)自然人F不是D公司的职员,不代表D公司,其行为也不等于D公司的行为。

(2)自然人F仅是本案贸易业务的中间人,负责在买卖双方传递信息,而不是申请人的代理人。

(3)在被申请人将货物交由D公司第二次报关时,自然人F曾作为自由的中间人在被申请人和D公司之间传递信息,但不是代表申请人发出指令。

10. 损害赔偿。

(1)申请人与下家E公司签订的《油品购销合同》中的价格与当时的市场价格相符,申请人本应获得预期利润,但由于被申请人未能按照合同约定的质量标准履行实际交货义务且最终交货不能,导致申请人最终无法向下家履行交货义务,以致丧失了预期利润并需承担了对下家的违约金。

(2)申请人与E公司之间的交易及预期利润客观存在,被申请人的否认没有有效证据予以支持。

(3)申请人与E公司之间的违约赔偿金亦客观属实,被申请人应承担赔偿责任。

二、仲裁庭意见

（一）适用法律

鉴于本案双方当事人在两份《购销协议》明确约定："在履行合同中所引起的争议或差异，双方都要友好协商，如果不能通过友好地解决争议，应把争议提交中国国际经济贸易仲裁委员会（地点：北京），由该委员会依照其仲裁规则和中国法律等解决争议。"同时，还约定适用国际商会指定的《跟单信用证统一惯例》（以下简称UCP600）和2010年《国际贸易术语解释通则® 2010》（以下简称《Incoterms 2010》）。因此，仲裁庭决定，本案适用中华人民共和国法律法规，并在判断双方与银行对信用证议付或承兑或付款项下的责任和交货方面的责任，适用《UCP600》和《Incoterms 2010》。

（二）关于本案两份《购销协议》的签订与效力

经庭审查明，本案申请人的代理人C公司与被申请人签订上述两份协议之前，申请人曾经与被申请人存在交易往来。

本案系争两份协议所涉交易，其直接由自然人F进行联络沟通，后又经被申请人要求，申请人授权自然人F与被申请人洽谈合同，最终申请人委托C公司作为其进口代理人与被申请人签订本案系争的两份《购销协议》，编号分别为1号和2号。合同约定，由申请人之代理人C公司作为买方向被申请人公司购买M型号燃料油。

经审查，上述两份《购销协议》载明的全部内容和条款与现行中国法律、行政法规并不相抵触。申请人之代理人C公司和被申请人不仅在两份购销协议的文本上签字及加盖公司印章，而且还在每一扉页上加"小签"。

双方对两份《购销协议》的签订与效力不持异议，故仲裁庭认定，本案两份《购销协议》是双方当事人的真实意思表示，依法成立，合法有效。根据我国

《合同法》第402条或第403条的规定,申请人是本仲裁案的适格主体。

(三)关于本案两份《购销协议》的履行及其争议

1. 关于本案协议的履行的基本事实。

本案两份协议约定的主要交易条件是:

货名:燃料油M型号;

产地:马来西亚;

数量:15,000吨(±5%);

材质:密度>0.90,闪点>50,黏度>70,硫黄<1.2%,水分<0.5%,杂物<0.15%,灰分<0.15%,倾点<20,残碳<8;

价格:CFR中国R港或N港近每吨700美元(净油);

付款方式:签订合同后买方需为当船货物开出卖方可接受的60日有效不可撤销的远期信用证提单日后60日付款的信用证;

最后装期:卖方在收到买方银行开出的有效信用证后3天内装运。

上述合同条款符合我国《合同法》第67条的规定,作为本案合同买方的申请人的代理人,C公司有先行履行开立信用证的义务。

(1)2013年1月30日申请人之代理人C公司向银行申请开立信用证。2013年1月31日开证行开出了第一份购销协议项下的1号信用证(L/C),规定装运日期为2013年2月15日。

(2)2013年2月5日申请人之代理人C公司申请银行开立信用证,2013年2月7日开证行开出了2号信用证,规定最晚装运期为2013年2月15日,到期地点为新加坡,有效期至2013年2月25日。

(3)2013年3月7日申请人应被申请人要求向开证行指示修改信用证的转运期及有效期。2013年3月7日开证行发出修改书,将1号信用证项下的装运期延至2013年3月17日,有效期改为2013年3月30日。

(4)2013年3月11日申请人与其下属E公司签订《油品购销合同》。

(5)2013年3月21日被申请人向申请人提供两份提单(B/L),编号分别为T1和T2,提单载明:清洁已装船;运费已付;装运港:丹戎帕拉帕斯港,马来西亚;卸货港:R港,中国(原文为:"Clean on Board; Freight Prepaid; Port of Loading:TG Pelepas, Malaysia; Port of Discharge: R Port, China")。

(6)2013年3月21日晚12时自然人F向被申请人转发由C公司发出的"同意将1号信用证和2号信用证项下的共计30,000吨燃料油的提单今日签发(2013年3月21日)"的邮件。

(7)被申请人于2013年3月25日向自然人F发邮件并附有M型号燃料油品质及数量报告。2013年3月25日申请人确认收到该份品质数量报告,该报告未载明闪点。

(8)2013年3月25日被申请人向银行交单议付。因被申请人交单与信用证规定不符,构成"不相符交单",遭银行拒付。

(9)2013年3月29日D公司获得进口许可证。进口许可证载明:进口方为D公司,进口用户为C公司。

(10)2013年3月29日C公司向被申请人出具确认接受不符点单据的函,该函通过自然人F发送至被申请人,并要求被申请人出具无单卸货保函。

(11)2013年3月31日承载货物的某轮抵达R港。

(12)2013年3月31日被申请人向承运人出具无单卸货保函,指示船代无单放货,无单卸货保函载明:船代免于承担由于遵循本函的指示所导致的一切不利后果,一切后果均由被申请人承担。

(13)2013年4月1日本案两份协议项下的货物卸载完毕,所卸货物存入申请人的代理人C公司租用的储油罐。

(14)2013年4月1日C公司委托报关公司对货物进行预报关。由于装运港的品质证书未标明闪点,无法确定税率。该次预报关适用的原产地证书为被申请人按照合同约定提交的原产地证书。

(15)2013年4月2日被申请人通过自然人F向申请人发邮件,邮件告知:今日通过某银行发电文至开证行了解情况,银行告知申请人尚未办理承兑手续,请贵司尽快向开证行办理承兑手续,待贵司将承兑电文发给我司之后,凭借正本提单即可提货。

(16)2013 年 4 月 10 日申请人通过自然人 F 向被申请人和中国香港某能源集团有限公司发送了以该两方为甲乙双方的,无日期、无双方签字的《补偿协议》文本。

(17)2013 年 4 月 11 日被申请人通过自然人 F 发送了日期为 2013 年 4 月 11 日、并对前述《补偿协议》进行修改的、有被申请人签字盖章而无乙方中国香港某能源集团有限公司签字盖章的《补偿协议》文本。

(18)2013 年 5 月 14 日应自然人 F 的要求:被申请人重新开具 1 套本案协议项下、以 C 公司为发票抬头的发票,并将发票扫描件通过电子邮件发送至自然人 F。同时要求将原件邮件发给 D 公司,该发票为 D 公司第二次报关所用。

(19)2013 年 5 月 21 日远期信用证的付款期限届满,自 2013 年 4 月 1 日至 2013 年 5 月 24 日,单据一直在开证行,申请人未能推进报关手续。

(20)2013 年 5 月 24 日 1 号信用证项下的单据被退回被申请人,在退单报文上 C 公司同意退单。并加注“同意退单,退单费用由我司承担”的批注。

(21)2013 年 5 月 24 日 2 号信用证项下的单据被退回被申请人,同样,C 公司加注“要求退单,同意退单,退单费用由我司负担”,并加盖 C 公司的公司印章。

(22)2013 年 5 月 30 日由 D 公司和自然人 F 进行第二次报关,后货物被海关因原产地证伪造而查封,至今货物仍在海关查封之中。

2. 关于争议的问题。

经仲裁庭审阅双方提交的书面材料(包括证据)以及三次开庭调查,仲裁庭发现,本案申请人与被申请人的争议贯穿了两份《购销协议》履行的全过程,在履约的不同阶段,存在不同问题的争议。

鉴于在案情部分已将双方的意见及主张作了如实罗列,为避免不必要的重复及仲裁文书的冗长,仲裁庭将对不同阶段的争议问题的意见进行综合归纳,并对各阶段的争议问题分别发表意见：

第一阶段——合同的签订阶段

仲裁庭注意到，在此阶段，双方争议的问题在于：(1) 本案两份《购销协议》的主体；(2) 申请人与自然人 F 的关系；(3) 申请人与 D 公司的关系。

关于本案两份《购销协议》的主体问题，申请人认为本案签约主体为：C 公司作为申请人代理人为买方，被申请人为卖方。被申请人则认为，C 公司是申请人的开证代理人；D 公司才是被申请人的真正买方，C 公司是 D 公司的下家，在签约时被申请人根本不知道申请人是买方。

对此，仲裁庭认为：

(1) 合同的主体，应在合同中明确载明，从本案两份协议的首部和尾部载明的内容来看，合同载明卖方（Seller）是 B 公司，买方（Buyer）是 C 公司，因此，合同主体规定明确。合同尾部由上述卖方和买方签字及加盖公司印章，并在每一页扉页上双方还加"小签"，表明在签约时，双方确认合同的相对方是申请人的代理人 C 公司和被申请人。因此，本案两份《购销协议》的主体是明确的、清楚的。而在合同文本上无一处有"D 公司"的字样，也无 D 公司为本案两份购销协议实际买方的条款。因此，仲裁庭不支持被申请人所谓本案两份《购销协议》的实际买方为 D 公司的主张。

虽然在合同尾部未标明 C 公司是代表申请人与被申请人签约，即未加文句 on behalf。但申请人与 C 公司在签约的同日签订了两份《委托代理进口协议》。《委托代理进口协议》之内容与两份《购销协议》的内容相互衔接、互相对应。故仲裁庭可以认定，C 公司是申请人的进口代理人。

即使被申请人与 C 公司签订本案两份《购销协议》时，不知晓 C 公司的委托人（申请人），但根据我国《合同法》第 403 条的规定，申请人有权向被申请人主张权利。

(2) 申请人与自然人 F 的关系。

申请人的主要意见：自然人 F 不是申请人的代理人，仅是代表申请人在订约阶段与被申请人谈判及在申请人与被申请人之间传递信息，自然人F也不是D公司的员工。

被申请人的主要意见：自然人F是申请人的代理人，其不仅在谈判阶段代表申请人，在合同履行阶段，其行为同样代表申请人的行为。

对此，仲裁庭认为：

第一，认定自然人F是否是申请人的代理人，必须有相应证据作为依据。证据显示，2013年2月1日申请人将其授权自然人F为代理人的授权书传至被申请人公司董事长，称：“您好，兹全权授权自然人F代表我公司与贵司洽谈燃料油M型号及相关化工产品的相关事宜。”

第二，双方提供的证据均显示，自然人F不仅代表申请人洽谈交易，在合同签订之后的各个履行阶段均有自然人F代表申请人行为的情事，诸如通知改证，代申请人发送《补偿协议》，代申请人发送确认接受不符点的交单函，参与被申请人核对货物质量与申请人一起解决与被申请人争议等的洽谈。

因此可以证明，自然人F在合同的各个履行阶段均以申请人代理人身份向被申请人传达申请人的种种意思表示，并向被申请人提出各种要求，即使诚如申请人所言，此种行为属于传递信息的行为，但就法律而言，自然人F确实传达了申请人的要求和申请人的意思表示，应当认定自然人F代表申请人行为。

第三，申请人主张自然人F仅是交易的信息传递人，因其个人行为已经超越了申请人的授权范围，但仲裁庭认为，即使自然人F的行为超越了授权范围，在本案中也没有证据证明申请人曾对自然人F超越《授权书》授权权限行为的事实予以否定，根据我国《民法通则》的相关规定，应认定申请人认可了自然人F的行为。

第四，此外，申请人还向自然人F支付代理报酬。

综上所述，仲裁庭认为，自然人F是申请人的代理人，两者关系为代理与被代理关系，申请人应对自然人F之代理行为承担民事责任。

(3)关于申请人与D公司的关系。

申请人主张:D公司是进口许可证的持有人,申请人虽借用D公司的《进口许可证》,但D公司不是申请人的代理人,而是与本案无关的第三方。

被申请人主张:D公司是申请人的代理人而绝非与本案无关的"第三人"。

对此,仲裁庭认为:

第一,本案两份《购销协议》的所涉标的为M型号燃料油,是限制进口的商品,任何人和公司需要进口该类商品,必须向商务部或其下属机构申领《进口许可证》。但该类《进口许可证》的申领单位必须具备资质,而且要符合《2008年原油、成品油同等贸易或非国营贸易进口允许量分配依据和申领程序》的规定。经庭审查明,本案合同的签约人C公司无申领及持有进口许可证的资质。

第二,申请人也不具备申领燃料油《进口许可证》的资质证。在庭审中,申请人也当庭承认申请人无申领进口许可证的资质。

第三,经查申请人与C公司签订的两份《委托代理进口协议》中第4条规定:"进口商品如需要许可证,由甲方(申请人)提供许可证……"根据此条规定,既然申请人不具备申请《进口许可证》的资质,那么申请人为进口上述合同货物必须通过合法途径寻找具有《进口许可证》的公司作为代理,否则根据我国《对外贸易法》的规定,申请人不得非法借用《进口许可证》。

第四,证据也显示,申请人在进行第一次预报关时,提交海关的CIQ报告上载明的"收货人"是D公司。由此可见,D公司代表了申请人。

第五,D公司进行第二次报关的海关缴税单均以D公司和C公司为双抬头。

第六,证据还显示,在报关后,申请人向D公司支付每吨60元的代理费。

综上所述,仲裁庭认为,D公司是申请人通过C公司进口燃料油的事实上的代理人。因此,申请人对D公司在履行本案合同过程中的报关行为,应当承担责任。

第二阶段——装运阶段

仲裁庭注意到，申请人对被申请人已实际装运了货物，且货物已在2013年3月31日抵达目的港这一事实不持异议。而双方对装运期限和装运货物的货物质量问题，各持己见。

申请人认为，被申请人一再推迟装运给其造成损失，装运的货物质量与合同规定不符，构成根本违约。

被申请人则认为：推迟装运期限是经申请人同意的，不构成延迟装运。被申请人装运货物的闪点与合同规定不符，只涉及关税税率，不是质量问题等。

对此，仲裁庭的意见如下：

(1)关于装运期限问题。

申请人称：申请人按照合同规定，通过代理人C公司于2013年1月31日和2013年2月7日申请开出了两份信用证。载明最迟装运期为2013年2月15日，但被申请人两次修改信用证的装运期，申请人同意两次修改，最终将装运期延至2013年3月21日，但被申请人一再延迟装运货物。

被申请人则辩称：申请人同意修改信用证的装运期，并承诺提单的签发日为2013年3月21日，因此，其行为不构成违约。

对此，仲裁庭认为：

由于本案两份《购销协议》约定的贸易规则为CFR，并采用信用证方式支付，因此，仲裁庭可以依照《UCP600》和《Incoterms 2010》的相关规定等认定双方的责任。

从买卖合同的具体规定看，“最迟装运期”规定卖方应在收到买方银行开出的有效信用证后3天内装运。两份信用证规定的装运期限为2013年2月15日。

因此，从《Incoterms 2010》对CFR A4的规定，以及信用证规定的装运期来看，被申请人应当在2013年2月15日装船，并提供2013年3月21日的提单。

《UCP600》第10条规定，开证银行在信用证的受益人的同意下可以修改。

若因受益人的原因,经开证申请人的同意,可以指示开证银行修改。

具体到本案,作为受益人的被申请人为履行信用证项下的相符交单,被申请人应当提供与信用证最迟装运期规定相符的提单,在被申请人收到申请人开立的信用证后,因其自身的原因,无法履行信用证规定装运期,两次要求申请人修改信用证的装运期,证据显示,申请人同意并指示银行修改,银行作了修改。

正如申请人自述,申请人应被申请人的要求指示开证行两次修改信用证,最终向被申请人承诺提单的签发日为2013年3月21日。

根据上述履约事实以及根据我国《合同法》第77条的规定,申请人与被申请人对合同装运期进行变更,并达成了修改装运期的一致意见。故仲裁庭不能支持申请人所谓被申请人一再延迟装运,构成违约的主张。

(2)关于装运货物的质量问题。

申请人主张:被申请人装运货物质量存在严重问题,闪点、硫、残碳指标与合同规定严重不符,构成根本违约。

被申请人抗辩:"闪点"的高低不影响货物的质量,仅影响关税税率,申请人主张闪点与合同规定不符是其不付款的借口等。

对此,仲裁庭认为:

(1)在买卖合同中,卖方所交的货物是否符合合同规定,必须依据合同的具体规定以及依据独立于买卖双方的第三方检验结构出具的检验结果加以判断。

根据本案两份《购销协议》第9条的规定:密度>0.90,闪点>50,黏度>70,硫黄<1.2%,水分<0.5%,灰分<0.15%,倾点<20,残碳<8。其第10条规定:买方须在卸货港委托商检机构复核货物的质量和数量,卸货报告中的数量和水分的差异(如有),构成索赔的主要基础。检验费由买方支付,卖方有权出席该检验。

(2)根据上述规定及卸货港检验机构某检测公司的检验报告所载明的结果与合同规定进行比较,实际存在申请人所主张的三项指标与合同规定不符,即闪点<40℃(合同规定>50℃),硫和残碳的含量也高于合同的规定。因此,被申请人装运的货物质量和合同规定不符，存在质量问题，这是不争的事实。

(3)双方在庭审中，对合同货物指标中的“闪点”对货物的影响具有共识，特别是“闪点”高低决定油品危险的等级划分，并对确定关税税率有直接影响。

故仲裁庭支持申请人主张的被申请人装运货物的质量和合同规定不符，被申请人构成违约。

但仲裁庭也必须指出，《购销协议》第10条规定：“卖方须在装货港自费委托商检机构测定货物质量和重量，装货港出具的质量和数量证书将作为信用证议付发票的计算依据。”“买方须在卸货港委托商检机构复检货物的质量和数量，卸货港报告中的数量和水分的差异(如有)构成索赔的主要基础，检验费用由买方支付，卖方有权出席该检验。”根据上述约定，货物的“闪点”、“含硫量”及“残碳”三项指标与双方的约定不符，并不构成索赔的主要基础，也不能作为申请人拒绝被申请人支付货款请求的理由。

由于我国《合同法》对“根本违约”未作明确界定，故仲裁庭根据《联合国国际货物销售合同公约》第25条的规定，判定被申请人交付的货物尚未达到剥夺申请人预期应当获得的东西的程度。事实上，申请人一再向被申请人表示，通过“降价”方式接受该批货物。这一表示也反证了被申请人交付的货物与合同不符并不构成根本违约。

因此，对申请人所谓“被申请人一再延迟装运货物，且货物的实际闪点指标、硫、残碳指标与合同约定严重不符，构成根本违约”的主张，仲裁庭不予支持。

第三阶段——关于“交单议付”与“承兑付款赎单”的问题

正如前述第(三)项第1点所述，申请人对被申请人于2013年3月25日，即货物尚未抵达目的港的前夕，向银行办理交单议付时，由于单据与信用证规定不符，构成不符点交单，遭银行拒付的事实不持异议。在本阶段，双方争议的关键在于：(1)申请人向被申请人出具确认接受不符点单据的函，而后又不向银行办理承兑手续，从而未从银行获得单据的责任归谁；(2)是因为被申请人未向申请人履行交单义务，还是被申请人不想交单。

申请人的主要意见是：申请人于2013年3月29日向被申请人出具信函，确认接受被申请人的单据不符点，让银行及时办理承兑手续，是以货物质量必须符合合同规定为前提条件的，该函不能免除被申请人未履行交单、交货的义务的违约责任等。

被申请人的主要意见：

(1)被申请人基于申请人《确认接受不符点函》的信赖，指示船代凭无单卸货保函卸货。

(2)申请人只要向银行办理承兑手续，向银行付款，即可取得单据，申请人不向银行办理远期信用证项下相应的承兑手续，未能获得单据，责任在申请人。

(3)在信用证支付方式丧失的情况，保留正本提单是履行同时抗辩权。

对此，仲裁庭认为：

(1)本案的被申请人(卖方)在履行信用证交单义务上构成“不相符交单”，遭银行拒付，即被申请人无法兑现合同规定的银行付款的后果由卖方自负。

(2)在履行买卖合同项下信用证规定的交单议付时，出现卖方交单与信用证不相符，并不构成作为信用证开立基础的买卖合同的消灭。

(3)在买卖合同仍然存在的前提下，在合同约定的信用证支付方式不能实现的情况下，买卖双方必须就履行交货与付款的方式进行再协商，以达成继续履行合同的新的方案或协议。

(4)证据显示，在被申请人交单议付阶段，因不符点交单，遭银行拒付后，申请人曾于2013年3月29日通过其代理人C公司出具《确认接受不符点的函》，称：

TO：B公司关于1号信用证和2号信用证项下到单的某轮近2万吨和近1.5万吨M型号燃料油，由于其中一套单据(1号信用证)建行还在审单中，又加上路途遥远，预计在货物到港前正本提单无法送到卸货港按时卸货，请贵司出具卸货保函，避免发生不必要的滞港费，我司确认接受单据不符点，并让银行按流程及时办理手续,随后会将承兑电文发给贵司,感谢贵司的配合!

C公司国际货物运输有限公司签字和盖章

2013年3月29日

从上述函件的内容来看,仲裁庭认为,该份函件是申请人为解决其向被申请人提货和付款的一项要约。一旦该要约为被申请人接受,则双方达成了一项新的协定。

而被申请人已经以行动表示接受申请人要约,则申请人应当遵照函件所作出的承诺:①接受单据不符点;②让银行按流程及时办理承兑手续;③将承兑电文发送被申请人。

然而,证据显示,申请人在凭无单卸货保函卸货以后,既不接受不符点单据,又不向银行办理承兑手续,也不可能发送承兑电文。

申请人在已违背其承诺的情况下,指责被申请人不交单、不交货,毫无事实和法律依据。

(5)从上述函件的内容来看,其根本没有载明如申请人所述的以交付货物与合同规定相符为前提条件。何况在申请人出具此份函时,申请人早已知道货物闪点与合同的规定不符。在明知货物与合同规定不符的情况下,出具《确认接受不符点的函》,表明申请人接受不符点,不以货物质量与合同规定相符为接受合同货物的前提。

(6)在信用证支付方式下,即使受益人交单不符点,如开证申请人同意接受不符点单据,开证申请人向银行付款赎单,银行无理由不向申请人交单。换言之,申请人应当向银行付清款项,取得单据。因此,仲裁庭不支持申请人所谓被申请人不向其交单的主张。

综上所述,申请人违背承诺,不向银行办理承兑付款手续,未从银行获取信用证项下单据,因此,责任应由其自负。被申请人不应承担由此产生的一切后果。

第四阶段——货抵目的港卸货

仲裁庭注意到,双方在此阶段的争议仍然围绕“交货”和“交单”问题。

申请人的主要意见为:被申请人不仅从未将符合合同约定的货物交付给申请人,而且一直控制提单等权利凭证,从未将货物权属在实际上和法律上交付给申请人。

被申请人的主要意见为:提单只是物权凭证,卖方在向买方交付货物后,保留提单正本以担保其自身能够获得买方的货款支付,这是法律允许的,并且是国际贸易中的常见做法。货物交付与所有权转移,在法律上是两个完全不同的概念。

仲裁庭认为,双方争议的实质在于:申请人凭借被申请人向承运人出具的无单卸货保函卸完货物,并存入其代理人租用的储油罐,是否构成被申请人实际上向申请人交付了货物,以及在申请人卸货之后、没有向被申请人付清所卸货物的货款之前,被申请人是否有权不向申请人交付正本提单,以此来保留其对所卸货物的所有权。

为此,仲裁庭分别对这两个问题进行分析:

第一,申请人凭被申请人向承运人出具的无单卸货保函卸了货,是否可视为被申请人已向申请人交付了实际货物?

仲裁庭认为:就法律规定而言,我国《海商法》对海运提单作了明确规定。该法第71条规定:“提单,是指用以证明海上货物运输合同和货物已经由承运人接受或装船,以及承运人持证据以交付货物的单证。提单中载明的向记名人交付货物,或者按照指示人的指示交付货物,或者向提单持有人交付货物的条款,构成承运人据以交付货物的保证。”

根据上述规定,表明了提单具有三项重要作用:(1)运输合同证明作用;(2)货物收据作用;(3)物权凭证作用。同时,也表明了提单是承运人保证据此交付货物的单证。承运人是根据提单载明的抬头交付货物的。若是指示提单,则承运人按照指示人的指示交付货物,或者向提单持有人交付货物。通常而言,承运人不会向不持提单的人交付货物。

具体到本案中,被申请人在申请人向其确认接受不符点单据的情况下,向承运人出具无单卸货保函,指示承运人向无正本提单的申请人放货。申请人确实从承运的船只卸了货,并将货物存放在其代理人租用的储油罐。仲裁庭必须指出:承运人向申请人的上述放货行为,并非承运人自身向申请人"交货"的行为,而是承运人受被申请人指示所做的行为。该等行为应当视为被申请人向申请人交付了实际货物。

但证据显示,被申请人向申请人交付的燃料油的质量与合同规定不符,特别是"闪点"与合同规定不符,直接导致了关税增加,但被申请人交付此种与合同规定不符的货物是在履行交货义务上存在瑕疵,在法律上不能视为其不交货,在实务上也不等于其不交货。

因此,仲裁庭对申请人以被申请人交货的质量存在问题为由,指称被申请人从未将符合合同约定的货物交付申请人,从而根本否认被申请人向其实际交货的主张,仲裁庭不予认定。

第二,申请人凭借无单卸货保函卸了货,在货款没有付清之前,被申请人能否保留提单正本,保障货物所有权的权利?

对此,仲裁庭认为:在国际货物买卖交易中,卖方为确保其出口货物的货款安全收汇,在合同中加订"保留货物所有权条款",或在货物实际装船之后,以《保留货权转移证明书》或保留正本提单等做法来保障其货权的情况屡见不鲜,为各国法律所允许。同时,从法理上来讲,在商品经济高度发达的条件下,财产(包括货物)所有权的权能在一定的时空条件下,常常会发生分离,尤其是"占有权",也就是由非所有权人实际占有货物,但在买受人未向原所有权人支付对价之前,原所有权人保留货物所有权凭证提单,并不为过,这也为各国法律所认可。反之,若非所有权人长期占有所有权人的货物,该行为则构成非所有权人占有他人货物,在法律上构成侵权。

根据本案的履行事实,被申请人交付的货物与合同规定不符,特别是"闪点”不符，直接导致了申请人的关税税赋增加。申请人完全有权要求被申请人依约赔偿，在双方未就货物质量赔偿达成一致意见的情况下，在合理时间内由申请人暂时占有货物，并且暂时不予付款的现象，在实务中也经常发生，不足为奇。

但在本案的情况下，无论如何，申请人应当对其占有货物负有减少损失的责任。在申请人要求被申请人的降价方案不为被申请人接受的情况下，应当机立断，或接受货物，支付货款，保留对被申请人的索赔权；或不接受货物，退回所有货物，并保留对被申请人货物不符合合同规定所造成损失的索赔权。

然而，事实上，申请人既不采取接受货物支付货款，保留索赔权；又不拒绝接受货物（退回货物），保留因货物质量不符的索赔权。申请人的这种做法有违商业习惯。

在申请人对远期信用证付款期限届满后（2013年5月21日），仍然不向被申请人作出抉择，导致被申请人在银行向其退单后，为避免“货、款两空”，被申请人没有向申请人交单，以保留货物所有权的行为，仲裁庭认为是合法、合理的。

就国际货物买卖的性质而言，当合同规定贸易规则为CFR以及以信用证方式支付时，双方的交易性质实际是单据买卖，卖方（被申请人）在交付实际货物的同时，也应交付代表货物所有权的提单。实际上是单据与货款对流，“一手交单，一手付款”，但在卖方交单构成不符点、银行信用无法兑现的情况下，而且货物已经到港，并存入了买方的仓库，买卖性质已发生了变化，已经从原来的“单据买卖”变为“实物买卖”，即构成了“货与款对流”——“一手交货，一手付款”。在申请人实际占有货物的情况下，其不付分文货款，被申请人不向申请人交单，从而导致申请人也无法提货的责任，不能归责于被申请人。特别是被申请人向申请人提出了两个方案：一是退货，二是赔偿，申请人对此仍然置若罔闻，不采取措施，不作出抉择，却采取强硬态度，不仅使争议陷入僵局，而且使损失继续扩大。此时，申请人应当承担此种做法所导致的相应后果以及所产生的相应损失。

第五阶段——关于进口报关问题

仲裁庭注意到,在本案货物抵达目的港前,申请人之代理人委托报关行进行预报关,后因被申请人提供的原产地证书未标明闪点,使海关无法核定税率,也未申报成功,对此双方不持异议。关键的争议在于双方对所谓的“第二次报关”(正式报关)的原因,以及货物被海关查封的责任归属的分歧。

申请人的主要意见:

(1)被申请人将本案合同项下货物向第三方D公司另行开具一套发票向D公司提供提单原件,由D公司二次报关,表明被申请人毁弃合同,不打算将货物交给申请人。

(2)在被申请人将货物交由他人(第三人D公司)报关和处理的过程中,因原产地证造假,导致合同货物被海关扣押。因此,被申请人在法律上和事实上已经不能履行实际交货的义务,导致合同最终履行不能,被申请人应对给申请人造成的经济损失承担全部责任。

被申请人的主要意见:

(1)为避免本案合同项下的《进口许可证》过期,被申请人应申请人的代理人自然人F的要求,将提单(非正本)提供给D公司进行报关,D公司是为了申请人的利益报关,由于货物在D公司报关过程中被海关查封,申请人为了转移损失和风险,转而以被申请人不交货为由提出仲裁,毫无诚信可言。

(2)被申请人将单据交由D公司报关是为了使本案《进口许可证》不过期并非将货物交由“第三方处理”。

(3)申请人清楚D公司第二次报关的起因、目的以及经过。申请人不仅在D公司第二次报关后付了人民币30万元“许可证费”,且在货物被查封前,从未对D公司报关事宜提出过异议。

(4)原产地证书造假与被申请人毫无关系。

对于双方上述分歧意见,仲裁庭为分清是非、判断双方责任,分别发表下列意见。

(1)本案货物“二次报关”的原因。

经庭审查明,本案为远期信用证(提单日后60日)付款,正如前述,由于被申请人在交单议付时构成不符点交单,遭银行拒付,而申请人承诺接受不符点单据,并向银行办理承兑手续。但事实上,申请人并未去银行付款赎单,申请人的该等行为,直接导致在60日的付款期限内,单据一直滞留在银行。

同时,在庭审中,申请人确认其无《进口许可证》,而需借用D公司的《进口许可证》进行报关。在上述《进口许可证》的有效期即将到期之际,是申请人的代理人自然人F于2013年5月14日要求被申请人重新开具发票并提供小提单以便进行报关,从而避免《进口许可证》过期无效,影响D公司来年的配额分配和货物长期滞港(参见自然人F情况说明)。

在此情况下,被申请人重新开具发票并要求船代出具“小提单”(non-negotiable 信用证)供D公司报关之用。

该等原因可以视为被申请人的善意之举,也是为了申请人的利益所为,不能归责于被申请人。更何况,被申请人向D公司提供的发票是以C公司为抬头,“小提单”是非正本的提单。因此,被申请人同样无法提取储存在申请人租用油罐中的油,并将其转卖给第三者。

因此,对申请人所谓被申请人出具单据将货物交给第三者处理,导致被申请人实际无法向申请人交付货物的主张,仲裁庭不予支持。

(2)进口货物进口报关的责任问题。

根据《Incoterm 2010》对CFR的规定,进口人(买方)应当按照B2规定:“如适用时,应由买方自负风险和费用,取得所有进口许可或其他官方授权、办理货物进口和从他国过境所需的一切海关手续。”

我国《海关法》第18条和第21条规定:进口货物的收货人自运输工具申报进口之日起14日内向海关申报,进口货物的收货人超过前款规定期限,未向海关申报的。由海关征收滞纳金,国家限制进口的货物,没有许可证的,不予放行。

具体到本案，本案合同项下的《进口许可证》是D公司的。在《进口许可证》中载明的进口方是D公司，用户为C公司，即申请人的代理人。因此，毫无疑问，本案货物进口报关的责任人是D公司或D公司和C公司，而非被申请人。

(3)关于货物被海关查封问题。

在庭审中，双方对本案合同项下货物在“二次报关”中，因伪造原产地证而被海关扣押这一事实不持异议。但申请人指称是因被申请人的原因，而被申请人则辩称“与其无关”。

对此，仲裁庭认为：

查明是谁伪造原产地证书不属于仲裁庭的审理范围。但从本案合同约定而言，被申请人仅需提供商检机构出具的产地证，无须提供Form E原产地证书。

申请人自始未向仲裁庭提交其要求被申请人提供Form E格式的原产地证书的证据。在进出口实务的操作上，如在买卖合同中未规定“卖方须提供Form E”产地证或者申请人(买方)不要求被申请人(卖方)提供Form E原产地证的情况下，卖方(被申请人)无义务也不可能有向申请人提供Form E原产地证的责任。本案“二次报关”的责任人不是被申请人，被申请人无理由知道具体报关发生的事情。并且，申请人自始没有向仲裁庭提交被申请人作假的证据。

因此，申请人声称D公司在报关过程中因涉伪造原产地证书，导致货物被海关查封，又进一步致使被申请人实际无法向申请人“交货”的主张，因申请人无证据支持，故仲裁庭不支持申请人的上述主张。

(四)关于申请人和其下家签订的《油品购销合同》的问题

仲裁庭注意到，申请人是依此合同作为其向被申请人主张损失赔偿的依据。为此，双方意见的分歧如下：申请人申称，在其代理人C公司与被申请人签订本案合同后，申请人于2013年3月11日与其下家E公司签订了《油品购销合同》，由于被申请人违约，导致其预期利润损失了1302万元，并向E公司支付了近1000万元的违约金损失。

而被申请人辩称：申请人与E公司之间的交易是虚假的，被申请人无法预知其与E公司之间的合同内容，即使该合同实际存在，当时的燃料油价格下跌，申请人完全可以从国际市场补进货物向E公司交货，申请人未采取防止扩大损失措施，即使损失也应由申请人自负。

对此，仲裁庭认为：

(1)被申请人未就其所谓“申请人与E公司之间的交易是虚假交易”提供证据，故仲裁庭不采信被申请人所指称申请人与E公司之间的交易是虚假交易的主张。

(2)经仲裁庭查核证据发现，本案《购销协议》与《油品购销合同》两者之间存有一些相似条款，诸如品名、质量指标，但也发现两者之间存在不同之处，例如，在数量上两者明显不同，特别在数量溢短百分比的规定上有交货数量差异。本案两份《购销协议》规定溢短是“±5%”，因此，被申请人的最低供应量为28,500公吨，而申请人根据《油品购销合同》的最低供应为29,450公吨。两者差距1000公吨左右的货物。仲裁庭认为，这一差距是重要的，因为申请人在2013年3月11日与E公司签约时，根本不知道两份《购销协议》项下的实际交货量能否符合《油品购销合同》的交货数量的要求。换言之，如果假设《购销协议》与《油品购销合同》存在内在联系，那么申请人将可能面临一定的违约风险。仲裁庭认为，这是不符合正常的商业理性的。

(3)《油品购销合同》的技术标准规定以“外销合同为准”，暂且先不论外销合同这一名称的错误，仅从订立时间看，《油品购销合同》是在两份《购销协议》签订之后签订的。假定两份《购销协议》属于申请人所谓《油品购销合同》的外销合同，那么申请人在与E公司签订《油品购销合同》时必须要援引(或注明)上述两份协议的编号，这是表明两份《购销协议》与《油品购销合同》存在内在联系的必要条件，然而事实上，申请人根本没有在《油品购销合同》中注明两份《购销协议》的编号、日期等信息，因此，仲裁庭难以认定两份《购销协议》与《油品购销合同》存在内在联系。

(4)再由于申请人不是本案两份《购销协议》的实际签约方,其代理人C公司也未告知申请人的下家,被申请人难以预见申请人在与E公司签约的条件。根据我国《合同法》第113条的规定:“当事人一方不履行合同义务或者履行合同义务不符合约定,给对方造成损失的,损失赔偿额……不得超过违反合同一方订立合同时预见到或者应当预见到的因违反合同可能造成的损失。”

因此,对于申请人依据《油品购销合同》所主张的预期利润损失以及支付给E公司的违约金损失,仲裁庭不予认可。

(五)有关仲裁请求

1. 关于申请人的第1项仲裁请求,裁决被申请人向申请人赔偿因被申请人违约造成的损失人民币近2500万元及利息,其中:(1)预期利润人民币1000余万元;(2)向下家支付的违约赔偿金人民币近1000万元;(3)申请人因被申请人违约发生的各项费用总计人民币近150万元。

根据仲裁庭意见第(三)项第2点中第一阶段、第二阶段、第三阶段、第四阶段、第五阶段以及第(四)项所述意见,仲裁庭对于申请人的上述请求不予支持。

2. 关于申请人的第2项仲裁请求,裁决被申请人承担本案仲裁费,以及申请人为本案而发生的差旅费、律师费等全部费用。

仲裁庭认为应由申请人承担全部仲裁费,申请人为本案花费的全部律师费由申请人自行承担。

三、裁　　决

综上所述,仲裁庭作出裁决如下:

1. 驳回申请人的全部仲裁请求;

2. 本案的仲裁费全部由申请人承担,上述仲裁费已与申请人预缴的等额预付金相冲抵。

本裁决为终局裁决，自作出之日起生效。

案例评析

【关键词】

国际货物买卖合同；无单卸货保函；实际交付；所有权保留

【焦点问题】

该案涉及的核心问题：一是在国际货物买卖中卖方向承运人出具了无单卸货保函，并让买方在没有正本提单的情况下取走货物，是否构成卖方向买方交付货物；二是在准许买方无单提货之后，卖方是否有权保留提单正本直至买方付款；三是提货后的买方应当承担何种法律义务？

【焦点评析】

涉案纠纷属于国际货物买卖合同纠纷，涉及国际货物买卖中的代理关系、货物交付、货物质量、无单卸货、所有权保留、进口报关、违约救济等典型问题。现结合本案案情及双方争议焦点，评述如下。

与一般国际货物买卖合同纠纷相比，该案涉及的事实问题和法律问题要密集和复杂得多。仲裁庭为了分析这些问题，依照合同履行过程中的五个不同阶段（签订阶段、装运阶段、交单议付阶段、卸货阶段和进口报关阶段），依次就各阶段履约有关的事实问题和法律问题展开分析。

根据该案合同的约定，解决本案争议适用中国的实体法，以及《UCP600》和《Incoterms 2010》。

以下分析其中几个重要的问题。

(一)在卖方和买方之间中间环节的公司和个人是否构成代理,以及构成何方当事人代理

在该案合同的履行过程中,除当事人申请人和被申请人外,至少还涉及C公司,自然人F和D公司三方。其中C公司直接作为买方与被申请人签订本案合同,其地位为真正买方申请人的代理人,对此申请人和被申请人不持异议。

双方对自然人F和D公司的身份产生争议。鉴于申请人曾将其为自然人F出具的授权书发给被申请人,且自然人F在该案合同履行过程中曾数次代表申请人行事,故仲裁庭认定自然人F是申请人的代理人,至于其是否超出代理权则在所不论(因为至少构成表见代理)。

因为该案合同项下进口的商品为M100燃料油,属于限制进口的商品,任何公司进口该商品均需要向商务部门申请《进口许可证》。该案申请人并无申领《进口许可证》的资质,在进行预报关时提交海关的商检报告上填写的收货人是有许可证的D公司;第二次报关是由D公司直接进行,海关缴税单是以D公司和C公司为双抬头;而且在报关后,申请人还向D公司支付了代理费。基于这些情形,仲裁庭认定,D公司是申请人事实上的代理人,其行为效力及于申请人。

在合同签订阶段对代理问题的认定,是仲裁庭后续论述的必要基础。没有这个问题认定,就无法确定后续合同履行中各方行为的法律效果。

(二)货物质量指标未达到合同约定的标准,是否构成根本违约

在装运阶段,仲裁庭分析了装运期限和装运货物质量的问题。关于装运期限问题,因为申请人修改了信用证中的装运期,故仲裁庭认定,双方当事人对装运期已经进行了变更,不支持申请人关于被申请人延迟装运、构成违约的主张。

此阶段的重点是货物质量问题。货物指标中的"闪点"不符合合同约定,且"闪点"高低影响油品等级,并直接影响关税税率,对此双方无争议。仲裁庭

基于该事实,认定被申请人在交货质量问题上构成违约。但仲裁庭同时认为,货物尚未达到“剥夺申请人预期应当获得的东西”的程度(注意此项规定来自《联合国国际货物销售合同公约》第25条),故被申请人交货与合同不符,并不构成根本违约。

(三)买方接受单据不符点却未办理银行承兑手续的情况下,其关于卖方未交单的主张是否成立

这是仲裁庭讨论的交单议付阶段的问题。该案中无争议的相关事实是,货物抵达目的港前,被申请人向银行办理交单议付,由于单据与信用证规定不符,被银行拒付;此后,申请人向银行确认接受单据不符点。申请人认为,在此情况下,其向银行办理承兑手续,是以货物质量符合约定为前提,其接受单据不符点,不能免除被申请人未履行交单、交货的违约责任。被申请人则认为,申请人在此情况下只要向银行办理承兑和付款,即可取得单据,故未能获得单据责任在于申请人。

基于信用证和基础交易合同相互独立的原则,仲裁庭认为,在信用证作为支付方式的情况下,交单议付时出现单证不符的情况,并不构成买卖合同的消灭。在买卖合同仍然存在而信用证支付方式不能实现的情况下,买卖双方应进行协商以达成新的方案。该案申请人在接受不符点的书面函中明确提出,其将及时在银行办理承兑手续,并将承诺承兑的电文发给被申请人;但申请人事后却未能办理承兑,已经违反其承诺。假如申请人及时向银行承兑和付清款项,即可取得单据。故仲裁庭对申请人指责被申请人不交单的主张不予支持。

仲裁庭就此问题的分析和认定,对于国际贸易实务中出现单证不符情况时,当事人应该如何处理的问题,有一定的参考意义。

(四)卖方向承运人出具的无单卸货保函并让买方在没有正本提单的情况下取走货物,是否构成卖方向买方交付货物

仲裁庭注意到,在卸货阶段,双方的争议焦点仍然是交货和交单问题。

该案的有关事实是,货抵目的港后,被申请人向承运人出具无单卸货保函,申请人(或其代理人)将货物卸下并存入申请人代理人租用的储油罐。问题在于,这是否构成被申请人实际上向申请人交付了货物?以及在申请人卸货之后、付款之前,被申请人是否有权不向申请人交付正本提单,以保留货物所有权?

就第一个问题而言,仲裁庭首先援引了我国《海商法》第 71 条的规定,认为提单具有物权凭证作用。承运人原则上应当根据提单载明的抬头交付货物。该案被申请人在申请人确认接受存在不符点单据的情况下,向承运人出具无单卸货保函,此种放货行为是承运人根据卖方指示所做的将货物置于买方实际控制下的行为,应当视为被申请人向申请人交付了实际货物。

仲裁庭进而认为,货物"闪点"等指标与合同约定不符,直接导致关税增加,此乃履行交货行为存在瑕疵,但在法律上和实务上不能将其视为不交货。仲裁庭的这一认定,实际上否定了申请人关于所交货物必须是符合合同约定货物的主张,把卖方的交货义务和卖方对货物质量的义务区别对待,处理得非常清楚。

(五)在签发无单卸货保函后,卖方是否有权保留提单正本直至买方付款

这是仲裁庭关于卸货阶段分析的第二个问题。有关事实是,申请人在实际控制货物后,曾经与被申请人谈过货物降价问题,但双方未能达成一致意见。仲裁庭认为,申请人既然已经实际控制货物,就应当对其占有货物负有减少损失的责任。在申请人向被申请人提出的降价方案不为被申请人接受的情况下,申请人应当作出抉择,或者接受货物,支付货款,并进而就质量问题向被申请人索赔;或者退回货物,并保留对被申请人的索赔权。但申请人未采取任何一种方案,有违商业习惯。与此相对的是,被申请人在银行拒付退单后,没有向申请人交单,以保留货物所有权,仲裁庭认为是合理的。

仲裁庭在这个问题上的分析,在很大程度上是考察了商业上的合理性。当时的状况是,货物已经实际处于作为买方的申请人的控制之下,申请人掌握了

主动权。如前所述,申请人此时只要承兑付款即可取得单据,但申请人并未采取此付款措施;如果申请人确实无法接受货物质量问题,则应采取退货措施。但申请人在此情况下未采取两种措施中的任何一种。在以往案例中,确实有卖方在单证不符、买方接受不符点时,直接向买方寄送作为物权凭证的提单,并进而成功索要无法通过信用证实现的货款的情形,但这是卖方的选择。如果卖方选择继续持有提单,并等待买方付款,也无可厚非。这就是裁决书的逻辑。当然,就这个问题而言,肯定会有人认为,卖方未能完成交单义务,而交单义务是国际货物买卖合同中卖方的主要义务之一。

此外,仲裁庭还对报关阶段双方的义务划分以及损害赔偿等问题进行了分析,此处不赘述了。

【结语】

国际货物买卖合同争议是仲裁委员会最早受理的案件类型。许多人可能会认为,这类争议金额通常不大,无非是简单的合同争议。其实不然,虽然国际货物买卖合同争议也经常涉及典型的普通货物买卖的法律问题,如物权转移,比较容易处理,但是该类争议中的许多问题,源于跨境贸易所使用的特定贸易术语、支付方式等。无论是仲裁员还是代理人,对这类案件如果没有充分的实务经验和办案经验,恐怕无从下手。

在该案中,出现了经典的因货物质量导致单证不符的问题。在无法通过信用证取得货款的情况下,买卖双方应该谨慎处理;在这个时点上,双方的态度和履约行为可能千变万化,而每一种变化中,买方或卖方要承担的义务可能也会随之变化。但无论如何变化,最终问题还是要回归到双方的基本义务上——对卖方来说是交单和交货,对买方来说是付款。这正是仲裁庭在行使裁判权时的出发点。

(案例评析人:曹丽军)

案例十二 以色列A旅游公司与中国B旅行社公司、中国C旅行社公司旅游合同争议仲裁案

中国国际经济贸易仲裁委员会(以下简称仲裁委员会)根据申请人以色列A旅游公司(以下简称申请人)和第一被申请人中国B旅行社公司(以下简称第一被申请人)、第二被申请人中国C旅行社公司(以下简称第二被申请人,并与第一被申请人合称被申请人或两名被申请人)签订的《旅行费用结算协议》(以下简称《结算协议》)中仲裁条款的约定,以及申请人提交的书面仲裁申请,在申请人办理了相关手续后,受理了上述合同项下的本争议仲裁案。

本案仲裁程序适用自2015年1月1日起施行的《中国国际经济贸易仲裁委员会仲裁规则》(以下简称《仲裁规则》)的规定。

由于两名被申请人未在规定期限内共同选定或共同委托仲裁委员会主任指定一名仲裁员,根据《仲裁规则》第29条第3款的规定,仲裁委员会主任指定X、Y和Z担任本案仲裁员,并确定Z担任本案首席仲裁员。前述三位仲裁员在签署接受指定《声明书》后,组成仲裁庭审理本案。

仲裁庭如期开庭审理本案,双方均委派代理人出席了庭审。在庭审中,申请人陈述了仲裁请求、事实和理由,被申请人进行了答辩。申请人出示了相关证据原件,被申请人对证据材料进行了质证,双方回答了仲裁庭的调查询问,就相关事实发表了意见,并作了最后陈述。在庭审结束前,仲裁庭就庭后仲裁程序作出了相应安排。

本案现已审理终结。仲裁庭依据双方当事人提交的书面材料及庭审中查

明的事实，依据合同约定和法律规定，经合议，作出本裁决。现将本案案情、仲裁庭意见及裁决结果分述如下。

一、案　情

（一）申请人的仲裁请求及其主张

申请人系一家专业从事以色列、约旦旅游策划和接待服务的公司，被申请人系在中国从事国内外旅游业务的两家公司。申请人与第二被申请人自2016年起开展旅游业务合作，双方签署了《出境旅游组团社与地接社合同》，有效期为2016年5月27日至2017年5月26日；之后双方续签了前述合同，有效期为2017年5月10日至2019年12月31日（上述原合同和续签的合同以下合称《旅游合同》）。根据《旅游合同》的约定，申请人向第二被申请人组织的出境旅游团提供在以色列、约旦的旅游地接服务，待客人返回如无质量问题，第二被申请人应在收到申请人结算单据后的半个月内将该出境旅游团的旅行费用汇至申请人的账户。

2017年8月第二被申请人因内部业务调整，告知申请人其所有的传统旅游业务要逐渐转移给其当时的全资子公司即第一被申请人。在第二被申请人的要求下，申请人与第一被申请人签署了新的以色列旅游地接服务《协议书》，协议有效期为2017年9月1日至2018年12月31日，协议内容基本与《旅游合同》一致。

虽然申请人与第一被申请人签署了新的协议，但申请人与第二被申请人的协议仍然有效，也一直与同一业务团队进行业务联系，旅行费用经过该团队业务人员确认后，有时由第二被申请人支付，有时由第一被申请人支付。

2017年4月至11月申请人一直向被申请人组织的出境旅游团提供地接服务，并履行了协议项下的义务。被申请人从未向申请人提出任何服务质量问题，也未对申请人出具的旅行费用账单和金额提出质疑。但经申请人多次催讨,被申请人一直拖延支付该期间的旅行费用共计近 145 万美元。

出于希望保持良好合作关系的考虑,申请人与被申请人分别于 2017 年 12 月 19 日和 20 日签署了《结算协议》及《旅行费用结算补充协议》(以下简称《补充协议》,并与《结算协议》合称本案合同)。

根据本案合同的约定:(1)申请人和被申请人共同确认,截至 2017 年 11 月 30 日,第一被申请人尚未支付给申请人的旅行费用共计近 145 万美元;(2)第一被申请人应在审计完成后(不晚于 2018 年 2 月 23 日),在双方确认审计结果后的 6 个工作日内向申请人支付 2017 年 9 月至 11 月的旅行费用,共计近 74 万美元;(3)第一被申请人应最迟在 2018 年 3 月 1 日前向申请人支付 2017 年 4 月至 8 月的旅行费用,共计 70 万余美元;(4)如第一被申请人逾期付款,构成违约,则每逾期 1 日,第一被申请人应按其所拖欠金额的 1‰向申请人支付违约金;(5)第二被申请人应对第一被申请人在本协议项下的支付义务承担连带责任。

本案合同签订后,被申请人仅支付了 2017 年 7 月的旅行费用 15 万余美元,以及通过第三方支付了 5 万余美元。截至申请人提交本仲裁申请之日,被申请人仍拖欠旅行费用共计近 124 万美元。

基于此,申请人提出并在庭后最终明确了仲裁请求如下:

1. 要求第一被申请人立即支付拖欠的 2017 年 4 月至 11 月(不包括 2017 年 7 月)的旅行费用共计近 124 万美元;

2. 要求第一被申请人支付 2018 年 3 月 2 日起至申请人收到全部费用之日止因拖欠支付旅行费用产生的违约金近 4 万美元(暂计算至 2018 年 3 月 31 日);

3. 要求第一被申请人承担申请人因本案支出的律师费近 3 万美元;

4. 要求第一被申请人承担本案的所有仲裁费用;

5. 要求第二被申请人对第一被申请人的上述义务承担连带责任。

（二）申请人提交的证据及证明内容

为证明申请人的主张，申请人提交了11项证据。

证据1：申请人与第二被申请人于2016年5月签订的《出境旅游组团社与地接社合同》及双方于2017年5月续签的《出境旅游组团社与地接社合同》。证明申请人为第二被申请人提供旅游地接服务，第二被申请人按照协议支付申请人相应的旅行费用。

证据2：申请人与第一被申请人于2017年9月签订的关于提供地接旅游服务的协议书。证明申请人为第一申请人提供旅游地接服务，第一申请人按照协议支付申请人相应的旅行费用。

证据3：申请人与被申请人于2017年12月签订的《结算协议》及《补充协议》。证明根据本案合同，被申请人应在约定期限内向申请人支付拖欠的旅行费用。

证据4：申请人开具的2017年4月至11月的旅行费用账单明细。证明申请人已为被申请人提供了地接服务，但被申请人并未支付相应的费用。

证据5：2018年1月4日被申请人向申请人支付2017年7月旅行费用15万余美元的银行收款单据，及被申请人通过第三方向申请人支付近6万美元旅行费用的银行收款单据。证明被申请人仅部分履行了本案合同。

证据6：第一被申请人向以色列D公司出具的授权书。证明第一被申请人按照《补充协议》的约定，授权该公司将购物佣金近6万美元支付给申请人，以冲抵到期应付款。

证据7：第二被申请人与申请人中国办公室负责人确认欠款金额的邮件。证明第二被申请人的律师向申请人确认欠款金额。

证据8：申请人中国办公室负责人向第一被申请人索要审计结果的微信记录。证明第一被申请人在审计结束后，没有对审计结果提出任何异议，也一直未告知申请人其审计结果有任何问题。

证据9：申请人委托律师代理本案的聘用合同，代理律师向申请人发出的第一期工作时间表和律师费账单，上海市 H 区人民法院财产保全费收据和保全裁定书，财产保全担保费及文件翻译费付款凭证，申请人向代理律师支付律师费的收款凭证。证明申请人为催讨欠款委托律师代理本案仲裁，已支付第一期律师费 1 万余美元（其中包括向法院申请财产保全的相关费用）。

证据 10：申请人与被申请人就《结算协议》及《补充协议》进行磋商，并发送盖章版本的微信记录。证明申请人与被申请人于 2017 年 12 月在上海就拖欠款项进行了会谈，并最终签署了本案合同。

证据 11：代理律师向申请人发出的第二期工作时间表，证明申请人支付第二期律师费 1 万余美元。

（三）被申请人的答辩及质证意见

针对申请人的仲裁请求，被申请人进行了答辩，将其答辩意见概要如下。

1. 第一被申请人和第二被申请人是两家互相独立的企业法人，各自独立经营，独自对外承担法律责任，申请人要求第一被申请人承担拖欠的旅行费用，并要求第二被申请人承担连带法律责任，没有事实根据和法律依据。申请人主张拖欠款项依据的是庭前提交的《结算协议》及《补充协议》，这两份协议只是双方磋商的过程文件，不是双方达成的一致协议；同时，两份协议载明的拖欠款项以及承担责任的主体是错误的，申请人仲裁请求主张的拖欠款项是申请人与第二被申请人签订的合同期间以及合作期间形成的款项，理应由第二被申请人归还，而非由第一被申请人归还、第二被申请人承担连带责任。

2. 本案合同系申请人起草的，其中载明的拖欠数额，是申请人单方认为的数额，不是双方最终确定的拖欠数额，最终拖欠的数额需要经过审计确认。虽然被申请人事后向申请人支付了部分款项，但不能就此认定被申请人已认可本案合同，更不能认定被申请人认可本案合同中的相关数据，且申请人也未能提供有效证据印证本案合同相关数额的真实性。

3. 鉴于申请人主张的第一项仲裁请求不能成立，因此，其余仲裁请求也不应当被支持。

对于申请人提交的证据,被申请人发表了如下质证意见:

1. 被申请人承认与申请人存在业务往来的事实,但对于证据1、证据2及证据3,因申请人未能提供原件,对该等证据的真实性不予确认,也无法发表其他意见。

2. 对于证据4的真实性不予认可,账单明细上的数额不是双方最终确认的数据。

3. 对于证据5的真实性予以认可、关联性不予认可,被申请人确已支付了该等费用,但该等事实与证明目的不具有关联性。

4. 对于证据5,因该证据为英文材料,故不能对其发表质证意见。

5. 对于证据6、证据7、证据8、证据9、证据11,未发表质证意见。

6. 对于证据10的真实性予以认可,但该微信记录只是双方磋商的一个过程,其中的《结算协议》和《补充协议》均非最终确认的版本。

(四)申请人的代理意见

申请人于庭后提交"代理词",其主要观点如下:

1. 根据双方签订的《结算协议》,第一被申请人拖欠申请人2017年4月至11月的旅行费用。申请人虽然无法提供《结算协议》的原件,但根据申请人提交的微信记录、实际履行情况等其他证据,足以证明《结算协议》的真实性。

2.《结算协议》中的未支付旅行费用金额是被申请人通过业务邮件、加盖公章的《结算协议》以及代理律师邮件多次确认的。《结算协议》中关于审计结果的约定仅是对于支付时间的约定,并非是指欠款金额需要通过审计结果来确定。

3. 截至目前,申请人聘请律师支付的律师费合计为近3万美元,包括(1)2018年3月20日至6月27日的律师费1万余美元(其中包括法院保全诉讼费人民币5000元、诉讼财产保全责任保险费人民币1万余元和文件翻译费人民币1000余元)。(2)2018年6月28日至9月7日的律师费1万余美元。申请人要求第一被申请人承担因本案支出的律师费近3万美元。

4.《结算协议》明确约定第二被申请人应对第一被申请人的支付义务承担连带保证责任。目前,第一被申请人未按照协议约定的支付期限支付旅行费用,申请人有权要求第一被申请人支付,且由第二被申请人承担连带保证责任。

二、仲裁庭意见

仲裁庭审阅了双方提交的全部材料,经过开庭审理,对本案争议发表意见如下。

(一)关于本案合同的法律适用

本案申请人为在以色列注册登记的公司,被申请人为在中国注册登记的公司,本案争议具有涉外因素。根据中国《涉外民事关系法律适用法》第41条之规定,"当事人可以协议选择合同适用的法律"。在本案中,申请人和被申请人在《结算协议》中约定,"本协议的订立、生效、履行及其产生的任何争议均受中华人民共和国法律管辖";双方在《补充协议》中虽未对适用法律进行约定,但该协议约定,"除经本补充协议所修订之外,结算协议应保持完全效力,结算协议和补充协议应作为一份文件阅读和解释",故仲裁庭认为双方亦明示选择中国法律作为《补充协议》的准据法。因此,本案《结算协议》及《补充协议》所涉争议之解决均应适用中国法律。

(二)关于本案合同是否有效成立

仲裁庭经审理查明:

申请人提交的《结算协议》及《补充协议》,系将盖有被申请人公章的扫描件打印后,加盖申请人公章形成的合同文本。虽然该等文本未能同时加盖双方的印章原件,但根据申请人举证以及被申请人当庭确认,本案合同的签署流程为:

2017年12月12日申请人总经理前往中国,就初始协议项下的欠款数额及支付时间事宜，与第一被申请人进行会议协商。会议结束后，申请人委托申请人律师起草了《结算协议》及《补充协议》，并发送给第一被申请人的律师即被申请人本案的代理人自然人E。经双方反复沟通，被申请人在《结算协议》及《补充协议》上加盖了被申请人的公章，并由被申请人的律师自然人E将盖有被申请人公章的本案合同以扫描件的形式于2017年12月15日发送到了某微信群中，同时配有文字说明："各位领导：经一个下午与律师F沟通，双方已达成一致协议，现已按照律师F最终确定的版本盖好章，请各位领导审阅。"后申请人将扫描件打印并加盖了申请人公章。

合同签署后，第二被申请人按照《补充协议》的约定在2018年1月4日向申请人支付了15万余美元；第一被申请人按照《补充协议》的约定在2018年1月11日授权第三方以色列D公司向申请人支付了近6万美元。

仲裁庭认为：双方当事人已对本案的协议文本达成了一致并各自在协议文本上盖章，即表示对协议文本内容的认可，以及愿意受相关条款的约束；并且双方实际上也已经部分履行了本案合同的相关约定。因此，本案合同是双方当事人真实意思表示的体现，是申请人与被申请人签订的规范双方权利、义务的协议，其内容不违反中国现行法律、行政法规关于合同效力的强制性规定，仲裁庭对本案合同的法律效力予以确认。

（三）关于应支付的旅行费用数额

仲裁庭经审理查明：

根据《结算协议》的约定，双方共同确认，截至2017年11月30日，第一被申请人未能按时支付《旅游合同》及《协议书》项下的2017年4月至8月的团款70万余美元以及2017年9月至11月的团款近74万美元。

合同签署后，被申请人共计向申请人支付了20万余美元，至今尚有近124万美元未予支付。

仲裁庭认为：根据本案合同的约定以及被申请人的实际支付情况，对申请人的第一项仲裁请求予以支持。

（四）关于审计是否为确定拖欠旅行费用数额的前提

仲裁庭经审理查明：

根据《结算协议》，第一被申请人因股东会要求，应于2017年11月23日进行第三方财务、法务和税务审计，最晚于2018年2月23日完成。审计期间，希望暂停支付所有供应商（含申请人）2017年9月至11月的团款，并希望申请人能接受延迟付款至2018年2月23日。

《结算协议》主文“未支付团款”的约定中，确定了第一被申请人应向申请人支付款项的金额，其中“未到期应付款（2017年9～11月团款）”金额为近74万美元，但未提及审计事宜；“未到期应付款的付款时间”约定，“基于甲方（第一被申请人，仲裁庭注，下同）希望乙方（申请人，仲裁庭注，下同）能支持审计工作并同意延迟支付未到期应付款，乙方同意配合甲方审计工作，甲方应在审计完成后（不晚于2018年2月23日），甲乙双方对审计结果共同确认后6个工作日内，向乙方一次性全额支付未到期应付款”。

仲裁庭认为：根据上述协议的约定，协议中关于被申请人需进行审计的内容，其目的只是对“未到期应付款”的付款时间作出安排，而并非是指欠款金额需以被申请人审计为前提进行确定。因此，仲裁庭对被申请人提出的拖欠旅行费用金额未经被申请人确认之意见不予认可。

（五）关于违约金

仲裁庭经审理查明：

对于2017年4月至8月的团款，双方在《结算协议》及《补充协议》中约定，第一被申请人应于2017年12月30日前向申请人支付至少15万美元，其余款项应于审计完毕后，申请人与第一被申请人对审计结果共同确认后6个工作日内向申请人全部支付完毕，但最迟不得晚于2018年3月1日。

对于2017年9月至11月的团款，双方在《结算协议》中约定，第一被申请人应在审计完成后（不晚于2018年2月23日），在申请人与第一被申请人对审计结果共同确认后 6 个工作日内，向申请人一次性全额支付。

同时，根据《结算协议》的约定，如果第一被申请人未能依照协议支付上述款项，则每逾期 1 日，应按其所拖欠金额的 1‰向申请人支付违约金。

仲裁庭认为：第一被申请人未能及时支付拖欠的旅行费用，应按照本案合同的约定自 2018 年 3 月 2 日起支付违约金。但双方当事人约定的违约金计算标准过高，已达 36.5% 的年化利率，虽然被申请人未提出违约金调整请求，但鉴于被申请人以合同不成立、合同未生效进行免责抗辩，根据我国《合同法》第 114 条，最高人民法院《关于适用〈中华人民共和国合同法〉若干问题的解释（二）》第 27 条、第 29 条的规定，仲裁庭酌情调整违约金按每日万分之五计算。

（六）关于律师费

仲裁庭经审理查明：

双方在《结算协议》中还约定：如果违约金不足以弥补申请人为催付拖欠的旅行费用所支出的实际费用（包括但不限于合理的律师费、差旅费、住宿费等），则第一被申请人应全额承担该实际费用。

根据申请人提供的证据材料，为催付拖欠的旅行费用，其实际支出了律师费（律师代理费、财产保全案件申请费、财产保全申请案件担保费、翻译费）共计人民币 10 万余元。

仲裁庭认为：截至本裁决作出之日止，仲裁庭确认的按每日万分之五计算的违约金已经能够覆盖申请人的实际损失及其为催付拖欠的旅行费用所支出的实际费用，故对申请人在该项仲裁请求中的上述实际支出部分，第一被申请人无须再另行支付；对于申请人未能提供证据证明其实际支出部分的律师费，不予支持。

（七）关于本案的仲裁费用

仲裁庭认为：根据本案的实际审理情况，依据《仲裁规则》第 52 条第 1 项的规定，本案仲裁费应全部由第一被申请人承担。

(八)关于第二被申请人的连带责任

仲裁庭经审理查明:

根据《结算协议》的约定,第二被申请人应对第一被申请人在本案合同项下的支付义务承担连带责任。申请人有权在第一被申请人未按约定支付团款的情况下,要求第二被申请人代为支付。

虽然申请人在庭后提交的代理意见中认为“申请人有权要求第二被申请人承担连带保证责任”,但未变更其“要求第二被申请人对第一被申请人的相关义务承担连带责任”的仲裁请求。

仲裁庭认为:本案合同已经双方当事人签署并生效,双方关于第二被申请人的支付义务承担连带责任的约定合法有效,因此,第二被申请人应当对第一被申请人的相关付款义务承担连带责任。

三、裁　　决

仲裁庭根据上述意见对本案裁决如下:

1. 第一被申请人向申请人支付拖欠的 2017 年 4 月至 11 月(不包括 2017 年 7 月)的旅行费用共计近 124 万美元;

2. 第一被申请人自 2018 年 3 月 2 日起至申请人收到全部费用之日止,每逾期 1 日,按其所拖欠金额的万分之五向申请人支付违约金;

3. 本案仲裁费全部由第一被申请人承担;

4. 第二被申请人对第一被申请人的上述第 1 ~ 3 项支付义务承担连带责任;

5. 驳回申请人其他仲裁请求。

上述各裁决项下应付款项,被申请人应自本裁决作出之日起 10 日内向申请人支付完毕。

本裁决为终局裁决,自作出之日起生效。

案例评析

【关键词】

合同的成立与生效;欠款金额的计算;连带责任

【焦点问题】

该案涉及争议焦点主要有三项:一是本案合同是否有效成立;二是审计是否是确定拖欠旅行费用数额的前提;三是第二被申请人是否应承担连带责任。

【焦点评析】

(一)争议焦点

在案件审理过程中,各方当事人的争议焦点主要有三项。

1. 该案合同是否有效成立。

申请人提交的《结算协议》及《补充协议》,系将盖有被申请人公章的扫描件打印后,加盖申请人公章形成的合同文本。申请人认为该案合同已有效成立,但被申请人认为该等文件仅是各方磋商的过程文件,而非各方达成的一致协议。

2. 审计是否是确定拖欠旅行费用数额的前提。

根据该案合同的约定,第一被申请人因内部审计需要,希望申请人能接受延迟付款,各方同意在第一被申请人与申请人对审计结果共同确认后的6个工作日内一次性全额支付应付而未付的款项,但最迟不得晚于2018年3月1日。申请人认为,各方关于拖欠的数额是通过业务邮件及《结算协议》多次确认的,关于审计结果的约定仅是对于支付时间的约定,并非是指欠款金额需要通过审计结果来确定。而被申请人则认为，该案合同系申请人起草的，其中载明的拖欠数额是申请人单方认为的数额，不是双方最终确定的拖欠数额，这一数额是需要经过审计确认的数额。

3.第二被申请人是否应承担连带责任。

申请人认为，第二被申请人应按照合同的约定承担连带责任，但被申请人认为，第一被申请人和第二被申请人是两家互相独立的企业法人，各自独立经营，独自对外承担法律责任，应当对各自签订的合同期间以及合作期间形成的款项负责，申请人要求第二被申请人承担连带法律责任，没有事实根据和法律依据。

（二）审理思路及裁决结果

该案是一起涉外商事案件，首先需要确认的是管辖权的归属与准据法的适用。根据该案合同的约定，各方当事人约定将争议提交仲裁委员会上海分会，并明示适用中国法律，仲裁委员会及仲裁庭均充分尊重各方当事人协议选择仲裁管辖及适用法律的权利，及时依法受理并审理了该案。

对于合同是否有效成立，仲裁庭认为：虽然该案合同未能同时加盖双方的印章原件，但考虑到当事各方分别为境内、外的主体，各方签署合同的成本较一般合同更高，本着促进商事交易、保障交易安全的原则，仲裁庭在着重对合同的签署流程进行了审查后，结合涉案合同的事实履行情况，认定该案合同是各方真实意思表示的体现，对各方均具有约束力。

在确定合同已有效成立的基础上，仲裁庭秉着尊重意思自治、尊重事实的原则，按照合同条款遵循文义解释的方法，认定各方已对拖欠的旅行费用进行了确认，而无须以审计为前提；同时，在该案合同明确约定第二被申请人应对第一被申请人的相关义务承担连带责任的情况下，认为亦应当严格按照合同约定执行。因此，仲裁庭对于申请人“第一被申请人支付拖欠的履行费用，第二被申请人承担连带责任”的仲裁请求予以完全支持。

但针对申请人要求被申请人支付违约金的请求，鉴于各方当事人约定违约金计算标准过高，年化利率已超过36%，仲裁庭从公平合理的角度出发，根据我国合同法的有关规定，酌情将违约金计算标准进行了调减。同时，在结合实际情况进行测算后，仲裁庭认为，按调减后标准计算的违约金已经能够覆盖申请人的实际损失及其为主张债权所支出的实际费用，鉴于该案合同明确约定在此等情况下被申请人无须承担相应费用，故未支持申请人的该等请求。

（三）案件简评

以色列是"一带一路"沿线国家之一。近年来，随着"一带一路"倡议的实施，中国不断加强与沿线国家或地区的旅游合作，"一带一路"沿线国家或地区已成为中国游客出境游的新发力点，该案纠纷便是在此大背景下产生的。对此，仲裁庭秉持开放的区域合作精神，严格贯彻对中外当事人平等保护的原则，并本着诚实信用、公平合理的原则以及充分尊重当事人合同自治的精神，认定合同有效成立，裁决境内主体向境外主体依法依约承担合同义务，相信将有助于维护我国司法的国际公信力，推进我国涉外纠纷多元化解决机制的建设，促进我国与沿线国家的经济合作伙伴关系，令中外主体能够更好地共享"一带一路"倡议带来的福利。

（案例评析人：黄廉熙）

案例十三　韩国 A 公司与中国 B 电子科技公司游戏开发合作协议争议案

中国国际经济贸易仲裁委员会(以下简称仲裁委员会)根据申请人韩国 A 公司(以下简称申请人)和被申请人中国 B 电子科技公司(以下简称被申请人)签订的《合作协议》(以下简称本案合同)中仲裁条款的约定,以及申请人向仲裁委员会提交的书面仲裁申请,受理了申请人与被申请人之间基于上述合同而产生的本争议仲裁案。

本案仲裁程序适用自 2015 年 1 月 1 日起施行的《中国国际经济贸易仲裁委员会仲裁规则》(以下简称《仲裁规则》)项下涉外简易程序的规定。鉴于本案争议金额未超过人民币 500 万元,根据《仲裁规则》第 56 条的规定,本案程序适用《仲裁规则》第四章"简易程序"的规定;该章没有规定的事项,适用《仲裁规则》其他各章的规定。

由于双方当事人未在规定期限内选定或委托仲裁委员会主任指定独任仲裁员,仲裁委员会主任根据《仲裁规则》的规定,指定 X 为独任仲裁员。X 在签署了接受指定《声明书》后组成仲裁庭,审理本案。

仲裁庭如期对本案进行开庭审理。申请人和被申请人均委派仲裁代理人出席了庭审。双方当事人就案件的事实进行了陈述,就证据进行了质证,就法律问题进行了辩论。申请人还回答了仲裁庭的提问,出示了相关证据原件。

本案现已审理终结。仲裁庭根据庭审情况和双方当事人提交的相关陈述和证据材料,依照本案合同约定及相关法律规定,作出本裁决。

现将本案案情、仲裁庭意见和裁决结果分述如下。

一、案　　情

申请人称，双方于2016年5月19日订立本案合同，约定双方将以"游戏C"为优选进行合作，全球独家发行"安卓平台"智能电视、智能盒子版本。申请人负责游戏开发，被申请人负责发行。

依照合同约定，被申请人应分期支付申请人版权许可费及最低保证金共计1000余万元（以下如无特指均为人民币。——仲裁庭注）。

申请人在合同订立后于2016年6月17日开具第一笔款项近400万元的账单，并于2016年8月11日收到该笔款项。

之后，申请人依照合同约定向被申请人发送了"'游戏C'简易版"，被申请人确认并于2016年6月30日正式上线该简易版（用户可以开始下载）。至此，申请人已按照合作协议的约定，履行完毕开发义务。

申请人于2016年6月30日开具第二笔款项账单，金额为近400万元，支付期限截至2016年7月28日，但被申请人迟迟不付款。申请人自2016年12月12日起，通过正式公文、邮件、微信等多种方式，催促被申请人付款。但被申请人均以各种借口（如资金紧张等）推脱或不予答复。

2017年1月10日被申请人游戏部总监自然人D曾以电子邮件答复申请人称："您好！我一直在推动该款项的解决。有新的进展我会随时同步信息给你。谢谢！"但被申请人至今未付款，也未就付款做任何努力。

被申请人拖延付款构成违约，并给申请人造成严重损失。为此，申请人提请仲裁，请求裁决：

1. 被申请人立即向申请人支付第二笔合作费用近400万元；

2. 被申请人承担因其延迟付款而导致申请人遭受到的利息损失近30万元（暂计算至某年1月25日止，按照中国人民银行同期同类贷款利率计算）；

3. 被申请人承担因其延迟付款而导致申请人遭受的仲裁期间的利息损失

（自某年 1 月 26 日起至仲裁裁决之日止）；

4. 被申请人承担申请人因本案已支付的首笔律师费 5000 美元；

5. 被申请人承担申请人因本案支付的律师成功代理费即实际仲裁裁决金额的 7%；

6. 被申请人承担申请人因本案支付的公证费 10 万韩元；

7. 被申请人承担本案全部仲裁费用。

被申请人庭前未提交书面答辩文件，但在开庭时辩称，根据本案合同有关被申请人支付第二笔款项的约定，被申请人履行支付义务的条件，是对申请人提交的游戏软件的“简易版”进行验收。而申请人并无证据证明被申请人已经验收的事实。因此，被申请人认为，自己不应在合同约定条件没有成就的前提下，支付申请人第二笔合同款项，并请求仲裁庭驳回申请人全部仲裁请求。

二、仲裁庭意见

基于对申请人所提全部仲裁材料的理解，其诉诸本案程序的基本逻辑是：

根据本案合同相应约定，被申请人在收到申请人发送的合同游戏“简易版”后，即应支付申请人第二笔合同款项；申请人于 2016 年 6 月 30 日向被申请人发送了合同游戏“简易版”，且该版本已于 2016 年 7 月 1 日上线，所以被申请人未支付第二笔合同款项的行为构成违约。故申请人要求被申请人履行付款义务并承担延迟付款违约责任。

根据对被申请人开庭陈述的综合理解，其请求仲裁庭驳回申请人全部仲裁请求的基本逻辑是：根据本案合同约定，被申请人支付第二笔合同款项的条件，不仅是申请人发送合同游戏“简易版”，而且还需“被申请人验收”，而被申请人并未对其进行验收。因此，本案合同约定被申请人支付第二笔合同款项的条件并未成就。

仲裁庭审理本案争议的基本模式是，基于申请人所提核心仲裁请求，以及争议双方围绕其所提事实和法律主张形成的交叉点，在对相关证据进行详细分析采信的基础之上，认定相应争议事实，并据此阐述与之相关的法律问题，进而作出最终裁决。

根据对争议双方申辩逻辑的综合理解，仲裁庭基于上述审理本案纠纷的基本模式，将本案争议焦点确定为：被申请人履行支付第二笔合同款项的约定条件是否成就；并就与之相关的证据分析采信、事实认定和法律问题，发表下述意见。

（一）被申请人履行支付第二笔合同款项的约定条件是否成就？

1. 本案合同如何约定被申请人支付第二笔合同款项的条件？

根据本案合同约定，争议双方订立本案合同时，一致确认“合作费”分为五个部分；而与本案争议相关的费用，应仅涉及600万元版权许可费和600万元最低保证金，共计1200万元。上述1200万元由被申请人分为四个阶段予以支付。

争议双方一致认可的事实是，被申请人已支付申请人第一笔合同款项近400万元。而申请人在本案中，仅就合同约定的第二笔款项主张权利。

本案合同约定：“第二笔：甲方（指被申请人，下同）验收完成乙方提供的简易版后20个工作日内支付应付款项的30%……”

争议双方一致认可，根据本案合同约定，与上述30%对应的数额应为近400万元。申请人据此提出第1项仲裁请求。

本案合同之附件《“游戏C”各阶段验收标准》显示，争议双方订立本案合同时，将申请人交付并由被申请人验收的合同游戏版本分为“简易版”和“完整版”；而前者分为“phase1”和“phase2”；后者分为“phase1”“phase2”“phase3”。

申请人主张的第二笔合同款项仅涉及本案合同约定的“简易版”。如此而言，前述附件有关验收的内容，应仅涉及“简易版”所涉的“phase1”和“phase2”。

仅从当事人订立本案合同时所用文字表述角度来讲，仲裁庭应当支持被申请人观点，即本案合同约定被申请人履行支付第二笔合同款项义务的条件，不仅是申请人向被申请人发送合同游戏“简易版”，而且包括被申请人对其依照《“游戏 C”各阶段验收标准》进行验收。

2. 被申请人支付申请人第二笔合同款项的约定条件是否成就？

（1）仲裁庭无法认定被申请人已对合同游戏“简易版”进行验收，并告知申请人其中存在问题的事实。

被申请人开庭时对申请人所提证据充分发表意见，并指出，其中无一证据足以证明被申请人对申请人发送并上线的合同游戏“简易版”，已进行验收并予以认可的事实。申请人亦未就此提出相反的事实主张。故仲裁庭认定被申请人所提抗辩事实。

仲裁庭基于双方申辩主张产生的思考是，自争议双方一致认可合同游戏“简易版”在 2016 年 7 月 1 日上线至今，已有 2 年多的时间。而被申请人在如此之长的期间内不进行验收，原因究竟何在？

从逻辑角度分析，至少存在三种可能的情形：一是被申请人一直未对合同游戏“简易版”进行过验收；二是被申请人对合同游戏“简易版”进行验收，但是未发现问题，也没有向申请人作出接受或不接受的意思表示；三是被申请人对合同游戏“简易版”进行验收并发现问题，且要求申请人予以修正，但后者一直不进行修正。

若从法律角度分析，只有仲裁庭将上述第三种情况认定成为法律事实，才能直接驳回申请人第 1 项仲裁请求。但就该事实认定而言，应当由被申请人承担举证义务。

被申请人在庭审中提出一个抗辩事实主张，即其原有与本案合同游戏相关的团队已解散。据被申请人称，合同游戏“简易版”存在许多问题，如“Bug”等。既然被申请人所提构成事实主张，则应为此承担举证责任。但遗憾的是，自申请人将本案诉诸仲裁委员会至今，已有相当长的时间，但被申请人并未提交任何证据。故仲裁庭不能将被申请人所提抗辩事实认定为法律事实。

当事人提交证据的基本目的是证明“当时发生的客观事实”。因此，仲裁庭在被申请人未提交任何证据情况下，还可以通过对申请人所提交的可以反映相关时期事实的证据进行分析。从逻辑角度予以判断，被申请人当时是否可能向申请人提出过"合同游戏'简易版'"存在缺陷。

仲裁庭仔细研究申请人所提出的当时争议双方相关当事人往来的电子邮件，就此形成的总体感觉是，被申请人并未在当时就其现在提出的问题，明确告知申请人并要求其予以修正。

开庭审理时，仲裁庭询问被申请人，能否具体指出本案合同附件《"游戏C"各阶段验收标准》所列指标中哪些没有达标。被申请人没有给予明确的答复。

至于被申请人开庭时提到的"Bug"问题，仲裁庭注意到，《"游戏C"各阶段验收标准》中出现"Bug"一词的具体表述是"是否在TV端有重大Bug"。

从常识角度来讲，软件编程中出现"Bug"并非鲜见。正因如此，才需要软件开发者通过不断实践，克服相应软件出现的"Bug"，进而达到设定的目标。

就本案而言，合同附件约定的是"TV端有重大Bug"。如此，需要被申请人举证证明的事实是，合同游戏"简易版"当时的确存在"TV端有重大Bug"的情况（如果当时已涉及TV端运行）。但是被申请人并不能证明如此事实。

退一步看，如若被申请人当时发现合同游戏"简易版"存在问题（如其在开庭时所称"Bug"），则一定会立即向申请人提出相应问题。而若站在当时的"时点"考虑，如若被申请人提出"Bug"问题（无论其是否重大），申请人对此予以进一步修正的概率，一定要高于"置之不理"。因为从本案合同履行过程的整体来看，申请人要求继续履行合同的意愿，要明显高于被申请人。

还有值得一提的是，申请人证据显示，其曾于2017年1月3日通过电子邮件告知被申请人，"同时，由此'游戏C'完整版Alpha已经完成，我们会开具第三笔invoice"。而在如此情形下，仍旧找不到被申请人所提不应支付第二笔合同款项的相反主张（如在其后的电子邮件中）。

基于上述理由，仲裁庭不能支持被申请人所提"简易版"存在技术问题的抗辩理由。

退一步讲,即便仲裁庭认定被申请人抗辩事实,若驳回申请人第1项仲裁请求,还必须认定一个事实,即在被申请人要求申请人予以修正后,申请人没有进行修正,或者申请人已进行修正但仍无法达到《“游戏C”各阶段验收标准》约定的标准。既然被申请人并无证据证明与之相关的事实,则仲裁庭不对此进一步发表意见。

(2)在被申请人可能一直未对合同游戏“简易版”进行验收,或者是虽然已进行验收但未发现问题,又一直没有明确向申请人表示接受该版本情况下,仲裁庭能否据此认定被申请人支付申请人第二笔合同款项的约定条件应当视为已成就?

综合分析申请人以相应证据支持的事实陈述,并充分地考虑了被申请人就此所提出的抗辩理由(被申请人在本案中并未提交任何证据),仲裁庭基于下述考虑认为,裁决被申请人依约支付申请人第二笔合同款项,相较驳回申请人就此提出的仲裁请求,具有更加充分的事实及法律依据,且符合我国《仲裁法》第7条规定的“公平合理解决争议”的仲裁原则。

第一,要指出的是,被申请人一再强调的“验收”,不仅是其依约享有的合同权利,同时也是其依约应当承担的相应合同义务。因为合同成立的一个重要基础是当事人的权利与义务之间存在“对价关系”。从“对价关系”角度来讲,被申请人支付第二笔合同款项的“对价”是“申请人发送合同游戏‘简易版’”和“被申请人对其进行验收”。争议双方无争的事实是,申请人已经将合同游戏“简易版”发送给被申请人,且已上线试运行,而此后如何对已上线的合同游戏软件进行验收,则只能由被申请人进行。如果被申请人一直不对合同游戏软件进行验收,则申请人主张“对价”的条件就一直难以成就。

所以,从这一角度来讲,对申请人发送并上线的合同游戏的“简易版”进行验收,不仅是被申请人的合同权利,而且也是其必须履行的合同义务。

第二,申请人是合同游戏软件的开发者,且旨在将合同游戏软件公开发行,那么他必须了解中国市场的相应需求,才可能使合同游戏软件适合中国市场。而要了解中国的市场需求,必须由被申请人告知申请人具体内容。换言之,如果被申请人不对申请人发送且上线的合同游戏"简易版"进行验收,申请人就不可能了解所开发的合同游戏软件是否适合中国市场(包括一些必要的修正)。

第三,我国《合同法》第60条第2款规定,"当事人应当遵循诚实信用原则,根据合同的性质、目的和交易习惯履行通知、协助、保密等义务"。这在法理上被称为合同当事人履行合同时必须承担的一种法定"附随义务"。

其中与本争议点相关的是"协助义务"。换言之,被申请人在以"(被申请人)未对申请人发送且已上线的合同游戏软件进行验收"为由,抗辩合同约定其支付第二笔合同款项的条件未成就时,首先应当证明自己依照合同约定进行了验收的事实,即至少证明自己依照我国《合同法》第60条第2款的规定,对申请人主张第二笔合同款项履行了法定"协助义务"。

第四,申请人提交了双方相应往来的电子邮件作为证据,旨在以此证明"申请人不断主张债权,使诉讼时效中断,且被申请人承认该笔款项未支付"的事实。其中与本争议点相关的是"被申请人承认该笔款项未支付"的事实。从事实认定角度来说,"被申请人承认该笔款项未支付"无须仲裁庭予以认定。因为,被申请人若主张已支付相应款项,则应为此承担举证责任。

就如何认定本事实争议点而言,仲裁庭分析申请人该份电子邮件证据的一个侧重点,即能否从中找出任何对被申请人"有利的意思表示",例如,被申请人指出合同游戏"简易版"存在问题,需要申请人进一步修正之类的意思表示。

综观申请人该份电子邮件证据,仲裁庭可以认定的主要事实包括:一是被申请人收到申请人就第二笔合同款项开具的发票;二是被申请人并未向申请人提出合同游戏"简易版"存在问题,并需要申请人及时予以修正;三是被申请人一直未支付第二笔合同款项的理由,主要涉及其财务安排。

被申请人对申请人证据发表的质证意见,主要涉及两点:一是电子邮件的形式是EML而非原始电子邮件状态，而原始状态的电子邮件在被存入EML之前，是可以修改的；二是相关电子邮件所涉被申请人方面的工作人员并非合同约定的联系人，亦未被授权代表被申请人进行表态。

就被申请人所提第一点意见而言，仲裁庭理解，被申请人似乎是在暗示“申请人有可能‘篡改’邮件内容”。

首先，需要指出的是，申请人该份电子邮件证据的形式应当符合证据要求。尤其是，根据我国《仲裁法》和《仲裁规则》对当事人在仲裁程序中所提交的证据的形式要求，仲裁庭不能拒绝对申请人该份电子邮件证据进行分析采信。

其次，证据是当事人意图使纠纷审理者认定与之相关的法理事实的依据。即证据只是纠纷审理者认定法律事实的手段，而非目的。仲裁庭关注的是，申请人提出的事实主张，能否被认定为法律事实。

再次，被申请人若要证明申请人“有可能‘篡改’电子邮件内容”，最简单的方式，莫过于提交与之对应的电子邮件。尤其是申请人证据所含的多份电子邮件之间的关联关系十分明显。即如果申请人要“篡改（相应电子邮件）”，则必须考虑对其他电子邮件影响。

最后，回到证据采信与事实认定的关系层面，被申请人推翻申请人该份电子邮件证据的直接方式，是举证证明在收到申请人开具的第二笔合同款项发票后，明确向申请人指出合同游戏“简易版”存在需要进一步修正的问题。

综上所述，仲裁庭基于对申请人该份电子邮件证据的分析，采信其主张的被申请人一直以财务安排为由，没有支付申请人第二笔合同款项的事实。

另外，申请人该份电子邮件证据中包含申请人方面的自然人G于2017年1月3日发给被申请人方面的自然人D的一份电子邮件。其中，除催促被申请人“必须在下周内支付一下第二笔款项”外，还提出“同时，由此‘游戏C’之完整版Alpha已经完成，我们会开具第三笔invoice”。

本案合同约定：“第三笔：甲方验收完成乙方提供的update，close test完整版后20个工作日内支付应付款项的20%……”

仲裁庭理解,根据当事人订立合同时关于被申请人阶段性付款的约定,被申请人支付第三笔合同款项的条件,是被申请人对"(申请人)提供的update,close test完整版"进行验收。申请人并未在本案主张第三笔合同款项,而是旨在使仲裁庭相信,申请人已经完成合同游戏"简易版",且被申请人并未针对该版本提出"修改重大缺陷"的要求,所以申请人主张第二笔合同款项符合合同约定条件。

申请人开庭时解释,该封电子邮件所述"完整版Alpha",就是本案合同所述"the update,close test完整版of the Game"。被申请人未就此提出不同的解释。故仲裁庭采信申请人的解释。尤其是其中提到的"第三笔invoice",应当就是本案合同所述与"the update,close test完整版of the Game"相关的款项。

就事实认定而言,仲裁庭无意审理认定申请人主张的"update,close test完整版"是什么,也无意认定该版本是否达到合同约定的标准,而是针对申请人主张的第二笔合同款项,认定这样一个与本争议点相关的事实,即无任何证据显示,被申请人在申请人通知其已完成"update,close test完整版",并明确告知被申请人"我们会开具第三笔invoice"后,被申请人对申请人一再主张的第二笔合同款项曾经作出"不应支付"的意思表示。

综上所述,仲裁庭就本事实争议点认定的法律事实是,被申请人未履行协助申请人完成本案合同约定的"通过验收"义务,进而"不正当地阻止本案合同约定其支付第二笔合同款项的条件成就"。因此,仲裁庭认定,本案合同约定被申请人支付申请人第二笔合同款项的条件,应当视为成就,所以被申请人应支付申请人第二笔合同款项。

(二)关于申请人各项仲裁请求

1.关于申请人第1项仲裁请求。

基于上述第(一)项意见,对申请人第1项仲裁请求应予以支持。

2.关于申请人第2项和第3项仲裁请求。

申请人基于"被申请人逾期付款构成违约"的基本事实,向后者主张"逾期付款利息”,但将其划分为两个阶段,即“2016 年 7 月 28 日至某年 1 月 25 日”和“某年 1 月 26 日至仲裁裁决之日”。仲裁庭将其合为一个争议点阐述下述意见。

(1)我国《合同法》第 60 条规定:“当事人应当按照约定全面履行自己的义务。当事人应当遵循诚实信用原则,根据合同的性质和交易习惯履行通知、协助、保密等义务。”该条款规定了合同当事人应承担的“全面履约”法定义务。

我国《合同法》第 107 条规定:“当事人一方不履行合同义务或者履行合同义务不符合约定的,应当承担继续履行、采取补救措施或者赔偿损失等违约责任。”该条款规定了当事人“不履行合同义务(包括法定义务)”,或者是“履行合同义务不符合约定”时,应当承担的违约责任的具体形式。

申请人第 2 项和第 3 项仲裁请求应属“违约赔偿”范畴。

既然仲裁庭认定被申请人未能履行法定“附随义务”,进而构成违约,那么应当考虑申请人就此提出的“违约赔偿”仲裁请求。

(2)申请人以其 2016 年 6 月 30 日给被申请人开具的发票为依据,将其中规定的付款期限届满日 2016 年 7 月 28 日的次日(2016 年 7 月 29 日),作为计算被申请人逾期付款利息的起点时间,并将“仲裁裁决之日”作为计算逾期付款利息的截止时间。

考虑到:本案合同约定的被申请人付款时间,是“甲方验收完成乙方提供的简易版后 20 个工作日”;仲裁庭在上述第(一)项意见中,通过对申请人证据的分析采信,认定合同约定被申请人支付申请人第二笔合同款项的条件,视为成就;被申请人对逾期付款应承担的违约责任;申请人当时亦未催促被申请人进行验收的事实,如未明确要求被申请人在某一合理期限内完成验收,否则视为接受申请人发送且上线的合同游戏“简易版”;我国《仲裁法》第 7 条赋予仲裁庭公平合理解决争议的权利;本案合同继续履行的可能性以及合同游戏软件版权仍归申请人所有的事实;并适当考虑被申请人的利益,如被申请人主张,自己已支付申请人至少近 400 万元,但合同游戏软件至今未能投入真正的商业运营并因此获得收益。因此,仲裁庭认为,将被申请人收到申请人发送并上线的合同游戏“简易版”后进行验收的合理期限定为1个月,应当符合被申请人利益。因此,仲裁庭将计算被申请人逾期付款违约责任的起点时间确定为2016年8月27日,相对适宜。

(3)申请人主张依照近5%的年利率向被申请人主张逾期付款利息。

仲裁庭认为该利率合理,故予以采纳。

综上所述,仲裁庭认定,被申请人应按照近5%的年率支付申请人近400万元,自2016年8月28日起至裁决之日(某年9月25日)的利息近40万元。

(4)关于申请人第4项仲裁请求。

申请人提交委托代理合同及律师费支付凭证作为证据,旨在证明已支付5000美元(包括银行收取的费用)的律师费事实。被申请人未对该证据提出质疑。

仲裁庭认为,申请人主张的此项律师费合理且已发生,故应予以支持。

(5)关于申请人第5项仲裁请求。

申请人第5项仲裁请求是,“被申请人承担申请人因本案支付的律师成功代理费即实际裁决金额的7%”。仲裁庭认为,不支持申请人该项仲裁请求,相对适宜。主要包括以下理由:

第一,申请人主张,根据本案合同约定,“双方同意,由于乙方的严重失职、故意的不正当操作或实质性的违反本协议的条款所导致的损失和损害以及与之有关的支出(包括合理的律师费用及其他调查和辩护费用等),过错方应负责全额赔偿”。与申请人第5项仲裁请求相关的,应当是上述约定中的“合理的律师费”。

争议双方在订立本案合同时,并未就“合理的律师费”概念明确进行定义。所以仲裁庭只能基于审理类似纠纷的一般经验,对什么是“合理的律师费”作出认定。

由此产生的问题是,无论争议双方是否认同仲裁庭就此作出的认定,都应予以接受。因为,既然当事人没有明确约定,仲裁庭只能居于中间且无偏见的立场加以认定。再者,即便基于我国《仲裁法》第 7 条的规定,仲裁庭亦有权在一定范围内,综合考虑各种因素作出相应认定。

第二,申请人与其律师订立的委托代理合同,仅为该双方就相关事宜达成的合意,而被申请人不仅不知如此合意,更未对此表示认可。换言之,假使本案合同载有与申请人第 5 项仲裁请求相关的约定,则仲裁庭也可据此支持申请人相应仲裁请求。

第三,申请人第 5 项仲裁请求所涉款项,应属在中国被称为“风险代理”的律师代理费用。既然是“风险代理”,则不仅对被申请人是不确定因素,而且对委托代理合同双方也是不确定因素。

依据我国《合同法》第 113 条的规定,违约方应承担的违约赔偿责任,应以订立相关合同之时“预见到或应当预见到”为基础。既然申请人与其律师约定的“风险代理”费用,对申请人和其委托律师都是未知数,被申请人又如何在订立本案合同时“预见到或应当预见到”?

综上所述,不支持申请人第 5 项仲裁请求具有基本事实和法律依据,且相对公平合理。

(6)关于申请人第 6 项仲裁请求。

申请人要求被申请人承担其诉诸本案程序支付的“身份公证”费用 10 万韩元。考虑到被申请人对本案争议应承担主要责任,仲裁庭支持申请人该项仲裁请求。

(7)关于申请人第 7 项仲裁请求。

综合考虑本案争议各种因素及申请人仲裁请求获得支持的情况,本案仲裁费由被申请人承担 95%,由申请人承担 5%,相对适宜。

三、裁　　决

仲裁庭基于以上就证据采信、事实认定和法律争点所述全部意见,裁决如下：

1. 被申请人支付申请人第二笔合作费用近400万元；

2. 被申请人支付申请人上述近400万元自2016年8月29日起至裁决之日，按照近5%的年利率计算的逾期付款利息共计近40万元；

3. 被申请人支付申请人律师费5000美元及公证费10万韩元；

4. 驳回申请人其他仲裁请求；

5. 本案仲裁费由被申请人承担95%，由申请人承担5%。

以上被申请人应支付申请人款项，应于本裁决之日起30日内支付完毕。

本裁决为终局裁决，自作出之日起生效。

案例评析

【关键词】

软件合作开发合同；付款条件；版本发送；完成验收

【焦点问题】

该案所涉核心争点是申请人要求被申请人支付第二笔合同价款的条件是否成就？

【焦点评析】

该案争议所涉基本交易模式是，双方合作研发、发行一款手机游戏，申请人负责研发，被申请人负责发行，各自获取相应收益。

申请人依约完成游戏软件开发工作，并将合同约定的版本发送给被申请人后，被申请人不再积极推进后续合作。申请人据此依照约定向被申请人主张第二笔合同价款。基于对争议背景的高度概括，仲裁庭确定审理该案争议的核心争点是“被申请人履行支付第二笔合同款项的约定条件是否成就”，并基于下述逻辑顺序展开论述。

既然申请人主张的是阶段性付款，且所提基本事实主张是向被申请人发送的合同约定版本，故被申请人付款条件已成就；既然被申请人所提基本抗辩理由是，合同约定其支付第二笔款项的条件是“完成验收”，而争议双方并未对申请人所发送的游戏版本进行验收，所以支付条件不成就；那么仲裁庭首先需要判断的是，合同对被申请人支付第二笔合同价款的条件是如何约定的。

与之相关的英文关键词是“acceptance”、中文关键词是“验收完成”。仲裁庭据此认定，被申请人支付第二笔合同价款的条件是“完成（对申请人所提游戏版本的）验收”。在确定支付条件时，仲裁庭注意到合同附件有关验收标准的详细约定，进而注意区分当事人所约定的“简易版”和“完整版”，以及不同版本验收的不同阶段的差异；最终认定该案争议涉及的是“简易版”的阶段一（Phase 1）和阶段二（Phase 2）阶段的“完成验收”。

经过分析，仲裁庭认定“本案合同约定被申请人履行支付第二笔合同款项义务的条件，不仅是申请人向被申请人发送合同游戏‘简易版’，而且包括被申请人对其依照《游戏C各阶段验收标准》进行验收”。

被申请人基于申请人不能提交证据证明“完成验收”的事实，提出“付款条件不成就”的抗辩理由。若从一般举证责任分担角度来讲，申请人明显处于举证不利的地位。因为他在将相应游戏软件发送给被申请人且游戏上线运行之后，的确没有催促被申请人进行“完成验收”程序，进而使其主张合同价款处于不利地位。这在争议解决实践中，或许就会面临更多的不确定性。因为有的纠纷审理者可能会以举证责任为由，直接驳回申请人的仲裁请求。这就是在实践中潜在的“败诉风险”。

而该案裁决的一个特点是，仲裁庭并未简单以“付款条件未成就”为由驳回申请人仲裁请求，而是从逻辑角度对当时可能存在的客观事实做进一步分析。

仲裁庭提出被申请人将申请人发送的游戏软件上线后没有“完成验收”的三种主要可能性，并明确指出只能在认定第三种情况下，才有依据驳回申请人的仲裁请求；若使仲裁庭认定此种情形，则需要由被申请人承担举证责任。但被申请人在该案程序中并未采取积极的抗辩策略，仅提出事实主张而未提交任何证据。

尽管仲裁庭确认了被申请人并未对相应游戏软件“完成验收”的事实，且仲裁庭在详细分析采信相应证据后，亦不能认定申请人发送的游戏软件存在缺陷；或者虽然存在任何缺陷，但申请人在被申请人通知后没有或不能克服缺陷的情况。为此，仲裁庭详细阐述在如此情形下支持申请人的仲裁请求，相较驳回申请人相应仲裁请求更加接近当时的客观事实，并在具备充足理由的基础上，最终支持了申请人的仲裁请求。

【结语】

该案仲裁庭秉承的一个裁决宗旨是，充分向争议双方披露形成认识并据以裁决的整体思维过程。当事人或许认同也或许不认同仲裁庭向其披露的审理争议的整个思维过程，但至少了解了仲裁庭如何形成最终认识并予以裁决的整体思维过程。这应成为裁判文书旨在达到的目标之一。

从裁决书体例角度来看，该案裁决书并未拘泥于一般裁判文书的通常体例，并未以大量篇幅记述该案争议背景事实以及争议双方就该案争议所提全部主张，而是以核心争议点为基础，就与之相关的分析采信、事实认定及法律适用问题，区分不同争议点予以评述。

该案裁决书将主要篇幅置于对主要争点的证据分析采信、事实认定和法律适用方面。如此方式可使当事人“直切”所关注的点，进而全面理解仲裁庭的审案思维。

（案例评析人：迟少杰）

案例十四　中国 A 网络科技公司与韩国 B 公司合作协议争议仲裁案

中国国际经济贸易仲裁委员会(以下简称仲裁委员会)根据申请人中国 A 网络科技公司(以下简称申请人)与韩国 B 公司(以下简称被申请人)于 2015 年 6 月 10 日签订的《合作协议书》(以下简称合作协议)中仲裁条款的约定,以及申请人向仲裁委员会提交的仲裁申请书及其附件,受理了上述协议项下的争议案。

本案仲裁程序适用自 2015 年 1 月 1 日起施行的《中国国际经济贸易仲裁委员会仲裁规则》(以下简称《仲裁规则》)。

根据《仲裁规则》第 25 条的规定,本案由 3 名仲裁员组成仲裁庭进行审理。申请人选定 X 担任本案仲裁员。由于被申请人未在规定期限内选定或委托仲裁委员会主任指定仲裁员,仲裁委员会主任根据《仲裁规则》之规定指定 Y 担任本案仲裁员。由于双方未在规定的期限内共同选定或共同委托仲裁委员会主任指定首席仲裁员,仲裁委员会主任根据《仲裁规则》之规定指定 Z 担任本案首席仲裁员。上述 3 名仲裁员在签署了接受选定或指定《声明书》后组成仲裁庭,共同审理本案。

仲裁庭如期对本案进行了开庭审理。申请人委托代理人参加了庭审,被申请人经有效通知未出席庭审,亦未向仲裁庭说明理由。根据《仲裁规则》第 39 条的规定,仲裁庭对本案进行了缺席审理。申请人陈述了其仲裁请求及所依据的事实与理由,出示了相关证据原件,对其仲裁请求和证据进行了说明,并回答了仲裁庭提出的问题。

考虑到本案的实际审理情况,仲裁庭经商仲裁委员会仲裁院,决定再次开庭审理本案。

仲裁庭如期对本案进行了第二次开庭审理。双方均委派仲裁代理人参加了庭审。在庭审中,双方当事人对本案所涉事实进行了陈述,就法律问题进行了论述,就证据进行了说明,出示了相关证据的原件,并回答了仲裁庭提出的问题。

本案现已审理终结。仲裁庭根据现有书面材料、庭审查明的事实以及相关法律规定,经合议作出本裁决。现将本案案情、仲裁庭意见以及裁决结果分述如下。

一、案　　情

(一)仲裁依据

申请人提起仲裁的依据是合作协议“解决协议纠纷的方式”的约定:“凡因本协议引起的或与本协议有关的任何争议,均应提交中国国际经济贸易仲裁委员会,按照申请仲裁时该会现行有效的仲裁规则进行仲裁。仲裁裁决是终局的,对双方均有约束力。”

(二)申请人的仲裁请求

根据申请人提交的各份书面意见和证据材料,仲裁庭就申请人所提出的仲裁请求以及其所依据的事实和理由总结如下。

1. 关于合作协议的签订。

申请人称,2015 年 6 月申请人与被申请人就合作开发一款基于手机或网络的动画制作应用程序(以下简称应用程序)事宜签署了合作协议,就双方合作作出如下约定。

(1)合作内容:双方合作开发应用程序(以下简称合作项目);根据合作协

议附件一的规定,合作协议签署后的第1个月至第7个月为第一阶段(2015年6月至12月),第8个月至第15个月为第二阶段(2016年1月至8月),第1个月至第10个月同步为第三阶段(2015年6月至2016年3月)。据此,被申请人应于2016年8月前完成合作项目的全部研发工作,并将最终研发成果交付申请人。

(2)研发费用:本合同总价款为人民币近500万元(以下币种均为人民币,仲裁庭注)。申请人有义务代扣代缴增值税及附加税和企业所得税,即代扣代缴总税款为80余万元。

(3)付款方式:按照合作项目的时间节点,由甲乙双方代表对完成内容进行审定合格后,按计划支出费用:启动阶段完成支出30%,即近150万元(其中申请人代扣代缴税款近25万元);第一阶段完成支出30%,即近150万元(其中申请人代扣代缴税款近25万元);第二阶段、第三阶段完成支出40%,即近200万元(其中申请人代扣代缴税款30余万元)。

(4)申请人的权利义务:申请人有权对合作项目开发进度和质量进行监督;在选用关键技术类型上拥有最终决策权;检验和测试研发成果并通知被申请人;对合作项目的市场运营拥有决策权。

(5)被申请人的权利义务:被申请人负责合作项目开发所需的硬件设备、开发数据,并组建专门的、固定的、具备较高技术研发能力的工作团队;按照合作项目技术开发方案及由双方商定,及时、正确地完成合作项目的开发,并在双方商定的时间内完成开发工作;承担合作项目技术维护、新增功能等方面的工作;有义务对合作项目进行重大版本升级;不得将合作项目委托或外包给他人完成,不得自行利用合作项目研发成果直接或在进行后续改进后用于他用或与其他第三方合作。

(6)违约责任:申请人在合作项目中投资巨大,合作协议及未来具体合作协议签订后,被申请人应认真遵守,不得以任何理由进行终止、停工、延误等行为。如发生上述行为,被申请人应承担违约责任,应向申请人承担赔偿责任并赔偿损失,包括直接损失、间接损失及一切为之所产生的费用,并向申请人支付违约金200万元。双方无故不履行本合同义务或未按本合同商定内容履行应尽义务的,视为违约,造成对方损失的,违约方应承担相应的赔偿责任。

2. 关于合作协议的履行。

申请人于2015年6月25日向被申请人支付了启动阶段的研发费用120万元,于2016年5月13日向被申请人支付了第一阶段的研发费用120万元,共计240万元,并支付了相应的税款。

被申请人未能在第一阶段届满(至2015年12月末止)前向申请人交付任何研发成果,直到2016年6月、7月才向申请人提供了第一阶段应完成的部分研发成果,供申请人测试;在本案庭审中,申请人依据2016年4月8日被申请人CEO自然人C发送给申请人自然人D的邮件所附项目开发进度表进一步指出,就第一阶段的工作,被申请人仅提供了一些基础性的、角色选择等片段的功能模块,但提出将提取摄像头识别的面部位置信息和生成视频等核心功能的研发成果延迟至2016年5月提供。但被申请人却始终未能提供这些核心功能。

第二阶段应完成的研发工作也未能在第二阶段届满前完成并向申请人交付研发成果。然而,被申请人却以其研发经费紧张为由要求申请人提前支付研发费用。为了整个研发过程的顺利推进,申请人向被申请人支付了第一阶段的研发费用,并多次催促被申请人如期交付研发成果。

在申请人的多次催促下,2016年12月28日被申请人发函至申请人,承诺:最晚于2017年3月底能够提交研发成果。根据申请人证据及在庭审时的陈述,直到2016年12月28日,被申请人尚未完成第一阶段生成视频之类的约定成果,被申请人提供的测试包仅关于角色选择和动画选择。2017年4月6日被申请人发函,将提交研发成果的期限再次推迟至2017年5月。

在这种情况下,申请人于2017年4月17日委托某律师事务所向被申请人发送律师函,要求被申请人在收到该律师函后的20个工作日内交付合作协议约定的全部研发成果,并就迟延交付作出合理说明。

2017年6月9日被申请人CEO自然人C一行与申请人见面并会谈,申请人要求终止合作协议,自然人C对此表示同意。2017年6月15日申请人致函被申请人,提出终止合作协议的合作,并要求被申请人承担违约及赔偿责任,包括退还申请人支付的研发费用240万元和税款近20万元,支付违约金200万元,赔偿驻韩人员费用和差旅费近100万元。

3.申请人的主张。

第一,合作协议所约定的合作目的不能实现,原因在于被申请人。

被申请人因其技术能力问题,屡次推迟研发成果的交付期限,且其提供给申请人的研发成果仅为零星的、测试性的内容,仅凭该研发内容无法实现合作协议约定的目的。因此,无法实现合同目的的过错在于被申请人。

第二,申请人无选择项目企划、运营及技术开发责任人的义务。

结合合作协议的约定及双方提交的证据和事实,申请人认为,被申请人负责应用软件的研发工作,而申请人并没有义务选择项目企划、运营及技术开发责任人。被申请人未按合作协议的约定投入必要的设备、人员等,且没有组建专门的、固定的、具备较高技术研发能力的工作团队,导致第一阶段研发过程中就无法解决相关技术难题,这才是合作协议的研发一再被推迟乃至被申请人至今未能完成研发项目的根本原因。

为了推动合作协议下的研发进程,自然人D等申请人一方的负责人员不断与被申请人沟通,商议并测试研发产品的具体内容。在被申请人未能在第一阶段及第二阶段按时提供双方约定的研发成果的情况下,申请人不得已在韩国招聘自然人E常驻首尔与被申请人接洽日常业务。因此,申请人积极配合了被申请人的研发工作,不存在任何违约行为。

第三,申请人未将与被申请人合作研发的应用程序申请专利。

被申请人主张,申请人把正与被申请人合作研发的应用程序向中国专利局提交发明专利申请,该专利申请内容中包括从被申请人处收取的项目整体内容。对此申请人认为,被申请人的主张与事实不符,案外人中国某学院申请发明专利与本仲裁案无关。其理由如下所示。

(1)申请人提交给仲裁庭的证据事实说明中指明的两项发明专利申请人为中国某学院,而不是申请人。案外人中国某学院既不是申请人的股东,也不是本案争议合同的当事人。

(2)据申请人的调查,案外人中国某学院于2016年12月14日申请的两项发明专利起始于2014年该学院与上海某大学的合作项目,是基于2015年公开发表的两篇学术论文基础上申请专利的。

第四,被申请人未履行合作协议义务,构成严重违约且存在恶意,应承担违约及赔偿责任。

申请人非常重视本案所涉合作项目,非常看好其研发成果的商业价值。假如被申请人按约研发出3D动画应用程序,并投放到中国市场,其商业价值必然超过数百万元。如没有对商业前景及投资回报进行判断,申请人不会贸然投入480万元的高额研发费用去研发应用程序。因此,合作协议中明确约定,如发生终止、停工、延误等行为,被申请人应承担违约责任,应向申请人承担赔偿责任并赔偿损失,包括直接损失、间接损失及一切为之所产生的费用,并向申请人支付违约金200万元。鉴于此,申请人和被申请人在签订合作协议时已预测到合作项目的重大意义以及商业价值,对违反协议可能造成的损失或失去的预期利益已有合理的预见。但在实际履行中,被申请人屡次推迟和谎报研发进程,最终连第一阶段约定的研发成果也没有交付申请人,其违约行为显然存在恶意,属明知故犯。因此,被申请人对其恶意违约应承担合作协议约定的200万元违约金,并承担由此给申请人造成的经济损失(包括但不限于差旅费用、律师代理费用等),方可符合公平、诚实信用原则。被申请人要求降低合作协议约定的违约金金额,无任何证据证明其合理性,且不符合法律规定,不应受仲裁庭支持。根据我国《合同法》第113条、第114条的规定以及合作协议的约定,被申请人应当赔偿申请人合同约定的违约金以及其他经济损失。

4. 申请人的仲裁请求。

(1)裁决解除申请人与被申请人之间的合作协议;

(2)裁决被申请人向申请人偿付申请人已支付的研发费用合计 240 万元以及为支付前述研发费用所缴纳的税金近 20 万元,合计近 260 万元;

(3)裁决被申请人向申请人偿付协议约定的违约金 200 万元;

(4)裁决被申请人向申请人偿付申请人驻韩管理人员的费用和赴韩的差旅费的经费损失合计 5 万余元;

(5)裁决被申请人向申请人偿付为本案支出的律师代理费近 30 万元;

(6)裁决被申请人承担本案全部仲裁费用。

(三)被申请人答辩意见

根据被申请人提交的各份书面意见和证据材料,仲裁庭将被申请人提出的答辩意见总结如下。

1. 被申请人不同意解除合作协议。

合作协议关于中止和解除的条款并未赋予申请人在现阶段可以单方解除合同的权利。另外,我国《合同法》第 94 条规定的解除合同的法定解除事由并不存在。申请人无权单方解除合作协议。如申请人执意要求单方解除合同,则需向被申请人承担相应的违约责任。

2. 被申请人不同意返还已收取的研发费用 240 万元以及补偿税金近 20 万元。

申请人依据合作协议的约定支付了启动阶段费用(合同金额的 30%,合计 120 万元)、第一阶段完成费用(合同金额的 30%,合计 120 万元),表明申请人认可被申请人的工作成果与合作研发进程。虽然申请人主张其是在第一阶段工作成果尚未完成的情况下支付了第一阶段的研发费用,但是申请人的付款行为可以证明其以实际行动认可了被申请人的工作成果,因此申请人不应当要求被申请人返还上述款项,该部分费用是被申请人依照合作协议应当获得的报酬。申请人在履行合作协议过程中为了向被申请人支付合作研发费用依据相关法律规定应当承担该部分金额的税费，对此，合作协议中亦存在明确的约定。被申请人无须返还。此外，合作协议约定的税费为近50万元，申请人实际缴纳的税费为近20万元。由于合作研发费用为含税价格，故申请人少缴纳的税费30余万元应当视为是申请人需支付给被申请人的合作研发费用。

3. 被申请人不同意支付200万元的违约金。

本项目应当理解为是"申请人出资，被申请人以技术与设备投入"一同开发手机App的合作模式，并非被申请人接受申请人委托进行单纯技术开发的服务合同（委托开发）。同时，合作协议第2条对于项目运营分成收入进行了明确的约定，即申请人占项目收入净利润的83%，被申请人占项目收入净利润的17%。该种约定是对于合作项目利润分配的合理约定，属于合作项目的范畴，可以再次证明合作协议实际为合作开发，而并非为委托开发。

造成合作项目延迟并非仅为被申请人一方的原因，申请人同样存在不可推卸的责任。由于申请人未明确提出研发标准与条件，以及不时对手机App的各项内容进行修改与增加，使合作项目发生迟延。合作双方对于拟合作研发的手机App未进行明确、具体的定义与标准化处理，使合作研发过程中存在多处的增加与修改等，由于多次、多处的增加与修改等造成整个合作研发时间发生延迟，该种结果并非为被申请人单方原因造成的，申请人对于整个合作研发项目的延迟存在不可推卸的责任。

我国《合同法》规定，损害赔偿的范围不得超过被申请人订立协议时可以预见到或者应当预见到的因违反协议可能造成的损失。依据事实情况分析，很显然申请人的损失是无法达到200万元的，且该金额不在被申请人可以预见和应当预见的范围内。

4. 被申请人不同意支付申请人关于其驻韩管理人员的费用和赴韩的差旅费的经费损失合计5万余元。

申请人所谓的差旅费并非是为了履行合作协议而发生的，同时也不属于损失，因此被申请人不同意承担该笔费用。同时，申请人提出的证据显示部分差旅费是在合作研发之前发生的,还有一些是至北京出差的差旅费,显然与本案并无直接关联。另外,被申请人为了合作项目多次往返中国北京与沈阳,亦发生了诸多差旅费用。

5. 被申请人不同意偿付申请人为本案支出的律师代理费近30万元。

合作协议中并未明确约定发生纠纷时产生的律师费由被申请人承担,申请人要求被申请人承担该笔费用没有依据。另外,申请人提起仲裁并非解决本次纠纷的唯一救济途径,该笔费用并非必要的费用。

6. 被申请人请求仲裁庭依据双方的过错责任,裁决各自承担仲裁费的比例。

二、仲裁庭意见

仲裁庭考虑了包括上述案情在内的双方当事人提出的所有事实和主张,并通过两次开庭审理对争议相关的事实、证据进行了询问、核实,现仲裁庭对本案作出如下裁决意见。

(一)仲裁庭审理本案的管辖权依据和适用法律

合作协议约定,“凡因本协议引起的或与本协议有关的任何争议,均应提交中国国际经济贸易仲裁委员会,按照申请仲裁时该会现行有效的仲裁规则进行仲裁。仲裁裁决是终局的,对双方均有约束力”。

因此,申请人有权依据上述仲裁条款将双方争议提交中国国际经济贸易仲裁委员会仲裁解决。同时,对于仲裁庭对本案争议的管辖权,被申请人也未提出任何异议。鉴于此,仲裁庭认为其对本案争议具有管辖权。同时,根据合作协议,本案适用中国法律。

(二)合作协议的效力

仲裁庭查明,合作协议是申请人与被申请人在平等自愿的基础上签订的,合同的内容亦不违反中国法律、行政法规的强制性规定,符合合同生效的一般要件。因此,仲裁庭认为,合作协议合法有效,代表双方当事人的真实意思表示,应作为判定双方当事人权利、义务的依据。

(三)本案查明的事实

仲裁庭经审理双方书面意见、在案证据和开庭情况,查明事实如下所示。

1. 合作协议的签订和履行。

2015年6月10日申请人和被申请人就双方合作开发应用程序事宜签署合作协议。根据合作协议附件一的约定,合作协议项下的研发分为3个阶段,即签署合作协议后的第1个月至第7个月为第一阶段(2015年6月至12月)、第8个月至第15个月为第二阶段(2016年1月至8月)、第1个月至第10个月为第三阶段(2015年6月至2016年3月)。

根据申请人证据记载显示,申请人于2015年6月25日向被申请人支付了启动阶段的研发费用120万元。

2015年12月末第一阶段届满,被申请人未能交付研发成果。从被申请人证据中日期为2016年1月22日的邮件也可以看出,被申请人当时尚未提交第一阶段的研发成果,但希望申请人能够支付第一阶段的款项。

根据申请人证据,截至2016年4月8日,就第一阶段的工作,被申请人尚未提供提取摄像头识别的面部位置信息和生成视频等研发成果。

尽管如此,申请人于2016年5月13日向被申请人支付了第一阶段的研发费用120万元。根据申请人证据,就前两笔研发费用付款,申请人实际缴纳的税金为近20万元。

根据申请人证据,2016年12月28日被申请人在致申请人的邮件中承认项目开发延迟并存在“不少需要解决的技术难点”,尚未提交“生成和编辑视频功能”,承诺最晚于2017年3月底能够提交研发成果。根据申请人证据,2017年4月5日被申请人在致申请人的邮件中表示仍在努力解决项目的延迟问题。

被申请人认可合作项目一直在延迟,但认为延迟是由于双方合作不畅以及申请人多次修改和增加合作开发内容导致的。被申请人提交了证据以支持该等主张。

2017 年 4 月 17 日申请人向被申请人发送律师函，敦促被申请人在收到律师函之日起 20 个工作日交付全部研发成果。

2. 合作协议的解除。

2017 年 6 月 19 日在被申请人仍未交付且未能明确回复何时交付研发成果的情况下，申请人提出终止合作协议并要求被申请人承担违约及赔偿责任，包括退还两笔研发费用共计 240 万元以及税款近 20 万元，偿付违约金 200 万元，承担差旅费损失近 100 万元等。

（四）关于申请人的仲裁请求

1. 裁决解除申请人与被申请人之间的合作协议。

申请人表示，其依据我国《合同法》第 94 条第 4 款的规定行使法定解除权。被申请人则主张，合作协议中止和解除条款并未赋予申请人在现阶段单方行使解除合同的权利；我国《合同法》第 94 条规定的解除合同的法定解除事由并不存在。根据上述查明的事实，仲裁庭认为，在 2017 年 6 月 19 日申请人发出落款日期为 2017 年 6 月 15 日的解除合同通知之时，已距离双方约定的被申请人交付第一阶段成果期限届满之日延迟了一年半的时间，在此期间，被申请人承认开发延迟，且存在“不少需要解决的技术难点”，在申请人 2017 年 4 月 17 日通过律师函催告后被申请人仍未履行其交付研发成果的义务。在此情况下，仲裁庭接受申请人的主张，认为本案情形构成我国《合同法》第 94 条第 4 款规定的合同解除事由，申请人有权于 2017 年 6 月 19 日发出解除合同的通知，合作协议已于该通知到达被申请人时解除。

2. 裁决被申请人向申请人偿付申请人已支付的研发费用合计 240 万元以及为支付前述研发费用所缴纳的税金近 20 万元，合计近 260 万元。

根据仲裁庭查明的事实，尽管合作协议约定的启动阶段和第一阶段的付款分别为近 150 万元（其中包括申请人代扣代缴税款近 20 万元和付给被申请人两笔研发费共计 240 余万元），申请人实际支付的启动阶段和第一阶段的款项分别为 120 万元,共计 240 万元,与两笔付款相对应的代扣代缴税款共计近 20 万元。申请人认为,合作协议目的未能实现,因此要求被申请人返还已支付的合同款项和税款。而被申请人不同意返还,认为申请人的付款行为可以证明其以实际行动认可了被申请人的工作成果,该部分费用为被申请人依照合作协议应当获得的报酬。

仲裁庭查明,尽管被申请人尚未提供提取摄像头识别的面部位置信息和生成视频等第一阶段的研发成果,申请人仍于 2016 年 5 月 13 日向被申请人支付了第一阶段的研发费用 120 万元,未对付款作出任何保留。仲裁庭注意到,申请人现主张,提供提取摄像头识别的面部位置信息和生成视频属于第一阶段开发内容中的核心功能,然而,该主张未能体现在合作协议签署和履行过程的文件中。相反,被申请人的证据显示,被申请人于 2016 年 5 月 3 日要求申请人支付第一阶段款项时,提出"项目第一阶段开发已完成并提交。内部测试已完成并把追加开发需求部分也处理完了",申请人在当时并未提出异议。鉴于被申请人已经分阶段向申请人交付了部分研发成果,且合作协议对于违约责任作出了详细的约定,并未赋予申请人要求退款的权利,申请人也未能提供充足的证据以证明其因被申请人未提供提取摄像头识别的面部位置信息和生成视频两项功能所遭受的相应损失,因此,仲裁庭认为申请人要求退回已付的 240 万元研发费的仲裁请求缺乏合同和事实依据,仲裁庭对此不予支持。

同样,仲裁庭不支持申请人要求被申请人赔偿其实际缴纳的税费近 20 万元的仲裁请求。至于被申请人提出的应当将申请人少缴纳的税费 30 余万元视为申请人需支付给被申请人的合作研发费用的主张,仲裁庭认为,该等税费是依据合作合同的约定代扣代缴的税款,而不是被申请人应当取得的税后报酬。被申请人也未就此提出反请求,因此,仲裁庭认为该等主张不属于仲裁庭的裁决范围。

同时,仲裁庭认为,被申请人未能依约交付研发成果,包括提供提取摄像头识别的面部位置信息和生成视频两项功能,构成违约,应按照合作协议的约定向申请人支付违约金(参见下文论述);就被申请人已经完成的所有成果,被申请人应当根据合作协议交付所有电子文件。

3. 裁决被申请人向申请人偿付协议约定的违约金200万元。

申请人依据合作协议的约定要求被申请人承担200万元违约金。被申请人不同意支付违约金,理由有二:第一,由于申请人对于开发需求多次、多处的增加与修改,造成整个合作研发时间发生延迟,申请人对于整个合作研发项目的延迟存在不可推卸的责任;第二,依据事实情况分析,申请人的损失无法达到200万元,且该金额不在被申请人可以预见和应当预见的范围内。申请人则认为,被申请人在签订合作协议时已预测到合作项目的重大意义以及商业价值,对违反协议可能造成的损失或失去的预期利益已有合理的预见。

仲裁庭认为,被申请人的违约在于未能依约交付开发成果,而非仅仅是延迟交付;合作协议清楚地约定,被申请人应当按照合作项目技术开发方案及双方商定内容,及时、正确地完成合作项目的开发,并在双方商定的时间内完成开发工作;被申请人的证据仅能证明双方就开发需求有所沟通,影响了合作项目的进度,但不能证明因申请人修改开发需求导致被申请人不能交付开发成果。根据合作协议,仲裁庭认为,被申请人应当负责合作项目的研发,其提出的本案项目实际是合作开发的主张不能成立。因此,仲裁庭认为,被申请人应对于其违约承担全部责任。合作协议对于被申请人违约应当支付的违约金200万元有明确的约定,被申请人未能证明该等违约金过分高于申请人的损失。鉴于上述理由,仲裁庭支持申请人要求被申请人支付200万元违约金的请求。

关于被申请人主张,申请人把正与被申请人合作研发的应用程序向中国专利局提交发明专利申请,仲裁庭经审阅申请人的证据,认为该等专利申请与合作项目无关。

4. 裁决被申请人向申请人偿付申请人驻韩管理人员的费用和赴韩的差旅费的经费损失合计5万余元。

被申请人提出,申请人的经济损失明细表和附件不能证明该等花费与本案有关,因此不同意承担该等费用。仲裁庭经庭审查明,申请人提交的第3项费用发生在合作协议履行过程之中,被申请人的证据也可印证申请人曾在相关日期赴韩谈判,因此对于第3项费用共计1万余元的赔偿请求,仲裁庭予以支持。

5. 裁决被申请人向申请人偿付为本案支出的律师代理费近30万元。

仲裁庭有权依据《仲裁规则》第52条的规定裁定败诉方应补偿胜诉方因办理案件而支出的合理费用。根据本案的裁决结果,仲裁庭认为,由被申请人承担申请人为办理本案所支出的律师费80%的金额是合理的,即被申请人应向申请人支付20余万元,以补偿申请人的损失。

6. 裁决被申请人承担本案仲裁费。

根据本案审理结果和《仲裁规则》,仲裁庭认为本案仲裁费用中90%由被申请人承担是合理的。

三、裁　　决

综上所述,仲裁庭作出如下裁决:

1. 解除申请人与被申请人之间的合作协议;

2. 被申请人应向申请人支付违约金200万元;

3. 被申请人向申请人偿付申请人差旅费损失合计1万余元;

4. 被申请人应向申请人支付其为办理本案支出的律师费人民币20余万元;

5. 本案仲裁费由申请人承担10%,由被申请人承担90%;

6. 驳回申请人其他仲裁请求。

上述全部应付款项,被申请人应在本裁决书生效之日起15日内支付完毕。

本裁决为终局裁决,自作出之日起生效。

案例评析

【关键词】

合作开发应用程序合同;合同法定解除权;恢复原状;赔偿损失

【焦点问题】

该案涉及的核心问题是:在被申请人(外方合作者)未能交付开发成果的情况下,申请人(中方合作者)是否有权根据我国《合同法》第94条第4款行使法定解除权;涉案《合作协议》有效解除后,申请人是否有权要求被申请人返还已支付的研发费用;对于被申请人的违约,申请人是否有权要求被申请人支付合同约定的违约金?

【焦点评析】

涉案纠纷属于合作合同履行的常见问题,涉及对于双方履行合同的事实认定、我国《合同法》第94条第4款“合同目的”的解读以及合同解除后守约方所享有的救济。现结合该案案情及双方争议焦点,评述如下。

(一)双方履行合同的事实认定

解除合同的纠纷首先涉及对于违约事实的认定。涉案的合作项目是合作开发一款基于手机或网络的动画制作应用程序。合同履行分为三个阶段。然而,第一阶段届满,被申请人未能交付对应的全部研发成果。尽管如此,申请人向被申请人支付了第一阶段的研发费用。被申请人认可合作项目一直在延迟,但认为延迟是由于双方合作不畅以及申请人多次修改和增加合作开发内容导致。申请人则认为,被申请人屡次推迟研发成果的交付是因其技术能力问题所致。在距离双方约定的被申请人交付第一阶段成果期限届满之日延迟一年半后，申请人发出解除合同的通知，在此之前，申请人已经发送律师函，要求被申请人限期交付合同约定的全部研发成果。申请人在该案中提出的仲裁请求是：(1)解除双方之间的《合作协议》；(2)裁决被申请人向申请人偿付其已支付的研发费用及相关税款；(3)裁决被申请人支付合同约定的违约金；(4)裁决被申请人承担差旅费、律师费和仲裁费等费用。

申请人和被申请人提交了若干份双方履行合同的往来材料，以期证明己方关于对方履约过错的主张。通过对于这些证据的分析，仲裁庭将该案的关键事实认定为：(1)被申请人未能依约按期提供第一阶段的研发成果；(2)尽管如此，申请人向被申请人支付了启动阶段和第一阶段的研发费用，未对付款作出任何保留；(3)被申请人虽然交付了部分研发成果，但未能提供提取摄像头识别的面部位置信息和生成视频的功能，申请人主张该等功能属于第一阶段开发内容中的核心功能，但该等主张未能体现在《合作协议》签署和履行过程的文件中；(4)在申请人发出解除合同通知之时，已距《合作协议》约定的被申请人交付第一阶段成果期限届满之日延迟一年半的时间，期间被申请人承认开发延迟，且存在“不少需要解决的技术难点”。在申请人发出律师函催告后，被申请人仍未履行其交付研发成果的义务。

（二）申请人是否有权依据我国《合同法》第 94 条第 4 款的规定行使法定解除权

《合作协议》虽然包含“中止和解除”条款，但其中没有因一方违约导致另一方有权单方解除合同的约定。申请人在仲裁中明确其在发出解除通知时，系依据我国《合同法》第 94 条第 4 款行使法定解除权。我国《合同法》第 94 条第 4 款规定，当事人一方迟延履行债务或者有其他违约行为致使不能实现合同目的，当事人可以解除合同。根据仲裁庭对于前述事实的认定，在分阶段履行《合作协议》的情形下，被申请人仅交付了一部分研发成果，且在催告后仍未履行其交付研发成果的义务。在这种情况下，仲裁庭接受申请人的主张，认为本案情形构成我国《合同法》第 94 条第 4 款所规定的合同解除事由，申请人有权发出解除合同的通知，且《合作协议》已于该通知到达被申请人时解除。由此可见，是否能够达到“合同目的”不能实现的程度是适用我国《合同法》第 94 条第 4 款的关键。由于该案争议本身即是合同标的物的交付，因此证明“合同目的”对于申请人来说并不困难，关键是被申请人的违约是否达到“不能实现合同目的”的程度。鉴于被申请人仅提供了部分工作成果，该案合同目的未能实现这一事实也较清晰。

（三）解除合同后，申请人所能享有的救济

合同解除通常伴有金钱上的赔偿诉求。我国《合同法》第 97 条规定，合同解除后，尚未履行的，终止履行；已经履行的，根据履行情况和合同性质，当事人可以要求恢复原状、采取其他补救措施，并有权要求赔偿损失。在该案中，申请人要求被申请人返还其已支付的研发费以及其为此代扣代缴的税款。因此，申请人的该请求在本质上属于恢复原状之诉。被申请人不同意返还，认为申请人的付款行为可以证明其以实际行动认可了被申请人的工作成果，该部分费用为被申请人依照合作协议应当获得的报酬。根据前述关键事实的认定，仲裁庭认为，申请人未能证明，提供提取摄像头识别的面部位置信息和生成视频属于第一阶段开发内容中的核心功能；而且，申请人在支付第一阶段的款项时，已知晓被申请人未提供该两项功能，却未作保留而支付了款项。仲裁庭根据《合作协议》的约定并考虑到合同履行情况，认为《合作协议》对于违约责任作出了详细的约定，却未赋予申请人要求退款的权利；被申请人的确已向申请人交付了部分研发成果，申请人未能证明其因被申请人未能提供上述两项功能所遭受的相应损失。因此，仲裁庭认为申请人要求退款的请求缺乏合同和事实依据。

申请人还提出要求被申请人支付《合作协议》约定的违约金。被申请人提出反对，理由有二：一是申请人对于开发需求多次、多处增加与修改，造成整个合作研发时间延迟；二是申请人的损失无法达到合同约定的违约金金额。仲裁庭根据《合作协议》的约定，认为被申请人应当负责合作项目的研发；被申请人的证据仅能证明双方就开发需求有所沟通，影响了合作项目的进度，但不能证明因申请人修改开发需求导致被申请人不能交付开发成果。被申请人的违约在于未能依约交付开发成果，并不仅仅是延迟交付。因此，仲裁庭认为，被申请人应对于其违约承担全部责任。《合作协议》对于被申请人违约应当支付的违约金有明确的约定，被申请人既然主张申请人的损失未达到违约金的金额，就应进行举证，但被申请人未能证明该等违约金过分高于申请人的损失。因此，仲裁庭支持申请人要求被申请人支付违约金的请求。

【结语】

该案裁决书对于双方当事人提出的事实和证据进行了细致梳理，紧扣合同约定，合理分配举证责任，对于双方当事人在合同项下的权利和义务作出了清晰和合理的解释。在合同对于单方解除合同的权利未作出明确约定的情况下，仲裁庭严格适用我国《合同法》第94条第4款的规定，保护了非违约方解除合同的权利。在作出金钱救济的裁判方面，一方面，仲裁庭根据合同的性质和履约事实，认可被申请人已提供的服务，没有支持申请人返还研发费的请求；另一方面，对于被申请人的违约行为，仲裁庭认可了申请人依合同约定获得违约金的权利，也体现了我国《合同法》第97条承认合同解除与损害赔偿并存的原则。仲裁庭的裁决说理充分且公平合理。

该案给中国企业的启示是，首先，在与外方合作者进行合作时，合同条款的起草至关重要；尤其涉及分阶段履行的合同，如何定义每一阶段的工作成果以及规定各个阶段违约的后果，在缔约阶段就需要做好充分准备。在合同缺乏明确约定的情况下，某一阶段一方当事人履约的延迟并不能当然赋予另一方当事人解除合同的权利。而且，各个法律体系对于单方解除合同的权利规定不尽相同。对于在“一带一路”沿线国家或地区开展各种经济活动的中国企业，重视合同条款并加强法律意识尤其重要。其次，在履约过程中，如果对方出现履约的延迟或履约内容与合同约定不一致的情况，守约方需要及时提出异议并留下证据。在该案中,申请人要求返还研发费的请求未能得到支持的原因之一,即在于其在付款之时对于被申请人交付的第一阶段工作成果并未提出异议。最后,在争议发生后,如果涉及发送解除合同的通知,一定要慎之又慎。该等通知涉及合同权利和义务的终止,如果援引的解除理由不充分,则易引起合同是否有效解除的争议。

(案例评析人:孙华伟)

案例十五　韩国 A 公司与中国 B 公司股权转让争议仲裁案

中国国际经济贸易仲裁委员会(以下简称仲裁委员会)根据申请人韩国 A 公司(以下简称申请人)与被申请人中国 B 公司(以下简称被申请人)及案外人韩国 C 公司签订的《关于中韩合作 D 公司之股权转让协议》(以下简称《股权转让协议》)中仲裁条款的约定,以及申请人向仲裁委员会提交的书面仲裁申请,在申请人完备了相关手续后,受理了双方当事人之间上述合同项下的本争议仲裁案。

本案仲裁程序适用仲裁委员会自 2015 年 1 月 1 日起施行的《中国国际经济贸易仲裁委员会仲裁规则》(以下简称《仲裁规则》)的规定。

申请人选定 X 担任本案仲裁员。被申请人选定 Y 担任本案仲裁员。由于双方当事人未在规定期限内共同选定或共同委托仲裁委员会主任指定首席仲裁员,仲裁委员会主任根据《仲裁规则》之规定指定 Z 担任本案首席仲裁员。上述三位仲裁员在签署接受指定的《声明书》后组成仲裁庭,审理本案。

仲裁庭如期开庭审理了本案。双方均派仲裁代理人出席了庭审。在庭审中,申请人就其仲裁请求陈述了相关事实和理由,被申请人进行了答辩。双方当事人还出示了相关证据原件并进行了质证,就法律问题进行了辩论,并回答了仲裁庭的提问。经征求双方当事人意见,仲裁庭还就庭后程序作出了安排。

本案现已审理终结,本案全部仲裁文件均已按照《仲裁规则》的规定有效送达双方当事人。仲裁庭依据现有材料以及查明的事实,经合议依法作出本裁决。现将本案案情、仲裁庭意见以及裁决结果分述如下。

一、案　　情

(一)申请人的仲裁请求及所依据的事实和理由

2014年10月15日申请人、被申请人及案外人韩国C公司签订《股权转让协议》,约定被申请人以人民币近1000万元收购申请人对中韩合作D公司(以下简称D公司)的全部股权,并于协议签订后2个月内将股权转让款付给申请人。

《股权转让协议》签订后,申请人积极配合被申请人完成合同审批等工作,并于2014年11月25日取得某主管机关印发的《关于D公司股权转让的批复》,《股权转让协议》生效。

但是,被申请人至今没有向申请人支付股权转让价款,也没有按照合同约定将人民币近1000万元存入监管账户,违反了《股权转让协议》第2条的约定。

根据《股权转让协议》第2.4条的约定,被申请人应按照每日0.5%向申请人支付迟延违约金,截至2015年6月1日逾期已近170天,违约金为人民币近800万元。根据《股权转让协议》中“包括律师费的仲裁费由败诉方负担”的约定,申请人因本案支付的律师费人民币30万元和仲裁费应由被申请人承担。

由于《股权转让协议》主要义务的履行地在中国,根据我国《合同法》第126条规定的“最密切联系原则”,应适用中国法律。根据中国《合同法》第60条“当事人应当按照约定全面履行自己的义务”的规定,被申请人不支付股权转让款的行为显然既违反了协议的约定又违反了法律的规定。

综上所述,申请人与被申请人签订的《股权转让协议》是各方平等自愿达成的,是各方的真实意思表示,不违反法律的禁止性规定,并且已经得到某市政府批准,是合法有效的,应当受法律保护。为维护申请人的合法权益,提出如下仲裁请求:

1. 请求裁决被申请人向申请人支付股权转让价款人民币近1000万元。

2. 请求裁决被申请人向申请人支付违约金(自2014年12月15日计算到2015年6月1日)人民币近800万元。

3. 请求裁决被申请人向申请人支付律师费人民币30万元。

4. 本案仲裁费由被申请人承担。

(二)被申请人的答辩意见

1. 被申请人积极履行《股权转让协议》项下的"甲方"义务。涉案的股权至今没有转让,是由于申请人不配合履行股权转让的相关义务所致。因此,被申请人有权行使合同履行中的抗辩权,拒绝向申请人支付股款。

(1)被申请人与申请人及韩国C公司之间的股权转让事宜早于涉案《股权转让协议》的签订时间。2012年10月17日被申请人为了股权转让的需要,已在E银行开立了股权交易资金托管的一般账户,户名为被申请人。2014年6月13日被申请人作为大股东积极配合涉案企业D公司申请办理了某机关的《关于D公司股东股权转让变更核准的批复》,取得了同意股权变更的初级审批文件。2014年10月15日三方才签署《股权转让协议》。随后,被申请人依据上述批复内容及申报程序积极申请上级主管部门的审批文件,并在2014年11月15日取得《关于D公司股权转让的批复》。至此,被申请人在股权转让的前期积极履行了《股权转让协议》项下的"甲方"义务。需要说明的是,在此期间被申请人虽然没有将案涉的股款存入银行托管账户,但这并非被申请人的违约之举,而是由于申请人违反《股权转让协议》的约定,消极对待股权变更的后续工作,致使上述批复文件过期,无法顺利办理股权变更所致。在此种情况下,被申请人果断采取暂不将股款存入银行的做法,是在行使合同履行中的抗辩权。

(2)根据《股权转让协议》约定,被申请人支付股款的前提是完成股权转让,而协议另约定,工商部门的变更登记完成之日为本协议约定的股权转让完成之日。如今,依据仲裁时的《外资企业基本注册信息查询单》显示,涉案股权尚未变更,申请人仍为涉案企业的股东,故此被申请人在没有违约的情况下,有权拒绝支付股款。

2. 申请人无权向被申请人主张违约金，且《股权转让协议》约定的违约金过高，申请人的主张不能成立。

（1）申请人在《仲裁申请书》称，由于被申请人“至今没有向申请人支付股权转让款，也没有按照合同约定将近1000万元存入监管账户，违反了《股权转让协议》第2条约定”，故主张违约金。但被申请人有不同意见。诚如上文所述，第一，正是由于申请人不积极配合被申请人在有效期内使用批复文件，并消极对待股权变更登记相关文件的签署等工作，才最终没能实现股权转让。股权未转让，责任不在被申请人，被申请人适当行使了合同履行中的抗辩权，故未支付股款不应引发“违约金条款”的适用。第二，涉案股款是否存入银行托管账户只是合同履行中的协助附随义务，而非主要义务，即未存入股款并不会从根本上影响被申请人履行支付股款的义务。并且，根据我国合同法理论，未履行合同附随义务，不构成行使先履行抗辩权的条件。因此，申请人无权以被申请人未存入股款为由而拒绝履行股权转让义务。同时，根据《股权转让协议》的约定，在协议签订后的2个月内，即2014年10月15日至12月15日，被申请人未存入股款并不需要支付违约金，但在批复下发的11月15日到12月15日，申请人没有配合被申请人履行《股权转让协议》，已构成了对合同主要义务违反。所以在此情况下，被申请人不再向银行托管账户存入股款，也是对申请人行使合同履行中的抗辩权，而并未构成对合同违约金条款的违反。

（2）关于违约金约定过高问题，被申请人认为，我国最高人民法院《关于适用〈中华人民共和国合同法〉若干问题的解释（二）》（以下简称《合同法解释（二）》）第29条规定：“当事人主张约定的违约金过高请求予以适当减少的，人民法院应当以实际损失为基础，兼顾合同的履行情况、当事人的过错程度以及预期利益等综合因素，根据公平原则和诚实信用原则予以衡量，并作出裁决。当事人约定的违约金超过造成损失的百分之三十的，一般可以认定为合同法第一百一十四条第二款规定的‘过分高于造成的损失’。”

此外,最高人民法院印发的《关于当前形势下审理民商事合同纠纷案件若干问题的指导意见》规定:"……二、依法合理调整违约金数额,公平解决违约责任问题。5. 现阶段由于国内宏观经济环境的变化和影响,民商事合同履行过程中违约现象比较突出。对于双方当事人在合同中所约定的过分高于违约造成损失的违约金或者极具惩罚性的违约金条款,人民法院应根据合同法第一百一十四条第二款和最高人民法院《关于适用中华人民共和国合同法若干问题的解释(二)》(以下简称《合同法解释(二)》)第二十九条等关于调整过高违约金的规定内容和精神,合理调整违约金数额,公平解决违约责任问题。6. 在当前企业经营状况普遍较为困难的情况下,对于违约金数额过分高于违约造成损失的,应当根据合同法规定的诚实信用原则、公平原则,坚持以补偿性为主、以惩罚性为辅的违约金性质,合理调整裁量幅度,切实防止以意思自治为由而完全放任当事人约定过高的违约金。7. 人民法院根据合同法第一百一十四条第二款调整过高违约金时,应当根据案件的具体情形,以违约造成的损失为基准,综合衡量合同履行程度、当事人的过错、预期利益、当事人缔约地位强弱、是否适用格式合同或条款等多项因素,根据公平原则和诚实信用原则予以综合权衡,避免简单地采用固定比例等'一刀切'的做法,防止机械司法而可能造成的实质不公平。8. 为减轻当事人诉累,妥当解决违约金纠纷,违约方以合同不成立、合同未生效、合同无效或者不构成违约进行免责抗辩而未提出违约金调整请求的,人民法院可以就当事人是否需要主张违约金过高问题进行释明。人民法院要正确确定举证责任,违约方对于违约金约定过高的主张承担举证责任,非违约方主张违约金约定合理的,亦应提供相应的证据。合同解除后,当事人主张违约金条款继续有效的,人民法院可以根据合同法第九十八条的规定进行处理。"

因此,假设被申请人的违约给申请人造成了损失,被申请人认为涉案违约金的计算数额也已经远远超过申请人的实际损失。被申请人认为,一方面,申请人怠于履行相关配合的义务,违约在先;另一方面,即使申请人存在实际损失,也应当以银行同期人民币贷款利率为限。根据该指导意见,申请人应负充分的举证义务,否则应当认定违约金约定得过高。

综上所述,被申请人没有违约,申请人应当承担相应的违约责任,请求仲裁庭驳回申请人的全部仲裁请求。

退一步讲,假定存在违约金,结合相关司法解释、司法审判和仲裁实践,违约金的计算应以中国人民银行同期同类人民币贷款逾期罚息利率为基础上浮30%作为最高限额。与之相对应的申请人律师费用和仲裁费用也应当相应扣减。

(三)申请人庭后代理意见及补充陈述

1.就被申请人提出“没有在监管账号中存入股权转让款”不构成违约的意见。

(1)关于被申请人提出“为了股权转让的需要,开立了股权交易资金托管的一般账户”的意见。

首先,被申请人未提交相关证据证明;其次,被申请人的主要义务是支付股权转让款,即使被申请人能够证明开立了账户,也不能证明被申请人已经履行了主要合同义务。

(2)关于被申请人提出“取得了同意股权变更的审批文件;签署《股权转让协议》;取得批复”的意见。

虽然被申请人为《股权转让协议》审批作了一定的工作,但是由于被申请人没有履行主要合同义务即支付股权转让款,因此被申请人认为自己积极履行股权转让合同义务的答辩意见不能成立。

(3)关于被申请人提出“没有存入股权转让款是行使合同履行中的抗辩权而不是违约”的意见。

我国《合同法》第66条规定:“当事人互负债务,没有先后履行顺序的,应当同时履行。一方在对方履行之前有权拒绝其履行要求,另一方在对方履行债务不符合约定时,有权拒绝其相应的履行要求。”

我国《合同法》第67条规定:“当事人互负债务,有先后履行顺序,先履行一方未履行的,后履行一方有权拒绝其履行要求。先履行一方履行债务不符合约定的,后履行一方有权拒绝其相应的履行要求。"

我国《合同法》第68条规定:"应当先履行债务的当事人,有确切证据证明对方有下列情形之一的,可以中止履行:(一)经营状况严重恶化;(二)转移财产、抽逃资金,以逃避债务;(三)丧失商业信誉;(四)有丧失或者可能丧失履行债务能力的其他情形。当事人没有确切证据中止履行的,应当承担违约责任。"

被申请人提出行使抗辩权的理由是"由于申请人违反《股权转让协议》之约定,消极对待股权变更的后续工作,致使批复文件过期,无法顺利办理股权变更所致"。

《股权转让协议》约定:[手续办理]甲方(被申请人)应负责毫不迟疑地处理此次股权转让的审批、工商变更登记等工作;乙方(申请人)及丙方应积极配合,包括根据办理股权转让审批、工商变更登记时的实际情况签署相关文件。但各方签署的其他文件,均不得与本协议的内容相悖,特别是不得与本协议中有关转让股权对应的出资金额、转让股权的价格等内容相悖。

根据协议约定,办理审批、工商登记的责任由被申请人承担,申请人只是配合工作。那么就不属于我国《合同法》第66条和第67条规定的双方互负债务的情形。同时,被申请人也没有提供证据证明本案出现《合同法》第68条规定的可以中止合同履行的4种情形。因此,被申请人不符合行使抗辩权的条件,应当按照我国《合同法》的规定承担违约责任。

(4)关于被申请人提出"《股权转让协议》约定,被申请人支付股款的前提是完成股权转让"的意见。

《股权转让协议》约定:

[股权转让价款的支付]

a. 支付方式

乙方将其持有的对公司的股权全部转让给甲方的价款为人民币近1000万

元,丙方将其持有的对公司的股权全部转让给甲方的价款为人民币340万元。

甲、乙、丙三方应自签订本协议之日起3个营业日内与中国境内的受托银行签订股权转让价款监管合同,并在签订上述监管合同之日起3个营业日内,甲方将向乙方支付的股权转让价款人民币近1000万元和向丙方支付的股权转让价款人民币340万元一次性存入受托银行的监管账户。公司的工商变更登记完成后,在监管账户存放的股权转让价款的所有权转移至乙方和丙方,由乙方和丙方开始享有各自股权转让价款的所有权。

b.业务处理方式

在甲方将向乙方及丙方支付的股权转让价款存入监管账户后3个营业日内,甲方开始办理与股权转让相关的审查批准、工商变更登记、税务申报及外汇登记手续。

本协议签订后2个月内甲方应完成股权转让及股权转让价款海外付汇所需的所有手续(包括但不限于审查批准、工商变更登记、税务申报及外汇登记手续)。

完成上述所有手续后3个营业日内,甲方应将监管账户的股权转让价款支付给乙方及丙方指定的账户。

根据上述约定,可以明显看出打款是被申请人最主要的合同义务,被申请人应在《股权转让协议》签订后2个月加3个营业日之内,完成向申请人支付股权转让款的义务,否则就应该按照合同约定承担违约责任。

根据上述约定,还可以明显看出,支付股权转让款的具体交易方式是:协议签订—开立监管账户—被申请人向监管账户存入股权转让价款—开始办理审批、工商变更、外汇手续—完成办理手续—释放监管账户内股权转让价款给申请人。

根据双方的交易安排,被申请人应先行存入股权转让价款,之后再办理股权工商变更登记。申请人应在被申请人完成向监管账户打款的义务之后,配合被申请人在办理股权转让审批和工商变更登记时签署相关文件。根据开庭时双方出示的证据,因为被申请人并未完成向监管账户打款的义务,所以交易并未进入需要申请人配合办理变更工商登记的阶段。由于被申请人没有按照协议约定将股权转让价款存入监管账户,没有履行自己最主要的合同义务,违约在先,因此申请人也依法有权拒绝办理股权变更的工商登记。故被申请人称因为没有变更工商登记,所以有权拒绝支付股权转让款是与事实不符的。

因此,被申请人提出的由于申请人不配合履行股权转让的相关义务,被申请人有权行使合同履行中的抗辩权,拒绝向申请人支付股款是没有事实和法律依据的。在本案中,显然是被申请人没有履行主要合同义务,构成根本违约,应承担违约责任。

2. 关于"是否应支付违约金和违约金约定得是否过高"的意见。

(1)关于被申请人提出"股权价款存入监管账户是合同履行中的协助附随义务,而非主要义务"的意见。

我国《合同法》第60条第2款规定:"当事人应当遵循诚实信用原则,根据合同的性质、目的和交易习惯履行通知、协助、保密等义务。"

该条款中所说的通知、协助和保密的义务,是当事人履行合同时的随附义务。然而根据《股权转让协议》第2条的约定,被申请人将股权转让价款存入监管账户是双方约定的支付股权转让价款的方式,是合同的主给付义务和基本义务。因此,被申请人提出"股权价款存入监管账户是合同履行中的协助附随义务,而非主要义务,不应承担违约责任"是不能成立的。

(2)关于"违约金约定得是否过高"的问题,申请人不同意被申请人的意见,仲裁庭应该按照《股权转让协议》的约定裁判。

首先,被申请人提出的法律依据基本上都是最高人民法院的司法解释,最高人民法院的司法解释是对下级人民法院的具体指导,不具有普遍约束性。在仲裁案件审理过程中,对具体法律问题中国法律法规有明确规定的,应适用法律法规。

我国《合同法》第114条规定:“当事人可以约定一方违约时应当根据违约情况向对方支付一定数额的违约金,也可以约定因违约产生的损失赔偿额的计算方法。约定的违约金低于造成的损失的,当事人可以请求人民法院或者仲裁机构予以增加;约定的违约金过分高于造成的损失的,当事人可以请求人民法院或者仲裁机构予以适当减少。当事人就迟延履行约定违约金的,违约方支付违约金后,还应当履行债务。”

《股权转让协议》约定:

本协议签订后2个月内甲方未完成股权转让及股权转让价款海外付汇所需的所有手续(包括但不限于审查批准、工商变更登记、税务申报及外汇登记手续)的,每迟延1日甲方应向乙方及丙方支付股权转让价款0.5%的迟延违约金。

本协议签订后2个月内甲方完成了股权转让及股权转让价款海外付汇所需的所有手续(包括但不限于审查批准、工商变更登记、税务申报及外汇登记手续)后3个营业日内,甲方未将监管账户的股权转让价款支付给乙方及丙方指定的账户的,每迟延1日甲方应向乙方及丙方支付股权转让价款0.5%的迟延违约金。

以上约定,明确表达了如果被申请人没有在本协议签订后2个月加3个营业日的时间内完成向申请人指定账户支付股权转让款,则被申请人应按照约定的计算方法支付迟延违约金。该约定体现出,无论双方在具体交易过程中是否按照事先约定的交易安排进行,被申请人都应对申请人实现合同目的即在规定的时间内最终完成向申请人指定账户支付股权转让价款承担义务。并且从合同整体性考虑,《股权转让协议》第9条违约责任条款应视为整个合同履行过程中的违约责任适用条款,而关于计算方法的约定应理解为,只要被申请人未在规定时间内完成该条款约定的特定义务就应按该条款约定支付迟延违约金。

因此，首先，双方在协议中明确约定了迟延违约金的计算方式，这是双方签订协议时真实的意思表示，且符合我国《合同法》第114条第1款的规定，仲裁庭应当予以认定。

其次，关于违约金是否约定得过高的问题，既然被申请人提出违约金约定过高，请求仲裁庭适当减少，根据"谁主张，谁举证"的原则，举证责任应当由被申请人承担。而被申请人并未提供违约金约定过高的相关证据，应当承担举证不能的不利后果。

最后，仲裁庭应该考虑到违约金的法律性质是具有惩罚性的，只有在双方未明确约定违约金时才能按照实际损失填补原则计算。特别是在涉外商事仲裁中，仲裁庭应该遵循当事人意思自治原则和合同自由原则，而不应参照处理普通民事纠纷的方式考虑法律以外的因素。

被申请人如果没有在协议签订2个月内完成包括汇款在内的各项义务，就应承担违约责任。仲裁庭应当按照《股转转让协议》约定，裁决被申请人自《股权转让协议》签订2个月后的第一日起，即从2014年12月15日起，按照股权转让价款日0.5%支付迟延违约金。

3. 关于双方当事人对付款的新的磋商。

双方当事人在合同签订之后对于付款没有新的磋商。被申请人提交的电子邮件打印件，无法证明发件人和收件人身份，不能证明双方在合同签订后对付款进行了磋商，而被申请人没有违约。

（四）被申请人庭后代理意见

1. 申请人与被申请人相互配合，办理股权转让的审查批准、工商变更登记等必要手续，是仲裁双方的合同主要义务，而不是被申请人单方的义务。

《股权转让协议》"手续办理"中明确约定了"甲方"与"乙方及丙方"在办理股权转让手续中的"配合"问题。值得一提的是，这里所指的"配合"，实际上是需要协议各方共同完成的主要合同义务。就申请人与被申请人之间的股权转让而言，缺少了任何一方的"配合"，股权转让均无法实现。

就股权转让的审批程序而言，根据对外贸易经济合作部及国家工商行政管理局1997年发布的《外商投资企业投资者股权变更的若干规定》第2条、第9条的规定，企业投资者之间协议转让股权的，应向审批机关报送下列文件：投资者股权变更申请书；企业原合同、章程及其修改协议；企业批准证书和营业执照复印件；企业董事会关于投资者股权变更的决议；企业投资者股权变更后的董事会成员名单；转让方与受让方签订的并经其他投资者签字或以其他书面方式认可的股权转让协议；审批机关要求报送的其他文件。就工商变更登记而言，《外商投资企业投资者股权变更的若干规定》第18条、第19条规定，企业申请股权变更登记时，应向登记机关提交报送审批机关的有关文件，审判机关的批准文件以及登记机关要求提交的其他文件。登记机关要求提交的其他文件应依据我国《企业法人登记管理条例》和《公司登记管理条例》的相关规定办理。结合上述两部条例的规定及国家工商总局官网中公布的《公司变更登记提交材料规范》的要求，涉及公司股权变更登记时需提交的文件包括：公司登记（备案）申请书；指定代表或者共同委托代理人授权委托书；审批文件；关于修改公司章程的决议；决定股权转让协议或股权交割证明；公司营业执照副本等。

鉴于上述法律文件的规定，办理股权转让手续是仲裁双方的合同主要义务，而不是被申请人单方的义务。

2. 申请人在办理股权转让的过程中不配合履行合同主要义务，致使无法实现股权转让，因此无权请求被申请人承担违约责任。

关于批准股权转让的批复于2014年11月25日下发，根据我国《外商投资企业投资者股权变更的若干规定》第17条的规定，企业应自审批机关批准企业投资者股权变更之日起30日内办理有关变更手续。2014年11月28日被申请人收到申请人公司代表的电子邮件，要求被申请人12月先给付50%的股款。因该要求与《股权转让协议》的约定完全不符，因此被申请人没有答应申请人提出的要求。因此，申请人便不再配合被申请人继续办理股权变更手续，并最终致使批复文件因超期未办理而被审批机关收回。2015年春节后，被申请人曾要求申请人配合重新办理审批手续以完成股权转让,但申请人认为被申请人是在有意拖延股权转让的时间,并一再拒绝配合。由此可见,因为申请人在办理股权转让的过程中不配合履行相关手续,致使无法实现股权转让目的,因此其无权请求被申请人承担违约责任。

3. 股权转让在实际履行过程中对《股权转让协议》进行了变更,没有完全按协议约定履行。被申请人在股权转让过程中不存在违约行为,无须承担任何违约责任。

《股权转让协议》是各方在2014年10月15日签订的,但实际上仲裁双方对股权转让的履行行为是早于《股权转让协议》签订的。对此事实,申请人当庭也是予以认定的。2012年10月17日为了股权转让的需要,被申请人在E银行开立了一个一般账户,并将其指定为股权交易资金托管账户。户名为被申请人。该账户真实存在并具有资金托管账户的职能。2014年6月13日被申请人作为大股东配合涉案企业D公司申请办理了《关于D公司股东股权转让变更核准的批复》,取得了同意股权变更的初级审批文件。上述行为均是在涉案《股权转让协议》签订前完成的。因此,股权转让行为没有完全依照协议的字面内容履行,协议只是基于完整性上所作的书面约定与本案上述事实不符。对于这一点,仲裁双方均是清楚的。在《股权转让协议》签订之后,被申请人继续积极履行合同义务,并不存在违约性,因此无须向申请人承担任何违约责任。

二、仲裁庭意见

(一)关于本案争议的法律适用

本案系作为转让方的申请人与作为受让方的被申请人,因履行《股权转让协议》而引发的合同纠纷案。《股权转让协议》约定转让的股权系申请人持有的D公司的股权,D公司是依据中国法律设立的中外合作经营企业。我国《中外合作经营企业法实施细则》第55条规定:“合作企业合同的订立、效力、解释、履行及其争议的解决,适用中国法律。”鉴于申请人转让的股权系根据其与被申请人签订的《关于合作成立D公司合同》所持有的D公司股权,股权转让后,原合作公司变更为内资企业,原合作公司的合同、章程终止,且双方当事人在相关意见陈述中均引用了中国法律,故本案争议解决应适用中国法律。

(二)关于《股权转让协议》的效力

仲裁庭经审理查明,根据《股权转让协议》关于“本协议经各方法定代表人或授权代表签字并盖章,且经审批机关批准后生效”的约定,《股权转让协议》于2014年10月15日由各方当事人签署,并于2014年11月25日经《关于D公司股权转让的批复》后生效,申请人与被申请人对此并无异议。

仲裁庭注意到,被申请人在陈述中表达了“由于申请人违反《股权转让协议》之约定,消极对待股权变更的后续工作,致使批复文件过期,无法顺利办理股权变更所致”的意思。仲裁庭同时注意到,《关于D公司股权转让的批复》中并无有效期的规定,被申请人也未提供相应的证据以证明前述主张,仲裁庭也未发现上述协议违反中国法律、行政法规强制性规定而导致无效的情形。因此,仲裁庭认为《股权转让协议》已经生效,对申请人与被申请人均具有法律约束力。

(三)关于股权转让价款的支付条件

1.对《股权转让协议》中支付股权转让价款条款的理解。

根据《股权转让协议》的约定,“甲、乙、丙三方应自签订本协议之日起3个营业日内与中国境内的受托银行签订股权转让价款监管合同,并在签订上述监管合同之日起3个营业日内,甲方将向乙方支付的股权转让价款人民币近1000万元和向丙方支付的股权转让价款人民币340万元一次性存入受托银行的监管账户”。

仲裁庭经审理查明,股权转让价款监管合同并未依据《股权转让协议》上述约定签订,被申请人也未依据《股权转让协议》上述约定向银行监管账户全额存入股权转让价款，且至今未支付股权转让价款。

仲裁庭注意到，被申请人在答辩意见中明确：2012年10月17日被申请人为了股权转让的需要，已在E银行开立了股权交易资金托管的一般账户，户名为被申请人。其在获得《关于D公司股权转让的批复》时，积极履行了《股权转让协议》中自己的义务。被申请人之所以未将股权转让价款存入前述银行托管账户，是因为申请人消极对待股权变更的后续工作。

被申请人的陈述表明，其具有以《股权转让协议》签订前其单方在银行开立的股权交易资金托管一般账户代替《股权转让协议》中三方与银行开立的监管账户的明确意思表示，但这一意思表示并没有得到申请人的认可，且申请人不主张开立能保障其获得股权转让价款的《股权转让协议》明确约定的银行监管账户不符合常理。因此，仲裁庭认为，对于未依《股权转让协议》开立银行监管账户、未能向银行监管账户存入股权转让价款，被申请人应承担责任。

2. 对《股权转让协议》关于转让股权条款的理解。

根据《股权转让协议》的约定，"在甲方将向乙方及丙方支付的股权转让价款存入监管账户后3个营业日内，甲方开始办理与股权转让相关的审查批准、工商变更登记、税务申报及外汇登记手续。本协议签订后2个月内甲方应完成股权转让及股权转让价款海外付汇所需的所有手续（包括但不限于审查批准、工商变更登记、税务申报及外汇登记手续）。完成上述所有手续后3个营业日内，甲方应将监管账户的股权转让价款支付给乙方及丙方指定的账户"。

仲裁庭认为，该约定明确了履行顺序，即协议签订—开立监管账户—被申请人向监管账户存入股权转让价款—开始办理审批、工商变更、外汇手续—完成办理手续—释放监管账户内股权转让价款给申请人。只有在被申请人向银行监管账户存入股权转让价款，确保股权转让价款资金能够支付的前提下，申请人才配合被申请人办理相应股权变更手续。

该条款同时明确了被申请人的合同义务，即向银行监管账户存入股权转让价款、完成股权转让及股权转让价款海外付汇所需的所有手续、向申请人支付股权转让价款。在被申请人没有向银行监管账户存入股权转让价款的情况下——如前所述，该责任应由被申请人承担，《股权转让协议》已获得批复生效，表明申请人在诚实地履行合同，被申请人继而要求申请人配合办理股权转让工商变更登记是没有道理的，申请人出于其对能否如约获得股权转让价款缺乏信心而拒绝配合也是可以理解的。

仲裁庭注意到，被申请人将前述开立共管账户的义务解读为其在《股权转让协议》项下的随附义务，并认为“未履行合同附随义务，不构成行使先履行抗辩权的条件”。对此，仲裁庭认为，股权转让的受让方即被申请人支付股权转让价款系其在《股权转让协议》项下的主要义务，转让方即申请人为确保其能及时、足额地收到股权转让价款，而选择通过开立监管账户的方式实现合同目的是通常的操作方式，是申请人在配合完成股权转让义务后权利实现的有效保障。而被申请人以应在后履行的相应手续作为拒不存入、支付股权转让价款的理由与合同约定不符，亦无法律依据。

（四）关于申请人的仲裁请求

1. 关于请求裁决被申请人向申请人支付股权转让价款人民币近1000万元。

如前所述，仲裁庭认为，被申请人向申请人支付股权转让价款是《股权转让协议》中约定的主要的、确定的合同义务，被申请人对于没有开立银行监管账户并向该监管账户存入股权转让价款承担责任，在没有向银行监管账户存入股权转让价款的情况下要求申请人履行配合义务并办理相应变更手续没有合同依据和法律根据。被申请人也未提供申请人在《股权转让协议》履行过程中存在过错的证据。据此，仲裁庭认为，《股权转让协议》未能全面履行的责任在被申请人一方，其未支付的股权转让价款人民币近1000万元，应当支付。

2. 关于请求裁决被申请人向申请人支付违约金（自2014年12月15日计算到2015年6月1日）人民币近800万元。

鉴于被申请人的行为已构成违约，根据《股权转让协议》的约定，被申请人应当承担相应的违约责任。仲裁庭经审理查明，《股权转让协议》对违约责任作出了约定,明确了违约金的计算方法,即"本协议签订后2个月内甲方未完成股权转让及股权转让价款海外付汇所需的所有手续(包括但不限于审查批准、工商变更登记、税务申报及外汇登记手续)的,每迟延1日甲方应向乙方及丙方支付股权转让价款0.5%的迟延违约金"。《股权转让协议》于2014年10月15日签订,现申请人主张违约金自2014年12月15日起计算至2015年6月1日,不违反法律规定和合同约定。

仲裁庭注意到,被申请人以我国《合同法》第114条和最高人民法院的相关司法解释为依据,主张《股权转让协议》约定的违约金过高,应予调减。申请人以"最高人民法院的司法解释是对下级人民法院的具体指导,不具有普遍约束性"为由,认为应当按各方在协议签署时的真实意思表示计算违约金。对此,仲裁庭认为,我国《合同法》第114条第2款规定,一方当事人约定的违约金过分高于造成的损失时,可以请求仲裁机构予以适当减少。在本案中,申请人除坚持按照《股权转让协议》对违约责任的约定计算违约金外,并未提供因被申请人的违约造成其损失的证据。仲裁庭综合考虑本案情况后认为,如果按照股权转让价款每日0.5%的利息率,每年计算违约金的利息率高达180%,属约定过高。本案违约金按照12%的年利率计算是适当的,被申请人应向申请人支付违约金人民币50余万元。

3. 关于请求裁决被申请人向申请人支付律师费人民币30万元。

《仲裁规则》第52条规定,仲裁庭有权根据案件的具体情况在裁决书中裁定败诉方应当补偿胜诉方因办理案件而支出的合理费用。经查,申请人支出律师费人民币30万元。鉴于申请人实际委托律师参与本仲裁案件,申请人也提供了3张《北京增值税普通发票》为证,且被申请人对此证明并未提出异议,综合考虑案件的裁决结果、复杂程度、申请人代理人的实际工作量以及案件的争议金额等因素,仲裁庭认为,被申请人应向申请人补偿其因本案而支出的律师费人民币15万元。

4. 关于本案仲裁费由被申请人承担。

鉴于申请人的主要仲裁请求获得了仲裁庭的支持,本案仲裁费由被申请人承担 80%,申请人承担 20%。

此外,仲裁庭认为,对被申请人来说,《股权转让协议》的目的是通过支付股权转让价款而受让相应股权;对申请人来说,《股权转让协议》的目的是通过转让股权而获得相应股权转让价款。因此,申请人在获得相应股权转让价款后,应对相应股权的工商变更登记等事宜给予被申请人必要的配合。

三、裁　　决

根据上述意见,仲裁庭裁决如下:

1. 被申请人应向申请人支付股权转让款人民币近 1000 万元。

2. 被申请人应按 12% 的年利率,以人民币近 1000 万元为基数,向申请人支付自 2014 年 12 月 15 日计至 2015 年 6 月 1 日的违约金人民币 50 余万元。

3. 被申请人补偿申请人因本案而支付的律师费人民币 15 万元。

4. 本案仲裁费由被申请人承担 80%,由申请人承担 20%。

上述被申请人应向申请人支付的各项款项,被申请人应在本裁决作出之日起 15 日内支付完毕。

本裁决为终局裁决,自作出之日发生法律效力。

案例评析

【关键词】

中外合作经营公司股权转让合同;附随义务;后履行抗辩权;违约金过高

【焦点问题】

该案涉及核心问题是：申请人韩国A公司与被申请人中国B公司签署关于中外合作经营D公司股权转让协议后，被申请人未按约定将股权转让价款支付至双方共同在银行开立的共管账户，是违反了主合同义务还是附随义务？在被申请人未将股权转让价款支付至共管账户的情形下，申请人是否有权不配合被申请人办理转让股权在工商行政主管机关的变更登记手续？股权转让协议约定的被申请人未按期支付股权转让价款按每日0.5%计付违约金是否过高？

【焦点评析】

该案纠纷属于中外合作经营公司股权转让协议纠纷，现结合该案案情及双方争议焦点，对该案涉及的主要法律问题评述如下。

（一）对合同主要义务与附随义务的判断

仲裁庭经审理查明，股权转让价款监管合同并未依据《股权转让协议》约定签订并进而设立监管账户，被申请人也未依据约定向银行监管账户全额存入股权转让价款，且至今未向申请人支付股权转让价款。

在《股权转让协议》签署前，被申请人为了股权转让的需要，已在中国境内银行开立了股权交易资金托管的一般账户的陈述表明，其具有以《股权转让协议》签订前单方在银行开立的股权交易资金托管一般账户代替《股权转让协议》中双方与银行开立监管账户的明确意思，但这一意思表示并没有得到申请人的认可。因此，仲裁庭认为，对于未依《股权转让协议》开立银行共同监管账户、被申请人未能向该银行监管账户存入股权转让价款，被申请人应承担违约责任。此外，仲裁庭认为，申请人与被申请人约定共同在银行开立监管账户，并由被申请人将股权转让价款存入该共同监管账户，系被申请人本案合同项下的主要义务，并不属于我国《合同法》第60条第2款规定的通知、协助、保密等附随义务。

（二）关于后履行抗辩权

仲裁庭认为，该条约定明确了合同履行顺序，即协议签订—开立共同监管账户—被申请人向共同监管账户存入股权转让价款—开始办理审批、工商变更、外汇手续—完成办理手续—释放共同监管账户内股权转让价款给申请人。在被申请人向银行共同监管账户存入股权转让价款，确保股权转让价款资金能够支付的前提下，申请人才配合被申请人办理相应股权变更手续，这也符合我国《合同法》第67条后履行抗辩权的规定。股权变更手续没有完成的责任在于被申请人，被申请人应当依据《股权转让协议》的约定向申请人支付股权转让价款。

（三）关于约定的违约金是否过高

鉴于被申请人的行为已构成违约，根据《股权转让协议》的约定，被申请人承担相应的违约责任。《股权转让协议》对违约责任作出了约定，明确了违约金的计算方法，申请人主张的违约金计算方法和数额符合该约定。

仲裁庭注意到，如果按照《股权转让协议》对违约责任的约定计算违约金，以年计算违约金达到应付未付股权转让价款的180%，在申请人未提供因被申请人违约造成其损失的证据的情况下，结合我国《合同法》第114条和《合同法解释（二）》第29条的规定，仲裁庭认为，《股权转让协议》约定的违约金过高，酌情调减为以年应付未付股权转让价款的12%年利率计算违约金。

此外，仲裁庭认为，对被申请人来说，《股权转让协议》的目的是通过支付股权转让价款而受让相应股权；对申请人来说，是通过转让股权而获得相应股权转让价款。因此，申请人在获得相应股权转让价款后，应对相应股权的工商变更登记等事宜给予被申请人必要的配合。

【结语】

该案裁决书环环相扣，从涉案事实、法律规定、合同约定、法理逻辑、常情常理等多个角度和层次进行了论证，最终支持了申请人的主要仲裁请求，符合双方订立合同的初衷。该案给我们的提示主要有以下两点：

1. 一份合规、条款完备、内容明确的合同签署生效后，双方当事人严格按照合同的约定各自履行义务就显得尤为重要了。在该案中，协议明确约定了双方义务履行顺序，首先应当由申请人与被申请人应自签订协议之日起3个营业日内与受托银行签订股权转让价款监管合同，并在签订上述监管合同之日起3个营业日内，被申请人将股权转让价款一次性存入受托银行的监管账户。但仲裁庭查明的事实是被申请人未按照上述约定履行。仲裁庭依据协议约定的义务履行顺序，并根据被申请人单方在银行开立了股权交易资金托管的一般账户的事实，以及申请人对被申请人该等行为的否定抗辩，认定被申请人未严格按照协议约定履行合同义务，构成了对合同主要义务的违反，从而裁定被申请人应当承担违约责任。

2. 关于约定违约金。我国《合同法》第114条对违约金作出了规定；《合同法解释（二）》第29条对当事人主张约定的违约金过高请求予以适当减少作出了解释性规定。第一，最高人民法院司法解释是中国法律体系的组成部分，人民法院和仲裁机构在审理案件适用中国法律时应该作为法律依据。第二，我国《合同法》第114条关于约定违约金的规定，以赔偿损失为原则，兼具惩罚性违约金性质。当事人在根据该条第2款的规定主张约定违约金低于损失而请求法院或者仲裁机构予以增加时，举证责任在于守约方；当事人主张违约金过分高于损失而请求法院或者仲裁机构予以适当减少时，举证责任可以在违约方和守约方间酌情确定或分配，守约方对约定违约金未过分高于造成的损失也并不当然免除举证责任。

（案例评析人：贺宝银）

案例十六 自然人 A、自然人 B 与自然人 C、自然人 D、中国 E 能源公司、泰国 F 投资公司股权转让协议争议仲裁案

中国国际经济贸易仲裁委员会(以下简称仲裁委员会)根据第一申请人自然人 A(以下简称第一申请人)、第二申请人自然人 B(以下简称第二申请人,以下如无特指,与第一申请人合称为申请人)和第一被申请人自然人 C(以下简称第一被申请人)、第二被申请人自然人 D(以下简称第二被申请人)、第三被申请人中国 E 能源公司(以下简称第三被申请人)及第四被申请人泰国 F 投资公司(以下简称第四被申请人,以下如无特指,与第一被申请人、第二被申请人、第三被申请人合称为被申请人)签订的《股权转让协议》(以下简称协议)中仲裁条款的约定,以及申请人向仲裁委员会提交的仲裁申请书,受理了申请人和被申请人之间基于上述协议产生的股权转让协议争议仲裁案。

本案仲裁程序适用自 2015 年 1 月 1 日起施行的《中国国际经济贸易仲裁委员会仲裁规则》(以下简称《仲裁规则》)。

由于被申请人系多方,且未在规定期限内共同选定或共同委托仲裁委员会主任指定仲裁员,仲裁委员会主任根据《仲裁规则》之规定指定 X 担任本案首席仲裁员,指定 Y 和 Z 担任本案仲裁员。上述三位仲裁员在签署了接受指定《声明书》后成立仲裁庭,审理本案。随后,第一被申请人和第三被申请人共同提交了《仲裁反申请书》及证据材料。在第一被申请人及第三被申请人完成了反请求的缴费手续后,仲裁委员会仲裁院向双方当事人发送反请求受理通知,告知双方当事人,仲裁庭决定受理第一被申请人及第三被申请人共同提出的仲

裁反请求,并与申请人的仲裁请求一并审理。

仲裁庭如期对本案进行了开庭审理。申请人及第一被申请人、第三被申请人均委派仲裁代理人出席了庭审,第二被申请人及第四被申请人虽经有效通知,但未派代表或代理人出席庭审,亦未事前向仲裁庭申明不能到庭的理由。根据《仲裁规则》第39条第2款的规定,仲裁庭对本案进行了缺席审理。申请人当庭提交了证据材料的中文翻译版,并经仲裁庭转交第一被申请人及第三被申请人。在庭审中,申请人及第一被申请人、第三被申请人就案件事实进行了陈述,出示了证据原件,对证据进行了质证,就法律问题回答了仲裁庭的提问。

庭后,仲裁庭经仲裁院向第二被申请人及第四被申请人书面告知了庭审情况,并给予了异议期。但上述两被申请人未有任何形式的回复。

本案现已审理终结。仲裁庭根据申请人、第一被申请人和第三被申请人提交的现有书面文件以及庭审所查清的事实和证据,经合议,依法作出本案缺席裁决。现将本案案情、仲裁庭意见以及裁决分述如下。

一、案　情

申请人在其提交的《仲裁申请书》中称:

2014年7月18日经申请人与被申请人友好协商,各方就申请人转让其持有的目标公司泰国G航空公司(以下简称目标公司)股权自愿达成协议。根据协议的约定:

1. 第一被申请人自愿按近2亿泰铢的价格受让申请人持有公司近25%的股权(其中,第一申请人占股14%,第二申请人占股近11%);第一被申请人应在协议签订次日起5个工作日内支付申请人首付款,首付款为股份转让总价的10%,即近2000万泰铢;首付款项由第一被申请人支付首付款项的1/2,即近1000万泰铢,由第二被申请人、第四被申请人支付首付款项的1/2,即近1000万泰铢。剩余股权转让款1.6亿余泰铢在协议签订之日起6个月内支付,在此期间按月息率1.5%支付利息,利息每月支付1次,具体金额以每月实际剩余款项的金额乘以月息率1.5%计算,月利息支付日期为自协议生效之日起每满1个月的日期之日起5个工作日内。

2. 第二被申请人、第三被申请人、第四被申请人自愿为第一被申请人履行协议义务提供保证担保,自愿在第一被申请人违反协议约定时承担连带保证担保责任,向申请人支付相应款项或赔偿;第二被申请人、第三被申请人、第四被申请人的保证担保范围包括但不限于第一被申请人应付申请人的股权转让款、违约金、赔偿金以及申请人为实现协议权利产生的律师费、仲裁费、执行费等;保证担保期间为两年,从第一被申请人应承担协议义务之日开始起算。

3. 协议适用中国法律,股权转让部分适用泰国法律。因协议产生或与协议有关的任何争议、争执或冲突,各方应本着友好协商的原则通过协商解决。若各方在争议、争执或冲突产生之日起5个工作日内协商不成的,任何一方均可将有关争议、争执或冲突提交中国国际经济贸易仲裁委员会,按照提起该等仲裁时仲裁委员会的有效仲裁规则在中国北京进行仲裁,仲裁所用语言为中文。仲裁员所作出裁决为终局裁决,对仲裁各方均具有约束力。

协议签订后,申请人于2014年8月1日将办理股权转让及股权变更登记所需手续材料提交给被申请人,但被申请人却未按时支付股权转让价款和利息,虽经申请人多次催收,被申请人至今仍欠申请人股权转让价款及利息。

申请人经最终明确后提出如下仲裁申请:

1. 要求第一被申请人向申请人支付剩余股权转让价款1.6亿余泰铢、利息240万余泰铢以及从2015年1月23日起至股权转让价款及利息付清时为止的资金占用损失(资金占用损失以应付而未付的剩余股权转让款与利息之和为基数,以年利率24%计算);

2. 要求第一被申请人向申请人支付因本案委托中国律师产生的律师费人民币16万元,委托泰国律师产生的律师费500万余泰铢;

3. 要求第一被申请人向申请人偿付为办理本案支出的差旅费人民币7万

余元及30余万泰铢；

4. 要求第一被申请人向申请人偿付因本案产生的财产保全费人民币5000元、诉讼财产保全责任保险费人民币10万余元；

5. 要求第一被申请人向申请人偿付因本案产生的资料翻译费近7万泰铢，开庭翻译费人民币近3000元；

6. 要求第一被申请人向申请人偿付因本案产生的泰国外交部认证费及中国驻泰国大使馆认证费共计4万余泰铢；

7. 要求第一被申请人承担本案仲裁费；

8. 要求第二被申请人、第三被申请人、第四被申请人对第一被申请人履行第1项、第2项、第3项、第4项、第5项、第6项、第7项仲裁请求承担连带保证担保责任。

申请人对索赔金额的计算及各项计算数值说明如下：

1. 主张的股权转让款的计算是由协议约定的股权转让总价减去被申请人已支付的部分所得出。

2. 主张的利息是以剩余股权转让款为基数，在协议签订之日起6个月内支付，在此期间按月息率1.5%支付利息，利息每月支付1次，具体金额以每月实际剩余款项的金额乘以月息率1.5%计算，月利息支付日期为自协议生效之日起每满1个月的日期之日起5个工作日内。

3. 主张的资金占用损失是按照中国人民银行同期贷款利率的4倍计算。

4. 律师费是依据申请人与代理人签订的《法律服务合同》约定。

第一被申请人和第三被申请人对此共同答辩如下：

1. 双方签订的协议中关于股权转让的行为无效。

依据泰国《民商法典》第1129条关于公司股权转让第2款的规定，“记名股权的转让，如果不做成书面形式并有转让人和受让人的签名及至少一名证人(witness)签名证明，该转让行为无效。此外，该文书必须表明被转让的股份编号”。据此款规定，股份转让协议，必须采用书面形式并且要至少有一名证人

(witness)签名,否则该转让行为无效。本案申请人与被申请人签订的协议中被转让股份属于记名股份,但并没有至少一名证人签名证明,违反了泰国《民商法典》此款规定,因此该转让行为无效。在申请人提交的证据《股份转让文书》中,明确注明要有证明人签名但申请人却视而不见,对于由此造成双方签署的协议股权转让行为无效有过错,依法应承担过错责任。

对于违反此强制性条款转让行为无效的规定,泰国最高法院也作出了同样判决案例,该判例判决中的相关表述为:“公司的股票属于记名股票,必须遵循《民商法典》第1129条款规定。因此,本案中双方被告和原告的股权转让书没有证明人签名,应属无效。”泰国最高法院案例对于违反该条款而无效的判决出现过多次,所以本案协议中关于股权转让的行为无效。

2. 申请人事实上没有拥有目标公司股权,无权处分本案所涉及的股权,因此,双方签署的协议无效。

双方当事人所签署的协议中的目标公司是案外人泰国G航空公司,公司目前唯一授权的对外签字人自然人H在与第一被申请人在曼谷会面时,明确表明,虽然申请人在工商局登记显示持有目标公司的股权,但自然人H并没有收到申请人的股权转让款,他们在目标公司没有实际持有股权,自然人H进一步明确说,对申请人的股权他可以随时在工商局撤销变更。

3. 即使双方签订的协议有效,申请人也没有按协议约定陪同被申请人办理股权转让及股权变更登记所需手续。

双方签署协议后,第一被申请人按约定向申请人支付了首付款,按双方协议约定,申请人应当在收到首付款后的5个工作内陪同第一被申请人办理全部股权转让及股权变更登记所需手续。也就是说,申请人按约定要履行两项义务:一是办理股权登记所需手续;二是陪同被申请人办理股权转让。而事实上,申请人既没有办理股权登记所需手续,更没有陪同被申请人办理股权转让。根据目标公司注册地泰国曼谷官方股权变更登记机关的要求,目标公司变更股权登记需要的手续,申请人一个都没有办理,这是导致股权未能过户的真正原因。

4. 申请人在其申请书中所述“申请人于2014年8月1日将办理股权转让及股权变更登记所需手续提交了被申请人”中所指的手续仅是一份《股份转让文书》，而这份转让文书也并不是股权登记所需手续，这份文书在泰国股权变更实务中是目标公司内部备案所需。因此，申请人并没有完成协议约定且至今没有按协议约定履行义务。

5. 申请人提交的用以证明其已完成登记所需手续的《股份转让文书》有重大瑕疵，更没有完成其所谓手续。第一，该文书最后一栏，有“批准转让上述股份”的目标公司授权董事签名栏，而这个授权董事签名栏至今都是空白的。特别需要说明，文书提到这位董事就是上述第二点提到的自然人H。自然人H本人都认为申请人事实上并没有在目标公司拥有股权，并无权转让，又怎么会在文书上签名批准。第二，文书中要求填写被转让股权对应的股份编号（泰国《民商法典》第1129条明确要求该文书必须表明被转让的股份编号），该股份编号只有申请人知道，而该栏却是没有填写，因此申请人认为已完成的手续其实也没有完成。

6. 申请人隐瞒了其在目标公司的实际股份数额。协议在第3条约定，双方一致同意股权按照每股0.72泰铢价格进行转让，申请人本次转让其所谓“拥有”的近2.5亿股，事实上，根据申请人提交的证据显示，申请人仅仅显名持有目标公司近250万股，与合同约定的股权数额严重不符，申请人在签订协议时，隐瞒了其实际显名持有的实际股权数额，而按双方约定的每股0.72泰铢计算，本次股权交易总额应为近180万泰铢，因此，即使申请人要求继续履行协议，也应按照此股权数额和标的额进行，申请人由此多收的被申请人的首付款应当予以立即退回。

7. 申请人关于要求支付律师费、差旅费的主张，没有提供相应发票予以证明其实际发生，不符合法律和仲裁规则的要求。

综上所述，申请人与被申请人签订的协议的股权转让行为违反了泰国《民商法典》的强制性规定，转让行为无效，据目标公司董事的证言证明申请人也无权处分本案所涉股权，属于无效协议。即使协议有效，对本次交易总额也有重大误解,申请人在签订协议时,隐瞒了其实际显名持有的实际股权数额,因此,应以申请人显名持有的目标公司股权数计算,则本次股权交易总额应为近180万泰铢。另外,申请人也没有按协议约定履行陪同被申请人办理股权转让及股权变更登记所需手续的义务,构成违约。

基于上述理由,第一被申请人和第三被申请人共同提出如下仲裁反请求:

1. 解除协议;

2. 申请人返还被申请人已经支付的股权转让款和利息款共计人民币近400万元;

3. 申请人支付被申请人因本案支出的律师费共计人民币80万元;

4. 申请人支付被申请人因本案支出的差旅费等合理费用共计人民币5万元;

5. 本案仲裁费用由申请人承担。

庭后,本案申请人提交了代理词如下所示。

1. 对于被申请人提出关于股权转让行为依据泰国法律无效的观点,申请人认为不成立。

首先,协议明确约定"本协议适用中国法律,股权转让部分适用泰国法律",由此可见,协议除在完成及完善股份转让手续方面应适用泰国法律外,协议的效力等问题应当适用中国法律。而协议本身就是各方当事人自愿达成的合意,是协议各方的真实意思表示,并且协议的内容也并不违反中国法律、行政法规的强制性规定,而且协议的主体适格,因此,根据中国法律的规定,协议应当是合法有效的。

其次,虽然完善股权转让的手续适用泰国法律,但根据泰国法律股权转让行为刚开始实施,不存在无效情形。

泰国《民商法典》第1129条是规定泰国法律项下股权转让行为实施的程序和手续,只有在《股份转让文书》(该文书只是用于公司备案,无须提交泰国官方机构)已签署,并已将其提交公司的情况下,该法条才被用来认定股权转让行为的效力。而在本案中,申请人作为转让方签署了《股份转让文书》,并将其交付被申请人,但被申请人至今还未签署此文书,因此申请人与被申请人之间的股权转让行为实际上才刚开始,并且仍在进行中。因此,鉴于股权转让行为还未完成,因此不存在股权转让行为无效的问题。

最后,对于无见证人在股份转让文书上签名的问题,因股权转让行为才刚开始进行,见证人在《股份转让文书》上签名是完全能够完善的,不存在任何事实和法律障碍,但见证人的签名必须基于被申请人的签名才能最终完成。并且第二被申请人(目标公司副主席)、目标公司股东和原授权董事自然人I实际也已见证了协议的签订过程,为此,申请人向仲裁庭提交的第二被申请人及自然人I出具的《情况说明》足以证明。

2. 申请人合法持有目标公司股份。

首先,根据目标公司2013~2015年向泰国业务发展部的商务部(以下简称DBD)报备的"股东名册"显示,申请人在与被申请人签订协议时,第一申请人依法持有目标公司股份140万股,占比14%;第二申请人依法持有目标公司股份100万余股,占比近11%。历年来,目标公司及其授权董事自然人H、自然人I对记载有第一申请人、第二申请人股份的"股东名册"均进行了盖章、签字确认。而且在此期间,没有任何人对申请人所持股份提出过任何异议。

其次,根据目标公司常务董事会于2014年4月10日向申请人发送的函告显示,目标公司董事自然人H、主席即第一被申请人和副主席即第二被申请人均认可申请人对目标公司所持股份,并且还同意申请人按每1%股比作价700万余泰铢转让其股份。

因此,被申请人仅依据一盘没有法律效力的录音就否定申请人的股权及股东身份,显然是缺乏事实依据的,也是不成立的。

3. 被申请人提出的申请人未履行协议义务的说法与事实不符。

(1)申请人积极履行了协议的义务,相反,是由于被申请人的不作为才导致股权转让手续暂无法继续推进。

首先,根据泰国《民商法典》第1129条、第1168条的规定及DBD的要求,转让、变更有限责任公司的股权，首先应由转让人与受让人在至少 1 名见证人的见证下签署股份转让文书，再由转让人或者受让人任何一方通知目标公司有关股权转让事宜，并将签署完善的股份转让文书提交目标公司，然后由目标公司授权董事就股权转让文书更新公司股东名册，并向 DBD 报备新的股东名册。

实际上申请人在收到被申请人支付的首付款后的 5 个工作日内，就在目标公司副主席即第二被申请人和律师的见证下签署了办理股份变更所需的《股份转让文书》，并将其交付给了第一被申请人。而被申请人收到《股份转让文书》后，至今仍未完成对《股份转让文书》的签署，更未通知目标公司授权董事变更股东名册，从而导致目标公司至今无法完成股权变更。

其次，根据协议的约定，申请人是“陪同”被申请人办理股份转让及变更手续，说明申请人在股份转让及变更过程中只处于“协助、配合”的从属地位，而真正主导手续办理的应当是被申请人。但时至今日，第一被申请人仍未签署申请人提交的《股份转让文书》，更未将其提交目标公司。

泰国《民商法典》第 1168 条第 2 款明确规定，办理股份变更等手续是目标公司及公司授权董事的职责，因此，变更股东名册、向 DBD 报备变更后的股东名册等均是目标公司及授权董事的职责，并非是申请人可以陪同办理的。

最后，第一被申请人在协议签订时已是目标公司股东，由于其非公司原始股东，其是经历过目标公司的股权转让和变更的全过程的，也完全清楚在泰国办理股权变更的全部手续，因此，在申请人将签署的《股份转让文书》和个人身份证明复印件移交被申请人后，被申请人并未提出任何异议和要求，双方的实际行为实质上是对协议所约定的“陪同”义务的变更。

因此，申请人及时将签署好的空白《股份转让文书》及护照复印件提交被申请人，是对协议约定义务的积极履行，不存在违约问题。相反，正是由于第一被申请人的不作为，才导致申请人的股权至今未变更到第一被申请人名下。

(2)申请人提交被申请人的《股份转让文书》不存在瑕疵。

首先，泰国《民商法典》第 1129 条第 1 款规定，除非公司章程另有要求，转让股份无须目标公司同意。目标公司是将《民商法典》作为其公司章程，对公司股份的转让并没有其他要求。因此，转让目标公司股份无须取得公司授权董事的同意，《股份转让文书》中没有授权董事签名并不影响股份转让的效力。另外，根据泰国最高法院的判决，如果受让方按照法律接受股份转让，可依法向目标公司授权董事提出要求，修改公司的股东名册，并记录股东由转让方更换为受让方。因此在本案中，转让目标公司的股份无须取得其授权董事自然人H的同意，而只需第一被申请人在签署完毕《股份转让文书》后，主动要求自然人H履行变更手续即可。

其次，被申请人关于只有申请人知道股份编号的说法也与事实不符。目标公司向DBD备案的所有股东名册均标明了所有股东所持股份的编号，股东名册属对外公开文件，任何人均可查阅并获取核证副本。同时，第一被申请人原本就是目标公司的股东和董事，不可能没有目标公司的股东名册。因此，申请人所持股份的编号并非只有申请人才能知晓。

由此可见，被申请人所谓由于不知道股份编号和没有授权董事的签名，而无法办理股权变更的说法与事实不符。

(3)被申请人提出“股权转让价有重大错误，申请人故意隐瞒实际持股数额”的说法也不成立。

关于申请人持股数的问题。在申请人转让股份时，第一被申请人已是目标公司的股东之一，同时还是目标公司的董事，对目标公司在当时的总股数为1000万股是完全清楚的，而且目标公司向DBD登记备案的股东名册也是对外公开的，因此，被申请人不可能同意申请人转让目标公司近2.5亿股股份，申请人也不可能隐瞒自己所持股数，协议中所约定的转让目标公司近2.5亿股股份纯属笔误。

关于股权转让价的问题。首先，根据目标公司在DBD备案的2013年年度审计财务报表显示，目标公司每股账面价值为80余泰铢，显然大幅高于协议所谓成交价每股0.72泰铢。而且该财务报表不但经过了目标公司股东大会的批准,而且还经公司授权董事自然人 H 和自然人 I 签字确认。因此,被申请人作为目标公司的股东和董事,对目标公司股份的账面价值应是完全清楚的。

其次,在申请人与被申请人签订协议前,基于申请人的申请,目标公司的常务董事会于 2014 年 4 月 4 日达成同意申请人退股的决议,并于 2014 年 4 月 10 日分别向第一申请人、第二申请人致函,同意其退股,并明确了退股的价格为:1% 的股份金额为 700 余万泰铢,第一申请人退股总金额为 1 亿余泰铢,第二申请人退股总金额为近 8000 万泰铢。目标公司授权董事自然人 H 及目标公司副主席即第二被申请人均已在该决议上签字确认,第一被申请人的秘书在第一被申请人的授权下也代其对该决议签字认可。该决议内容与协议中关于转让股份总价和转让股份的股比完全一致。

最后,在协议签订后,被申请人已经向申请人支付了首付款和部分利息,而已付款的数额远远大于被申请人所说的交易总金额近 180 万泰铢,并且在申请人申请仲裁前,被申请人从未提出其所付款项支付错误的主张。

因此,申请人与被申请人不可能按每股作价 0.72 泰铢成交,而双方的真实成交价应是每股作价 72 泰铢,被申请人提出所谓股权转让价格有重大错误完全不成立。

4. 被申请人所谓已行使合同解除权是不合法的,也是无效的。

首先,如前所述,被申请人所谓申请人违约的说法是完全不成立的,相反,是由于被申请人的恶意不作为,才导致股权转让及变更手续一直未能完成。

其次,根据被申请人提交的并经公证的《催告函》显示,被申请人明确要求申请人在“收到本函后 3 日内履行办理股权转让及股权变更登记义务”,显然该要求严重违背了协议约定的“陪同”义务,属于被申请人单方变更协议的行为,该要求对申请人不具有约束力。

最后,第一被申请人在明知申请人未收到《催告函》,并能够通过电话和微信与申请人联系的情况下,仍以申请人未履行办理股权转让及股权变更登记义务为由,向申请人无法收到的地址寄送《协议解除告知函》。并且直至申请人提起仲裁，在第一被申请人在与第二申请人的电话及微信联系过程中，也从未提及催促其办理股权变更和单方解除协议的问题。

另外，经第三被申请人和案外人自然人I证实，在第一被申请人担任目标公司主席职务后，就安排了其人员进驻目标公司，并向目标公司提供了日常运营资金，但到2014年年底，由于被申请人管理团队与目标公司授权董事自然人H在管理问题上产生重大分歧，被申请人管理团队于2014年年底停止了继续向目标公司借支日常运营资金，并在之后失去了对目标公司的经营管理权。由此可见，被申请人解除协议的原因并非申请人违约，而实质是其对目标公司的运营失去了信心，因此才出现了从开始的积极付款到突然停止付款，并单方要求解除合同。

由此可见，被申请人解除协议的理由不成立，而且被申请人的行为是利用所谓的合法形式达到非法解除合同的目的，该解除行为不应受到法律的支持。

综上所述，代理人认为协议合法有效，申请人已经积极履行了相关义务，不存在违约，被申请人要求解除合同，退还已付款项的请求不成立。为此，代理人请求仲裁庭驳回被申请人的反请求，并依法支持申请人的仲裁请求。

被申请人庭后提交了代理词，如下所示。

1. 申请人提交的材料不能证明其已经履行协议约定的协助和陪同第一被申请人办理股权过户的义务。

在庭审中，申请人的泰国代理律师向仲裁庭说明留存公司备案的《股权转让文书》也就是申请人单方签署的空白文书及向泰国DBD官方办理股东变更的文书均需要授权董事签字。而至开庭时，申请人提供的《股权转让文书》不仅未取得公司授权董事自然人H的签字，办理股权变更所需文书也没有授权董事签字。因此，申请人根本未履行双方约定的义务，已构成违约。

同时，申请人用来支持自己已经履行协助和陪同第一被申请人办理股权变更义务的证据就是一张只有其签名的空白纸，任何信息都是空白的，没有见证人和目标公司授权董事签名，甚至没有股份编号、住址，这种行为与双方约定义务相距甚远,不足以证明申请人已经履行约定义务。

2.第一被申请人有权解除合同,行使解除权。

在上述情况中,第一被申请人根据协议约定将履约催告函寄送至协议约定的送达地址。根据协议约定,协议各方的书面文件均以协议明确的收件地址为送达地址且书面材料自寄出5日后视为送达。当申请人没有在催告函的规定时间内履行协议约定的义务时,第一被申请人有权行使解除权。

本案股权转让行为受泰国法律管辖,属于无效行为,没有见证人且无授权董事签字,在泰国无法得到官方认可,也不可能完成股权变更行为。申请人应当返还第一被申请人已经支付的全部款项,并赔偿第一被申请人的各项损失。第三被申请人作为担保人,承担担保责任的前提是第一被申请人应承担相应付款义务。而在本案中,第一被申请人不应承担任何付款义务,故第三被申请人不承担担保责任。

在本案仲裁程序进行的过程中,第二被申请人和第四被申请人未就本案争议提交任何书面答辩意见或证据材料。

二、仲裁庭意见

(一)适用法律

仲裁庭注意到,本案协议约定:本协议适用中国法律,股权转让部分适用泰国法律。据此,仲裁庭认为,协议的效力问题适用中国法律,即中国《合同法》。

(二)关于协议的效力

仲裁庭注意到,本案协议约定:本协议自签字之日立即生效,且甲方(申请人,下同)和乙方(第一被申请人,下同)签字即享有本合同规定的权利和义务,不以丙方(第二被申请人、第三被申请人和第四被申请人,下同)签署为生效要件;该协议第12条约定:本协议一式七份,甲方、乙方和丙方各持两份,其余一份用于呈交政府有关主管机构作变更登记备案之用，所有文本均具有同等法律效力。同时，协议显示：申请人作为协议的股权转让方对协议已予以签字确认，第一被申请人作为协议的股权受让方对协议已予以签字确认（落款日期为2014 年 7 月 18 日），第二被申请人作为协议的担保方之一对协议已予以签字确认，第三被申请人作为协议的担保方之一对协议已加盖其公章予以确认，及第四被申请人作为协议的担保方之一对协议已加盖其公章并由其代表人签字予以确认。

据此，仲裁庭认为，本案合同由双方自愿签订，内容是双方的真实意思表示，且不存在任何违反中国法律和行政法规的强制性规定的情形。根据我国《合同法》第 32 条“当事人采用合同书形式订立合同的，自双方当事人签字或者盖章时合同成立”以及第 44 条“依法成立的合同，自成立时生效”的规定，本案合同合法有效，对双方具有法律约束力。

（三）关于本案事实

仲裁庭经审理查明并确认如下事实：

1. 申请人和第一被申请人于 2014 年 7 月 18 日签订本案协议。根据协议的约定，申请人同意将其在目标公司泰国 G 航空公司拥有的近 25% 的股权转让给第一被申请人，第一被申请人同意受让前述股权；同时，第二被申请人、第三被申请人和第四被申请人自愿为第一被申请人履行协议义务提供保证担保。协议约定：申请人是目标公司的股东，持有公司近 25% 的股权，其中第一申请人占股 14%，第二申请人占股近 11%。同时，协议约定，股权转让按照泰国法律作出股权变更后，第一被申请人即拥有目标公司近 25% 的股权。同时，目标公司的股东名册显示，目标公司注册资金为 10 亿泰铢，共有 1000 万股，且每股价值为 100 泰铢。

2. 协议约定：申请人和第一被申请人同意股权按照每股 0.72 泰铢的价格进行转让，即第一被申请人受让申请人拥有目标公司近 25% 的股权（近 2.5 亿股）的总价为近 1.8 亿泰铢；第一被申请人在协议签订次日起的 5 个工作日内支付申请人首付款,首付款为股份转让总价的10%,即近1800万泰铢;首付款项由第一被申请人支付1/2,即近1000万泰铢,由第二被申请人和第四被申请人共同支付1/2,即近1000万泰铢(第二被申请人和第四被申请人支付的首付款项1/2部分由申请人负责催收,是否收到与第一被申请人无关,也不影响协议的效力);剩余股权转让款1.6亿余泰铢在协议签订之日起的6个月内支付,在此期间按月息率1.5%支付利息,利息每月支付1次,具体金额以每月实际剩余款项的金额乘以月息率1.5%计算,月利息支付日期为自协议生效之日起每满1个月的日期之日起的5个工作日内。仲裁庭注意到,协议于2014年7月18日生效,则其后6个月的月利息支付日期分别为2014年8月18日、2014年9月18日、2014年10月18日、2014年11月18日、2014年12月18日及2015年1月18日起的5个工作日内。

3. 根据协议约定:在第一被申请人履行完毕第4.1条首付款1/2部分的付款义务后,申请人在第一被申请人首付款1/2部分到账后的5个工作日内陪同第一被申请人办理全部转让股权的转让及股权变更登记所需手续。股权变更登记所需费用由第一被申请人承担。

4. 协议约定,第二被申请人、第三被申请人和第四被申请人自愿为第一被申请人履行协议义务提供保证担保,自愿在第一被申请人违反协议约定时承担连带保证担保责任,向申请人支付相应款项或赔偿。第二被申请人同意于合同签订之日起,在公司及个人资金充足的情况下提前全额垫付剩余的股权转让款项;保证担保范围包括但不限于第一被申请人应付申请人的股权转让款、违约金、赔偿金以及申请人为实现本协议权利产生的律师费、仲裁费、执行费等;保证担保期为两年,从第一被申请人应承担协议义务时起算。

5. 根据双方当事人提供的证据,被申请人已于2014年7月25日通过中信银行向申请人汇款人民币近180万元。

6. 根据双方当事人提供的、落款日期为2014年8月1日的《收到转股文件证明》显示,第一被申请人已于该日确认收到申请人签署的《股份转让协议》

(Share Transfer Instrument)共计 4 份(第一被申请人和第二被申请人各两份),及申请人签字的护照复印件各 1 份。同时,根据双方当事人提供的《股权转让协议》,第一被申请人和第二被申请人均已在四份文书中的"转让人"处签字,但第一被申请人尚未在文书中的"受让人"处签字。

7. 根据双方当事人提供的证据显示,被申请人已于 2014 年 7 月 18 日起每月向申请人支付月息近 250 万泰铢,已支付 5 个月的月利息共计 1200 余万泰铢,尚欠第 6 个月(支付日为 2015 年 1 月 18 日的利息)的利息未支付。

8. 2014 年 12 月 22 日第一被申请人向申请人发送《催告函》并经公证,催告申请人在收到函件后的 3 日内履行股权转让及股权变更登记义务。根据第一被申请人提供的证据,第一被申请人向申请人寄出《催告函》的快递回执单显示"电联未接通退回寄件人"或"留存"。

9. 2015 年 1 月 22 日第一被申请人向申请人发送《协议解除告知函》,声明其依据双方签订的协议,自其提出解除之时起,正式解除协议。根据第一被申请人提供的证据,第一被申请人向申请人寄出《协议解除告知函》的快递回执单显示"留存"或"拒收"。

10. 2015 年 3 月 19 日申请人分别向被申请人以特快专递的方式寄送《律师函》,称申请人已及时向第一被申请人移交了股权转让所需手续,但被申请人尚未支付剩余的股权转让款,希望第一被申请人尽快支付剩余的股权转让款,并由第二被申请人、第三被申请人和第四被申请人督促第一被申请人尽快履行其在协议项下义务。第二被申请人在收到《律师函》后,于 2015 年 4 月 22 日向申请人发出回函,作出说明如下:第一被申请人告知第二被申请人其已停止执行合同,第二被申请人从未收到任何函件,并于当日(2015 年 4 月 22 日)签收《律师函》。

(四)关于协议项下股权转让所适用的法律

本案协议约定:协议适用中国法律,股权转让部分适用泰国法律。据此,仲裁庭认为,协议项下的股权转让应适用泰国法律。同时,鉴于目标公司采取记名股权的股权登记方式，因此，协议项下的股权转让部分应适用泰国法律中有关“记名股权”转让的规定。

双方当事人均向仲裁庭援引了泰国《民商法典》中有关“有限责任公司”中的“股权和股东”部分的规定。其中，根据泰国《民商法典》第1129条的规定，“记名股权的转让，如果不做成书面形式并有转让人和受让人的签名及至少一名证人(witness)签名证明，该转让行为无效。此外，该文书必须表明被转让的股份编号”。

仲裁庭认为，根据泰国《民商法典》第1129条的规定，记名股权的转让需要满足以下4个条件：(1)股权转让需要以书面形式进行；(2)股权转让需要转让人和受让人双方的签字；(3)需要至少1名证人签名证明；(4)股权转让文书需要表明被转让股份的股份编号。

此外，根据泰国《民商法典》第1139条和第1168条的规定，公司有权签字的董事有职责保证公司内部的备案文书(books)的实时更新并有义务将决定退股的股东向目标公司注册地的泰国曼谷官方股权变更登记机关DBD办理变更登记手续。同时，根据被申请人提供的其向曼谷市有限公司注册处提交的股份登记申请表显示，股份登记的申请表需由目标公司有权签字的董事递交并加盖公章，并且相关文件均应且只能由目标公司有权签字的董事予以签字确认。

据此，仲裁庭认为，更新目标公司的内部备案文书(books)以及向泰国注册处提交的变更登记请求均应且只能由目标公司有签字权的董事来办理。

(五)关于本案的争议焦点

1.关于申请人是否持有目标公司股份的问题。

仲裁庭注意到，协议约定：申请人所转让的股权应包含所有股东权益，并不带有任何瑕疵。但被申请人称：被申请人在目标公司签字授权董事自然人H处得知，申请人实际上没有持有目标公司股权，不享有股东权益，并提供了关于此情况的录音证据，因此被申请人认为申请人违反了双方协议这一条款，应承担相应违约责任。对此，申请人反驳如下：首先，根据申请人提供的证据，双方当事人在签订协议时,申请人合法拥有目标公司的股权且份额与协议中载明的份额相同,且被申请人提供的证据也反向证明申请人合法拥有目标公司相应份额的股权。

经仲裁庭查明,申请人提交了经泰国外交部见证的曼谷市股份公司注册办事处商务部企业贸易发展局于 2016 年 3 月 2 日出具的《证明书》(以下简称第一证明书),证明公司的董事包括第二申请人,且目标公司有签字权的董事为自然人 H。根据申请人提交的某法律会计事务所有限公司于 2013 年 12 月 13 日出具的《证明书》(以下简称第二证明书)显示,申请人和第一被申请人均是目标公司的股东兼董事,且目标公司的签字权将由以下董事行使:自然人 H 与第一申请人、第二申请人、第一被申请人或案外人自然人 I 共同签名,行使签字权。

此外,根据申请人提供的 2013～2015 年向 DBD 报送备案的目标公司股东名册显示,第二申请人从 2013 年 7 月 10 日起持有目标公司的股份,且根据 2015 年 4 月 28 日的股东名册显示,其尚持有目标公司股份 100 余万股;第一申请人从 2013 年 9 月 17 日起持有目标公司的股份,且根据 2015 年 4 月 28 日的股东名册显示,其尚持有目标公司的股份 140 万股;第一被申请人于 2013 年 12 月 11 日开始成为目标公司的股东,并一直持有目标公司股份近 200 万股。同时,目标公司自 2013 年 9 月 17 日起至今,其注册资本、股份总额数及每股价值始终未发生变更。

同时,根据目标公司于 2014 年 4 月 10 日分别向第一申请人和第二申请人出具的函件,目标公司确认第一申请人和第二申请人分别持有目标公司 14% 和近 11% 的股权,与协议中约定的份额比例相同。同时,上述函件声明:目标公司的常务委员会于 2014 年 4 月 4 日就申请人的要求已进行讨论并且达成协议,同意了申请人的退股要求。此外,上述函件均已由目标公司有签字权的董事自然人 H、第一被申请人及目标公司执行主席共同签发。

仲裁庭注意到,被申请人提交了其与目标公司有签字权董事自然人 H 的对话录音及其记录翻译文本，其显示自然人 H 认为申请人实际不享有目标公司的股权。但是，除前述录音及其翻译文本外，被申请人未提交其他证据以证明申请人并未持有目标公司的股权，相反，被申请人提供的股东名册显示，第一申请人和第二申请人均按照协议所述比例持有目标公司的股份。据此，仲裁庭认为被申请人未能提供充分证据证明申请人未持有目标公司的股权。

综上所述，仲裁庭认定，第一申请人和第二申请人分别按照 14% 和近 11% 的比例合法持有目标公司的股权。

2. 关于申请人所持有的目标公司股权的总价值。

仲裁庭注意到，根据双方当事人提供的股东名册显示，目标公司的股份总数为 1000 万股，每股价值 100 泰铢；但是根据双方签订的协议，申请人持有的股份总数为近 2.5 亿股，远超过目标公司的实际股份总数。对此，被申请人认为，申请人故意隐瞒了其在目标公司的实际股份数额，并造成了被申请人的重大误解。申请人称：第一被申请人在签订协议时，已是目标公司的股东之一，其对目标公司的总股份数是完全知悉的，被申请人不可能同意申请人转让近 2.5 亿股股份，申请人也不可能隐瞒自己所持股份数，协议中所约定的近 2.5 亿股股份纯属笔误。

根据目标公司于 2014 年 4 月 10 日分别向第一申请人和第二申请人出具的函件（经第一被申请人签字确认），目标公司不仅同意申请人的退股要求，同时确定了第一申请人的退股方式如下：“1% 股份相等于 700 余万泰铢，总金额则为 1 亿余泰铢”；确定了第二申请人的退股方式如下：“1% 股份相等于 700 余万泰铢，总金额则为近 8000 万泰铢”，因此，申请人按照目标公司确认的股份价值计算，所持目标公司的股权总价值为近 1.8 亿泰铢。同时，根据协议第 4 条的约定，协议项下申请人所转让股权的总价值为近 1.8 亿泰铢，与目标公司确定的总价值相等。故仲裁庭认为，协议中约定的股权转让总价值没有任何误差，申请人与被申请人签订的协议是完全按照目标公司确定的股份总价值进行计算的。因此，仲裁庭认为，协议中约定的有误差的股份总数实际上对股份的总价值没有产生任何实质影响，被申请人对协议总价款亦没有产生重大误解。据此，仲裁庭对申请人主张的笔误予以认可。

综上所述，仲裁庭认定，第一申请人和第二申请人所持目标公司股权的总价值即为协议中约定的近1.8亿泰铢。

（六）关于协议的履行

1. 关于申请人的履约情况。

仲裁庭注意到，根据协议约定，申请人应当在第一被申请人首付款1/2部分到账后的5个工作日内陪同第一被申请人办理全部转让股权的转让及股权变更登记所需手续。被申请人称，申请人有两项义务：一是办理股权登记所需手续；二是陪同办理股权转让；但是申请人未依约履行前述两项义务，申请人只是填写了内部备案文书并交给第一被申请人，并未按照目标公司注册地泰国曼谷官方股权变更登记机关DBD的要求，办理股权转让变更登记。为此，被申请人提供了其认为申请人应当办理的手续等相关文件。对此，申请人认为，其已根据泰国《民商法典》第1129条和第1168条的规定、协议的约定以及DBD的要求履行了其在协议项下的陪同办理义务。

根据仲裁庭在前述第（三）项中的认定，仲裁庭认为，本案股权转让应当适用泰国《民商法典》的规定。据此，仲裁庭认为本案记名股权的转让需要满足前述第（三）项的4个条件，并由目标公司有签字权的董事更新目标公司的内部备案文书并向泰国注册处提交变更登记请求。

结合本案已认定的事实及双方当事人提供的证据，仲裁庭查明：(1)申请人与第一被申请人签署的协议是书面文件，同时签署协议的是协议担保方，即本案的第二被申请人、第三被申请人和第四被申请人；(2)申请人于2014年8月1日签署并转交第一被申请人的四份《股权转让协议》亦为书面文件，同时，第一被申请人也提供证据证明了其已收到前述四份《股权转让协议》；同时，根据申请人提供的泰国某国际律师事务所于2016年3月4日对第三被申请人、案外人自然人I所做《情况说明》的律师见证文件显示，申请人在律师、第三被申请人和案外人自然人I的见证下分别签署了前述4份《股权转让协议》。据此，仲裁庭认为，本案股权转让确以书面的形式进行，同时有见证人的书面证明。

但是，仲裁庭注意到，在申请人将4份《股权转让协议》转交第一被申请人后，第一被申请人并未签署4份《股权转让协议》来实现自己的权利。相反，第一被申请人称：(1)《股权转让文书》中见证人签字处为空白，不符合泰国法律的规定；(2)《股权转让文书》中的股份编号为空白，该股份编号只有申请人能够查阅，但申请人未予填写，属于违约；(3)《股权转让协议》中的授权董事签字处为空白，鉴于目标公司的签字授权董事自然人H声明申请人未持有目标公司股份，《股权转让协议》将无法实现，因此申请人违约且该转让行为亦为无效行为。

但是，结合本案实际情况及双方当事人提交的证据，仲裁庭认为，在第一被申请人尚未签署《股权转让协议》的情况下：(1)根据仲裁庭的前述认定，本案股权转让行为已经有见证人的书面证明，《股权转让协议》中对见证人签名的缺失可以通过见证人的书面证明和后续补签进行补足，不构成实质违约；(2)根据双方当事人提供的目标公司的股东名册显示，每位记名股东的股份编号均已印在股东名册上，证明双方当事人对目标公司每位记名股东的股份编号均已知晓，而并非如被申请人所述为非公开的信息；(3)根据仲裁庭的前述认定并结合本案事实，目标公司已于2014年4月10日分别向第一申请人和第二申请人签发函件，且该函件有自然人H、第一被申请人和第三被申请人的签字，依照公司常务委员会的决议同意两位申请人退股，即申请人转让目标公司股权的行为已得到目标公司的事先同意。同时，鉴于目标公司有签字权的董事有义务更新目标公司的内部备案文书并向泰国注册处提交变更登记请求，所以自然人H有义务依据公司常务委员会的决议签署四份《股权转让协议》并更新公司内部备案文书；据此，《股权转让协议》中对目标公司有签字权董事的签字的缺失亦可在第一被申请人签署并转交目标公司有签字权董事后，由该董事签署，因此,仲裁庭对被申请人的此项无效和违约的主张不予认可。

此外,仲裁庭还注意到,被申请人称:申请人未按照泰国法律和DBD的要求办理股权转让变更登记手续,被申请人为此提供了其认为应当由申请人办理的手续等相关文件。但经仲裁庭查明,被申请人提交的手续文件落款签署人均为目标公司有签字权的董事,并没有要求股权转让方签署,同时结合仲裁庭的前述认定,向DBD递交的股权转让变更登记文件只能由目标公司有签字权的董事来进行,且是目标公司该董事的义务。

综上所述,仲裁庭认定,申请人已经按照协议要求在收到被申请人的协议首付款后,在见证人的见证下,签署了四份《股权转让协议》并已转交第一被申请人,申请人已经履行了协议项下的义务。但第一被申请人一直怠于行使其权利,未在《股权转让协议》上签字,导致协议项下的股权转让行为一直处于未完成状态。

2. 关于被申请人的履约情况。

(1)关于被申请人履行协议项下的付款义务的情况。

根据协议的约定,被申请人需要履行的协议义务包括:第一,第一被申请人、第二被申请人和第四被申请人应当在协议签订次日起的5个工作日内依约共同支付申请人首付款近1800万泰铢;第二,协议剩余款项为1.6亿余泰铢,第一被申请人在协议签订之日起的6个月内支付,此期间每月依约按月息率1.5%支付利息;第三,第二被申请人、第三被申请人和第四被申请人对第一被申请人在协议项下的履行承担保证担保责任。

根据仲裁庭的前述认定,仲裁庭认为,第一被申请人、第二被申请人和第四被申请人已经依约向申请人支付协议的首付款,并在其后的6个月内支付了前5个月的月利息共计近3000万泰铢。据此,第一被申请人尚余协议剩余款1.6亿余泰铢及第六个月利息近250万泰铢未支付。

(2)关于第一被申请人单方解除协议的行为。

仲裁庭注意到,第一被申请人曾于2014年12月22日向申请人发送《催告函》,催告申请人在收到函件后的3日内履行办理股权转让及股权变更登记义务。根据被申请人提供的寄送回单显示,寄送的《催告函》并未实际由申请人签收,而是注明"电联未接通退回寄件人"或"留存"。申请人亦称其未收到《催告函》。其后,第一被申请人于2015年1月22日向申请人发送《协议解除告知函》,声明第一被申请人依据双方约定正式解除协议。但申请人亦称其未收到该《协议解除告知函》,同时,根据第一被申请人提供的证据,第一被申请人向申请人寄出《协议解除告知函》的快递回执单显示"留存"和"拒收"。

根据本案协议第9.2条的约定,若申请人违反协议约定,未及时陪同第一被申请人作股权变更登记手续,经第一被申请人书面催告后申请人在第一被申请人宽限期内仍未全面履行相应义务,第一被申请人有权单方解除协议,申请人应退还第一被申请人所付股权转让款,并双倍返还首付款。

根据协议的该条约定,仲裁庭认为,第一被申请人依据协议约定行使单方解除权有两个条件:第一,申请人未及时陪同第一被申请人进行股权变更登记手续;第二,经第一被申请人书面催告后申请人在第一被申请人宽限期内仍未全面履行相应义务。

在本案中,结合仲裁庭的前述认定,虽然第一被申请人曾向申请人发送《催告函》并给出3日的宽限期,但是第一被申请人行使单方解除权的第一个条件未成就。根据仲裁庭的前述认定,申请人已依照泰国法律、DBD要求和协议约定按时签署4份《股权转让协议》并转交第一被申请人。相反,第一被申请人一直怠于行使其在协议项下的权利。故仲裁庭认为,第一被申请人在协议项下行使单方解除权的条件尚未成就,对第一被申请人已经作出的单方解除行为,仲裁庭不予认可。

(七)关于申请人的仲裁请求

1.要求第一被申请人向申请人支付剩余股权转让价款1.6亿余泰铢、利息近250万泰铢,以及从2015年1月23日起至股权转让价款及利息付清时为止的资金占用损失(资金占用损失以应付而未付的剩余股权转让款与利息之和为基数,以年利率24%计算)。

协议约定:"剩余股权转让款1.6亿余泰铢在合同签订之日起6个月内支付,在此期间按月利息率1.5%支付利息,利息每月支付一次,具体金额以每月实际剩余款项的金额乘以月息率1.5%计算,月利息支付日期为自本协议生效之日起每满一个月的日期之日起5个工作日内。"

同时,根据仲裁庭的前述认定以及双方当事人提供的证据,第一被申请人尚欠申请人协议剩余股权转让款1.6亿余泰铢。鉴于第一被申请人已依约于2014年7月18日起每月向申请人支付月息近250万泰铢,支付了5个月的月利息共计1200万余泰铢,尚欠第6个月(支付日为2015年1月18日,应于2015年1月23日前予以支付)的利息未支付。据此,根据我国《合同法》第107条"当事人一方不履行合同义务或者履行合同义务不符合约定的,应当承担继续履行、采取补救措施或者赔偿损失等违约责任"的规定,仲裁庭认为,第一被申请人已经构成违约,仲裁庭对申请人要求第一被申请人向其支付剩余股权转让价款1.6亿余泰铢和利息近250万泰铢的仲裁请求予以支持。

仲裁庭注意到,申请人还请求第一被申请人支付从2015年1月23日起至股权转让价款及利息付清时为止的资金占用损失(资金占用损失以应付而未付的剩余股权转让款与利息之和为基数,以年利率24%计算)。根据协议的约定和仲裁庭的前述认定,仲裁庭认为,申请人请求的资金占用损失的基数与以年利率24%计算资金占用损失缺乏协议和法律依据,仲裁庭不予支持。

2. 要求第一被申请人向申请人支付因本案委托中国律师产生的律师费人民币16万元,委托泰国律师产生的律师费500万余泰铢。

根据《仲裁规则》第52条第2款的规定,"仲裁庭有权根据案件的具体情况在裁决书中裁定败诉方应补偿胜诉方因办理案件而支出的合理费用。仲裁庭裁定败诉方补偿胜诉方因办理案件而支出的费用是否合理时,应具体考虑案件的裁决结果、复杂程度、胜诉方当事人及/或代理人的实际工作量以及案件的争议金额等因素"。

申请人主张由第一被申请人承担聘用中国律师产生的律师费人民币16万元以及委托泰国律师产生的律师费500万余泰铢,并提供了相应的证据。仲裁庭认为,根据协议约定,参考仲裁庭的前述认定,应由被申请人承担申请人的全部律师费用,即人民币16万元和500万余泰铢。

3. 要求第一被申请人向申请人偿付为办理本案支出的差旅费人民币7万余元及30余万泰铢。

申请人向仲裁庭提供了相应的证据,鉴于本案的实际情况,仲裁庭对申请人的该项仲裁请求予以支持,第一被申请人应向申请人偿付为办理本案支出的差旅费人民币7万余元及30余万泰铢。

4. 要求第一被申请人向申请人偿付因本案产生的财产保全费人民币5000元、诉讼财产保全责任保险费人民币10万余元。

鉴于仲裁庭的上述意见,结合申请人提供的证据,仲裁庭对申请人的该项请求予以支持。

5. 要求第一被申请人向申请人偿付因本案产生的资料翻译费近7万泰铢,开庭翻译费人民币近3000元。

鉴于仲裁庭的上述意见,结合申请人提供的证据,仲裁庭对申请人的该项请求予以支持。

6. 要求第一被申请人向申请人偿付因本案产生的泰国外交部认证费及中国驻泰国大使馆认证费共计4万余泰铢。

鉴于仲裁庭的上述意见,结合申请人提供的证据,仲裁庭对申请人的该项请求予以支持。

7. 要求第一被申请人承担本案本请求仲裁费。

鉴于本案实际情况,仲裁庭认为,本案本请求仲裁费亦应由第一被申请人全部承担。

8. 要求第二被申请人、第三被申请人、第四被申请人对第一被申请人履行第1项、第2项、第3项、第4项、第5项、第6项、第7项仲裁请求承担连带保证担保责任。

协议约定,第二被申请人、第三被申请人、第四被申请人自愿为第一被申请人履行协议义务提供保证担保,自愿在第一被申请人违反协议约定时承担连带保证担保责任,向申请人支付相应款项或赔偿;第二被申请人、第三被申请人、第四被申请人的保证担保范围包括但不限于第一被申请人应付申请人的股权转让款、违约金、赔偿金以及申请人为实现协议权利产生的律师费、仲裁费、执行费等;保证担保期间为两年,从第一被申请人应承担协议义务开始起算。

此外,根据仲裁庭查明的事实,申请人曾于2015年3月19日分别向第二被申请人、第三被申请人和第四被申请人以特快专递的方式寄送了《律师函》,希望其能够督促第一被申请人履行付款义务或代替第一被申请人支付剩余股权转让款。

根据仲裁庭的前述认定,结合本案实际情况,仲裁庭认为第一被申请人应承担协议义务的起算点为协议生效日,即2014年7月18日。因此,第二被申请人、第三被申请人和第四被申请人对协议项下第一被申请人履行义务的保证担保期间为自2014年7月18日起至2016年7月18日止。

综上所述,仲裁庭认为,申请人的第1~7项仲裁请求均在协议约定的第二被申请人、第三被申请人和第四被申请人的保证担保范围内,且申请人在保证担保期间内向3位被申请人发出《律师函》请求履行保证担保责任,并于随后提起仲裁,故仲裁庭对申请人的该项请求亦予以支持。

(八)关于第一被申请人和第三被申请人提出的仲裁反请求

1. 解除协议。

根据仲裁庭的前述认定,结合本案的实际情况,仲裁庭对第一被申请人和第三被申请人提出的该项仲裁反请求予以驳回。

2. 申请人返还被申请人已经支付的股权转让款和利息款共计人民币近400万元。

根据仲裁庭的上述认定,仲裁庭对第一被申请人和第三被申请人提出的该项仲裁反请求予以驳回。

3. 申请人支付被申请人因本案支出的律师费合计人民币 80 万元。

结合本案实际情况,仲裁庭对该项仲裁反请求予以驳回。

4. 申请人支付被申请人因本案支出的差旅费等合理费用共计人民币 5 万元。

结合本案实际情况,仲裁庭对该项仲裁反请求亦予以驳回。

5. 本案反请求仲裁费用由申请人承担。

鉴于本案的实际情况,仲裁庭认为,本案反请求仲裁费应由第一被申请人和第三被申请人全部承担。据此,仲裁庭对第一被申请人和第三被申请人提起的该项仲裁请求予以驳回。

三、裁　决

根据以上事实与理由,仲裁庭经合议作出以下裁决:

1. 第一被申请人向申请人支付剩余股权转让价款 1.6 亿余泰铢、月利息近 250 万泰铢;

2. 第一被申请人向申请人支付因本案委托中国律师产生的律师费人民币 16 万元,委托泰国律师产生的律师费 500 万余泰铢;

3. 第一被申请人向申请人偿付为办理本案支出的差旅费人民币 7 万余元及 30 万余泰铢;

4. 第一被申请人向申请人偿付因本案产生的财产保全费人民币 5000 元、诉讼财产保全责任保险费人民币 10 万余元;

5. 第一被申请人向申请人偿付因本案产生的资料翻译费近 7 万泰铢,开庭翻译费人民币近 3000 元;

6. 第一被申请人向申请人偿付因本案产生的泰国外交部认证费及中国驻泰国大使馆认证费共计 4 万余泰铢;

7. 第二被申请人、第三被申请人、第四被申请人对上述第1项、第2项、第3项、第4项、第5项、第6项第一被申请人向申请人的给付款项承担连带清偿责任；

8. 驳回申请人的其他仲裁请求；

9. 驳回第一被申请人和第三被申请人共同提起的全部仲裁反请求；

10. 本案仲裁本请求仲裁费用全部由第一被申请人承担，本案仲裁反请求仲裁费用全部由第一被申请人和第三被申请人共同承担。

上述由被申请人应支付给申请人的款项，被申请人应于本裁决作出之日起15日内支付完毕。

本裁决为终局裁决，自作出之日起生效。

案例评析

【关键词】

涉外股权转让；法律适用；履行合同义务

【焦点问题】

该案主要涉及的是各主体之间根据所签《股权转让协议》中有关“本案协议适用中国法律，股权转让部分适用泰国法律”的约定，在依据中国法律认定协议有效的前提下，另行依据泰国关于股权转让事宜的法律规定，判断申请人是否履行了协议项下的义务，以及被申请人是否应当依约向申请人支付款项。

【焦点评析】

该案纠纷属于股权转让纠纷，当事人就协议及股权转让部分分别约定了不同的适用法律,仲裁庭则需针对特定部分适用特定法律的此种情形,对该案的履约情况与争议作出认定与裁决。现结合该案案情,评述如下:

(一)涉外合同法律关系管辖与法律适用的选择

对涉外民事关系的定性问题,我国最高人民法院《关于适用〈中华人民共和国涉外民事关系法律适用法〉若干问题的解释(一)》(以下简称《法律适用法司法解释》)第1条即作了明确规定,即"民事关系具有下列情形之一的,人民法院可以认定为涉外民事关系:(一)当事人一方或双方是外国公民、外国法人或者其他组织、无国籍人;(二)当事人一方或双方的经常居所地在中华人民共和国领域外;(三)标的物在中华人民共和国领域外;(四)产生、变更或者消灭民事关系的法律事实发生在中华人民共和国领域外;(五)可以认定为涉外民事关系的其他情形"。

而在司法实践中的涉外民事法律关系中,最常见或者说较典型的即是涉外合同法律关系。结合该案事实,本文后续篇幅仅对涉外合同法律关系的管辖问题及法律适用问题进行展开。

对于涉外合同关系的管辖问题,涉外合同法律关系的当事人除可以依据我国《民事诉讼法》第34条的规定协议选择管辖法院外,亦可以根据我国《民事诉讼法》第271条"涉外经济贸易、运输和海事中发生的纠纷,当事人在合同中订有仲裁条款或者事后达成书面仲裁协议,提交中华人民共和国涉外仲裁机构或者其他仲裁机构仲裁的,当事人不得向人民法院起诉"及我国《合同法》第128条"涉外合同的当事人可以根据仲裁协议向中国仲裁机构或者其他仲裁机构申请仲裁"的规定,将仲裁机构约定为涉外合同法律关系的管辖机构,该案即属于后面的这种情形。

而对于涉外合同关系的法律适用问题,我国《涉外民事关系法律适用法》第3条规定:"当事人依照法律规定可以明示选择涉外民事关系适用的法律。"且根据最高人民法院《关于适用〈中华人民共和国涉外民事关系法律适用法〉若干问题的解释(一)》第7条"一方当事人以双方协议选择的法律与系争的涉外民事关系没有实际联系为由主张选择无效的,人民法院不予支持”的规定,当事人可以自主选择涉外民事关系适用的法律,甚至是选择与争议并无实际联系的所在地的法律作为涉外合同的适用法。

具体到该案,两申请人与第一被申请人签订上述《股权转让协议》,约定由第一被申请人受让两申请人所持有的泰国某航空公司(以下简称目标公司)的股份,第二被申请人、第三被申请人与第四被申请人,为第一被申请人履行该协议项下义务提供连带保证担保。其中,两申请人均为中国人,四被申请人中有外国人,也有外国公司,且案涉争议的股权转让事实发生于泰国,故根据我国相关法律规定,该案法律关系应认定为涉外合同法律关系。与此同时,该案当事人在协议的争议解决条款中约定了由中国国际经济贸易仲裁委员会进行管辖,并对法律适用作出了如下特别约定:“本案协议适用中国法律,股权转让部分适用泰国法律。”

因此,仲裁庭在审理该案时,需严格按照我国《涉外民事关系法律适用法》及其司法解释的规定,充分尊重当事人之间的意思自治,一方面,对于该案所涉协议效力的认定问题,以我国《合同法》作为法律依据予以审查,就被申请人方面提出的“案涉股权转让行为违反了泰国《民商法典》法律规定,本案协议属于无效协议”的观点,仲裁庭则以“本案合同由双方自愿签订,内容是双方真实意思表示,且不存在任何违反中华人民共和国法律和行政法规的强制性规定的情形。根据我国《合同法》第32条‘当事人采用合同书形式订立合同的,自双方当事人签字或者盖章时合同成立’以及该法第44条‘依法成立的合同,自成立时生效’的规定,本案合同合法有效,对双方具有法律约束力”予以驳回。另一方面,有关于股权转让部分的法律适用问题,如审查本案当事人的履约情况及股权转让款是否应予以支付等问题,仲裁庭则严格以泰国《民商法典》为适用依据,并据此作出裁判。

根据上述我国《涉外民事关系法律适用法》的规定,并结合该案情况,不难看出,我国《涉外民事关系法律适用法》在立法理念上体现了国际社会本位的理念,坚持为我国与外国法律的适用提供平等机会的普遍主义立场,充分尊重当事人之间的意思自治,允许涉外合同关系中各方当事人协议选择法律的范围非常广(如前所述,甚至可选择与涉外合同关系并无实际联系的所在地的法律)。但需注意的是,在涉外商贸交易中,当事人可选择适用法律的广泛程度,因不同国家的法律规定会有明显的不同。因此,从某种角度来说,选择何种法律作为解决争议的法律依据,亦将直接决定当事人之间所涉纠纷的实体裁判结果。

此外,因当事人约定的案件管辖地对于法律适用的相关规定不尽相同,如约定的法律适用条款不符合管辖地关于涉外法律适用的强制性规定,则约定的法律适用条款有被认定为无效的可能。因此,通过该案例值得注意的是,涉外商贸交易的当事人在签订合同时,应特别留意并注重案件管辖及适用法律的约定,以在未来可能发生的纠纷中最大限度地保护己方权益。

(二)随着国际双边或多边贸易机制、区域合作等经济融合格局的逐步形成,已对争端解决中的各方主体提出更高的要求

尽管我国《涉外民事关系法律适用法》对涉外合同关系的当事人主体可协议选择适用实体法律持非常开放的态度,但在具体审理案件时,直接适用其他法域的法律作为裁判依据,对作为争端解决裁判者的法官、仲裁员等来说仍存在较大难度,尤其当事人选择适用的法律相对小众时体现得更明显。

在该案中,当事人就股权转让部分选择适用的是泰国《民商法典》。这是由于当事人协议转让股份的目标公司为泰国公司,股权转让行为必然受到当地法律法规及政策约束,其选择适用泰国《民商法典》具有合理性。但对于该案仲裁庭及仲裁员来说,相较国内就股权转让相关事宜所作法律规定来说,对泰国《民商法典》此方面的规制内容的熟悉程度与依此进行裁判的经验,肯定也是相对有限的,这就对该案中的仲裁员提出了更高的要求。

与此同时,在这种情况下,即便仲裁庭在审理过程中会谨慎、认真地分析泰国《民商法典》的有关规定,但该案的审理也同样需依赖当事人和代理人对该

案事实的梳理、相应证据的提供及对泰国法律的引用、把握和理解，所以从一定程度上来说，此类案件也对当事人和代理人提出了更高的要求。

在该案中，无论是申请人还是被申请人，对泰国法律均较熟悉，双方也都聘请了泰国的律师作为代理人代理本案。仲裁庭在双方充分举证、论辩的基础上，通过认真分析泰国《民商法典》的规定，总结出了泰国记名股权转让应符合的四个条件，并根据已经发生的履约事实，进一步认定作为转让方的申请人已经完成协议项下的义务，股权转让无法完成系因作为受让方的第一被申请人不配合所致，进而作出了应由被申请人依约向申请人支付股权转让价款的裁决内容。

综上所述，该案案情虽不属复杂，但在涉外合同法律关系管辖与法律适用的选择问题上具有一定的典型性。我国以“一带一路”为代表的国家级顶层合作倡议的相继出台与落地，国际双边或多边贸易机制、区域合作等经济融合新格局已逐步形成，这对争端解决过程中各方主体均提出了更新与更高的要求，不仅要求裁判者们对当事人所选择的法律得以准确的适用，同样也要求类似涉外商贸交易中，当事人除要在订立合同时审慎约定管辖条款及法律适用条款外，亦需要对选择适用的实体法律进行充分了解，不仅用以判断己方在履行过程中是否会出现违反法律规定的情形，亦可在发生纠纷后，在争端解决中发挥优势。

【结语】

在该案中，仲裁庭依据我国《涉外民事关系法律适用法》及其司法解释的规定，尊重当事人之间关于“本案协议适用中国法律，股权转让部分适用泰国法律”的约定，以我国《合同法》作为审查协议效力的依据，以泰国《民商法典》作为审查股权转让过程中履约情况的依据，在确认案涉《股权转让协议》有效的情况下，认真审查、分析当事人提供的在案证据，严格适用泰国《民商法典》关于记名股票转让的规定，从而作出该案裁决。

我国《涉外民事关系法律适用法》对在我国法院或仲裁机构审理的涉外合同纠纷的法律适用持较开放的态度，一般情况下不会出现排除各方约定适用法律的情形。涉外商贸主体可以充分协商适用各方认为与交易或案涉纠纷最契合的法律规定，但诚如前述，无论选择适用何国法律规定，各方当事人主体均应以审慎的态度认真研究相关规定，为自身履约过程及未来可能发生的纠纷解决提供法律保障。

（案例评析人：马江涛）

案例十七 中国 A 银行与中国 B 建设开发公司贷款合同争议仲裁案

中国国际经济贸易仲裁委员会(以下简称仲裁委员会)根据申请人中国 A 银行(以下简称申请人)和被申请人中国 B 建设开发公司(以下简称被申请人)签订的合同编号为 1 的《A 银行外汇贷款合同》(以下简称《1 号合同》)中仲裁条款的约定,以及申请人向仲裁委员会提交的书面仲裁申请,受理了上述合同项下的本争议仲裁案。

本案仲裁程序适用自 2015 年 1 月 1 日起施行的《中国国际经济贸易仲裁委员会仲裁规则》(以下简称《仲裁规则》)。

申请人选定 X 担任本案仲裁员,被申请人未在约定期限内选定仲裁员,仲裁委员会主任根据《仲裁规则》的规定为其指定 Y 担任本案仲裁员。由于被申请人未能选定仲裁员,因此首席仲裁员无法依约定由双方选定的仲裁员商定产生,仲裁委员会主任根据《仲裁规则》的规定指定 Z 担任本案首席仲裁员。上述三位仲裁员在签署了接受指定的《声明书》后组成仲裁庭,共同审理本案。

仲裁庭如期对本案进行了开庭审理。双方当事人均委派仲裁代理人出席了庭审。在庭审中,申请人就相应仲裁请求的金额进行了变更,仲裁庭经审查决定受理。申请人对变更后的仲裁请求进行了陈述,被申请人进行了答辩,申请人出示了有关证据的原件,被申请人进行了质证,双方回答了仲裁庭的提问。

本案现已审理终结,仲裁庭根据庭审查明的事实和现有的书面材料,依照双方当事人的合同约定以及法律的规定,经合议作出本裁决。现将本案案情、仲裁庭意见和裁决结果分述如下。

一、案　　情

（一）申请人诉称

2013年6月25日申请人作为贷款人与被申请人作为借款人签订了《1号合同》，约定由申请人为被申请人建设、经营印度尼西亚某砂矿投资项目提供最高金额为2000余万美元的贷款，同时约定中国A银行D分行（以下简称D分行）为本合同的经办分行。

《1号合同》的相关主要内容包括：

1."贷款承诺金额"约定："本合同项下贷款承诺金额为2000余万（币种：美元）（大写：贰仟余万美元整）。"

2."贷款期限"约定："本合同项下的贷款期限为4年，从首次提款日起算……"

3."贷款利率和利息"约定："一、贷款利率：本合同的贷款年利率采用浮动利率，为6个月美元Libor+650BP。二、利息期和付息日：除首个利息期和最后一个利息期外，本合同约定的利息期为6个月，利息期从每一付息日当天起至下一付息日前一天止。首个利息期从首次提款日起至其后以一个付息日前一天止。最后一个利息期为最后一个还本日前的付息日当日起至最后一个还本日止。本合同约定的付息日为每年的6月27日、12月27日。""利息的计算公式为：贷款余额×贷款利率×相应利息期贷款实际发生天数÷360日。"《1号合同》对"Libor"的定义为："指英国银行家协会公布的伦敦同业拆放利率，以每个利息期开始前两个营业日的伦敦时间上午11点路透终端相应版面公布的6个月美元Libor报价为准。"

4."逾期利息"约定："一、若借款人未按本合同约定偿付到期的贷款本息和费用，贷款人将向借款人计收逾期利息，逾期利息为6个月美元Libor+850BP。二、逾期利息的计算公式为：逾期金额×逾期利率×逾期日数÷360。"

5.“提款计划”约定:“借款人将于2013年6月27日一次性提款2000余万美元。”

6.“利息的支付和本金的偿还”约定:

“一、本金的偿还方式

2014年6月归还本金×××万美元

2014年12月归还本金×××万美元

2015年6月归还本金×××万美元

……

2017年6月前,归还剩余×××万美元本金及利息。”

7.“借款人的违约事件和违约责任”约定:

“……或者借款人发生以下事项的,构成借款人在本合同项下的违约……4.借款人的总计市场价值达到或超过100万美元的资产被查封、冻结、扣押、执行、征收、没收或被采取其他类似措施,且该等措施在开始后十五个营业日内未被解除;或……发生上述事件,贷款人有权采取下列一项或多项措施:

(一)停止发放贷款;

(二)取消尚未提取的贷款承诺金额;

(三)宣布贷款提前到期,同时要求借款人限期偿还已发放的贷款本息,并有权从借款人在贷款人的银行系统开立的任何账户中直接扣收还款资金(在签订本合同时,借款人即已授权贷款人行使上述直接扣收还款资金的权利);

(四)单方面解除合同,并同时行使本款第(一)项至第(三)项权利;

(五)实现担保文件下的担保权益;

(六)采取相关国家和地区法律法规允许的或本合同约定的其他措施。

……

三、因借款人的违约行为而发生诉讼或仲裁的,贷款人为该项诉讼或仲裁所支付的律师费与其他费用应由借款人承担。”

2013年6月27日申请人根据《1号合同》的约定向被申请人发放了全额贷

款,共计2000余万美元,以供被申请人建设、经营印度尼西亚某砂矿投资项目。被申请人收到贷款后依约投资印度尼西亚某砂矿项目。

2014年9月25日申请人了解到,被申请人市场价值总计约人民币700万元(折合大于100万美元)的资产被查封(以下简称查封事件)。《1号合同》第25条明确约定:"借款人的总计市场价值达到或超过100万美元的资产被查封、冻结、扣押、执行、征收、没收或被采取其他类似措施,且该等措施在开始后十五个营业日内未被解除"则构成《1号合同》项下的违约行为。同时,《1号合同》第25条还约定若被申请人违约,申请人有权"宣布贷款提前到期,同时要求借款人限期偿还已发放的贷款本息"。

时至2014年10月22日,被申请人被查封的资产仍未被解除,查封期限已经超过15个工作日。据此,D分行于2014年10月22日向被申请人发出《关于宣布〈A银行外汇贷款合同〉(合同编号:1)项下贷款提前到期的通知》(以下简称《债务人通知》),宣布贷款于2014年10月23日提前到期,同时要求被申请人于2014年10月24日营业日结束之前,向申请人清偿《1号合同》项下的所有未清偿款项。截至2014年10月23日,未清偿款项共计2000余万美元,其中包括本金2000余万美元,以及利息45余万美元。同时,《债务人通知》中还要求被申请人支付自2014年10月23日起(含当日)上述未清偿金额产生的利息,但被申请人未能在2014年10月24日向申请人或D分行作出清偿。2014年10月24日D分行再次向被申请人发出《催收函》,要求被申请人尽快清偿到期债务。

目前,被申请人仍未能向申请人清偿全部债务。截至2015年5月21日,被申请人仍欠申请人《1号合同》项下全部本息共计:1000余万美元,其中逾期本金1000余万美元、逾期利息近7万美元、罚息近40万美元、复利近3000美元。按照2015年5月21日美元与人民币的汇率6.216计算,折合人民币近7000万元。

被申请人未按约定清偿债务的行为,违反了合同的约定和中国法律的规定,给申请人造成了严重的经济损失。被申请人应立即向申请人清偿《1号合同》项下全部未清偿款项,并承担相应赔偿责任。

我国《合同法》第107条规定:"当事人一方不履行合同义务或者履行合同义务不符合约定的,应当承担继续履行、采取补救措施或者赔偿损失等违约责任。"

根据《1号合同》的约定,被申请人的总计市场价值达到或超过100万美元的资产被查封、冻结、扣押、执行、征收、没收或被采取其他类似措施,且该等措施在开始后15个营业日内未被解除时,申请人有权"宣布贷款提前到期,同时要求借款人限期偿还已发放的贷款本息……因借款人的违约行为而发生诉讼或仲裁的,贷款人为该项诉讼或仲裁所支付的律师费与其他费用应由借款人承担"。

根据上述规定和约定,申请人有权要求被申请人清偿《1号合同》项下应付的全部本金、利息、罚息、复利、补偿金、违约金、损害赔偿金和实现债权的费用。

申请人已经于2014年10月22日向被申请人发出了《债务人通知》,但被申请人只向申请人作出了部分清偿,违反合同约定。

因此,申请人提起本案仲裁,要求被申请人清偿全部债务,向申请人支付如下金额:

1. 被申请人立即向申请人清偿截至2015年5月21日的《1号合同》项下全部本息共计1000余万美元,其中逾期本金1000余万美元、逾期利息近7万美元、罚息近40万美元、复利近3000美元。按照2015年5月21日美元与人民币的汇率6.216计算,折合人民币近7000万元;

2. 被申请人向申请人清偿自2015年5月22日(含当日)起到实际偿还日的逾期利息、罚息、复利等,具体计算公式以《1号合同》的约定为准;

3. 申请人为实现债权而支付的律师费,暂计为人民币55万元;

4. 本案仲裁费。

经增加和变更请求后,申请人的最终仲裁请求如下。

1. 被申请人立即向申请人清偿截至2015年5月21日的《1号合同》项下全部本息共计1000万余美元,其中贷款本金1000万余美元、逾期利息(罚息)近40万美元。按照2015年5月21日美元与人民币的汇率6.216计算,折合人民币近7000万元;

2. 被申请人向申请人清偿自2015年5月22日(含当日)起到实际偿还日的逾期利息、罚息、复利等,具体计算公式以《1号合同》的约定为准;

3. 申请人为实现债权而支付的律师费,暂计为人民币55万元;

4. 本案仲裁费;

5. 被申请人承担申请人因申请财产保全而支出的财产保全费人民币5000元。

(二)被申请人当庭答辩称

对申请人的仲裁请求及金额均无异议,但因被申请人的法定代表人涉及经济犯罪,希望仲裁庭根据“先刑后民”的原则,待被申请人的法定代表人涉及的刑事案件审理结束后再行审理本案。

被申请人在本案仲裁程序中没有提交书面答辩。

二、仲裁庭意见

(一)有关《1号合同》的效力

仲裁庭认为,《1号合同》是当事人之间真实的意思表示,内容不违反我国法律、行政法规的强制性规定,合法、有效,各方均应遵守。

(二)关于是否应“先刑后民”

被申请人认为,因其法定代表人涉及与《1号合同》有关的经济犯罪,本案应在刑事案件审理结束后再行审理。

仲裁庭认为,首先,被申请人对其法定代表人涉嫌刑事犯罪的主张并未提供任何证据,仲裁庭不能确认有关事实是否属实。其次,即使被申请人所述属实,被申请人的法定代表人涉嫌的犯罪是否成立,与本案《1号合同》下被申请人是否应向申请人清偿贷款并支付其他款项也没有法律上的关联关系,即仲裁庭考量申请人的请求是否成立并不以被申请人法定代表人是否涉嫌经济犯罪以及指控罪名是否成立为前提。

因此,仲裁庭认为,被申请人待刑事案件审理完毕后再审理本案的主张不成立。

(三)关于申请人的仲裁请求

1. 有关截至2015年5月21日的贷款本金及罚息的仲裁请求。

仲裁庭认为,根据申请人提交的证据及双方的陈述,《1号合同》签订后,2013年6月27日申请人向被申请人按照《1号合同》的约定发放了全额贷款,申请人已履行了《1号合同》下的义务。

《1号合同》约定,被申请人的总计市场价值达到或超过100万美元的资产被查封、冻结、扣押、执行、征收、没收或被采取其他类似措施,且该等措施在开始后15个营业日内未被解除的,构成被申请人违约。在被申请人违约后,申请人有权宣布贷款提前到期,同时要求被申请人限期偿还已发放的贷款本息。申请人主张其于2014年9月25日了解到被申请人约人民币700万元的资产被查封,且直至2014年10月22日查封仍未被解除。并且,被申请人对申请人主张的其资产被查封的事实不持异议。鉴于上述情况,仲裁庭确认,根据本案合同,申请人有权宣布《1号合同》项下的贷款于2014年10月23日提前到期。根据申请人提交的证据3,申请人已对被申请人宣布了《1号合同》下的贷款于2014年10月23日提前到期,且被申请人对申请人向其宣布贷款提前到期的事实不持异议。仲裁庭确认,经申请人宣布,《1号合同》下的贷款已于2014年10月23日提前到期。

根据申请人提交的证据6及被申请人的陈述,仲裁庭认可申请人主张的被申请人的实际部分还款情况,确认被申请人在《1号合同》项下剩余未偿还的本金为1000万余美元。被申请人应在2014年10月23日向申请人偿还上述本金。

申请人认为,根据《1号合同》,被申请人除应偿还本金外,还应向其支付利息、罚息和复利。

仲裁庭认为,有关被申请人应支付的利息,根据《1号合同》第5条的规定,贷款利率为6个月美元Libor+650BP,利息计算公式为:贷款余额×贷款利率×相应利息期贷款实际发生天数÷360日。据此,被申请人应以未清偿的本金为基数按照贷款天数向申请人支付利息,因被申请人的贷款已于2014年10月23日到期,被申请人应向申请人支付的利息的计算截止日期应为2014年10月23日。

关于罚息,仲裁庭注意到,《1号合同》第6条约定,若被申请人未按照合同约定偿付到期的贷款本息和费用,被申请人应按照逾期利率(6个月美元Libor+850BP)向申请人支付逾期利息,逾期利息的计算公式为逾期金额×逾期利率×逾期天数÷360。如上所述,被申请人应于2014年10月23日前向申请人支付贷款本息,但被申请人至今尚未偿还完毕。按照上述约定,被申请人应以其应付而未付的本金及利息为基数向申请人支付合同约定的逾期利息,即申请人主张的罚息和复利,其中,被申请人应付的罚息应以其应付而未付的本金为基数进行计算,被申请人应付的复利应以其应付而未付的利息为基数计算。

根据《1号合同》的约定,被申请人应按照罚息、复利、利息、本金的顺序偿还。

申请人经计算主张截至2015年5月21日被申请人应向申请人支付的利息为0美元,罚息为近40万美元,复利为0美元。被申请人对申请人计算的方式及金额不持异议。仲裁庭认为,结合上述列举的《1号合同》的各项约定、合同履行的实际情况、申请人的主张和被申请人的确认,截至2015年5月21日,被申请人应向申请人支付罚息近40万美元,仲裁庭对申请人罚息的请求予以支持。

综上所述,被申请人应向申请人支付的贷款本金及罚息共计1000余万美元,仲裁庭确认,被申请人应向申请人支付的贷款本金及罚息折合近人民币7000万元。

2.关于自2015年5月22日至实际偿还日的逾期利息、罚息、复利的仲裁请求。

仲裁庭认为,如上所述,被申请人已支付全部欠付的利息,因此复利也不再产生。至于罚息,按照《1号合同》的约定,逾期利息的计算公式为:逾期金额×逾期利率×逾期天数÷360。因此,被申请人应支付的罚息为以其应付而未付的贷款本金1000余万美元(折合人民币6000余万元)为基数,自2015年5月22日起至被申请人付清贷款本金之日止。

3.关于律师费的仲裁请求。

仲裁庭认为,本案系被申请人违约引起,申请人为本案实际发生了律师费,并提交了相关证据,但申请人提交的证据仅能证明截至目前其实际发生了人民币10余万元的律师费,由于申请人提交的《委托代理协议》中约定的是按照小时收费的方式,申请人最终发生的律师费是不确定的。因此,仲裁庭无法支持律师费超过人民币10余万元的部分。被申请人应向申请人支付的律师费为人民币10余万元。

4.关于保全费的仲裁请求。

仲裁庭认为,财产保全费系申请人为解决本案争议实际支出的必要成本,应由被申请人承担,同时,申请人提交了相关证据以证明费用的实际发生,因此,仲裁庭对申请人的此项请求予以支持,被申请人应向申请人支付保全费人民币5000元。

(四)仲裁费

结合本案情况,根据《仲裁规则》,仲裁庭认为,本案仲裁费应由被申请人承担。

三、裁　决

本案仲裁庭裁决如下：

1. 被申请人向申请人支付截至2015年5月21日的《1号合同》项下全部本息共计1000余万美元，折合人民币近7000万元；

2. 被申请人向申请人支付自2015年5月22日到实际支付贷款本金1000余万美元（折合人民币6000余万元）之日止的罚息，按照每年6月27日和12月27日前两个营业日的伦敦时间上午11时路透终端相应版面公布的6个月美元Libor+850BP计算；

3. 被申请人向申请人支付律师费人民币10余万元；

4. 被申请人向申请人支付财产保全费人民币5000元；

5. 本案仲裁费全部由被申请人承担；鉴于本案仲裁费已与申请人等额缴纳的仲裁预付金全部冲抵，被申请人还应向申请人支付申请人为其垫付的仲裁费。

上述被申请人应向申请人支付的款项，被申请人应于本裁决作出之日起30日内支付完毕。

本裁决为终局裁决，自作出之日起生效。

案例评析

【关键词】

贷款合同；提前到期；欠款金额

【焦点问题】

该案争议合同是贷款合同,案涉核心问题是贷款提前到期以及到期后被申请人的欠款名目和金额。

【焦点评析】

涉案纠纷属于贷款合同纠纷,主要涉及贷款提前到期以及申请人所主张款项之名目和金额是否符合合同约定。现结合该案案情及双方争议焦点,评述如下。

(一)贷款提前到期

保护贷款人债权的一项重要措施,就是赋予贷款人在借款人违约时宣布贷款提前到期并提前收回贷款资金的权利。案涉《1号合同》约定,若借款人拥有的价值等于或超过100万美元的财产被采取查封、冻结、扣押、执行等司法手段且超过15个营业日未被解除,则申请人有权宣布贷款提前到期。这是典型的违约事件约定,此种约定并不违反我国法律、行政法规的效力性强制性规定,仲裁庭认可其效力。

在该案中,申请人提交证据证明被申请人拥有的市场价值总计约人民币700万元(100余万美元)的资产被查封超过15个营业日且未被解除,申请人据此向被申请人发出通知,告知其贷款于2014年10月23日提前到期(正常到期日是2017年6月26日)。仲裁庭认为,《1号合同》约定的申请人宣布贷款提前到期的条件已成就,申请人也按照合同约定向被申请人送达了提前到期通知,故贷款已于2014年10月23日提前到期。这是融资领域(无论在国内或国际实践中均是如此)的常见安排。

(二)申请人主张的欠款名目和金额是否合理

鉴于贷款已于2014年10月23日提前到期,故贷款本金以及利息应于该日固化。从《1号合同》的约定以及实际履行情况来看,申请人于2013年6月27日向被申请人发放贷款,而贷款的计息期(期内利息)应自2013年6月27日起至2014年10月23日止;从2014年10月24日起至实际清偿之日,应以欠付贷款本金和利息为基数,按照《1 号合同》约定的利率计算罚息、复利。

因《1 号合同》约定了被申请人应按罚息、复利、利息、本金的顺序清偿债务,且申请人提供的证据显示,截至 2015 年 5 月 21 日(申请人主张的暂计日),被申请人仅欠付申请人罚息和本金,而不欠利息和复利,故仲裁庭认定,在申请人提起本次仲裁申请之前,被申请人已经全额偿还了利息和复利,故申请人有权主张的欠款名目仅有剩余贷款本金以及按照合同约定利率计算的罚息。

仲裁庭对于贷款提前到期后罚息和复利的计算基数有准确的判断,即贷款提前到期后,贷款期内的利息应停止计算,而应由罚息(针对本金部分)和复利接替(针对应付而未付利息部分,且需有合同依据),申请人主张被申请人向其返还剩余贷款本金和罚息,是符合合同约定且合理的。

【结语】

该案裁决书环环相扣,从程序和实体等多个角度和层次进行了论证,认定贷款提前到期条件成就,且申请人关于本金和罚息的仲裁请求符合合同约定,支持了申请人的仲裁请求。

借款合同法律关系之定性相对比较容易,但在定量处理问题上,特别是在欠款名目和金额的计算上,则容易出现不清楚或重复计算的情况。因此,裁判者不但要审视合同、了解交易本质,更要熟悉交易实践和交易计算。

一般而言,借款合同中均会约定贷款期内利息和逾期利息,如不违反法律规定的上限(以适用中国法为前提),都是可以支持的。但需要警惕的是,有些借款合同中会巧立名目,如通过另行安排融资费、财务顾问费等名目,可能使贷款成本、融资成本远远高出法律实际允许的水平。如何恰当处理上述问题,在实践中是有挑战的,需要裁判者根据个案情况并结合当时市场实践(特别是市场资金成本情况)进行合理裁判,以公平处理贷款人和借款人的权益纠纷。

(案例评析人:陶修明)

案例十八 中国A银行与中国C担保集团、自然人H贷款担保合同关联争议仲裁案

中国A银行与中国C担保集团公司贷款担保合同争议仲裁案

中国国际经济贸易仲裁委员会(以下简称仲裁委员会)根据申请人中国A银行(以下简称申请人)与被申请人中国C担保集团公司(以下简称被申请人)签订的《A银行外汇资金贷款保证合同》(编号为1的《A银行外汇贷款合同》的保证合同,以下简称《2号合同》)中仲裁条款的约定,以及申请人向仲裁委员会提交的书面仲裁申请,受理了上述合同项下的本争议仲裁案。

本案仲裁程序适用自2015年1月1日起施行的《中国国际经济贸易仲裁委员会仲裁规则》(以下简称《仲裁规则》)。

申请人选定X担任本案仲裁员。由于被申请人未在规定期限内选定或委托指定仲裁员,仲裁委员会主任依据约定并根据《仲裁规则》之规定指定Y担任本案仲裁员。上述两位仲裁员共同选定Z担任本案首席仲裁员。上述3位仲裁员分别签署了接受指定的声明书后组成仲裁庭,共同审理本案。

仲裁庭如期对本案进行了开庭审理。申请人和被申请人均委派仲裁代理人参加了庭审。申请人就其仲裁请求和事实理由进行了陈述,被申请人进行了答辩,双方就法律问题进行了辩论,出示了相关证据原件,进行了质证,并回答了仲裁庭的提问。经征求双方当事人的意见,仲裁庭就庭后程序作出安排。

本案现已审理终结,仲裁庭根据本案现有的材料和庭审查明的事实,经合

议，作出本裁决。现将本案案情、仲裁庭意见和裁决结果分述如下。

（一）案情

1. 申请人的仲裁申请及被申请人的答辩

申请人在《仲裁申请书》中称：

2013 年 6 月 25 日申请人作为贷款人与作为借款人的中国 B 建设开发公司（以下简称 B 建设公司）签订了一份《A 银行外汇贷款合同》（以下简称《1 号合同》），约定申请人向 B 建设公司就其建设、经营印度尼西亚某砂矿投资开发项目提供最高金额为 2300 万美元的贷款。《1 号合同》约定申请人 D 省分行（以下简称 D 分行）为该合同的经办行。

同日，申请人作为贷款人与被申请人 C 作为连带保证人签订了上述《1 号合同》项下的本案《2 号合同》。合同分别约定了担保的范围、方式和担保期间。

同日，申请人与作为连带保证人的自然人 H 签订了《1 号合同》项下《A 银行外汇资金贷款保证合同》（编号为 1 的《A 银行外汇贷款合同》的保证合同，以下简称《3 号合同》），约定由自然人 H 就《1 号合同》项下全部借款本金、利息、罚息、复利、补偿金、违约金、损害赔偿金和实现债权的费用向申请人承担连带保证责任。

2013 年 6 月 27 日申请人根据《1 号合同》的约定向 B 建设公司发放了共计 2300 万美元的全额贷款。2014 年 9 月 25 日 B 建设公司市场价值总计约人民币 700 万元（折合大于 100 万美元）的资产被查封，构成其在《1 号合同》项下的违约行为。时至 2014 年 10 月 22 日，B 建设公司被查封的资产仍未被解除，查封期限已经超过 15 个工作日。

据此，D 分行于 2014 年 10 月 23 日向 B 建设公司公证送达了《关于宣布〈1 号合同〉项下贷款提前到期的通知》（以下简称《提前到期通知》），宣布贷款于 2014 年 10 月 23 日提前到期，同时要求 B 建设公司于 2014 年 10 月 24 日营业日结束前，向申请人偿还《1 号合同》项下未清偿款项，但 B 建设公司未能按期向申请人或其 D 分行作出清偿。

2014年10月27日申请人向被申请人送达《关于要求贵司履行〈1号合同〉项下的保证责任的函》，要求被申请人根据《2号合同》承担B建设公司到期未清偿的债务，共计2000余万美元，并根据《1号合同》的规定支付未清偿金额产生的利息，但被申请人未按上述合同约定在5日内履行代为清偿的连带保证责任。

2015年5月29日申请人提起仲裁，要求B建设公司偿还《1号合同》项下本息，要求B建设公司承担仲裁费和相关律师费、保全费。2016年2月4日该案仲裁庭就申请人针对B建设公司提起的仲裁案作出中国贸仲京裁字第E号《裁决书》（以下简称第E号裁决书），确认《1号合同》合法有效，B建设公司应向申请人偿还债务，并支持了申请人的全部仲裁请求。

2016年10月21日申请人通过公证送达方式向被申请人再次送达《关于再次要求保证人履行〈2号合同〉项下的保证责任的函》，要求被申请人按照《1号合同》和《2号合同》的约定承担保证责任，即向申请人支付贷款本金、利息、罚息及实现债权的费用等。

申请人因向B建设公司提起仲裁，向其代理人支付律师费人民币50余万元。

B建设公司至今未向申请人清偿《1号合同》项下债务，自然人H作为连带保证人也没有承担其连带责任，暂计至2016年11月15日，B建设公司仍拖欠申请人《1号合同》项下应付本金1000余万美元，逾期利息（罚息）和复利近200万美元，以及申请人为实现债权支付费用人民币100余万元（包括针对B建设公司提起仲裁而产生的律师费人民币50余万元，财产保全费人民币5000元和仲裁费人民币70余万元）。

被申请人未按约定承担连带保证责任的行为，违反了合同约定和法律规定，给申请人造成了严重经济损失，被申请人应立即向申请人承担《2号合同》项下的连带保证责任，向申请人偿还B建设公司全部未清偿款项，并承担相应的赔偿责任。

根据我国《担保法》第18条的规定以及《2号合同》的约定，申请人有权直接要求被申请人代为清偿《1号合同》项下B建设公司应付的全部本金、利息、逾期利息（罚息）、复利、补偿金、违约金、损害赔偿金和实现债权费用，且为提起本案仲裁，申请人支出了律师费人民币8万元以及保全费人民币5000元。

申请人提出如下仲裁请求：

（1）被申请人立即向申请人承担连带保证责任，向申请人代为清偿《1号合同》项下的全部债务。该债务暂计至2016年11月15日（含当日），本金为1000余万美元、逾期利息（罚息）和复利为近200万美元；自2016年11月16日（含当日）起至申请人实际偿还日止，应当按照《1号合同》约定的计算公式继续加计逾期利息（罚息）、复利等。

（2）被申请人立即向申请人承担连带保证责任，向申请人代为清偿申请人为实现《1号合同》项下的债权而支出的费用，共计人民币100余万元。

（3）被申请人承担申请人因提起本案仲裁而支出的律师费人民币8万元和财产保全费人民币5000元。

（4）被申请人承担本案的全部仲裁费。

申请人在随后提交的《关于仲裁请求金额的计算说明》中，就上述第1项和第2项仲裁请求予以详细说明。

被申请人没有提交书面答辩状，但在开庭时口头答辩称：

（1）被申请人对于本案借款事实没有异议。

（2）被申请人作为保证人，不完全掌握B建设公司的全部还款情况，亦不了解申请人索要债权的情况，即B建设公司债务处于随时变动的状态。

（3）申请人第2项仲裁请求中包含的律师费人民币50余万元，因主合同裁决仅支持了人民币10余万元而非人民币50余万元，超出该金额的部分缺少事实依据。

（4）申请人所称律师费和保全费，法院没有出具收取保全费票据，无法证明该费用已实际发生；也没有支付凭证证明律师费已支付，仅有发票，不能证明该费用已实际发生。

(5)如果仲裁庭裁决被申请人应承担保证责任,则应同时裁决被申请人承担相应的仲裁费,但申请人的请求不能获得全部支持,被申请人也不应承担全部仲裁费。

(6)如果仲裁庭裁决被申请人承担保证责任,保证人代偿后享有请求权。

(7)被申请人与申请人之间的《2号合同》属于从合同,被申请人承担的责任应当以B建设公司承担的责任为限,不能超过主合同约定的责任。

2. 双方当事人的代理意见

申请人提交代理意见的要点如下:

(1)《2号合同》合法有效。双方均认可该合同真实、合法、有效,认可《1号合同》合法有效。

(2)申请人第1项仲裁请求应得到支持。申请人提交了《申请人关于仲裁请求金额的计算说明》,被申请人对申请人的仲裁请求及计算方式未提出异议。

(3)申请人第2项仲裁请求应得到支持。①申请人针对借款人B建设公司提起仲裁而产生的律师费人民币50余万元应全部由被申请人承担,在B建设公司仲裁案中,仲裁庭没有支持全部律师费是因为当事人只发生了人民币10余万元律师费,现在申请人已实际支付人民币40余万元,剩余人民币近10万元将在法院作出执行裁定书后支付。②申请人针对B建设公司提起仲裁而产生的财产保全费人民币5000元和仲裁费人民币70余万元应全部由被申请人承担,被申请人对此没有异议。

(4)申请人第3项仲裁请求应得到支持。①被申请人应当承担申请人因提起本案仲裁而支出的律师费人民币8万元,该费用已经发生但履行期未届至。②被申请人应当承担申请人因提起本案仲裁而发生的财产保全费人民币5000元,申请人已提供了银行保函作为担保,但尚未取得缴费凭证,恳请仲裁庭同意关于财产保全费人民币5000元的证据延期提交。

(5)申请人应承担本案仲裁费。申请人的仲裁请求应予全部支持,被申请人应当承担全部仲裁费。

被申请人提交代理意见的要点如下:

(1)《2 号合同》因《1 号合同》无效而无效,申请人无权以无效合同要求被申请人承担保证责任。据了解,2014 年 9 月 B 建设公司法定代表人因前述贷款涉嫌贷款诈骗被公安机关立案调查,该案已开庭审理,目前尚未出具判决。被申请人认为,鉴于本案所涉贷款诈骗犯罪直接导致《1 号合同》无效,根据我国《担保法》第 5 条的规定,《2 号合同》为从合同,主合同无效,从合同无效,申请人无权以无效担保合同向被申请人主张权利。

(2)本案庭审后,申请人将被申请人保证金账户上的人民币 1000 余万元强制扣划,后邮寄给被申请人一张申请人特种转账借方凭证。基于上述事实,即使本案所涉《2 号合同》合法有效,被申请人的保证责任也必然随着前述代偿行为而相应减少。

之后,申请人提交《回复意见》,其要点如下:

(1)《1 号合同》和《2 号合同》均合法有效。

①被申请人在提交代理意见前,一直认可《2 号合同》的效力,后提出的主张与其在开庭时作出的意思表示完全相反,该行为违反禁反言和诚实信用的原则。

②第 E 号裁决书认定《1 号合同》合法有效,并依据《1 号合同》的约定,裁决 B 建设公司偿还贷款并承担其他相关责任。在本案中,《1 号合同》的效力不应存在争议,不属于本案的审查范围。

③在不考虑《1 号合同》的合法有效性已被生效仲裁裁决确认的前提下,无论自然人 H 或 B 建设公司是否被判决骗取贷款罪,《1 号合同》均合法有效。首先,本案不存在我国《合同法》第 52 条规定的导致《1 号合同》无效的情形;其次,即使自然人 H 或 B 建设公司最终被法院判定构成"骗取贷款罪",自然人 H 或 B 建设公司存在伪造文件骗取贷款的行为,《1 号合同》也不属于无效合同,

应属于可撤销合同。在申请人没有行使撤销权的情况下,《1号合同》仍然合法有效。最高人民法院相关判决显示,按照可撤销合同处理是法院普遍认可的,并已形成较固定的裁判思路。

④在《1号合同》合法有效的前提下,无论B建设公司或自然人H是否构成骗取贷款罪,均不影响《2号合同》本身的效力。

(2)申请人于2017年8月4日从被申请人账户上扣划的人民币1000余万元涉及其他合同项下的债务,不属于本案仲裁庭的审理范围。

被申请人系担保公司,与申请人有多笔业务往来,被申请人作为连带保证人在申请人处涉及的逾期贷款总额有数亿元,被申请人未履行其保证责任。由于这些法律关系不属于本案仲裁管辖范围,且该笔资金扣划还涉及双方之间其他法律关系中的多笔逾期债务的抵销以及其他相关业务安排,双方仍在协商,被申请人将上述扣划全部款项作为本案款项予以偿还,没有法律依据,仲裁庭不应予以支持。

(二)仲裁庭意见

仲裁庭首先梳理本案主要事实,再分析《2号合同》的性质和效力、被申请人连带责任的触发条件,并逐项确认申请人仲裁请求所涉金额,最后回应应否以及如何扣除申请人强行扣划的款项。

1. 本案涉及的主要事实

(1)2013年6月25日申请人与B建设公司签订《1号合同》,约定申请人向B建设公司就其建设、经营印度尼西亚某砂矿投资开发项目提供最高额为2300万美元的贷款。D分行为经办银行。

(2)2013年6月25日申请人和被申请人签订本案《2号合同》。其中约定:“根据主合同(《1号合同》,仲裁庭注)的约定,借款人(B建设公司,仲裁庭注)向贷款人(申请人,仲裁庭注)借款美元贰仟叁佰万美元整,借款期限4年(从2013年6月27日起至2017年6月26日止)。保证人(被申请人,仲裁庭注)愿意就借款人偿付主合同项下全部借款本金、利息、罚息、复利、补偿金、违约金、损害赔偿金和实现债权的费用向贷款人提供担保。随着主合同项下借款本金的清偿,本合同项下担保的本金数额相应减少。"第3条约定:"保证人在本合同的担保范围内向贷款人提供连带责任保证。不论借款人是否为主合同提供物的担保,如借款人未按主合同约定清偿本合同担保范围内的债务,贷款人有权直接要求保证人承担保证责任。保证人应在接到贷款人要求履行保证责任的书面通知后5日内代为清偿。"

(3)2013年6月25日申请人与自然人H签订《3号合同》。《3号合同》约定自然人H就《1号合同》项下全部借款本金、利息、罚息、复利、补偿金、违约金、损害赔偿金和实现债权的费用向申请人承担连带保证责任。

(4)2013年6月27日申请人向B建设公司发放贷款2300万美元,收款账户为B建设公司在申请人处开立的存款账户。

(5)2014年10月22日D分行B建设公司发出《关于宣布〈1号合同〉项下贷款提前到期的通知》,某公证处于2014年10月23日出具《公证书》,载明公证员和工作人员与申请人的D分行的委托代理人将上述通知原件放置在B建设公司总经理办公室的茶几上,并要求办公室的一位男士转交给负责人,以证明2014年10月23日上午D分行送达了该通知。

(6)2014年10月27日某公证处出具《公证书》,载明公证员和工作人员与D分行的委托代理人到被申请人所在集团办公楼三层办公室,将《关于要求贵司履行〈2号合同〉项下的保证责任的函》及其附件放置在办公室办公桌上,并要求办公室的一位男士转交给负责人,以证明2014年10月27日上午D分行送达了该通知。

(7)2016年2月4日申请人以B建设公司作为被申请人提起的仲裁案,该案仲裁庭作出第E号裁决书,裁决:①B建设公司向申请人支付截至2015年5月21日的《1号合同》项下的全部本息共计1000余万美元,折合人民币近7000万元;②B建设公司向申请人支付自2015年5月22日到实际支付贷款本金1000余万美元(折合人民币6000余万元)之日止的罚息,按照每年6月27日和12月27日前两个营业日的伦敦时间上午11时路透终端相应版面公布的6个月美元Libor+850BP计算；③B建设公司向申请人支付律师费人民币10余万元；④B建设公司向申请人支付财产保全费人民币5000元；⑤该案仲裁费全部由B建设公司承担。

（8）2016年10月20日D分行作出《关于再次要求保证人履行〈2号合同〉项下的保证责任的函》，称"截至目前，借款人未向我行履行上述义务，我行再次要求贵司履行《2号合同》项下保证责任，于收到本函之日起7日内，向我行支付《2号合同》项下担保的所有债务，包括但不限于第E号裁决书列明的义务以及贵司还须按照《1号合同》的相关规定支付的利息和罚息"。公证处于2016年11月1日出具《公证书》，证明申请人于2016年10月21日将上述函件送达被申请人。

（9）2017年8月4日申请人从被申请人在D分行开立的"B担保集团有限公司（保证金）"账户以"强制扣划"名义转出人民币1000余万元。

2.《2号合同》的性质和效力

经审理查明，2013年6月25日申请人与B建设公司签订编号为1号的《1号合同》，申请人向B建设公司提供外汇中长期固定资产贷款2300万美元；同日，申请人与被申请人签订《2号合同》，该合同首段载明"为确保借款人B建设公司履行其与贷款人签订的《1号合同》（以下简称主合同），保证人愿意向贷款人提供担保""保证人愿意就借款人偿付主合同项下全部借款本金、利息、罚息、复利、补偿金、违约金、损害赔偿金和实现债权的费用向贷款人提供担保""保证人在本合同的担保范围内向贷款人提供连带责任保证"。

《2号合同》上述约定，符合我国《担保法》关于连带责任保证的规定，双方当事人对于《2号合同》的性质没有异议，仲裁庭认定《2号合同》为保证合同，系申请人和B建设公司所签订《1号合同》的从合同，被申请人应当向申请人承担连带保证责任。

对于《2号合同》的效力，双方当事人在开庭时没有提出异议，但被申请人在庭审后提交的《补充代理意见》中称《2 号合同》无效。其理由可以概括为：B 建设公司法定代表人因该贷款合同涉嫌贷款诈骗被公安立案调查，鉴于本案所涉及贷款涉嫌犯罪，直接导致贷款合同无效。《2 号合同》作为《1 号合同》的从合同，也属于无效合同。申请人的意见可概括为：《1 号合同》已由第 E 号裁决书认定合法有效，即使 B 建设公司法定代表人被判处贷款诈骗罪，也仅产生申请人（而非被申请人）撤销保证合同的权利，而非引起《2 号合同》无效。

仲裁庭认为：

（1）被申请人有权依据“主合同无效，担保合同无效”的规定提出担保合同无效的意见，但是当事人就主合同或者《1 号合同》有效与否与发生争议时，应当通过诉讼或者仲裁程序予以认定。在申请人向 B 建设公司提起仲裁以后，仲裁庭已作出第 E 号裁决书，该裁决书认定，“仲裁庭认为，《1 号合同》是当事人之间真实的意思表示，内容不违反法律、行政法规的强制性规定，合法、有效，各方均应遵守”。即该生效裁决书已认定《1 号合同》合法有效。

（2）被申请人提出 B 建设公司法定代表人“涉嫌”贷款诈骗罪，但没有提供进一步证据资料，也没有证明 B 建设公司法定代表人贷款诈骗罪成立。仲裁庭认为，B 建设公司法定代表人“涉嫌”犯罪，不等于贷款诈骗罪“成立”，相应地，无从在此基础上讨论是否导致《1 号合同》无效的问题。鉴于被申请人声称 B 建设公司法定代表人构成贷款诈骗罪，而未提供证据资料，仲裁庭无须回应假设性的问题。申请人引用最高人民法院在以往诉讼案中提出的意见，认为借款人通过欺骗方法取得贷款的过程中，银行是按照正常贷款程序进行审查并发放贷款的，未参与其中，因此，贷款人系被欺诈一方，如果贷款人不行使撤销权，《1 号合同》为有效。仲裁庭认为，贷款诈骗系刑法概念，构成民事欺诈的一种具体形式。根据我国《合同法》第 54 条关于“一方以欺诈、胁迫的手段或者乘人之危，使对方在违背真实意思的情况下订立的合同，受损害方有权请求人民法院或者仲裁机构变更或者撤销”的规定，即使 B 建设公司或者其法定代表人实施了贷款诈骗，但申请人系所称贷款诈骗的受损害方，其并未请求变更或撤销贷款合同，仲裁庭无权自行认定贷款合同应予变更或者撤销。

(3)被申请人系《1号合同》以外的当事人，若主张《1号合同》无效，应当依照法定程序提出主张，被申请人在本案中提出申请人与B建设公司之间《1号合同》无效，在程序上不当，法律依据不足。

仲裁庭认为，被申请人主张《2号合同》无效，缺少证据支持，没有法律依据，应当认定双方当事人已在《2号合同》中作出真实意思表示，仲裁庭未发现有导致《2号合同》无效的情形，未发现《2号合同》违反法律、行政法规的强制性规定，《2号合同》合法有效，各方均应遵守。

仲裁庭注意到，申请人与被申请人签订《2号合同》，又与自然人H个人签订《3号合同》。该两份保证合同所列保证人不同，无论自然人H是否承担保证责任、保证责任范围如何或是否履行了保证责任，均不影响被申请人依照《2号合同》单独承担连带保证责任。根据《2号合同》关于"随着主合同项下借款本金的清偿，本合同项下担保的本金数额相应减少"的约定，无论是B建设公司向申请人偿还本金，抑或是自然人H依照连带保证责任而向申请人偿还本金，均应相应地减少《2号合同》项下担保的本金数额。被申请人承担连带保证责任后，依据我国《担保法》第12条关于"同一债务人有两个以上保证人的，保证人应当按照保证合同约定的保证份额，承担保证责任。没有约定保证份额的，保证人承担连带责任，债权人可以要求任何一个保证人承担全部保证责任，保证人都负有担保全部债权实现的义务。已经承担保证责任的保证人，有权向债务人追偿，或者要求承担连带保证责任的其他保证人清偿其应当承担的份额"的规定，可以向债务人追偿，或者要求承担连带保证责任的其他保证人清偿其应当承担的份额。

3. 连带保证责任的触发条件

《2号合同》合法有效，被申请人应当依照约定承担连带保证责任。根据我国《担保法》第18条第2款关于"连带保证的债务人在主合同规定的债务履行期届满没有履行义务的，债权人可以要求债务人履行债务，也可以要求保证人在其保证范围内承担保证责任"的规定,保证人承担保证责任的触发条件是"债务人在主合同规定的债务履行期届满没有履行义务",连带责任限于《2号合同》约定的"保证范围"。

第E号裁决书认定,申请人于2013年6月27日向B建设公司发放了贷款2300万美元,B建设公司在《1号合同》项下剩余未偿还的本金为1000余万美元,并应在2014年10月23日向申请人偿还上述本金。该裁决书裁决:(1)B建设公司向申请人支付截至2015年5月21日的《1号合同》项下的全部本息共计1000余万美元,折合人民币近7000万元;(2)B建设公司向申请人支付自2015年5月22日到实际支付贷款本金1000余万美元(折合人民币6000余万元)之日止的罚息,按照每年6月27日和12月27日前两个营业日的伦敦时间上午11点路透终端相应版面公布的6个月美元Libor+850BP计算;(3)B建设公司向申请人支付律师费人民币10余万元;(4)B建设公司向申请人支付财产保全费人民币5000元;(5)B建设公司承担该案的全部仲裁费。

第E号裁决书为终局裁决,并已生效。被申请人未提供B建设公司此后已清偿所欠申请人全部债务的证据,故仲裁庭认定,被申请人承担连带保证责任的条件已经成就,被申请人应向申请人承担连带保证责任,且依照《2号合同》的约定,其保证的范围是"主合同项下全部借款本金、利息、罚息、复利、补偿金、违约金、损害赔偿金和实现债权的费用"。

4. 关于申请人的仲裁请求

(1)关于第1项仲裁请求及所涉金额

根据《仲裁申请书》和《关于仲裁请求金额的计算说明》,申请人第1项仲裁请求可分解为:(1)B建设公司未偿还的本金1000余万美元;(2)自2016年5月22日暂计至2016年11月15日发生的逾期利息和复利近200万美元(其中,截至2016年5月21日尚未支付的逾期利息近40万美元);(3)自2016年11月16日(含当日)起至被申请人实际偿还日止,按照《1号合同》第6条约定的计算公式继续加计逾期利息和复利等。

①本金

申请人所称本金1000余万美元，已由第E号裁决书认定，仲裁庭予以采信。

②截至2016年11月15日的逾期利息和复利（其中，截至2016年5月21日尚未支付的逾期利息近40万美元）

申请人该请求中近40万美元的部分，系指截至2016年5月21日尚未支付的逾期利息，因该逾期利息已由第E号裁决书认定，仲裁庭予以采信。

其余部分，申请人所称逾期利息，系依据《1号合同》计算而来。按照《1号合同》，逾期利息计算公式为"逾期金额×逾期利率×逾期日数÷360"，逾期金额是指借款人逾期尚未偿还的本合同项下已经到期而应付的贷款本息和费用的总额。由于逾期金额包含本金和利息，基于逾期金额计算而来的逾期利息带有复利性质。对于逾期利率，《1号合同》约定为"6个月美元Libor+850BP"。针对该约定的效力，双方当事人没有异议，仲裁庭没有发现存在违反法律和行政法规的强制性规定的情形，应当认定该约定合法有效，申请人有权计收包含复利在内的逾期利息，逾期利率按照6个月美元Libor+850BP计算。

经核实，该图表所列"起始日""终止日""期间天数""逾期金额""逾期利率""逾期利息"，符合《1号合同》的约定，与仲裁庭在前认定的事实一致，仲裁庭认定申请人有权计收暂计至2016年11月15日的逾期利息近200万美元。

③2016年11月16日（含当日）起算的逾期利息

申请人主张"自2016年11月16日（含当日）至被申请人实际偿还日止，应当按照《1号合同》第6条约定的计算公式继续加计逾期利息（罚息）"。仲裁庭注意到，按照《1号合同》的约定，B建设公司若未按照合同约定偿付到期的贷款本息和费用，则应按逾期利率（6个月美元Libor+850BP）向申请人支付逾期利息，逾期利息的计算公式为"逾期金额×逾期利率×逾期天数÷360"。如上所述，B建设公司未支付贷款本息，申请人有权以应付未付的本金（1000余万美元)及逾期利息(近200万美元)为基数计收逾期利息。

(2)关于第2项仲裁请求

申请人要求被申请人立即向申请人承担连带保证责任,向申请人代为清偿申请人为实现《1号合同》项下债权而支出的费用,共计人民币100余万元。

根据《2号合同》第2条关于“保证人愿意就借款人偿付主合同项下全部借款本金、利息、罚息、复利、补偿金、违约金、损害赔偿金和实现债权的费用向贷款人提供担保”,以及第3条关于“保证人在本合同的担保范围内向贷款人提供连带责任保证”的约定,被申请人应当代为清偿申请人为实现《1号合同》项下债权而支出的费用。

申请人主张被申请人承担实现债权的费用为100余万元,分为3笔:(1)申请人针对B建设公司提起仲裁而产生的律师费人民币50余万元;(2)申请人针对B建设公司提起仲裁而产生的保全费人民币5000元;(3)申请人针对B建设公司提起仲裁的仲裁费人民币70余万元。

①关于律师费人民币50余万元

在本案的审理过程中,申请人提交了其委托律师事务所办理法律服务的协议以及律师费发票、收款凭证,其中法律服务协议约定的律师费金额为人民币50余万元,目前申请人已支付律师费人民币40余万元。被申请人认为,第E号裁决书仅认定律师费人民币10余万元,故本仲裁案不应超过该人民币10余万元。

仲裁庭注意到,申请人在针对B建设公司提起的仲裁案中即提出由被申请人承担律师费人民币50余万元的仲裁请求,而该案仲裁庭在第E号裁决书中已裁决B建设公司向申请人支付律师费人民币10余万元。虽然第E号裁决书作出后实际发生的律师费金额有所增加,但超出人民币10余万元的部分实际上仍属于《1号合同》项下的债权,不属于本案的审理范围,故本案仲裁庭不予审理。鉴于第E号裁决书已经认定作为主合同的《1号合同》项下B建设公司应承担的律师费金额为人民币10余万元,仲裁庭认为,被申请人作为保证人,其承担的保证责任应以《1 号合同》项下认定的主债权为限。且经本案开庭审理查明,B 建设公司尚未向申请人支付该款项。故仲裁庭认定,被申请人应以保证人身份,向申请人支付律师费人民币 10 余万元。

②关于保全费人民币 5000 元

第 E 号裁决已裁决 B 建设公司向申请人支付保全费人民币 5000 元,开庭审理查明 B 建设公司尚未向申请人支付该款项,仲裁庭认定,被申请人应以保证人身份,向申请人支付该款项。

③关于第 E 号裁决书项下的仲裁费

鉴于该裁决书已裁决 B 建设公司向申请人支付,且本案开庭审理查明 B 建设公司尚未向申请人支付该款项,被申请人应当以保证人身份,向申请人支付该款项。

基于上述,被申请人应就申请人实现债权的费用,即人民币近 90 万元(计算公式:约 10 余万元 +5000 元 +70 余万元)承担保证责任。

(3)关于第 3 项仲裁请求

申请人第 3 项仲裁请求是,请求被申请人承担申请人因提起本仲裁案而支出的律师费人民币 8 万元和财产保全费人民币 5000 元,被申请人不同意承担该费用。

仲裁庭认为,根据《2 号合同》关于被申请人就申请人实现债权的费用承担保证责任的约定,申请人在本案中支付的财产保全费及合理律师费用应当由被申请人负担。经开庭审理查明,申请人未提交法院已裁定财产保全的证据,也未提交法院收取保全费的证据,应当认定申请人所称财产保全费尚未实际发生。与此同时,申请人尚未支付律师费人民币 8 万元,仲裁庭无法支持申请人第 3 项仲裁请求,申请人实际支付该款项后,可另行主张。

(4)关于第 4 项仲裁请求

申请人的第 4 项仲裁请求是,请求被申请人承担本案的全部仲裁费。结合本案情况并根据《仲裁规则》的规定,仲裁庭认为,本案仲裁费应由被申请人承担。

5. 关于实际费用

申请人因申请仲裁委员会协助办理财产保全立案事宜而发生的实际费用为人民币近500元，全部由申请人自行承担。

6. 申请人强行扣划的人民币1000余万元

被申请人在庭后称：申请人于2017年8月4日从被申请人保证金账户上强制扣划人民币1000余万元，并认为其保证责任应当随之减少。申请人对扣划款项的事实予以认可，但提出被申请人作为保证人在申请人处涉及的逾期贷款总额有数亿元，被申请人尚未履行其保证责任，强行扣划的人民币1000余万元是被申请人因其他项目而存放在申请人处的款项，这些法律关系不属于本案仲裁的管辖范围，且该笔资金的扣划还涉及其他法律关系中的多笔逾期债务的抵销及其他业务安排，双方当事人仍在协商。

针对申请人强制扣划被申请人款项的事实，双方当事人没有争议，仲裁庭确认申请人已强行扣划被申请人人民币1000余万元。对于该强制扣划款项与本仲裁案的关系，申请人虽称被申请人作为保证人涉及的逾期贷款数额有数亿元，该强制扣划源于其他项目或者法律关系，但在被申请人书面提出应相应减少《2号合同》项下的责任时，申请人既未举证证明被申请人担保了其他逾期贷款，也没有举证证明双方当事人存在其他项目或其他法律关系。按照"谁主张、谁举证"的规则，申请人应当承担未予举证的不利后果，故仲裁庭认定，应从被申请人应承担之连带责任保证的相关款项中，扣除人民币1000余万元。

针对主债务、利息和实现债权的费用之间的偿还顺序，《1号合同》第14条约定的款项顺序是应付费用和违约金、应付罚息和复利、应付利息、应付本金、其他应付款项，被申请人作为《1号合同》的保证人，应当知晓《1号合同》的约定内容，应当受到《1号合同》约定的偿还顺序的约束。就此而言，被申请人应以《1号合同》保证人的身份，按照应付费用、应付罚息和复利、应付利息、应付本金、其他应付款项的顺序偿还，即公式为：申请人已扣划款－申请人第2项仲裁请求所涉应付费用或金额 – 申请人第一项仲裁请求所涉罚息和(或)复利 – 应付利息 – 应付本金。

(1)从申请人已扣划人民币 1000 余万元中,首先减去申请人第 2 项仲裁请求中的人民币近 90 万元,剩余部分计人民币近 950 万元(计算公式 1000 余万元 – 近 90 万元)列入被申请人应付逾期利息(罚息,下同)和复利。鉴于申请人主张的逾期利息和复利系以美元计算,故上述人民币近 950 万元应当折算为美元,以抵偿被申请人应付的逾期利息和复利。按照申请人扣划当日(2017 年 8 月 4 日)中国人民银行银行间外汇市场人民币汇率中间价(1 美元∶6.7149 元人民币)计算,近 950 万元人民币 ÷6.7149≈140 余万美元。

(2)申请人主张逾期利息和复利为近 200 万美元,鉴于该金额已超过 140 余万美元,相差的部分属于被申请人未予清偿的逾期利息和复利。即被申请人应付未付的逾期利息和复利为近 55 万美元[计算公式:近 200 万美元(截至 2016 年 11 月 15 日) – 140 余万美元]。

7. 总体意见

本案《2 号合同》合法有效,被申请人应当向申请人连带承担 B 建设公司未清偿之《1 号合同》项下的债务和相关费用。申请人在本案仲裁期间强行扣划被申请人的保证金账户人民币 1000 余万元,该扣划款项应在折算为美元后优先清偿申请人为实现债权而支出的费用,剩余部分抵作被申请人应付近 200 万美元逾期利息和复利,剩余款项抵偿后未能清偿的逾期利息和复利(计近 55 万美元),应由被申请人继续支付。另外,被申请人在贷款本金未获得清偿前,按照《1 号合同》和《2 号合同》的约定,申请人有权要求被申请人支付贷款本金 1000 万余美元实际支付日止的罚息。

被申请人应付的美元款项,按照中国人民银行外汇交易中心在本裁决作出日公布的美元与人民币的兑换比率,可以人民币形式支付。

(三)裁决

经合议,仲裁庭裁决如下:

(1)被申请人向申请人代为清偿贷款本金1000余万美元。

(2)被申请人向申请人代为清偿贷款逾期利息(罚息)和复利近55万美元。

(3)被申请人向申请人支付自2016年11月16日(含当日)起至申请人实际偿还1000余万美元(1000余万美元+近55万美元)之日止的罚息,按照每年6月27日和12月27日前两个营业日的伦敦时间上午11时路透终端相应版面公布的6个月美元Libor+850BP计算。

(4)驳回申请人的其他仲裁请求。

(5)本案仲裁费全部由被申请人承担。鉴于本案仲裁费已与申请人缴纳的等额仲裁预付金全部冲抵,被申请人应向申请人支付申请人代其垫付的仲裁费。

(6)申请人因申请仲裁委员会协助办理财产保全立案事宜而发生的实际费用全部由申请人自行承担。

上述被申请人应向申请人支付的款项,被申请人应于本裁决作出之日起30日内支付完毕。

本裁决为终局裁决,自作出之日起生效。

中国A银行与自然人H保证合同争议仲裁案

中国国际经济贸易仲裁委员会(以下简称仲裁委员会)根据申请人中国A银行(以下简称申请人)与被申请人自然人H(以下简称被申请人)签订的《A银行外汇资金贷款保证合同》(编号为1的《A银行外汇贷款合同》的保证合同,以下简称《3号合同》)中仲裁条款的约定,以及申请人向仲裁委员会提交的书面仲裁申请,在申请人完备相关手续之后,受理了上述合同项下的本争议仲裁案。

本案仲裁程序适用自2015年1月1日起施行的《中国国际经济贸易仲裁

委员会仲裁规则》(以下简称《仲裁规则》)。

申请人选定X担任本案仲裁员。由于被申请人未在规定期限内选定或委托仲裁委员会主任指定仲裁员,仲裁委员会主任依据约定并根据《仲裁规则》之规定指定Y担任本案仲裁员。上述两位仲裁员共同选定Z担任本案首席仲裁员。上述3位仲裁员分别签署了接受指定的声明书后组成仲裁庭,共同审理本案。

仲裁庭如期对本案进行了开庭审理。申请人和被申请人均委派仲裁代理人参加了庭审。双方当事人就法律问题进行了辩论,出示了相关证据原件,进行了质证,并回答了仲裁庭的提问。经征求双方当事人的意见,仲裁庭就庭后程序作出安排。

本案现已审理终结,仲裁庭根据本案现有的材料和庭审查明的事实,经合议,作出本裁决。现将本案案情、仲裁庭意见和裁决结果分述如下。

(一)案情

1. 申请人的仲裁申请及被申请人的答辩

申请人在《仲裁申请书》中称:

2013年6月25日申请人作为贷款人与作为借款人的中国B建设开发公司(以下简称B建设公司)签订了一份《A银行外汇贷款合同》(以下简称《1号合同》),约定申请人向B建设公司就其建设、经营印度尼西亚某砂矿投资开发项目提供最高金额为2300万美元的贷款。《1号合同》约定申请人D省分行(以下简称D分行)为本合同的经办分行。

同日,申请人作为贷款人与被申请人作为连带保证人签订了《1号合同》项下的本案《3号合同》。合同分别约定了保证的范围、方式和期间。

同日,申请人与中国C担保集团公司(以下简称C担保公司)签订了《1号合同》项下的《A银行外汇资金贷款保证合同》(编号为1的《A银行外汇贷款合同》的担保合同,以下简称《2号合同》),约定由C担保公司就《1号合同》项下全部借款本金、利息、罚息、复利、补偿金、违约金、损害赔偿金和实现债权的费用向申请人承担连带保证责任。

2013年6月27日申请人根据《1号合同》的约定向B建设公司发放了共计2300万美元的全额贷款。2014年9月25日B建设公司市场价值总计约人民币700万元(折合大于100万美元)的资产被查封,构成其在《1号合同》项下的违约行为。时至2014年10月22日,B建设公司被查封的资产仍未被解除,查封期限已经超过15个工作日。

据此,D分行于2014年10月23日向B建设公司公证送达了《关于宣布〈1号合同〉项下贷款提前到期的通知》(以下简称《提前到期通知》),宣布贷款于2014年10月23日提前到期,同时要求B建设公司于2014年10月24日营业日结束之前,向申请人清偿《1号合同》项下的所有未清偿款项。但是,B建设公司未能在2014年10月24日向申请人或其D分行作出清偿。

2015年5月29日申请人向仲裁委员会提起仲裁,要求B建设公司偿还《1号合同》项下本息,并要求B建设公司承担仲裁费和相关律师费、保全费。

2016年2月4日该案仲裁庭就申请人针对B建设公司提起的仲裁案作出贸仲京裁字第E号《裁决书》(以下简称第E号裁决书),确认《1号合同》合法有效,B建设公司应向申请人偿还债务,并支持了申请人的全部仲裁请求。

2016年10月21日申请人通过公证送达的方式向被申请人送达了《关于再次要求保证人履行〈3号合同〉项下的保证责任的函》(以下简称《要求保证人承担保证责任的函》),要求被申请人按照《1号合同》和《3号合同》的约定承担保证责任,即要求被申请人向申请人支付贷款本金和相应的利息、罚息以及实现债权的费用。

因向B建设公司提起仲裁,申请人应向其代理人支付律师费人民币50余万元。

B建设公司至今未向申请人清偿《1号合同》项下债务,C担保公司作为连带保证人也没有承担其连带保证责任。暂计至2016年11月15日,B建设公司仍拖欠申请人《1号合同》项下应付本金1000余万美元、逾期利息(罚息)和复利近200万美元,以及申请人为实现债权支出费用人民币100余万元(包括针对B建设公司提起仲裁而产生的律师费人民币50余万元、财产保全费人民币5000元和仲裁费人民币70余万元)。

被申请人未按约定承担连带保证责任的行为,违反了合同约定和中国法律规定,给申请人造成了严重经济损失。被申请人应立即向申请人承担《3号合同》项下的连带保证责任,向申请人偿还B建设公司全部未清偿款项,并承担相应赔偿责任。根据我国《担保法》第18条、《3号合同》的相关约定,申请人有权直接要求被申请人代为清偿《1号合同》项下B建设公司应付的全部本金、利息、逾期利息(罚息)、复利、补偿金、违约金、损害赔偿金和实现债权费用。申请人已于2016年10月21日向被申请人送达了《要求保证人承担保证责任的函》,要求被申请人承担保证责任,代为清偿上述债务,但被申请人至今仍然没有向申请人清偿。为提起本案仲裁,申请人支出律师费人民币8万元以及财产保全费5000元。

申请人依法向仲裁委员会提起仲裁,要求被申请人承担连带保证责任,清偿B建设公司的全部债务,向申请人支付以下金额。

(1)被申请人立即向申请人承担连带保证责任,向申请人代为清偿《1号合同》项下的全部债务。该债务暂计至2016年11月15日(含当日),本金为1000余万美元、逾期利息(罚息)和复利为近200余万美元,以上共计1200余万美元;自2016年11月16日(含当日)起至被申请人实际偿还日止,应当按照《1号合同》第6条约定的计算公式继续加计逾期利息(罚息)、复利等。

(2)被申请人立即向申请人承担连带保证责任,向申请人代为清偿申请人为实现《1号合同》项下的债权而支出的费用,共计人民币100余万元。

(3)被申请人承担申请人因提起本案仲裁而支出的律师费人民币8万元和财产保全费人民币5000元。

(4)被申请人承担本案的全部仲裁费。

申请人在随后提交的《关于仲裁请求金额的计算说明》中,就上述第1项和第2项仲裁请求予以详细说明。

被申请人没有提交书面答辩状，其在开庭时口头答辩称：

申请人陈述的事实清楚，认可申请人在申请书中所述事实，对本案实体内容没有异议。但在程序上，有以下意见：被申请人已经涉嫌合同诈骗被依法羁押，但案件迟迟没有进展，根据我国《刑事诉讼法》的规定，应当先进行刑事程序再进行民事程序。如果被申请人被判刑事责任，则要进行刑事追缴程序而非仲裁程序。因而，请求仲裁庭中止本案仲裁程序。

2. 本案代理意见

申请人提交《代理意见》的要点如下。

(1) 被申请人所称的刑事案件不影响本案的仲裁程序。①"先刑事后民事"原则不直接适用于仲裁程序，我国《仲裁法》和仲裁委员会《仲裁规则》均未规定"先刑事后民事"的原则。②被申请人所称涉嫌经济犯罪的情况和本仲裁案不属于同一法律关系。本案是基于《3号合同》引起的，所称骗取贷款罪涉及《1号合同》。

(2) 被申请人所称的刑事案件不影响《3号合同》的效力。①《1号合同》的效力认定不属于本仲裁案的审理范围，第E号裁决书已认定《1号合同》合法有效。②被申请人所称其涉嫌的骗取贷款罪，是被申请人作为B建设公司法定代表人个人涉及的行为和法律关系。③骗取银行贷款在民法上是欺诈行为，属于申请人的可撤销合同，但申请人未予撤销。④即使《1号合同》被认定为无效，被申请人仍然应当承担连带责任。

(3) 被申请人主张申请人只能进行刑事追偿无事实和法律依据，剥夺了申请人的合同权利，逃避了合同义务，不应支持。最高人民法院《关于适用〈中华人民共和国刑事诉讼法〉的解释》第39条是关于刑事附带民事的规定，不适用于本案仲裁。如果申请人仅仅通过刑事追偿，不能通过仲裁程序向被申请人追究连带保证责任，实际上是不合理地限制了申请人的权利和赔偿范围。

(4) 申请人的全部仲裁请求应得到支持。

申请人提交书面意见及参考司法案例,其意见摘要如下。

(1)根据相关法律及仲裁委员会《仲裁规则》规定,本案不属于仲裁庭“暂停”或者中止仲裁程序的情形,《3号合同》相关经济纠纷的审理与刑事案件的审理互不影响,仲裁庭无须暂停或者中止仲裁程序。①刑事案件的审理结果不影响本案仲裁的审理和裁决。②仲裁案件的审理也不影响刑事案件的审理和退赔工作。

(2)参考中国司法实践中对于刑民交叉的经济纠纷案件的处理原则,《3号合同》项下经济纠纷应当继续审理。

被申请人没有提交书面代理意见。

(二)仲裁庭意见

仲裁庭在梳理本案主要事实的基础上,先分析本案合同的性质和效力、被申请人连带责任的触发条件,再逐项分析并认定申请人的仲裁请求。

1. 本案涉及的主要事实

(1)2013年6月25日申请人与B建设公司签订《1号合同》,约定申请人向B建设公司就其建设、经营印度尼西亚某砂矿投资开发项目提供最高额为2300万美元的贷款。D分行为经办银行。

(2)2013年6月25日双方当事人签订本案《3号合同》。《3号合同》约定,“根据主合同(《1号合同》,仲裁庭注)的约定,借款人(B建设公司,仲裁庭注)向贷款人(申请人,仲裁庭注)借款美元贰仟叁佰万美元,借款期限4年(从2013年6月27日起至2017年6月26日止)。保证人(被申请人,仲裁庭注)愿意就借款人偿付以下债务向贷款人提供担保:(一)主合同项下全部借款本金、利息、罚息、复利、补偿金、违约金、损害赔偿金和实现债权的费用……随着主合同项下借款本金的清偿,本合同项下担保的本金数额相应减少”。第3条约定,“保证人在本合同约定的担保范围内向贷款人提供连带责任保证。不论借款人是否为主合同提供物的担保或主合同存在其他担保方式,不论贷款人是否选择放弃或减少借款人所提供物的担保,如借款人未按主合同约定清偿本合同担保范围内的债务，贷款人有权直接要求保证人承担保证责任。保证人应在接到贷款人要求履行保证责任的书面通知后5日内代为清偿"。

(3)2013年6月25日申请人与C担保公司签订《2号合同》。该合同约定C担保公司就《1号合同》项下全部借款本金、利息、罚息、复利、补偿金、违约金、损害赔偿金和实现债权的费用向申请人承担连带保证责任。

(4)2013年6月27日申请人向B建设公司发放贷款2300万美元，收款账户为B建设公司在申请人处开立的存款账户。

(5)2014年10月22日D分行向B建设公司发出《关于宣布〈1号合同〉项下贷款提前到期的通知》，某公证处于2014年10月23日出具《公证书》，载明公证员和工作人员与D分行的委托代理人将上述通知原件放置在B建设公司总经理办公室茶几上，并要求办公室的一位男士转交给负责人，以证明2014年10月23日上午D分行送达了该通知。

(6)2016年2月4日申请人以B建设公司作为被申请人提起的仲裁案，该案仲裁庭作出第E号裁决书，裁决：①B建设公司向申请人支付截至2015年5月21日的《1号合同》项下的全部本息共计1000余万美元，折合人民币近7000万元；②B建设公司向申请人支付自2015年5月22日到实际支付贷款本金1000余万美元（折合人民币6000余万元）之日止的罚息，按照每年6月27日和12月27日前两个营业日的伦敦时间上午11时路透终端相应版面公布的6个月美元Libor+850BP计算；③B建设公司向申请人支付律师费人民币10余万元；④B建设公司向申请人支付财产保全费人民币5000元；⑤该案仲裁费全部由B建设公司承担。

(7)2016年10月20日D分行作出《关于再次要求保证人履行〈3号合同〉项下的保证责任的函》，称"截至目前，借款人未向我行履行上述义务，我行再次要求您履行《3号合同》项下保证责任，于收到本函之日起7日之内，向我行支付《3号合同》项下担保的所有债务，包括但不限于第E号《裁决书》列明的义务以及您还须按照《1号合同》的相关规定支付的利息和罚息"。公证处于

2016年11月1日出具《公证书》,证明申请人于2016年10月21日将上述函件送达被申请人。

(8)申请人在另一仲裁案中已提出C担保公司承担连带清偿债务和相关费用的请求。申请人另自认其在该案审理期间已从C担保公司的保证金账户上划扣人民币1000余万元。该划扣金额,按照扣划当日中国人民银行银行间外汇市场人民币汇率中间价计算,约为150余万美元。

2.《3号合同》的性质和效力

经审理查明,2013年6月25日申请人与B建设公司签订《1号合同》,申请人向B建设公司提供外汇中长期固定资产贷款2300万美元;同日,申请人与C担保公司签订《2号合同》,并与被申请人签订《3号合同》。《3号合同》首段载明"为确保借款人B建设公司履行其与贷款人签订的《1号合同》(以下简称主合同),保证人愿意向贷款人提供担保""保证人(被申请人)愿意就借款人偿付以下债务向贷款人提供担保:(一)主合同项下全部借款本金、利息、罚息、复利、补偿金、违约金、损害赔偿金和实现债权的费用;(二)主合同被撤销、宣布无效或解除情形下借款人有义务向贷款人偿还的全部债务""保证人在本合同约定的担保范围内向贷款人提供连带责任保证"。

《3号合同》的上述约定,符合我国《担保法》关于连带责任保证的规定,双方当事人对于《3号合同》的性质没有异议,仲裁庭认定本案合同系保证合同,为申请人和B建设公司所签《1号合同》的从合同,被申请人应当向申请人承担连带保证责任。

对于《3号合同》的效力,双方当事人在开庭时没有提出异议。仲裁庭注意到,某市中级人民法院分别于2016年12月15日、2017年5月24日签发《执行裁定书》和《民事裁决书》,裁定"中止中国国际经济贸易仲裁委员会2016年2月4日作出的第E号裁决书"。根据上述司法文书,该中级人民法院裁定中止而非撤销第E号裁决书。换言之,第E号裁决书仍是生效仲裁裁决书,法院文书未否定《1号合同》的合法有效。仲裁庭未发现有导致《3号合同》无效的情形，未发现《3 号合同》违反法律、行政法规的强制性规定，在此认定双方当事人在《3 号合同》中的意思表示真实，《3 号合同》合法有效，各方均应遵守。

仲裁庭注意到，申请人与被申请人 H 签订本案《3 号合同》，又与 C 担保公司签订一份《2 号合同》。该两份保证合同所列保证人不同，无论 C 担保公司是否承担保证责任、其保证责任范围如何、是否履行了保证责任，均不影响被申请人依照本案《3 号合同》单独承担连带保证责任。但是，根据《3 号合同》关于"随着主合同项下借款本金的清偿，本合同项下担保的本金数额相应减少"的规定，无论是 B 建设公司向申请人偿还本金，抑或是 C 担保公司依照连带责任而向申请人偿还本金，均应相应地减少《3 号合同》项下担保的本金数额。

3. 关于"先刑事后民事"的问题

被申请人认为，被申请人涉嫌有关《1 号合同》的经济犯罪，本仲裁案应当中止审理，在被申请人被认定犯罪后，应当依照刑事追缴程序予以处理。申请人认为，被申请人涉嫌刑事案件，与本仲裁案无关，不应中止本仲裁案程序，刑事案件与仲裁程序互不影响。

仲裁庭认为，首先，被申请人代理人声称被申请人涉嫌刑事犯罪，但未提供被申请人已构成犯罪的刑事判决书等证据资料，仲裁庭不能根据被申请人"涉嫌"犯罪的说法作出裁断。其次，即使被申请人所述属实，也与其是否应向申请人清偿贷款并支付其他款项之间没有法律上的关联关系。仲裁庭注意到，申请人引用最高人民法院在以往诉讼案中提出的意见，认为借款人通过欺骗方法取得贷款的过程中，银行是按照正常的贷款程序进行审查并发放贷款的，并未参与其中，因此，贷款人系被欺诈一方，如果贷款人不行使撤销权，贷款合同为有效。仲裁庭认为，贷款诈骗系刑法概念，也是民事欺诈的一种具体形式。根据我国《合同法》第 54 条关于"一方以欺诈、胁迫的手段或者乘人之危，使对方在违背真实意思的情况下订立的合同，受损害方有权请求人民法院或者仲裁机构变更或者撤销"的规定，即使 B 建设公司或者其法定代表人实施了贷款诈骗，但申请人作为所称贷款诈骗的受损害方，其并未请求变更或撤销贷款合同，仲裁庭无权否认《1号合同》的效力，也无权据此认定本案《3号合同》无效。鉴于此，被申请人关于“先刑事后民事”以及中止本仲裁案的意见，不足采信。

4. 连带保证责任的触发条件

本案《3号合同》合法有效，被申请人应当依照约定承担连带保证责任。根据我国《担保法》第18条第2款关于“连带保证的债务人在主合同规定的债务履行期届满没有履行义务的，债权人可以要求债务人履行债务，也可以要求保证人在其保证范围内承担保证责任”的规定，保证人承担保证责任的触发条件是“债务人在主合同规定的债务履行期届满没有履行义务”，连带责任限于《3号合同》约定的“保证范围”。

第E号裁决书认定，申请人于2013年6月27日向B建设公司发放了贷款2300万美元，B建设公司在《1号合同》项下剩余未偿还的本金为1000余万美元，并应在2014年10月23日向申请人偿还上述本金。该裁决书裁决：①B建设公司向申请人支付《1号合同》项下本息共计1000余万美元；②B建设公司向申请人支付2015年5月22日到实际支付贷款本金之日止的罚息；③B建设公司向申请人支付律师费人民币10余万元；④B建设公司向申请人支付财产保全费人民币5000元；⑤B建设公司承担该案的全部仲裁费。

经审理查明，第E号裁决书为终局裁决，已于裁决书作出之日（某年2月4日）起生效。被申请人未提供B建设公司已清偿裁决书所列债务的证据资料，仲裁庭认定被申请人承担连带保证责任的条件已经成就，被申请人应向申请人承担连带保证责任，在《3号合同》约定的保证范围内，就“主合同项下全部借款本金、利息、罚息、复利、补偿金、违约金、损害赔偿金和实现债权的费用”承担连带保证责任。

5. 申请人的仲裁请求

（1）第1项仲裁请求

根据《仲裁申请书》和《关于仲裁请求金额的计算说明》，申请人第1项仲裁请求分解为：（1）B建设公司未偿还的本金1000万余美元；（2）自2016年5

月22日暂计至2016年11月15日发生的逾期利息和复利近200万美元(其中,截至2016年5月21日尚未支付的逾期利息近40万美元);(3)自2016年11月16日(含当日)起至被申请人实际偿还日止,按照《1号合同》约定的计算公式继续加计逾期利息和复利等。

①本金

申请人所称本金1000余万美元,已由第E号裁决书认定,仲裁庭予以采信。

②截至2016年11月15日的逾期利息和复利(其中,截至2016年5月21日尚未支付的逾期利息近40万美元)

申请人该请求中近40万美元的部分,系指截至2016年5月21日尚未支付的逾期利息,该逾期利息已由第E号裁决书认定,仲裁庭予以采信。

其余部分,申请人所称逾期利息,系依据《1号合同》计算而来。按照《1号合同》,逾期利息计算公式为"逾期金额×逾期利息×逾期日数÷360",逾期金额是指借款人逾期尚未偿还的本合同项下已经到期而应付的贷款本息和费用的总额,由于逾期金额包含本金和利息,基于逾期金额计算而来的逾期利息带有复利性质。对于逾期利率,《1号合同》约定为"6个月美元Libor+850BP"。针对该约定的效力,双方当事人没有异议,仲裁庭没有发现存在违反法律和行政法规的强制性规定的情形,应当认定该约定合法有效,申请人有权计收包含复利在内的逾期利息,逾期利率按照6个月美元Libor+850BP计算。

申请人计算说明详细列示了逾期利息的计算图表。经核实,该图表所列"起始日""终止日""期间天数""逾期金额""逾期利率""逾期利息",符合《1号合同》的约定,与仲裁庭在前认定的事实一致,仲裁庭认定申请人有权计收近200万美元的逾期利息(截至2016年11月15日)。

③2016年11月16日(含当日)起算的逾期利息

申请人主张"自2016年11月16日(含当日)至被申请人实际偿还日止,应当按照《1号合同》约定的计算公式继续加计逾期利息(罚息)、复利等"。仲裁庭注意到，按照《1号合同》第6条的约定，B建设公司若未按照合同约定偿付到期的贷款本息和费用，则应按逾期利率（6个月每月Libor+850BP）向申请人支付逾期利息，逾期利息的计算公式为“逾期金额×逾期利率×逾期天数÷360”。由于B建设公司未支付贷款本息，申请人有权以应付未付的本金（1000余万美元）及利息（近200万美元）为基数计收逾期利息。

仲裁庭认定，依照本案《3号合同》的约定，被申请人应就上述请求所涉金额承担连带保证责任。

（2）第2项仲裁请求

申请人要求被申请人立即向申请人承担连带责任，向申请人代为清偿申请人为实现《1号合同》项下债权而支出的费用，共计人民币100余万元。

根据《3号合同》第2条关于“保证人愿意就借款人偿付主合同项下全部借款本金、利息、罚息、复利、补偿金、违约金、损害赔偿金和实现债权的费用向贷款人提供担保”，以及第3条关于“保证人在本合同约定的担保范围内向贷款人提供连带责任保证”的约定，被申请人应当代为清偿申请人为实现《1号合同》项下债权而支出的费用。

申请人主张被申请人承担实现债权的费用为人民币100余万，分为3笔：①申请人针对B建设公司提起仲裁而产生的律师费人民币50余万元；②申请人针对B建设公司提起仲裁而产生的保全费人民币5000元；③申请人针对B建设公司提起仲裁的仲裁费人民币70余万元。

①关于律师费人民币50余万元

在本案的审理过程中，申请人提交了其委托律师事务所办理法律服务的协议以及律师费发票、收款凭证，其中法律服务协议约定的律师费金额为人民币50余万元，目前申请人已支付人民币40余万元律师费。

仲裁庭注意到，申请人在针对B建设公司提起的仲裁案中即提出由被申请人承担律师费人民币50余万元的仲裁请求，而该案仲裁庭在第E号裁决书中已裁决B建设公司向申请人支付律师费人民币10余万元。虽然第E号裁决书作出后实际发生的律师费金额有所增加，但超出人民币10余万元的部分实际上仍属于《1号合同》项下的债权，不属于本案的审理范围，故本案仲裁庭不予审理。鉴于第E号裁决书已经认定作为主合同的《1号合同》项下B建设公司应承担的律师费金额为人民币10余万元，仲裁庭认为，被申请人作为保证人，其承担的保证责任应以《1号合同》项下认定的主债权为限。故仲裁庭认定，被申请人应以保证人身份，向申请人支付律师费人民币10余万元。

②关于保全费人民币5000元

第E号裁决书已裁决B建设公司向申请人支付保全费人民币5000元，开庭审理显示B建设公司尚未向申请人支付该款项，仲裁庭认定，被申请人应以保证人的身份向申请人支付该款项。

③关于第E号裁决书项下的仲裁费

鉴于该裁决书已裁决B建设公司向申请人支付，无证据显示B建设公司已向申请人支付该款项，被申请人应当以保证人的身份向申请人支付该款项。

基于上述，被申请人就实现债权的费用而承担的保证责任为人民币近90万元。

(3)关于第3项仲裁请求

申请人第3项仲裁请求是，请求裁决被申请人承担申请人因提起本仲裁案而支出的律师费人民币8万元和财产保全费人民币5000元。对于该请求所涉及的费用，被申请人没有提出异议。

仲裁庭认为，根据《3号合同》关于被申请人就申请人实现债权的费用承担责任的约定，申请人在本案中支付的财产保全费及合理律师费用，应当由被申请人负担。在开庭审理中，申请人未提供法院受理申请人保全申请或法院向申请人收取财产保全费的证据资料，无法认定申请人所称保全费已实际发生，故仲裁庭不支持申请人此项请求。至于申请人所主张的律师费人民币8万元，鉴于申请人已委托律师办理本案的法律事务，被申请人对于申请人所主张人民币8万元律师费没有表示异议，仲裁庭对于申请人要求被申请人承担律师费人民币8万元的仲裁请求予以支持。

(4)关于第4项仲裁请求

申请人第4项仲裁请求是,申请人请求裁决被申请人承担本仲裁案的全部仲裁费。结合本案情况并根据《仲裁规则》的规定,仲裁庭认为,本案仲裁费应由被申请人承担。

6. 关于实际费用

申请人因申请仲裁委员会协助办理财产保全立案事宜而发生的实际费用为人民币近500元,全部由申请人自行承担。

7. 申请人从C担保公司划扣的人民币1000余万元

本案《3号合同》与另案《2号合同》均为担保申请人《1号合同》项下债权实现的担保合同,C担保公司依照《2号合同》向申请人清偿债务和相关费用后,本案被申请人依照《3号合同》应向申请人承担的清偿义务相应减少;鉴于申请人已经自认其从C担保公司划扣人民币1000余万元(折算为150余万美元),相应地,应当减少被申请人连带承担之主债务、利息和实现债权的费用的金额。

针对主债务、利息和实现债权的费用之间的偿还顺序,《1号合同》第14条约定的款项顺序是应付费用和违约金、应付罚息和复利、应付利息、应付本金、其他应付款项,被申请人作为《1号合同》的保证人,应当知晓《1号合同》的约定内容,应当受到《1号合同》约定的偿还顺序的约束。就此而言,被申请人应以《1号合同》保证人的身份,按照应付费用、应付罚息和复利、应付利息、应付本金、其他应付款项的顺序偿还,即公式为:申请人已扣划款 - 申请人第2项仲裁请求所涉应付费用或金额 - 申请人第1项仲裁请求所涉罚息和(或)复利 - 应付利息 - 应付本金。

(1)从申请人已扣划人民币1000余万元中,首先减去申请人第2项仲裁请求中的人民币近90万元,剩余部分计人民币近950万元列入被申请人应付逾期利息(罚息,下同)和复利。鉴于申请人主张的逾期利息和复利系以美元计算,故上述人民币900余万元应当折算为美元,以抵偿被申请人应付的逾期利息和复利。按照申请人扣划当日中国人民银行银行间外汇市场人民币汇率中间价计算,约为140余万美元。

(2)申请人主张逾期利息和复利为近200万美元,鉴于该金额已超过140万余美元,相差的部分属于被申请人未予清偿的逾期利息和复利。即被申请人应付未付的逾期利息和复利为近55万美元。

8. 总体意见

本案《3号合同》合法有效,被申请人应当向申请人连带承担B建设公司未清偿《1号合同》项下的债务和相关费用。申请人在本案审理期间扣划C担保公司保证金账户人民币1000余万元,该扣划款项应在折算为美元后优先清偿申请人为实现债权而支出的费用,剩余部分用作被申请人应付近195万美元逾期利息和复利,剩余款项抵偿后未清偿的逾期利息和复利(计近55万美元),由被申请人予以支付。另外,在贷款本金未获清偿前,申请人按照《1号合同》和《3号合同》的约定,有权要求被申请人支付贷款本金1000余万美元至实际支付日止的罚息。

被申请人应付的美元款项,按照中国人民银行外汇交易中心在本裁决作出日公布的美元与人民币的兑换比率,可以人民币形式支付。

(三)裁决

经合议,仲裁庭裁决如下:

(1)被申请人向申请人代为清偿贷款本金1000余万美元。

(2)被申请人向申请人代为清偿贷款逾期利息(罚息)和复利55余万美元。

(3)被申请人向申请人支付自2016年11月16日(含当日)起至申请人实际偿还1000余万美元(1000余万美元+近55万美元)之日止的罚息,按照每年6月27日和12月27日前两个营业日的伦敦时间上午11时路透终端相应版面公布的6个月美元Libor+850BP计算。

(4)被申请人向申请人支付律师费人民币8万元。

(5)驳回申请人的其他仲裁请求。

(6)本案仲裁费全部由被申请人承担。

(7)申请人因申请仲裁委员会协助办理财产保全立案事宜而发生的实际费用全部由申请人自行承担。

本裁决为终局裁决,自作出之日起生效。

案例评析

【关键词】

贷款保证合同;合同效力;内贷内保

【焦点问题】

两个案件主要涉及贷款保证合同的效力认定问题。对于中国企业"走出去"过程中出现的与"内贷内保"方式有关纠纷的处理,应当给予关注。

【焦点评析】

在此两案中,申请人是向中国企业发放贷款用于海外投资的债权人,被申请人均为签署担保文件并承诺承担连带责任的保证人,债务人未参加此两案仲裁程序。但申请人在另一仲裁案中请求债务人偿还主合同即《1号合同》项下本息并赔偿损失,并获得仲裁庭支持,此两案是与在前审结案件[1]有关联的后续案件。

---

① 指本书编选的"案例十七"。

（一）审慎对待保证合同无效抗辩

通常而言，对于申请人提出偿还本息的仲裁请求，作为保证人的被申请人既可以提出程序性抗辩，也可以提出实体性抗辩，其中的实体性抗辩则可以是针对基础关系的抗辩，也可以是针对保证关系本身的抗辩。从实务角度来看，被申请人为了阻却或限制申请人权利，可能选择提出各种抗辩，而很少计较抗辩的属性。因此，被申请人的各项抗辩既可能是相互牵连、彼此协同的，也可能是内在冲突、难以兼容的，仲裁庭要善于发现案件主要争议，厘清双方争议的核心和实质，还要合理回应双方的非主要争议。

就此两案而言，两个保证人提出的债务人涉嫌构成“骗取贷款罪”抗辩，是否会影响基础合同即《1 号合同》的效力，进而影响此两案保证合同的效力，从而颠覆申请人以保证合同有效为基础而提出的各项仲裁请求？这是关乎仲裁案件审理走向的核心问题，也是仲裁庭无法回避的重大问题。而申请人在此两案中向仲裁庭提交了仲裁委员会先前的生效裁决，该裁决书认定《1 号合同》合法有效。仲裁委员会在前认定《1 号合同》有效的生效裁定，对于认定保证合同效力当然有重要影响，但影响又不是绝对的。仲裁庭在审理债权人和保证人之间保证纠纷案时，应当尊重但不盲从于《1 号合同》有效认定的思路。

最高人民法院《关于民事诉讼证据若干问题的规定》第 9 条规定，“下列事实，当事人无需举证证明……（五）已为仲裁机构的生效裁决所确认的事实”。基于上述司法解释，仲裁庭在审理贷款担保案件时，往往不再讨论《1 号合同》的效力。然而，该条款所称“无需举证证明”的，在文义上仅限于“事实”本身，而不包括事实以外的事项。在解释上，不宜简单地扩展到在先案件之仲裁庭对《1 号合同》效力的认定上。换言之，先前裁决作出《1 号合同》有效的认定，不属于已决事实，仲裁庭在审理后续案件时，并未当然失去对《1 号合同》效力作出独立判断的权力。就此而言，即使各方再度提起《1 号合同》有效与否的争议，也可能属于正当主张权利，而未必当然属于滥用诉权或恶意拖延程序，仲裁庭仍需谨慎回应涉嫌构成骗取贷款会否影响《1 号合同》效力的争议。仲裁庭审理债权人和保证人之间争议案件时，债务人未参加开庭审理，仲裁庭通过阅读先前裁决书，能够了解债务人对《1号合同》效力的看法，如果债务人在彼案中未主张《1号合同》无效，保证人在此两案中却主张《1号合同》无效，进而否定保证合同的效力，保证人关于《1号合同》无效的抗辩，很难得到此两案仲裁庭的支持。仲裁庭之所以采用这种立场，既是出于对生效裁决书的尊重，也考虑到债务人未参加此两案仲裁程序的实际。

在商业实践中，欺诈性交易时有发生，在贷款实务中，也难免出现债务人以欺诈手段申请乃至获得贷款的情况。一般认为，民事欺诈是一个大概念，按照最高人民法院的司法解释，它是指一方当事人故意告知对方虚假情况，或者故意隐瞒真实情况，诱使对方当事人作出错误的意思表示，既然欺诈是一种意思表示，它就不以欺诈方实际占有或者非法取得他人财物为构成要件，因此，民事欺诈主要是在意思表示意义上的使用的概念。可以说，若不构成民事欺诈，就无从构成刑法上的"骗取贷款罪"，但构成民事欺诈，不一定足以构成"骗取贷款罪"。因此，民事欺诈是大概念，在审判机关对相关涉案主体没有作出构成"骗取诈骗罪"的判决之前，仲裁机关在处理涉及欺诈性交易时，可以按照民事欺诈予以处理。

根据我国《合同法》第52条和第54条的规定，"一方以欺诈、胁迫的手段订立合同，损害国家利益"的合同无效；"一方以欺诈、胁迫的手段或者乘人之危，使对方在违背真实意思的情况下订立的合同，受损害方有权请求人民法院或者仲裁机构变更或者撤销"，即属于相对无效。如果当事人一方受到欺诈，但并未主张变更或者撤销，该合同即为有效合同，受损害方可以主张对方承担违约责任。就此而言，若未发生损害国家利益的情形，受损害方既可以依法申请变更或撤销合同，也可以径行要求欺诈方承担违约责任，即受损害方在救济方式上享有选择权。

基于以上思路，仲裁庭作出了对两案贷款保证合同有效的认定。

（二）重视“内保内贷”的特殊性

自我国提出“一带一路”倡议以来，众多国内实体企业将目光聚焦于“一带一路”沿线国家和地区，他们主动了解沿线国家和地区的发展需求，积极参与海外资源开发或者大型建设工程，不仅拓宽了海外市场，也推动了沿线国家和地区的经济发展。随着实体企业在海外的快速发展，国内金融机构也面临巨大商机。实体企业在参与海外资源开发和项目建设中，通常需要金融机构提供融资支持；金融机构向实体企业提供融资，已经成为金融机构参与“一带一路”建设的重要形式；金融机构在提供贷款时，则要求债务人提供担保或者提供第三方担保，这又为担保企业参与“一带一路”建设创造了巨大的商机。

金融机构既要积极参与“一带一路”建设、为投资建设单位提供资金支持，又要兼顾沿线国家和地区的具体情况及投资建设单位特点，合理采用各种担保措施，确保金融机构资金安全。在以往涉外贷款中，金融机构主要采用“内保外贷”和“外保内贷”两种担保形式。其中，内保外贷是金融机构在接受境内机构担保后，在境外向借款人发放外币贷款；外保内贷则是金融机构接受境外机构担保，并在境内向借款人发放贷款。在这两种方式中，要么贷款币种属于外币，要么担保品处于境外，均具有较明显的涉外属性，甚至涉及境外法律的适用问题。

实体企业在实施“走出去”战略中，其承接的建设项目多在海外，建设单位融资发生在境内，金融机构在提供融资时主要采用“内保内贷”的担保方式，即将外币或本币资金借贷给国内实体企业，并由担保企业提供贷款担保。在形式上，“内保内贷”可以是外币或本币，与国内常见的担保模式相似。由于贷款发生在金融机构与实体企业之间，担保主要发生在金融机构和担保企业之间，贷款和担保的涉外属性不似“内保外贷”或“外保内贷”那样鲜明，当事人通常不会约定适用域外法律，而主要适用我国《合同法》和《担保法》。然而，实体企业承接的资源开发或建设项目毕竟地处沿线国家和地区，建设项目审批、资料、进展状况与风险等与沿线国家和地区的复杂状况密切相关。

鉴于此,金融机构审核贷款申请乃至接受担保时,应当高度关注这种新型"内保内贷"的特殊性。一方面,各国和地区的营商环境规则不同,部分沿线国家的建设项目审批周期较长,建设项目获得审批的不确定有所增强,我国鼓励境内实体企业"走出去",却设置了对外投资的门槛,因此,境内和境外规则都影响了金融机构贷款周期与建设周期的匹配,一旦出现期限错配,很容易出现违约风险;另一方面,资源开发或建设项目及其实施地处境外,建设项目审批和许可也由沿线国家和地区的行政机关负责,金融机构在向境内实体企业提供贷款时,应当谨防相关当事人利用境内外信息不对称获得贷款,也要特别留意其中伴随的担保欺诈,基于风险控制的考虑,不宜简单复制境内普通商业贷款和担保的审核模式。

【结语】

当前,实体企业、金融机构和担保企业在实施"走出去"战略中,遇到了与在国内经营不同的崭新法律问题。首先,实体企业承接的建设项目地处海外,实体企业乃至于金融机构或担保企业对沿线国家和地区的政治、法律、传统、文化缺乏深入了解,这往往孕育了未曾想象到的特殊风险。实体企业要持续了解沿线国家和地区的具体情况和法律,确定合理的参与模式,及时发现商业风险,采用有效的风险应对措施。

其次,金融机构在支持实体企业"走出去"过程中,同样面临诸多新风险。有些实体企业借参与"一带一路"建设之名,采用违法或不当手段骗取金融机构资金;有些实体企业在取得金融机构的融资支持后,采用各种方法肆意逃债或者推卸责任,这种做法违背契约精神,也影响了"一带一路"倡议的有效推行。鉴于此,金融机构要提升风险管理意识,采用切实可行措施,妥善运用各种担保措施,持续支持实体企业参与"一带一路"建设。

最后,担保企业在以往开展担保业务时,比较关注债务人资产负债状况,不甚关注债务人的经营风险,有担保企业甚至认为,其提供担保只是服务于债务人获得贷款,却很少关注担保带来的自身风险,存在担保时决策马虎、担保后疏于跟踪等现象。在参与"一带一路"建设过程中,担保机构既要关心债务人的静态风险,也要关注债务人的动态风险,更要全面核查与建设项目相关的文件、评估各种主要风险,如此,才能妥当作出是否担保的决策,避免自身利益发生重大损失。

(案例评析人:叶　林)

图书在版编目(CIP)数据

涉"一带一路"国家仲裁案例选编 / 中国国际经济贸易仲裁委员会主编. -- 北京 : 法律出版社, 2019
ISBN 978-7-5197-3863-1

Ⅰ. ①涉… Ⅱ. ①中… Ⅲ. ①国际商事仲裁－案例 Ⅳ. ①D997.4

中国版本图书馆 CIP 数据核字(2019)第 203560 号

涉"一带一路"国家仲裁案例选编
SHE "YIDAIYILU" GUOJIA ZHONGCAI ANLI XUANBIAN

中国国际经济贸易仲裁委员会 主编

策划编辑 沈小英
责任编辑 沈小英 毛镜澄
装帧设计 李 瞻

出版 法律出版社
总发行 中国法律图书有限公司
经销 新华书店
印刷 固安华明印业有限公司
责任校对 郭艳萍
责任印制 吕亚莉

编辑统筹 法治与经济出版分社
开本 710 毫米×1000 毫米 1/16
印张 31.25
字数 451 千
版本 2019 年 10 月第 1 版
印次 2019 年 10 月第 1 次印刷

法律出版社/北京市丰台区莲花池西里 7 号(100073)
网址/www.lawpress.com.cn
投稿邮箱/info@lawpress.com.cn
举报维权邮箱/jbwq@lawpress.com.cn
销售热线/400-660-8393
咨询电话/010-63939796

中国法律图书有限公司/北京市丰台区莲花池西里 7 号(100073)
全国各地中法图分、子公司销售电话:
统一销售客服/400-660-8393/6393
第一法律书店/010-83938432/8433　西安分公司/029-85330678　重庆分公司/023-67453036
上海分公司/021-62071639/1636　深圳分公司/0755-83072995

书号:ISBN 978-7-5197-3863-1　**定价:**128.00 元
(如有缺页或倒装,中国法律图书有限公司负责退换)